大清王朝十二帝

杨建峰　主编

汕头大学出版社

图书在版编目(CIP)数据

大清王朝十二帝 / 杨建峰主编. -- 汕头：汕头大
学出版社，2018.4(2020.6 重印)
ISBN 978 - 7 - 5658 - 3499 - 8

Ⅰ. ①大… Ⅱ. ①杨… Ⅲ. ①皇帝 - 生平事迹 - 中国
- 清代 Ⅳ. ①K827 = 49

中国版本图书馆 CIP 数据核字(2018)第 013869 号

大清王朝十二帝　DAQING WANGCHAO SHIER DI

主　　编：杨建峰
责任编辑：邹　峰
责任技编：黄东牛
封面设计：松　雪
出版发行：汕头大学出版社
　　　　　广东省汕头市大学路 243 号汕头大学校园内　邮政编码：515063
电　　话：0754 - 82904613
印　　刷：北京楠萍印刷有限公司
开　　本：880mm × 1270mm　1/32
印　　张：15
字　　数：346 千字
版　　次：2018 年 4 月第 1 版
印　　次：2020 年 6 月第 2 次印刷
定　　价：42.00 元
ISBN 978 - 7 - 5658 - 3499 - 8

前　言

中国历史上最后一个封建王朝——清朝是由满族人建立起来的，也是中国历史上第二个由少数民族建立并统治中国全境的封建王朝。自太祖努尔哈赤至宣统帝溥仪共经历了 13 朝 12 帝，从 1644 年入关至 1912 年中华民国成立、清帝退位，清政权统治中国达 268 年之久。

16 世纪末期，一个骁勇善战的民族在中国的东北开始崛起。当他们的首领努尔哈赤以"十三副遗甲"起事的时候，谁也没有想到，他们将改写中国的历史，并决定中国在未来近 300 年的命运。

当明末农民起义军胜利进军之时，努尔哈赤的儿子皇太极称帝，改后金为清，统一东北。顺治元年（1644），世祖入关，定都北京。

改朝换代不可避免地伴随着血腥和杀戮，清朝初期的统治者采取了极端的统治政策，给中华文明带来了不可挽回的损失。入关后 20 年里，清朝先后消灭大顺、大西和南明等政权。后来，他们认识到这种政策的弊端，并逐步改进，实行奖励垦荒、减免捐税的政策，缓和了民族矛盾，维护了政权稳定，内地和边疆的社会经济都有所发展。18 世纪中叶，凭借着人口众多和幅员辽阔的优势，封建经济发展到一个新的高峰，史称"康乾盛世"。

清朝从乾隆末年开始有衰落的迹象，政治日渐腐败，嘉庆帝和道光帝也失去了早期君主锐意进取的精神，执政风格日趋保守和僵化。官场中，结党营私、互相倾轧、卖官鬻爵、贿赂成风。军队中，装备陈旧、操练不勤、营务废弛、纪律败坏。财政上，国库亏空、入不敷出。 阶级矛盾激化，相继发生了白莲教和天理教等农民起义。

道光二十年（1840），英国发动对华鸦片战争，此后，清王朝与西方列强签订了一系列丧权辱国的不平等条约，割地赔款，开放通商口岸，中国逐步沦为半殖民地半封建社会。 为挽救自身命运，统治阶级内部进行了一系列改革，如洋务运动、戊戌变法、预备立宪等，试图通过自上而下的改革，使中国走向富强独立的道路，但都以失败告终。

1911年10月，武昌起义爆发，各省随后纷纷宣布自立，清王朝的统治由此走向瓦解。 清政府任命北洋新军统帅袁世凯为内阁总理大臣，成立内阁并统领清军。 但他一方面以武力压迫革命军，另一方面却暗中与革命党人谈判。 清帝宣统不得不于1912年2月12日正式退位，并在退位诏书中宣布"即由袁世凯以全权组织临时共和政府"，标志着中国两千多年的封建帝制正式结束。

前事不忘，后事之师。 回味中国历史，纵观风云变幻，感受时事变迁，本书辑录了清朝12帝在位期间的重要事件，力图再现清朝近300年的兴衰荣辱。 让我们共同走进大清王朝的历史，品评历经岁月洗刷后留下的历史精髓！

2018年3月

目　录

第十篇　清穆宗毅皇帝载淳（同治）

第十二篇　末代皇帝——溥仪

第一篇

清太祖高皇帝努尔哈赤

爱新觉罗·努尔哈赤出生于明嘉靖三十八年（1559），于天命十一年（1626）八月十一日卒。 于58岁登基，在位11年，享年68岁。 庙号太祖，谥号高皇帝，葬于福陵（今辽宁省沈阳市清东陵）。 他是后金政权的建立者，也是后金的第一个可汗，同时是大清王朝的奠基人。

第一章　先世与青少年时期

女真望族

努尔哈赤祖先的历史，从孟特穆开始才有据可查。清太宗时，首尊孟特穆为"肇祖原皇帝"。"肇"和"原"两个字，都是开始的意思。祖宗由他开始，也是由他开始当皇帝的。

他们认为家族和大清朝的真正始祖是孟特穆，是有充分根据的。自此，努尔哈赤祖先及家族由传说而进入真实历史的时空，并在浩瀚的中国史册中，留下的是渐渐明显乃至光芒四射的巨大痕迹。

孟特穆，又称猛哥帖木儿，这个人在中国历史记载中不仅存在，而且还是元明之际建州女真中赫赫有名的人物之一。太宗以后，孟特穆之所以被他的子孙用来尊称，是因为他率领本部族从遥远的黑龙江迁到了朝鲜境内，并接受明朝的任命，做了明朝的边臣，然后，迁徙赫图阿拉的行动才得以产生，为未来的努尔哈赤崛起创造了条件。但是，《清太祖武皇帝实录》（以下简称《武录》）中记载孟特穆的内容却很少，语焉不详，尤其是将孟特穆为明边臣的重要史实隐去，又称他定居于赫图阿拉，这与史实不符。

孟特穆在元朝末年的时候已被任命为斡朵怜军民万户府的万户，建州女真还有另一个著名领袖阿哈出，曾为胡里改军民万户府的万户。元末，天下大乱，东北朝廷根本没有空闲顾及，女真各部间的矛盾和冲突日益激烈，生活难以安定。在这一背景下，约在元明之际，孟特穆便率本部族开始逐渐南迁。大约在明洪武末年，朝鲜北部的庆源与镜城地区均已是他们所到之处，并在这里安顿。阿哈出也率部族南迁，辗转到了奉州（今吉林省吉林市南）。

元明交替之时，女真人社会大变动。明朝参照女真人居住的地区和生产发展水平，把他们分为三大部分，即建州女真、海西女真和"野人"女真。明朝人们口中说的建州女真，主要是指居住在牡丹江流域的女真人，海西女真为居住在松花江下游的女真人。还有居住在黑龙江下游两岸的一部分女真人，他们生产水平低下，被明人贬为"野人"女真。

在今江苏南京称帝的朱元璋正式建立明朝后，很快便下令进军东北，将东北地区置于他的统治之下。永乐七年（1409），创设了在黑龙江下游特林的"奴儿干都指挥使司"，统辖松花江下游、牡丹江、黑龙江及乌苏里江东至海的广大地区的女真人。

明朝对东北女真人的统治，用的是传统的"以夷制夷"的方法，朝廷不派命官，而是将他们的各部酋长或头领任命为都督、都指挥、指挥、千户、百户、镇抚等，由朝廷赐给敕书、印信，即授权由他们代为管理本地女真人。

东北被明朝统一后，明朝一面建卫所、一面招抚女真人，任命其酋长。洪武时建置建州卫，第一任建州卫指挥使便由阿哈出担任。居住在朝鲜北部的孟特穆同时也受到了招抚。永乐三年（1405），明成宗招抚孟特穆，将建州卫指挥使授予他，赐给印信、金带，另赐给他妻子衣服、金银等物。此外家族也被孟特穆迁到了建州卫地。

明朝统治女真的地方官为努尔哈赤的祖先，始于孟特穆。

宣德八年（1433），明宣宗将出使朝鲜的任务委派给孟特穆，由裴俊提供保护。很不幸的是，途中遭到"野人围射"，孟特穆竭力冲杀，裴俊得救了，他与自己的儿子权豆及部属却都遭到了杀害，对明朝也算是尽忠了。

孟特穆父子遇害后，家族的境况很凄惨，四分五散的部属们各自谋生。一起艰难地生活了10多年的孟特穆弟弟凡察与孟特穆另一个儿子董山，很想带余众一起返回祖国，却不知道能够在哪里居住下。

这时，有个叫李满住的人帮了大忙。李满住是建州卫军民指挥使司的第一任指挥使阿哈出的孙子，也是最著名的建州卫女真的首领。他率领本部族积极发展生产，同各个部落加强联系，变得十分强大。他也屡经迁徙，最后，率家族迁到了浑河上游的灶突山下。原来，凡察和他有着血缘关系：董山是李满住的女婿，而孟特穆之子权豆的寡妻又被李满住所娶。李满住为帮助他们，主动提出请他们迁到自己的居地。经过朝廷批准，历经千辛万苦的凡察叔侄及余众终于来到灶突山下，与李满住合居一处。

当初孟特穆遇害时，其子董山时年尚幼。这时，建州左卫的实权被他的叔父凡察所掌控。当董山长大成人后，与其叔父凡察间的矛盾便日益加深了。原来，在一次动乱中，建州左卫的卫印丢失了。经请示，朝廷又给了凡察一个新印。向朝廷报告的董山却说，旧的建州左卫印没有丢失，还在他手里。为防止一卫两印，乱了朝廷的体制，明朝下令，交上新铸的卫印，但凡察拒绝上交卫印。朝廷又命上交旧印，董山也不交。叔侄两人都不肯罢手，于是朝廷采取一个变通的折中办法，即多加一个建州右卫。正统七年（1442），明英宗命董山为左卫都督同知、凡察为右卫都督同知，分别掌左右卫，与原来的建州卫，合称建州三卫。这便是"三卫"之说的由来。采取对女真族分散分权治理，使他们互不统属、相互制约。

又过去了20余年，李满住和董山的势力发展。他们对奴隶的剥削还不满足，企图将更多的钱财掠夺进自己的口袋，便经常率部到汉族地区和邻近的朝鲜境内进行骚扰，任意掠夺，因而引起朝廷震怒。成化三年（1467），李满住和董山被明朝与朝鲜联合出兵围剿。董山被明将诱捕，关押并且处死在广宁（今辽宁北镇）。朝鲜军攻到了兀弥府（今辽宁桓仁境内），李满住父子与属下数百人被杀。此次作战被明朝称为"犁庭扫穴"，因为是在丁亥年，又称为"成化丁亥之役"。

经过这次残暴的血腥摧残，包括努尔哈赤祖先家族的建州女真，元气大伤，很难在短期内得到复苏。

继董山之后，建州左卫指挥使由他的长子妥罗担当，妥罗在明弘治年间曾5次赴北京朝贡。妥罗去世，其子脱原保承袭父职，入京朝贡也有5次。

董山还有一子，名叫锡宝齐篇古，排行第三，也于明正德元年（1506）袭升其叔父与从兄之职，任为都指挥佥事。

锡宝齐篇古的儿子福满多子，一共有6个儿子，长子德世库、次子刘阐、三子索常阿、四子觉昌安、五子包郎阿、六子宝实。分居六地的兄弟们被称为"六王"；对努尔哈赤来说，"乃六祖也"。其中，四子觉昌安是努尔哈赤的祖父。

六祖时，努尔哈赤家族势力始盛，复兴的新气象再度显示出来。其中，觉昌安表现最为突出，是家族中最有才智的卓越人物。他承袭建州左卫的都指挥，带领全族人民努力发展。后来，觉昌安以努尔哈赤祖父的地位，赢得了清朝"景祖翼皇帝"的尊称。

觉昌安一共有5个儿子，即长子礼敦、次子额尔衮、三子界堪、四子塔克世、五子塔察篇古。塔克世，又写作"他失"，他就是努尔哈赤的生身父亲，明朝建州左卫的都指挥他也承袭过。清朝奉他为"显祖宣皇帝"。

努尔哈赤的祖先，从孟特穆到塔克世，按顺序六世分别是：孟特穆—董山—锡宝齐篇古—福满—觉昌安—塔克世。除董山、锡宝齐篇古外，清朝将其余四祖追认为皇帝。

努尔哈赤，甚至于皇太极，都比较了解其祖先的来历。萨尔浒大战中，助明参战的朝鲜将军姜弘立被俘获。为表示友好，努尔哈赤不但不杀他，还予以盛情款待。他给朝鲜国王写去一封信，邀之共同攻明。委托平安道观察使朴烨代朝鲜国王致书努尔哈赤，说："惟我两国俱是帝（指明朝）臣，同事天朝者二百年于兹……"对此努尔哈赤也并没有否定。皇太极（清太宗）时，屡次要求同明朝和谈，息兵罢战。在答复中明崇祯帝这样说道，后金原是明朝的臣民，后来起兵背叛。对此太宗也没有否定,回答说:"我们原为明朝臣民,不仅皇帝您这么说,即使我也不否认。"直到崇德四年(1639),太宗才将保留的所有敕书下令在笃恭殿前全部烧掉。但是,历史事实是永远无法抹掉的。清入关后,他们的祖先世代承袭建州左卫的历史每个朝代都不愿意承认、极力回避,力图抹去同明朝有过的长期隶属关系。

浪迹辽东

塔克世共有五子一女,排行老大的就是努尔哈赤,生母名叫额穆齐,姓喜塔喇氏,是阿台,又称阿台都督的女儿。后来,她又生了两个儿子:舒尔哈齐,按齿序,排行第三;其次是雅尔哈齐,排行第四。塔克世的一个女儿,也是喜塔喇氏所生。塔克世的另一个妻子为李佳氏,是古鲁礼之女,生一子,是排行第二的穆尔哈齐。喜塔喇氏生育一子,就是开创了后金政权的努尔哈赤,他的生母自然受到尊崇,后被追认为"显祖宣皇后"。

努尔哈赤出生时,家族的势力开始衰微,财富不多,比起大富户,看上去更加贫穷。

努尔哈赤10岁那年,母亲喜塔喇氏不幸去世。继母纳喇氏被父亲娶回家中,继母待他刻薄寡恩,经常向他父亲进逸言。受到继母挑唆的父亲,在明万历五年(1577)、努尔哈赤19岁时,让他分家另过,只分给了他很少的家产。后来,父亲不忍心,又分给他一些家产。努尔哈赤很有志气,谢绝了父亲的好意。

从小就很有志气的努尔哈赤,勤奋好学,喜欢读书,《三国演义》《水浒传》等汉文典籍,都是他最喜欢读的书。

赫图阿拉有肥土沃野,适于农业耕作;四面环山,大小溪水、河流纵横交错。这个自然条件很适合打猎、网鱼,而且种类繁多的奇珍异宝在山上生长着,诸如人参、蘑菇、松子、榛子等,以及飞禽走兽,无所不有。女真人们在这里生活,早已过渡到以农业生产为主的阶段，无论是围猎，或者是网鱼，早已经是他们生活中不可或缺的一部分。 为了从事这些活动的需要，女真人不论男女都掌握骑射这项基本的技能。 努尔哈赤从实践中锻炼成为一个骑射高超、武艺精通、体格健壮、意志坚强的勇士。

从 19 到 25 岁起兵前，约 6 年多时间，是努尔哈赤浪迹辽东、独自"闯世界"的时期。 为了生存，再大的风险他也敢去闯。 他历尽千辛万苦，进入深山密林采挖人参。 同时，他也以娴熟的箭法追杀猎物，如貂、猞猁等动物，因为这些毛皮非常值钱。 另外，他还采集大量蘑菇、木耳、松子等野味。 他到抚顺"马市"将这些东西售出，靠着自己的劳动，每次都大有收获。 当时，明朝为了从蒙古人、女真人中换取马匹及其他土特产，也解决这些少数民族对铁犁、铧子、铁锅、布匹及食盐等生产生活用品的需要，便特别将"马市"开设在辽东与蒙古人、女真人交界地方，以便开展贸易。

第二章 "十三副遗甲"起兵

父、祖被害

自李满住、董山被"犁庭扫穴"之后，遭到致命打击的建州女真一蹶不振，以致过了五六十年尚未恢复元气。 在建州女真还在默默无闻时，显示出一种空前活力的海西女真，开始登上历史舞台。

海西女真，清朝称之为"扈伦"（呼伦），又写作"胡笼"，均系同音异写。 这部分女真人分布甚广。 自明正德（1506—1521）至嘉靖朝（1522—1566），祝孔革、速黑忒等著名领袖在海西女真中先后出现，他们都以忠顺朝廷而得到奖赏。

与王台同时，建州部女真也兴盛起来，控制建州女真部的先后有王杲、王兀堂等风云人物。

经过长期的分化、势力的消长，4个大部和10余个小部族又在女真族中重新凝聚起来，他们是：建州部，包括苏克素护河部、浑河部、完颜部、栋鄂部、哲陈部；长白山部，含有讷殷部、鸭绿江部；东海部，包括窝集部、瓦尔喀部、库尔喀部；扈伦（呼伦）部，包括乌拉部、哈达部、叶赫部、辉发部。这些大大小小的部落，在辽阔的东北大地上分布着，除了地居偏远的部族（主要是"野人"女真），多数都已进入阶级社会。他们为了占有更多的土地，展开了激烈的争夺、兼并。

女真各部的争夺，在建州部王杲与海西部王台两大势力的较量上尤其明显；在海西部，有清佳砮、杨吉砮所主叶赫部与王台所主哈达部之间，气氛也非常紧张。

"分而治之"的政策一贯是明朝对女真所采取的统治方式，它不能允许女真各部争夺，以免打破平衡的关系；另一方面，它又将与明朝关系密切的部族拉拢加以扶持，用以制约不驯服的部族。

万历十一年（1583）二月，阿台率领阿海等女真酋长及大批部众，分路闯入明边墙内，深入到了沈阳城南浑河。感受到了阿台严重威胁的李成梁，决定进行讨伐，欲将之一举剿灭。

努尔哈赤的祖父、父亲虽与王杲、阿台有亲戚关系，但是他们"反明"却不是他们支持的。相反，他们仍忠于明朝，还帮助明朝消灭阿台。

率部救援虎皮驿之后的李成梁，又迅速出兵，从抚顺王刚台出塞百余里，直趋阿台的住地——古勒山寨（今辽宁新宾县上夹河乡胜利村）。此地山势十分险峻，古勒山，易守难攻，但李成梁世代居于辽，非常熟悉这里的山川地形，况且他多年同女真人战斗，作战经验相当丰富。他还特别起用女真人尼堪外兰做向导，为他提供咨询。

李成梁把军队分为两路：由他亲自率领一部攻打阿台所据古勒山

寨，另一路以辽阳一名副将为帅，专攻阿台的同伙阿海酋长的营寨。阿海不堪一击，明兵一到，其部属纷纷逃遁，阿海很快就被击杀。击杀阿海之后，副帅就回军赶至古勒山，与李成梁军会合。但李成梁的进攻却很不顺利。

听说古勒山寨遭到明军进攻的觉昌安，很担心他的孙女的安全（嫁给阿台为妻），就约儿子塔克世急忙赶来搭救。当抵达古勒山下的时候，明军已开始发动攻击。觉昌安命塔克世在寨外等候，他先进去，企图将孙女带出来。他进了城寨，说明意图，不料阿台坚决反对，不许他孙女出寨；劝他投降，他更是暴跳如雷。塔克世一直等在城外，迟迟不见父亲回来，放心不下，急忙赶到寨里。

看到久攻不下、损失众多的明兵，李成梁责成尼堪外兰对寨内人招抚，尼堪外兰向寨里喊话，欺骗他们说："天朝大兵既然来此，怎么可能会半途而废？你们不如把阿台杀掉，归顺天朝。李将军有令，谁能杀阿台，这个城的城主就是他的。"城里的人信以为真，群起而将阿台杀死，向明朝投降。但是违背诺言的李成梁，将投降的人引诱出寨后，不分男女老幼全部屠杀。

此役给努尔哈赤一家带来的最大不幸，就是在混乱中觉昌安与塔克世父子被明兵杀害。觉昌安父子被杀，促使努尔哈赤最终登上历史舞台。

从这个意义上考察，李成梁攻杀阿台而导致努尔哈赤的父、祖被害，这个历史事件在当时应该算是最大的了。有关这一事件的内幕及其全部过程，向为史家所重视。以上历史是根据清朝官书的记载重现出来的。明朝却有着不尽相同的记载。如《东夷考略》和《东夷奴儿哈赤考》等，多载与李成梁关系密切的觉昌安和塔克世，他们父子被招来"从征"做"向导"。李成梁利用他们父子与阿台的亲戚关系，让他们试图让阿台放弃，接受招抚。清人认为这是有损名声的，不愿把祖宗曾助明人而叛亲戚（阿台）之谊的史实传之于世，故为之曲笔，将先后入城的觉昌安父子说成是为救自家人而导致被杀。至于尼堪外兰这个人物，几乎完全没有记载到明人所著的书籍。因为他参与征阿台之役、挑拨唆使的细微情节，属细枝末节，明人未必知道，漏载这个也是在所难免的。

起兵复仇

当传来觉昌安、塔克世被杀的噩耗时，努尔哈赤悲痛欲绝。作为补偿，朝廷命将攻古勒山城时所得敕书30道，另拨马30匹，一并赠送给他，并让他承袭都指挥使职衔，颁给敕书。朝廷以为事情已经了结，给了很优厚的待遇，努尔哈赤一家的损失就足以补偿。但是，努尔哈赤并不这样想，倔强的他绝不会让他的父、祖白白死掉，一定要把事情搞个水落石出。他通过调查，了解到杀害他父、祖的罪魁祸首是尼堪外兰，决心要报仇。但努尔哈赤的要求被明朝果断拒绝，甚至向他发出威胁、施加压力，企图把这件事压下去。

明万历十一年（1583）五月，时年25岁的努尔哈赤以父、祖仅遗留的十三副铠甲，集结志同道合者不足百人，宣布起兵，为父、祖报仇。努尔哈赤起兵时，处境异常困难，连一支可以联合的同盟军都没有。但他却毫不畏惧，率领不满百人的一支小队伍，直取图伦城。闻讯感到害怕的尼堪外兰只携带妻子儿女逃到嘉班躲避。努尔哈赤抵达图伦，一举攻克，初战告捷。这是努尔哈赤有生以来第一次独自用兵，第一次取得胜利。

同年八月，努尔哈赤向嘉班城发起攻击。努尔哈赤的兵还没有到，尼堪外兰已弃城逃跑。他一口气跑到抚顺东南的河口台，被明军阻拦，"边里"即明朝所统治的辽东地区不准他们进入。率兵赶到这里的努尔哈赤，见此情景，误以为明朝军队帮助尼堪外兰，就下达命令，停止追击，迅速撤军。接着，努尔哈赤又将诺米纳兄弟设计杀害。萨尔浒城及其部属，都归努尔哈赤所有。

努尔哈赤不停顿地追逐仇人，明朝对此持消极态度，既不干涉努尔哈赤的行动，也不提供任何帮助给尼堪外兰。

努尔哈赤为父、祖复仇，本已势单力孤，找不到帮助他的人。同时，他本族的一些不肖子孙不但不帮助他复仇，还不惜设计各种阴谋加害他。

努尔哈赤六祖宝实之子康嘉，是父亲塔克世的叔伯兄弟。诺米纳兄弟刚被努尔哈赤击败，这位本家叔父便与人合谋，请来哈达部的兵，将努尔哈赤所属的瑚济寨劫持了。哈达部的理岱在返回的中途，正将抢夺来的人畜进行分配时，努尔哈赤派12名精兵突然追到，当场击毙40余人，如数追回被掠夺的东西。努尔哈赤被理岱的抢劫行为深深地激怒了，遂于他起兵的第二年，即万历十二年（1584）正月，攻破理岱之城。

兴兵征讨仇人尼堪外兰的努尔哈赤，从一开始就遭到来自家族内部和外部各部落的强烈反对。不再像祖辈那样和谐地生活在一起的努尔哈赤族人各有自己的利益，彼此亲族的关系已变成利害的冲突。一开始，他们害怕努尔哈赤攻打尼堪外兰给本族招来灾难，而努尔哈赤的势力明显壮大时，他们又心怀嫉妒。所以，他们一而再地密谋陷害，必欲置努尔哈赤于死地而后快。

面对内外强大的反对势力，努尔哈赤朝着既定的目标勇敢前进。万历十四年（1586），这是他起兵的第四个年头。这时，努尔哈赤的部队已成为1000人左右的一支精干的队伍。

同年七月，努尔哈赤率部向鄂勒珲进军，攻打尼堪外兰。他的"仇敌"虽然布满沿途，但谁也无法阻拦他的前进步伐。努尔哈赤昼夜奔驰，直抵城下，发起猛攻，攻克鄂勒珲城，寻遍全城，未见尼堪外兰的踪影。经了解，尼堪外兰已逃入明边，被明朝边臣保护起来了。努尔哈赤便命俘虏向明朝宣言："交出尼堪外兰，不然，我就派兵征讨！"此时的努尔哈赤也不再害怕明朝了。最后，努尔哈赤终于杀掉了尼堪外兰。

统一建州

当努尔哈赤为了复仇而登上明末的政治舞台时，历史将一个千载难逢的机遇摆在他的眼前：女真社会正在由分散走向统一。换言之，女真社会发展的要求是统一。

在努尔哈赤先辈们活动的时期，明朝方面的遏制措施都奏效了，那还是明神宗在位之时。神宗即位之初，只是个10岁的孩子，由名相张居正掌控朝政。张居正实行了一系列的社会改革政策，加强中央集权，严格考核官员，澄清吏治，打击大地主豪强，抑制土地兼并，清丈全国土地，扩大税收来源，推行"一条鞭法"，巩固边防。在明朝统治江河日下之际，他力挽狂澜，很快就收到了良好的效果。辽东名将李成梁就是在张居正的扶持下走向了辽东，走上了同蒙古人、女真人激烈斗争的战场，于万历二年（1574）走马上任辽东总兵官。他锐意进取，重新整顿，加强战备，军声大振。土蛮、炒花、董狐狸等屡次大规模进犯，均遭李成梁军重创。

李成梁镇辽的前10年，是明统治辽东最强大的时期。海西、建州女真各部都被其削弱。他们的著名领袖，不是被击毙，就是一蹶不振。

另一个对努尔哈赤有利的条件是，明朝的统治已转向衰亡，辽东已呈大乱之势，普遍存在的腐败现象，使辽东的衰落再次被加速。

明朝之亡，始自神宗。万历十年（1582），这时距努尔哈赤起兵还有1年，张居正去世，神宗亲政，政局急转直下。

神宗的种种虐政造成了辽东大乱，这正好给了努尔哈赤一个崛起的大好机会。

努尔哈赤的目标，首先是建州女真各部，各个击破，最后使女真各部达到完全的统一。

万历十三年（1585）四月，努尔哈赤与弟弟穆尔哈奇率兵5万西征浑河流域的哲陈部。 嘉哈的首领苏库赀呼暗中告密，得知消息的托漠河、章佳、巴尔达、萨尔浒、界藩五城首领，一致同意五城联合对抗。 后哨章京能古德侦察到敌情，飞报努尔哈赤，却走错了路，没能及时将敌情传到。 努尔哈赤因为有后哨，没有严加防备，只顾继续深入。 不料，敌兵800余人忽然出现，已布阵于浑河至南山。 努尔哈赤下马，将马赶回去，与弟弟穆尔哈奇只带两个随从，4人步行前进，直入敌人重围，奋勇将敌兵20余人杀死，敌人大败，争相抢渡浑河逃走。 努尔哈赤等人稍事休息，重整盔甲，又率兵追杀敌兵45人。

当年九月，苏克素护河部的安图瓜尔佳城又被努尔哈赤攻破。 第二年五月，他又攻克浑河部拔义浑；七月，他攻克哲陈部托漠河城。酸（地名）地酋长率本部军民来归附，努尔哈赤将他的儿子费英东任命为大臣；又有栋鄂部酋长克辙之孙，名叫何和礼，也率本部兵马归附。 后来，费英东、何和礼都成了努尔哈赤手下得力的大将、治国的能臣，是清开国勋臣之一。

到万历十六年（1588），努尔哈赤对苏克素护河部、浑河部、完颜部、栋鄂部、哲陈部，或兼并，或招徕，统一之势就在眼前。

努尔哈赤从万历十一年（1583）起兵复仇，到万历十六年（1588），将建州各部统一。 这是努尔哈赤统一女真大业所完成的第一步。 他从最初的不足百人，仅有13副铠甲，发展到领有数千人的军队；从只占有赫图阿拉的方圆10余里之地，到将整个建州部族占有，已扩大了数十倍、上百倍。 努尔哈赤起兵，表面看是为了复仇，其实，处在奴隶制社会的发展阶段，为争夺土地、奴隶的各部落，展开了激烈的兼并战争，这才是努尔哈赤起兵的真正原因。 因此，他复仇的过程，也就是他开始统一全国的过程。 他把女真各部落和部族由分散、割据的状态统一成为一个整体，形成经济、政治和文化的共同体，为新的民族——满族的形成创造了条件，也奠定了大清王朝的诞生。

第三章　威震东北

独战群雄

努尔哈赤基本完成对建州女真的统一后，对建州以外的女真各部也开始用兵。一开始，长白山鸭绿江部是其攻取的目标。万历十九年（1591），努尔哈赤派兵一举攻克该部，将该部并入建州。

在短短的几年里，努尔哈赤取得了连续不断的胜利，在女真内部的反响非常大。特别是海西女真的诸酋长，对努尔哈赤的一举一动都以惊恐的目光注视着。叶赫部首领纳林布禄（又作"那林孛罗"）自感与其实力相当，很不服气，特派部属伊勒当、阿拜斯汉二人前往，向努尔哈赤提出索求土地的意图，努尔哈赤轻松地解决了这一问题。

当时，不仅叶赫这样大的女真部落反对努尔哈赤的统一，其他部落挑战的信号也屡次发出，就连一些小的部落的酋长也不愿失去自己的"天堂"而主动归属努尔哈赤。

其时，与哈达、叶赫结为姻亲的努尔哈赤，已经做了两部的女婿。万历十六年（1588）四月，哈达王台的孙女、扈尔干的女儿，亲自被她的哥哥歹交给努尔哈赤，与之成亲。同年九月，努尔哈赤又娶了叶赫已故酋长杨吉砮的小女儿为妻，她的哥哥纳林布禄亲自送她与努尔哈赤成婚。她就是皇太极的生母。

与两部先后通婚结亲的努尔哈赤，目的是想保持同海西女真的和平友好关系，从而能集中力量统一建州，这是远交近攻的策略。哈达与叶赫两部同努尔哈赤结亲，目的是笼络建州的这个新人物，借以牵制他的发展。

当努尔哈赤把统一目标逐渐扩大到建州以外，叶赫等部不能坐视不管先以威胁、索要土地为手段，想让努尔哈赤乖乖听话。遭到拒绝后，叶赫等部转而采取军事手段，企图给努尔哈赤一次毁灭性打击，古勒山大战就是因此而爆发。

明万历二十一年（1593）六月，不顾亲戚之谊的叶赫布寨、纳林布禄，先纠集哈达部酋长孟格布禄、乌拉部酋长满泰、辉发部酋长拜音达里等四部兵马，进攻建州部，夺取了户布察寨。只率3名骑兵、20名步兵的努尔哈赤同哈达的追兵激战。他斩12人，获甲6副、马18匹而回。

叶赫布寨兄弟纠集四部兵马小试锋芒，建州的根本并未被伤及。他们决心与努尔哈赤决一胜负。同年九月，除了六月间参加军事行动的四部，又将另外五部兵马联合，结为同盟，集兵3万，分成三路大规模地向建州发动进攻。

当时的形势十分严峻，这是努尔哈赤起兵以来遇到的最大威胁。虽然以往他取得过不少胜利，但是，要对付如此之多的敌人，毕竟是第一次。不言而喻，此战的胜负至关重要。

叶赫兵临赫济格城下，攻击了一天多，还没攻下。努尔哈赤却不同叶赫兵交战，而是将赫济格城对面的古勒山占据，分兵险要处。他部署完毕后，命猛将额亦都只率100名士兵前去挑战。叶赫兵果然放弃攻城，转而迎战额亦都。两军一交锋，就有9名叶赫兵被杀，锐气受挫，稍稍退缩。此刻，布寨、金台石（纳林布禄之弟）与蒙古科尔沁三头目联兵进攻一处。一马当先的布寨，突入阵中。忽然，他的马被木桩绊倒，努尔哈赤手下士卒一跃上前，骑在布寨身上，顺势一刀，结果了他的生命。

正如努尔哈赤所料，作为叶赫的酋长、纳林布禄兄长的布寨被杀，叶赫官兵皆号啕大哭，战斗力马上就丧失了。而所有同来的各部头目也闻风丧胆，各部联军大溃乱，抓住战机的努尔哈赤纵兵追杀，到处留下了敌人的尸体。

经过一天一夜的激战，九部联军惨败，努尔哈赤大获全胜。

这次激战史称"古勒山大战"。 这场战斗，努尔哈赤共歼敌 4000 人，获马 3000 匹、盔甲 1000 副。 经过此战，建州部名声大震。

战争刚结束不到一个月，朱舍里部就被努尔哈赤招降了。 接着额亦都等 3 将，领兵 1000，向讷殷部所属佛多和山发起进攻，历时 3 个月将其攻克。 万历二十三年（1595）六月，努尔哈赤向辉发部进攻，攻克多壁城，斩其守将凯旋。 努尔哈赤的势力向东北扩张，越出今辽宁省境，达到今吉林省辉南县境。

在古勒山大战之后发生的另一个变化是，曾参加九部联军的蒙古科尔沁部贝勒明安采取主动的策略，遣使向建州部表示友好；蒙古喀尔喀部贝勒劳扎也首次遣使，缓和与努尔哈赤的关系。 在他们的影响下，蒙古各部纷纷遣使向努尔哈赤靠拢。 这正是努尔哈赤所需要的，他需要借助蒙古各部的力量，来同海西诸部展开斗争。

兼并二部

古勒山大战，是努尔哈赤同海西四部整体力量第一次生死较量。这一战，努尔哈赤大获全胜，增强了他统一女真的信心，也为进军海西扫清了道路。 而靠近建州的哈达、辉发二部，就是努尔哈赤首先要攻取的。

在海西四部中，最先强盛起来的是哈达，他称霸于海西，一度为四部盟主。 哈达最忠于明朝，而明朝也对他提供了强有力的支持。在王台、扈尔干父子相继去世后，其家族分裂、互相火拼，势力大衰，在四部中已失去盟主地位，正在迅速崛起的叶赫将其取而代之。

万历二十五年（1597），哈达、叶赫、乌拉、辉发四部酋长联合进行了一次和平行动，共同遣使要求同努尔哈赤重建和平友好关系，实际上，四部也是为了向努尔哈赤表达歉意。 其实，努尔哈赤也需要一段和平时期，以利积蓄力量，待机而动。 对哈达等四部的友好表示他也很痛快地接受了，并设宴款待。

这次盟誓，实际是以哈达等四部为一方，以努尔哈赤为另一方的较量。但对于四部而言，彼此也互相承担已做出的保证同样具有约束力。他们此举最根本的原因是古勒山大败使其暂时无力同努尔哈赤抗衡，就一定要将已破裂的关系修复，稳住努尔哈赤，他们需要重新做好准备，以图东山再起。

万历二十七年（1599），盟誓才过去不到两年，便在哈达跟叶赫之间发生了军事冲突。论实力，无法同叶赫相匹敌的哈达连遭失败，而且难以为继。为求生存，他被迫转而求救于努尔哈赤。作为交换条件，哈达酋长孟格布禄将自己的3个儿子交给努尔哈赤，押在佛阿拉做人质。哈达求援，为努尔哈赤进军海西提供了难得的机会。对孟格布禄的请求，努尔哈赤毫不犹豫地答应了，选派大将费英东、噶盖率2000兵力前往哈达支援。

出兵援助哈达的努尔哈赤，对叶赫构成严重威胁。酋长纳林布禄筹划一计，离间哈达与努尔哈赤的关系。他派人给孟格布禄带去一封信，信的大意是：你将努尔哈赤派来增援的两名将领逮住，以此要挟，赎回你那3个做人质的儿子，并趁机消火2000援兵。如果你这样做，你以前想要的女人我就送给你为妻，我们两国仍旧和好如初。在此关键时刻，权衡了利害关系的孟格布禄，又倒向了叶赫。他与叶赫约定，谈判在开原举行，命自己的两个妻子代表他前往商谈。

孟格布禄的做法，无疑是一种见利忘义的背叛行为，听到这个消息的努尔哈赤，即于万历二十七年（1599）九月率兵亲征哈达。攻城数日夜，哈达城终于被攻破。大将扬古利生擒孟格布禄。起初，努尔哈赤对孟格布禄以礼相待，赐给他自己用的貂帽和豹褂，但后来还是处死了他。

哈达被兼并，孟格布禄被处死，当消息传到北京之后，神宗很不满，下旨让武尔古岱回去，恢复哈达建制。武尔古岱是孟格布禄的长子。 但长于密谋的努尔哈赤，岂能轻易放弃哈达！ 他把原先许配给孟格布禄为妻的三女儿莽古姬，转嫁给武尔古岱，双方的姻亲关系变成翁婿，哈达不能不受努尔哈赤的控制。 一心想夺取哈达的叶赫纳林布禄，屡次联合蒙古进犯建州。 万历二十九年（1601）春，哈达闹饥荒，百姓挨饿，向明开原城借粮，遭到拒绝，努尔哈赤乘机重取哈达。

兼并哈达后，努尔哈将实力雄厚的叶赫与乌拉避开，把进攻的目标瞄准了较为虚弱的辉发部。

万历三十五年（1607）九月九日，努尔哈赤进兵攻打辉发，至十四日兵临城下，迅速展开攻击。 猛烈的攻势就连拜音达里所筑三层城墙也抵挡不住，只用了一天，努尔哈赤就把辉发城攻克。

四战乌拉

在短短几年里，扈伦四部已亡两部，剩下的两强分别是乌拉与叶赫。 努尔哈赤吞并哈达、辉发后，已经有把握战胜乌拉、叶赫，较之数年前他信心倍增。 限于兵力，他不能同时对这两部进行攻打，于是仍以各个击破的战略，把乌拉作为下一个攻击目标。

在扈伦四部中，具有较为悠久历史的是乌拉。 早在明永乐初，它的始祖纳齐布禄已在后来的乌拉部本土洪尼勒城建立扈伦国。 王位传至第三代佳玛喀，明朝授给他兀者前卫都指挥使之职，其子都勒希时，又晋职都督。 但都勒希死后，其孙却与明朝的关系紧张起来，更有不断进犯的蒙古骑兵，扈伦国所属各部卫纷纷脱离，自谋生存之路。 其中，它的另一支家族在都勒希的三弟速黑忒（即纳齐布禄的第四代孙）的统领下迁至塔山，任塔山左卫都督。 哈达部的始祖就是他们。 故乌拉部与哈达为其同祖同宗，同出一源。

扈伦国传至第七代布彦，已经到明嘉靖时期了。 因居乌拉河岸，自号国名乌拉。 是时，哈达、辉发、叶赫等部相继崛起，扈伦国已结束，扈伦四部并存的时代已经开始。

满泰的堂叔兴尼牙是个亲叶赫派的首领。他每次鼓动满泰出兵建州，名为救布占泰，实则是想激怒努尔哈赤将他杀死。满泰每次都予以拒绝。怀恨在心的兴尼牙开始阴谋策划夺权。

得知乌拉内乱的努尔哈赤，迅速做出决定，释放布占泰回乌拉。城内宗族都支持布占泰，兴尼牙陷入孤立，为了避难便携家眷投奔叶赫。布占泰得以立为乌拉贝勒。

努尔哈赤不杀被俘获的布占泰，还将其"恩养"3 年，此次又在努尔哈赤的扶持下，继其兄满泰为乌拉贝勒。感激不尽的布占泰，在他回乌拉的次年（1597）十二月，将他的妹妹呼奈嫁给速尔哈赤为妻，送到之日即设宴成婚。万历二十六年（1598）十二月，不忘旧恩的布占泰，又带领 300 人及厚重礼物，前往佛阿拉拜见努尔哈赤，作为主人的努尔哈赤也将其弟速尔哈赤的女儿额实太送给布占泰为妻，另将盔甲 50 副、敕书 10 道赏给他。万历二十九年（1601）十一月，布占泰将其兄满泰之女阿巴亥许配给努尔哈赤为王妃。双方关系显得十分亲密。

布占泰与努尔哈赤友好往还，屡次结亲，给人的印象是双方亲密无间，不存在任何问题。其实，这些都是布占泰做的表面文章，事实上，他却将一颗野心深埋着，暗中勾结叶赫，与之秘密结盟，企图一起对抗努尔哈赤。

在同努尔哈赤保持亲戚的友好关系同时，布占泰大肆扩大自己的地盘。前经其兄满泰的经营，至布占泰的扩张，已经很是强盛的乌拉部，疆域空前扩大。

当布占泰向外扩张时，在图们江地区与在同地用兵的努尔哈赤相遇了。布占泰毫不相让，公开用武力展开争夺。这种利益的争夺，终于导致双方的大规模军事冲突。

万历三十五年（1607）春，原已归服乌拉的东海女真瓦尔喀部属蜚优城（今吉林珲春三家子乡古城村）主策穆特赫，对努尔哈赤表示愿意归顺。

蜚优城主背弃乌拉，主动投向建州，为此，努尔哈赤很高兴，便命其弟速尔哈赤、长子褚英、次子代善与大将费英东、扈尔汉、扬古利等率兵3000，前往蜚优城。他们顺利地到达了目的地，将四周屯寨约500户招抚。返回时，努尔哈赤先令费英东、扈尔汉等率兵300护送。行至中途，不料前面有1万乌拉兵出现，拦截去路。

布占泰因蜚优城主归顺建州而气恼，为了拦截竟派出万人大军。他明知冒犯了翁婿之情，也不惜破坏双方关系。接着，建州兵3000对乌拉兵1万，展开了一场力量对比悬殊的大战，史称"乌碣岩之战"，这是第一次建州同乌拉的较量。

乌拉兵在此战中被歼灭3000余人，建州兵缴获马5000匹、甲3000副。

第二年，即万历三十六年（1608）三月，努尔哈赤以长子褚英、侄儿阿敏为将，统兵5000，向乌拉发起进攻。乌拉部东南的军事重镇宜罕山城（今吉林省吉林市龙潭山古城）是其进攻目标。守城的乌拉兵对建州兵的到来，没做防御。褚英等人率5000兵马突抵城下，将该城迅速包围，并与伪装混入城中的建州兵里应外合，攻克山城，杀死1000余人，获甲300副，取走其余包括居民与所有牲畜，押回赫图阿拉。

经过激战，建州兵趁势夺门，占领了乌拉城。后又经过数次激战，独自逃脱的布占泰，投叶赫去了。乌拉部落自此灭亡。

三征叶赫

说起来，努尔哈赤的建州与叶赫也是亲戚之国。早在建州各部被努尔哈赤统一时，杨吉砮就把他的小女儿许配给努尔哈赤。杨吉砮死后，其子纳林布禄履行父亲生前遗愿，于万历十六年（1588）九月，亲自陪送妹妹到佛阿拉成亲。这年，努尔哈赤30岁，这位新娘年仅

14 岁。 她以美丽、端庄、贤淑而受到努尔哈赤的宠爱。

从万历十六年到三十一年（1588—1603），叶赫那拉氏同努尔哈赤朝夕相伴，在这 15 年里亲密地生活着。 这期间，建州与叶赫友好相处。

万历三十一年（1603）秋，纳林布禄的妹妹叶赫那拉氏忽染重病，很想最后见母亲一面。 为满足她的愿望，努尔哈赤迅速派出使者疾驰叶赫，去请她的母亲前来。

女儿临危，要见母亲；爱女心切的母亲，也要见上女儿最后一面，本属人之常情，并不难做到。 但是，此时建州与叶赫已没有往日那样亲密的关系了，使者到了叶赫，说明来意，纳林布禄却断然拒绝了。 他极力阻止母亲，不准她去看望自己的女儿，只派一名管家前往应付差事。 这导致了叶赫和努尔哈赤的关系破裂。

最后医治无效的叶赫那拉氏去世了，时年仅 29 岁。

对于爱妻的去世，努尔哈赤极为悲痛。 3 个多月之后，他于万历三十二年（1604）正月初八日，率兵进攻叶赫，张城与阿奇兰城两城被攻破，收两城七寨人畜 2000 余，即班师而回。 此举是其为了报纳林布禄不令母女相见之仇，让亡妻之灵得以欣慰。

这以后近 10 年中，双方之间没有出现严重的冲突。 努尔哈赤把主力用于对付哈达、辉发、乌拉三部。

万历四十一年（1613）初，只身逃到叶赫的布占泰，受到了布扬古、金台石两兄弟的庇护。 努尔哈赤闻讯，先后三次遣使，要求叶赫交出布占泰，但遭到拒绝。 努尔哈赤正好以此为借口，于九月六日，再次出兵 4 万征战叶赫。 大军抵张城、吉当刚城，因事先泄露了消息，叶赫已将两城百姓迁走，坚壁清野。 努尔哈赤下令将两城毁掉，又将其他 19 寨攻克，招抚百姓，焚毁了房屋等设施。 另有乌苏城放弃抵抗，向努尔哈赤投降，得降民 300 户。

遭到了大规模进攻的叶赫，请求明朝支援，明朝还向努尔哈赤发出警告。

态度强硬的明朝，使努尔哈赤暂缓了对叶赫的进攻。他看到，取得明朝对他的理解，哪怕是一部分的支持，都是非常必要的。于是，他亲自前往抚顺，给李永芳送去了一封信。信中将他进攻叶赫的原因说明，一是叶赫背信弃义，将已许之女嫁给他人；二是把他的仇人布占泰收留起来，拒绝交出。这些事都跟明朝没有任何关系，明朝的利益也没有任何损失。

努尔哈赤为他对叶赫采取的军事行动辩解，自有他的理由和口实。在明朝方面，反应也是不同的。一种意见认为，努尔哈赤的军事扩张，对明朝的统治产生了威胁；另一种意见认为，虽然努尔哈赤东征西讨，但并不威胁明朝的安危。最后，朝廷讨论的结果，对叶赫还是给予支持和援助，以遏制努尔哈赤的军事扩张，阻止他进攻叶赫。

明朝的政策使努尔哈赤看到，再向叶赫进攻就是同明朝交战。实力不足的努尔哈赤不愿冒着同明朝交战的巨大风险，所以，对叶赫的进攻只能停止。

但是，努尔哈赤周围的将领、大臣们却无法容忍叶赫的傲慢和明朝的有意偏袒。但努尔哈赤高瞻远瞩、英明决断，以时机不成熟为由，暂停对叶赫的进攻，对明朝也不冒犯，因而保持他的既得利益不受侵犯。

5年又过去了，后金建国也已经第三年了，即天命三年、明万历四十六年（1618），身为建州首领的努尔哈赤已不是当年的境况了，真正成了一国之主，在政治、经济和军事上都取得了巨大的进展，相比叶赫的实力已占据绝对优势，和明朝也已经有足够的实力对抗了。

万历四十七年（1619）八月十九日，努尔哈赤再一次，也是最后一次亲统大军踏上了攻伐叶赫的征程。

后金兵分两路：代善、阿敏、莽古尔泰与皇太极等兄弟自率一军，对布扬古据守的西城进行攻打；努尔哈赤自率八旗将领及大军攻围金台石所据东城。

当太阳东升时，亲统大军的努尔哈赤抵达东城，迅即将叶赫包围，攻破外郭，即准备云梯战车，要向内城发起攻击，先下达最后通牒，命令金台石投降，却遭到金台石断然拒绝。努尔哈赤的军队随即发起猛烈的进攻。经过激烈交战，金台石被抓住后绞死。

东城被围时，西城的战斗也异常激烈。是役，布扬古与布尔抗古兄弟投降努尔哈赤。代善奉努尔哈赤的命令把他们的妻兄带到本城居住。

入夜，早已结束的两城战斗，再也听不到喊杀声了，周围变得格外寂静。努尔哈赤却辗转反侧，久久不能入睡，反复思考着对布扬古的处置方法。最后，他终于下定了决心，当机立断，命人将布扬古当夜用绳子绞死，只留下他的幼弟布尔抗古交给代善收养。

为了保护叶赫，明朝派马时楠率兵 1000 前去救援，也都做了牺牲品，全部被杀！

战后，努尔哈赤将叶赫军民全部迁往赫图阿拉，予以重新安置。与建州相持长达近 40 年的叶赫，自此灭亡。

兵进绝域

古人把辽远而人迹罕至之地，称为"绝域"。努尔哈赤在对扈伦四部进行统一过程中，同时东征北进，进兵东海女真诸部、黑龙江中下游等地。

万历二十七年（1599）正月，率领百人的东海窝集部所属虎儿哈路两酋长王格、张格，前往佛阿拉，表示臣服努尔哈赤。博济礼和其他酋长共 6 人，向努尔哈赤求亲。努尔哈赤把手下 6 位大臣的女儿分别许配给他们为妻。万历三十五年（1607），东海女真瓦尔喀部蜚优城主策穆特黑弃乌拉主动向努尔哈赤臣服。也有不肯和平接受招抚的部落或部族，努尔哈赤就派遣军队征伐。

两年后，即万历三十七年（1609）十二月，努尔哈赤命侍卫扈尔汉对窝集部所属瑚叶路进行征伐，俘获两千多人畜。次年（1610）十一月，以额亦都为将，前往窝集部的那木都鲁、绥芬、宁古塔、尼玛察四路，该部康果礼等9名酋长被招抚，努尔哈赤令其举家迁往赫图阿拉。接着，他又领兵袭击雅兰路，获人畜万余而归。

万历三十九年（1611）七月，努尔哈赤派七子阿巴泰、大将费英东、安费扬古领兵1000，对窝集部所属乌尔古辰与木伦两路进行征伐，尽夺其地，俘获人口1000。

同年十二月，努尔哈赤命何和礼、额亦都、扈尔汉三人领兵2000，对虎儿哈部扎库塔城进行征伐。

从万历三十五年（1607）在乌碣岩建州与乌拉征战后，到万历三十九年（1611），计4年间，建州与乌拉、叶赫无战事，努尔哈赤便趁此机会，对东海部频繁用兵，他每一次都是大胜对手。此后，努尔哈赤与乌拉的矛盾日趋尖锐，便忙于准备同乌拉的最后决战，对东海部也暂停用兵了。万历四十一年（1613）灭乌拉，次年（1614）十一月，继续征讨东海部。此次他只派兵500，南窝集部雅兰和锡林等地是此次征讨的对象。此役收降200户，获人畜1000。

努尔哈赤对东海降民的政策十分优厚，为了让他们归降，后金不惜以丰富的物质待遇吸引。但实际上，努尔哈赤征抚并用时，军事暴力还是更多被使用，给当地人民带来不幸。

在萨尔浒之战后，努尔哈赤也忙于进攻辽东地区，连续发动对开原、铁岭、沈阳、辽阳及辽西广宁等一系列重大战役，他对东海部女真的用兵也停下了。直至天命十年（明天启五年，1625），努尔哈赤去世前1年，对东海部女真的征伐才恢复。

从史载努尔哈赤大约始于万历二十四年（1596）首次征东海诸部女真，到天命十年（1625）即他去世前1年止，整整30年，他持续不断地用兵于东海部。每次用兵少则500，多到2000，一般都以千人为限。由于拥有辽阔地面的东海部地形多山、树林繁密，当地女真人过于分散，远不如建州或海西女真人居住相对集中。所以，对居住分散又彼此缺乏联系的落后的女真人，努尔哈赤每次派少量士兵征讨，总能取得丰富的成果。

明清之际，有许多语言不尽相同的部族与部落居住在黑龙江广阔的流域，有蒙古族的巴尔呼人、额鲁特人，还有蒙古语系的达呼尔人、鄂伦春人等。

在黑龙江两岸生活的人，除了极少数从事农耕，绝大多数以捕貂逐兽、网鱼、采集为生，以狗车或鹿车为交通工具。显然，他们生活的社会尚处于原始阶段。

在"野人"生息的黑龙江诸部之地，都蕴藏着极其丰富而珍贵的天然资源，如虎、熊、野猪、兔、灰鼠、飞龙（鸟类的一种，肉质极鲜美）等；各种稀见的鱼类盛产于江河中，如鲤鱼、鲑鱼、细鳞鱼等。至于山野中，各种果实盛产于密林中，数不胜数。这些丰盛的物产，强烈地吸引着努尔哈赤和他的贵族集团。不惧路途遥远的他，把进军的目标指向了黑龙江中下游地区。

努尔哈赤对黑龙江"野人"女真发兵征讨，是于建国之年即天命元年（万历四十四年，1616）开始的。这年七月，他派大将达尔汉、侍卫扈尔汉与安费扬古领兵2000，对萨哈连部（满语，意为黑色，指黑龙江）进行征伐。由于该部地处黑龙江中游，行至乌尔简河的部队，造船200只，水陆并进，将沿河南、北寨36处攻取。十月初，进至黑龙江南岸，趁江水结冰，从冰上通过，到达北界，夺取村寨11处。当地3处酋长40人被招抚，亲到赫图阿拉朝见努尔哈赤。皇太极继其后继续征战黑龙江，主要是在上游地区，同索伦人展开了激烈的战斗。

无论进兵东海部，还是黑龙江流域，都没有明军的阻挠和干扰。因为在这些地方，明朝从不驻兵。

第四章　建立后金政权

营建都城

作为清朝的第一个都城赫图阿拉，是在努尔哈赤统一女真各部的过程中逐渐营建起来的。

努尔哈赤的祖居之地是赫图阿拉。努尔哈赤在这里出生，长到10多岁时，才与父母分家，离开赫图阿拉，独自谋生。

努尔哈赤起兵后，统一事业不断取得进展。他遂于万历十五年（1587）正月，建新城佛阿拉于"建州老营"的废墟上。

分内外城的佛阿拉城外城周约5公里，内城周为"二马场许"（以当时养马场的大小作为衡量面积单位）。建筑内外城墙时，皆以土石为基础夯实，中敷以木杆，如此交替修砌，达于一定高度而止。据现今考古实测，外城墙有5560米的长度。外城的城门，是一块巨大的门板。闭门时没有销钥，内侧两边的木桩只用一根长木放着，将门抵住，如同一门闩。门上设有一敌楼，上覆以草为盖，内城则无门楼。内城自东门过南门至西门，"候望板屋"设于城上，顶部无盖，设梯子以通上下。

作为努尔哈赤早期政治和军事活动大本营的佛阿拉，建州女真的首府已经发挥了巨大作用。在这座简陋的山城里，努尔哈赤先后接受明朝授予的建州都督金事、龙虎将军等官爵。在这里，他策划和组织多次军事活动，把建州女真各部、哈达、辉发等部，远至东海诸部女真，逐一兼并。

迁离佛阿拉之前，努尔哈赤在这座山城里已经生活了16年。万历三十一年（1603）春，努尔哈赤做出决策：放弃佛阿拉，重返赫图阿拉。

赫图阿拉拥有十分优越的地理环境。它地处永陵镇平原南端的一块巨大的台地上，远看如人工造就的大舞台。台地东靠皇寺河，西邻嘉哈河，与呼兰哈达隔河相望；台地背依羊鼻子山，山势险峻，而苏子河从正面即北面的台地前蜿蜒流过，形成一道天然的护城河。除背面即南面为山岭横断，其余三面皆为开阔地，视线无遮拦，对军事观察极其有利。

努尔哈赤在迁城的两年前，即万历二十九年（1601），为了先建赫图阿拉的内城动用了大批夫役，到万历三十一年（1603）完工，努尔哈赤正式迁入。

赫图阿拉城建成了，它是一座体系趋于完备、布局严整、设施周密的庞大建筑群。其南隅沿山势筑墙，其他各面皆筑于平地之上。皆以杂石或片石修砌城墙，石缝间以土填充夯实。

迁入新城的努尔哈赤，继续增建新设施。他于万历四十三年（1615）四月始建佛寺、玉皇庙、十王殿，共七大庙，3年建成。

同佛阿拉时期一样，内外城皆按等级分住；同时，居住又是按专业分工分区的。

赫图阿拉城的建筑质量和工艺水平，相比佛阿拉已超出很多了。由原先的石块与泥土结构变为条石、片石为主的建筑材料，内城居室及公共设施（如庙宇等），结构改为砖瓦式的，间或有草房，其工艺更为精致。

充分利用赫图阿拉有利的自然环境和得天独厚的优越条件的努尔哈赤，加快了发展的速度，大踏步地前进，取得的进展还是那么惊人。在这座新城里，努尔哈赤亲自扩建八旗，完善了军事组织；对乌拉与叶赫的战争也是他策划组织的，基本完成了对东北女真的统一；最后，他在此城宣布建立国家，将讨伐明朝、与之决裂的宣言发出，开始走上同明朝争战的道路。因为这个缘故，他的子孙把赫图阿拉尊为"兴京"，因为这里既是满族的崛起之地，又是清朝勃兴的"龙兴"之地。

即位称汗

到万历四十三年（1615），经过32年浴血奋战的努尔哈赤，已经统一女真大部，疆土日广。建制度，创八旗，制满文，立都城，万事齐备，只等迎接建立国家的这一天。

万历四十四年（1616），恰值正月初一，正式宣布建国称汗的努尔哈赤，在宫内隆重举行了登基典礼。

从这天起，努尔哈赤的国家就宣布建立了，国号金，或称后金，建元天命，即位之年为天命元年。努尔哈赤被尊为"大英明汗"（或大聪睿汗），"奉天覆育列国英明汗"是其全称。

努尔哈赤称汗时，国家草创，各项机构还很不完善，对明朝设六部的形式也没有完全照搬，而是按本民族或参照蒙古的习俗，以独特的方式，对国家军政机构进行了初步设置。

在正式称汗的前一年，即万历四十三年（1615），努尔哈赤在扩编八旗时，对国家政务和监督法律的执行设置了行政官员。负责此项使命和职责的官员由他定名为"理政听讼大臣"，这个小组由5人组成，简称"五大臣"。每5天开一次会，处理和议决国家大事。

只任命五大臣和诸贝勒，统于努尔哈赤，构成国家最高权力机构。"议政王大臣会议"的由来就是这样的，直到入关后还沿袭着这一传统，至乾隆初年始废除。满族这一独创的制度，具有民族特色。到皇太极即位以后，屡经调整，自天聪五年（1631）以后，才完全仿照明制，专设"六部三院二衙门"，国家政权至此趋于完善，实现了封建化。

第五章　与明王朝开战

首战抚、清

　　努尔哈赤对明王朝军事进攻的首次目标，是明朝在辽东东部边城抚顺（今辽宁抚顺）。抚顺作为次于卫一级的边境小城，隶属于沈阳中卫。城建于明洪武十七年（1384），周长仅1500米，但却具有重要的战略地位。它是辽东首府辽阳以东的边防重镇，处于明与建州三卫往来的交通要冲。

　　出征前，努尔哈赤同诸子商量，向他们征询攻取抚顺之计。第八子皇太极颇有谋略，在他的诸兄弟无计可出时，急中生智，将一计策进献父亲。他说："听说抚顺游击（官名）李永芳大开马市，至本月（四月）二十五日结束。在开马市期间，边备必然松懈。我们趁机攻取，必将获胜。"

　　四月十三日，努尔哈赤统领两万大军，分作两路出发，在古勒山会合。次日，选出50人扮作马商先行，然后，再将两路分为8路。

　　率5000人已抵达城下的皇太极，派人吹笛为号，努尔哈赤亲自率兵往抚顺城接应。抚顺城内并无准备，守将李永芳也毫不知情。已得知他们军队到达城下的50人，就在城内放火、呐喊，闹得满城惊慌失措，而后金也包围了城外，想逃也逃不出去。努尔哈赤决定招降，如遭拒绝，再发动进攻。一个汉人被后金兵在城外抓住，努尔哈赤便让他带着招降信去见李永芳。

　　再三思虑后，李永芳决定投降。当见到努尔哈赤时，他下马跪在路旁，努尔哈赤在马上拱手答礼。

后金就这样轻而易举地拿下了抚顺城，首战告捷。城内军民除少数人因抗拒而被杀外，绝大多数都放弃了抵抗，这些人一律被重新编户。

四月二十一日，后金班师。努尔哈赤料到明朝闻讯会来追击，就在离明境10公里的谢哩甸下令立营。不出所料，明朝辽东总兵官张承胤、副将顾廷相、参将蒲世芳、游击梁汝贵率兵1万，分五路前来追击。努尔哈赤分兵前进，三处安营，占据有利地形，做好迎战的准备。当交战展开后，后金很快占据上风，他们发挥骑射的长技，将明兵打得大败。

战斗结束，后金军队于二十六日返回赫图阿拉。首次与明交锋的后金，以全胜告终。

战后，努尔哈赤按明朝的典制，提升李永芳为三等副将，这比起他的原职游击已有了显著的晋升。曾许诺李永芳结为姻亲的努尔哈赤，这时也予以兑现，将他的第七子阿巴泰的长女嫁给了李永芳。按辈分，努尔哈赤成了李永芳的祖父。从后金建国，满汉通婚这大概是第一例。努尔哈赤还把收降的1000户都交给李永芳管辖。

值得一提的还有一件事：攻取抚顺时，努尔哈赤又得到了一个将来更有大用的人才，他就是范文程。当时，范文程还仅是个沈阳生员，即读书人。"仗策谒军门"，主动投靠后金是清官方史书的记载，其实他是被俘人员，努尔哈赤本想把他同其他被俘人员一并处死，但知道他是个读书人，才堪大用，就赦免了他。范文程在治国方面的确可说是奇才，他为皇太极和顺治两朝谋划国家大事，发挥了巨大的作用。

努尔哈赤成功地夺取了抚顺，收降李永芳、范文程等人，信心倍增，再次于五月十七日出兵，进入明边界以内，十九日对抚顺以北、铁岭以南的抚安、花豹冲、三岔儿等地进行围攻，连续攻取了大小城堡共计11个。通过李永芳的劝降，许多百姓也被收服了。

连续的胜利，频频得手，后金的士气无疑被鼓舞了。七月二十日，努尔哈赤又发动了攻打清河的战役。一场血战后，清河陷落。兵不血刃而得两城的后金，将清河全城拆毁，搜索所有粮食，然后凯旋。

抚顺、清河两次战役，中间相隔3个月，但后者实为前者的继续，是努尔哈赤发动的一次战役的两次行动，故史上并称"抚清之役"。

抚清之役，是明、清（后金）战争史上双方首次交锋，最终以后金获胜而宣告结束。

萨尔浒之战

攻陷抚顺、清河二城的努尔哈赤掠其人畜、斩其大将的消息，接连飞报到北京。昏庸的神宗及朝野上下无不震惊、恐慌。李满住、董山、仰加奴等女真首领早年曾在"寇边"骚扰，而今未曾料到的是，努尔哈赤的凶猛更甚他人。他攻城夺地，拆毁城池，使其化为废墟。

在得到抚顺失陷消息的当天，神宗指示了应采取的应急措施。20天后，神宗找来兵部尚书，对征伐努尔哈赤的必要性再一次做了强调。

对于一向不务政事的神宗皇帝，努尔哈赤的军事进攻确实将其惊醒了。他再也不敢疏忽，先发出命令，对后金准备大举进攻。领兵的人选就是杨镐。在抚顺陷落近两个月后，杨镐于六月赴山海关，催调宣府、大同、山西、延绥、宁夏、甘肃、固原等边镇劲卒1.6万及蓟镇台兵，从国库支出饷银20万两。神宗将尚方宝剑赐予杨镐，并授权：凡总兵以下各将官如不用命或有违犯军纪等严重过失，即可军法从事，先斩后奏。

主帅已任命，还差两件必不可少的大事：一是厚集兵力，二是筹集充足的粮饷，两项缺一不可。除前调宣府等7镇兵马之外，另将叶赫之兵调出，再令属国朝鲜派兵。

就在努尔哈赤攻陷抚、清的同年冬，明朝在辽东云集了征调的各镇兵马及叶赫、朝鲜的援军，粮饷也源源运来。 杨镐最后制定出一套分兵四路、分进合击的战略，向后金的中心——赫图阿拉攻去，试图一举将其歼灭。

战斗迅速全面展开：萨尔浒山上的明军被左翼6旗数万军队猛烈攻击。 明军尸横遍野，血流成渠。 浑河上漂满着他们的各种兵器、旌旗、甲杖、尸体，如解冰般旋转而下。 此次战争史称为"萨尔浒之战"。 后来，明朝另外3部人马又被努尔哈赤痛击，明朝大败。

这次大战，历时仅4天，分3个战场进行，后金和明军的数量比为6万比10万，后金以全胜而告终，明朝却损失惨重。 计阵亡道、镇、副、协、参、游、都司、通判、守备、中军、千把总等低级、中级及高级军官共310余员，士兵4.5万余员；损失马、驼共2.8万余匹（头）。 而后金损失人员极少，他们公布的阵亡数字还不足200人，将领级军官无一损伤。

明朝决策伊始，就是为了一举荡平后金政权。 因此，这次大战，对后金来说，是一次命运之战；从长远看，明朝未来的命运也将受此波及。

萨尔浒之战，是明与后金争夺辽东的关键性一战。 此战后，后金进一步稳定了政权，而且夺取了辽东地区攻防的主动权；惨遭失败的明军完全陷入被动，辽东形势陷入危局。 从此，后金军就开始了主动进攻，明军则由进攻转为防御。

攻克开原、铁岭

乘萨尔浒大胜之际，明在辽东北部的两座重镇——开原和铁岭便成了努尔哈赤的下一个目标。

位于辽河中游左岸的开原城（今辽宁开原市老城），其东和北两面毗连女真人居住地，西北又与蒙古相接，是明朝通使和控制"外夷"的门户，有着十分重要的战略地位。

萨尔浒战后，明朝对辽东的危机感加深了，不禁对此忧心忡忡，对开原与铁岭安危的忧虑尤为严重。

夺取全辽之地是努尔哈赤的目标。 这个想法在萨尔浒战后，他已明白地告诉了他的诸王大臣。

天命四年（1619）六月十日，努尔哈赤酝酿已久的计划终于付诸实施。 他亲自率领八旗4万兵马向开原进军。

此次出兵，机密性非常强，以攻其不备。

防守开原的明朝将领有：总兵官马林、副将于化龙、参将高贞、游击于守志、备御何懋官等。 守将不少，但无准备，也没有实际的防范措施。 当后金兵临城下时，他们的军马还散放在百里以外放牧吃草。 慌忙应战的马林等人，命多数兵布防在城外，以少数兵登城抵御。

在明朝无备的情况下，后金以绝对优势兵力轻取开原城。

从十六到十九日，在开原城驻营3天的后金兵，尽收全城财物、金银、牛马牲畜。 城内两卫一州10余万男人和妇女几乎被屠杀殆尽，仅约1000人藏匿幸存或逃出生天。 撤离前，后金将开原城拆毁，城内所有房屋被付之一炬，尽数烧毁。 一切所得财物及有用物资，都用牲驮、车载，3天尚未运完。 一座名城被彻底毁掉。

当然，努尔哈赤也并不是一味主杀，无论是谁向他投降，他都表示欢迎。 开原城破后，驻守该城的守备、蒙古人阿布图巴图鲁、汉人王一屏、戴集宾、金玉和等20余人投降后金。 对这些人，努尔哈赤都甚为宽容。

下一个目标是铁岭（今辽宁铁岭之一部分）。 铁岭卫指挥使司为明时建立，于洪武二十六年（1393）设治于此。 它的战略位置和开原一样，为明代东北边防重镇之一。

一个月后的七月二十五日，天还没有亮，率领五六万人马的努尔哈赤突然出现在铁岭城下，明军全然不觉。等他们明白过来，驻守城外各小堡的守军，没有来得及入城的有一半，这些人在城外就被后金拦截，不堪一击，四散逃跑了。攻取铁岭，后金又是轻而易举地获胜了。

夺取辽、沈

万历四十七年（1619），明神宗再次换将，任命熊廷弼为兵部右侍郎兼都察院右佥都御史经略辽东。

到任后的熊廷弼马上出巡，视察防务。他所到之处，召集流民，整修守具，布防兵马，安定人心。他整顿军纪，将逃将、贪将严肃处理。临阵脱逃的游击刘遇节、王捷，弃铁岭城而逃的游击王文鼎等，还有贪污军饷的游击陈伦等，都被斩首示众，此事震动了全军。他重视兵器，又亲自督造大炮百门，准备齐全。

接着，他向朝廷提出新的战略，要点有三：一曰恢复，一曰进剿，一曰固守。明在辽东的形势此时已有明显好转，大为惊讶的努尔哈赤惧怕熊廷弼，不敢贸然进攻辽、沈。

万历四十八年（1620），神宗病死，即位不到一个月的光宗又死，熹宗初立，朝政更加混乱。帝位频换，也没有解决熊廷弼的请兵、请马、请饷的问题。尤为严重的是，朝廷党派纷争。熊廷弼为人耿介，不媚权贵，受到群起攻击，气愤至极的他有口难辩，一气之下，将尚方宝剑交还，力求罢斥。廷议允许其辞职。于是，又一次辞别辽东的熊廷弼，重新回到家乡闲居。

熊廷弼被罢官后，其职务被朝廷推荐的袁应泰接任。

天命六年（明天启元年，1621）二月，亲统数万大军的努尔哈赤分八路进攻奉集堡（今辽宁沈阳东南一带），实际是将辽沈之战的序幕拉开。

天命六年（1621）三月，努尔哈赤又开始了一次大规模的军事行动：总攻辽、沈，沈阳是其第一个攻击目标。

十三日，努尔哈赤下令攻城。冒着明兵炮火和密集箭矢的后金士兵，推着车直向城墙下前进，遇有壕堑就挖土填、用草垫，让大队人马蜂拥冲锋。次日，明朝将领死伤惨重，沈阳被攻陷。

三月十八日，努尔哈赤召集诸贝勒大臣，发布进军命令："沈阳已拔，敌兵大败。现在就率大军乘势长驱，攻取辽阳！"

自失去开原、铁岭，沈阳、辽阳的安危就马上被明廷考虑到了。沈阳失陷后，从辽东的将领，到朝廷内外，没有人怀疑后金的下一个攻击目标会为辽阳。正如人们所预料的，十八日这天，努尔哈赤进军的命令下达了，浩浩荡荡的大军，自沈阳向南挺进。

十九至二十一日，双方激战不止。二十一日黎明，右翼四旗兵也已登城，合为一处的八旗将士，沿城驱杀明军。辽阳城陷落了，2000余年的名城再次易主，五彩缤纷的后金八旗插满城头。辽沈大战到此结束。

辽阳一破，辽河以东地区闻风而降的有70余城，明人尽皆剃发而成为后金的臣民。明在辽河以东的统治已经土崩瓦解。

迁都辽阳

在努尔哈赤的创业过程中，建都、迁都之多，历代皇帝能赶上他的恐怕很少。但这在少数民族所建的王朝中，并不乏其例。如契丹、鲜卑、女真、蒙古等所建政权，也是屡易国都。因为他们是游牧、渔猎民族，进入繁华都市，随着大发展的事业，往往是国都随建随迁。

在赫图阿拉居住到第15个年头儿的努尔哈赤，也已感到这个老城不再适应他的需要。天命三年（1618）九月，努尔哈赤提出重建界凡城的主张。

天命四年（1619）二至六月，基本上完成了界凡城的建造，努尔哈赤行宫与诸王、臣、军士房屋皆建成。

只在界凡城住了 16 个月后，努尔哈赤于天命五年（1620）再将都城迁至萨尔浒。

开原、铁岭、沈阳被努尔哈赤攻克后，他皆弃而不守。 及攻下辽阳后，他的想法却大变。 天命六年（1621）三月二十一日，即辽阳被攻克的当天，他召集诸贝勒大臣，又提出迁都的事。 天命七年（1622）三月，努尔哈赤决定在辽阳附近另建新都城。 最后，他选定辽阳城东 4 公里的地方，即太子河东，起造新都城，称为东京。 如今，此城城墙及各种建筑物业已全毁，唯有基址遗迹和一座孤零零的城门还留在地面上。

夺取明辽西

辽沈大战后，在辽西开辟战场是时局最大的变化，而雄峙辽河西岸的广宁城，首当其冲，这个重要的目标自然也立刻进入到努尔哈赤的视野。

努尔哈赤以迅雷不及掩耳之势，只用 3 天时间就轻取明在东北统治的中心城市辽阳。 消息传至京师，朝廷再次被深深震撼，一阵惊慌之后，熹宗才和他的枢辅阁臣商议前线的军事形势，谋划应急对策。大多数人主张固守辽西，广宁是关键。 熹宗最后不得已，再次起用熊廷弼全权负责。 熊廷弼制定了固守辽西、渐图恢复的战略防御计划，这个就是著名的"三方布置策"。

明天启元年（1621）七月初，熊廷弼离京，再次踏上征程。

天命七年（1622）正月十八日，努尔哈赤留下宗弟多毕等几人统兵镇守辽阳，亲统 5 万人马，离开辽阳，冒着刺骨的寒风，挥军西进，直取广宁。 大军被努尔哈赤分为三路，二十日行军至辽河，后金主力集结在这里，并要从这里渡河。 努尔哈赤计划将优先兵力集结，逐个吃掉敌人！ 后金先头部队不受阻拦地渡过了三岔河，向西平堡直奔而来，双方激战一天。 黄昏时，后金歼灭了守城的全部 3000 明兵，将全城血洗一空，不过此战后金也损失严重。

西平堡刚被攻破，后金将领已经发现大队明兵正向这里移动。这些援兵是王化贞与熊廷弼派来的，共3万余人，但后被努尔哈赤击败而归。

西平围城，沙岭打援，努尔哈赤首开进军辽西的胜利纪录，扫清了夺取广宁的障碍。

明朝特遣王化贞驻广宁，受熊廷弼节制。不幸的是，对辽西的战守问题，熊王各持一端，尖锐对立。熊廷弼的"三方布置策"主守，以守为战。主战而不言守的王化贞宣称："此战必不可守，不过（辽）河必不可战！"意见不合的两人到后面发展到势同水火，意气用事，致使辽西战守无定。等到后金到达城下时，广宁巡抚王化贞与方震儒弃城逃跑。

得知消息的熊廷弼，忙引5000兵马，自右屯出师，前来增援，驻扎间阳驿。在这关键时刻，熊廷弼犯下了一个致命的错误，不管出于何种动机，他竟不救广宁，却率人马退还，从而铸成大错！

王化贞逃离广宁后，把守城门的是其部下孙得功和千总郎绍卢、陆国志及守备黄进等，他们控制了全城。二十三日，孙得功向努尔哈赤驻地西平堡派出7人，被迎请进城。后金占领广宁后，各环广宁周围的堡镇都不战而降，共40余个堡镇及其将吏、所属百姓，都归入后金的统治下。

次日，诸贝勒奉努尔哈赤之命统兵守广宁，努尔哈赤和后妃们起驾回辽阳。他命令将广宁城内的财物全部作为战利品运回辽阳。广宁有非常多毫无损伤的财物，王化贞逃跑时都丢弃在城里。据明兵部题报：战前，全国援广宁，10多万兵被调，转饷200万，发币金数百万，器具、火药、鞍马、牲畜、刍粮数十万，"尽付于奴酋"。后金以车载牲驮，数月才得以运完。同时，努尔哈赤下令将锦州、义州等河西地区的汉人百姓全部迁到河东地区居住，后金直接对其进行管辖。处理完这些事情后，努尔哈赤命驻守广宁、义州等城的八旗军队撤回辽阳，放弃而不守，放火焚城，尽成灰烬。他因为兵力不足，将已得疆土放弃，人口与财富收取一空，只留给明朝一座座空无人烟的废墟。

迁都沈阳

天命十年（1625），努尔哈赤已近古稀之年。但是，他照旧处理国中军事，事必躬亲，锐气不减当年。

这年三月的一天，诸贝勒大臣被努尔哈赤召集议事，他又突然提出迁都沈阳。并详细说明迁都的必要性："沈阳是一形胜之地，向西征伐大明，由都尔鼻（今辽宁彰武）渡过辽河西，路直且近；向北征蒙古，到达只要两三天；向南征朝鲜，可由清河路进兵。而且，从沈阳到浑河、苏克苏护河（即流经赫图阿拉的苏子河）上游地方伐木，顺流而下，用以建宫室、当燃料，是用不完的。打猎从这里出发的话，离山林近，野兽也多，河中各种鱼类也便于捕捞。对这件事，我已深思熟虑，你们难道不考虑考虑吗？"

应该说，努尔哈赤迁到沈阳，还属草创，没有来得及进行大规模建设，便去世了。沈阳城的全面改造、扩建、完成是在皇太极时期。关键问题，不在于建多少、规模大小，而在于努尔哈赤以战略家的眼光，将创业的都城选择到了沈阳。

第六章 抑郁而终

宁远惨败

天命十一年（明天启六年，1626）正月十四日，春节刚过完，努尔哈赤就率诸子侄统领八旗大军，向明朝发动自广宁战役以来最大规模的进攻。 其目标直指宁远（今辽宁兴城），在城下双方展开了激烈战斗。 这就是明清（后金）战争史上著名的宁远之战。

天启二年（1622）八月，仅任职半年多的王在晋被免去辽东经略的职务，以天下为己任的孙承宗，勇赴国难，自请出任经略。 对此举非常满意的熹宗，当即下旨批准。

孙承宗一到任，进行军事重新部署，重用袁崇焕，共同布置了一条以宁远为重点，与锦州、山海关联结成一体的防线，就是"宁锦防线"。

袁崇焕，字元素，广西藤县（今广西藤县）人，于万历十二年（1584）生，四十七年（1619）中进士，授予邵武（今福建邵武）知县。 天启二年（1622）初，正在北京朝觐的袁崇焕被破格提升为兵部职方司主事，立即去山海关考察。 回京后，他向朝廷慷慨陈词，郑重表示："给我兵马钱粮，我一人足以守关！"

在孙承宗的主持下，自山海关、中经宁远、至锦州共 200 公里间的宁锦防线建成了。 边防大备，3 年多内，山海关门及辽西无警，朝中晏然。 岂料，明廷的内部党争却又乘势而起，且愈演愈烈，太监魏忠贤窃取大权，其势日炽，排陷忠良，大兴冤狱。 孙承宗为人正派，居官清廉，因拒绝投靠以魏忠贤为首的阉党，终于被排挤出朝廷，回家乡养病。

就在这时，趁天气严寒，努尔哈赤发动了进攻。 经过几年的养精蓄锐和精心准备，后金的军容之盛，更胜于前。 右屯、锦州、松山、杏山、大凌河、小凌河、连山、塔山共 8 城，原驻有明军，都已撤回关内。 后金"如入无人之境"，不费一刀一枪，就将这些城镇轻而易举地攻破了，只有袁崇焕召集本部兵马撤退到宁远城内，独守孤城，等待与后金进行一场实力较量。

正月二十三日，努尔哈赤率将士直抵宁远城郊。 他以攻心为上，袁崇焕断然拒绝了努尔哈赤的引诱，与宁远共存亡的决心非常坚定。

对后金的进攻，袁崇焕早已做好了迎战的准备：集中兵力于宁远，撤中左所与右屯等处兵马及宁远城外的驻军，连同西洋大炮，全部入城防守，明兵总计城内不足两万。 他又实行坚壁清野，传令住在城外的百姓入城并携带守城工具，将所剩房屋与积蓄全都焚毁，使后金到此一无所得。 他还实行严密分工、集中指挥的军事策略。

袁崇焕明白与后金的此次交锋，非死即生。 因此，除了动用一切防御手段，还动员全城百姓同军队一起作战。 一听说后金军渡河，全城人心惶惶，纷纷准备逃命。 袁崇焕便紧急动员和说服，表示出必胜的信念，要求全城军民"死中求生、必生无死"。 只要军民同心守宁远，众志成城，必胜无疑。 在袁崇焕的动员下，人心安定下来，前所未有的热情也被激发出来，汇成了一股不可抗拒的力量。

二十四日，努尔哈赤下令发起总攻，派主力攻打城西南角。 袁崇焕本选定城东南角为防守重点，此侧正当着通向山海关的大道，以为必先受到攻击，但察看了城上"布防形势"的努尔哈赤却发觉了较为薄弱的西南角，即以此为突破口，作为攻击点。 他穿上铠甲，跃上战马，手执令旗，亲自指挥攻城。

城内，坐镇敌楼的袁崇焕，正与来中国充任朝鲜使臣翻译的韩瑗谈古论今。 他面无忧色，镇静如常，传令全城兵民偃旗息鼓，就像一座空城，等后金骑兵被诱惑至城前，进入射程之内再攻击。

凭借坚城护卫的明兵，既不怕骑兵猛冲，又能躲避箭矢的攻击。城上11门西洋大炮齐轰，此炮威力强大，只要击中板车，就能把它炸得粉碎。 死伤累累的后金兵踏着尸体拼命向城下推进。 一些板车直抵城墙脚下，车的顶部以厚板遮蔽，隐藏在里边的后金兵，手持斧镐凿城，有三四处城墙被凿成大窟窿。 不能直射城下的大炮因而失去作用，连城上的箭矢和礌石、滚木也奈何不了板车上的挡板。 亲临战场的袁崇焕发现这一险情，亲自挑石土堵塞即将被凿破的缺口。 后金兵仍在凿城不止。 督屯通判金启倧急中生智，取来火药均匀地筛在芦花褥子和被单上，各卷成一捆。 他先做试验，刚一点着火，他的胡须上便被火星飞溅到了，火势迅速蔓延，金启倧被烧死。 对此方法袁崇焕下令仿制。 "火星所及，无不糜烂"，很多人同时活活被烧死。 这种土造武器，明兵给它起了个吓人的名字，叫"万人敌"。

激战持续到晚上，后金兵冒死不退。火球、火把又从城上投下，将黑夜照得如同白昼。到三更时候，战斗还在继续，努尔哈赤只得下令停止攻城。

次日，努尔哈赤继续发动攻势，战斗同前一日一样激烈。到傍晚时，后金兵没有一个敢靠近城下，除了增加伤亡外，毫无进展。被迫再次停止攻城的努尔哈赤，退到西南侧离城不远的龙官寺扎营。

努尔哈赤攻宁远不下，损失惨重，转而攻克觉华岛，为解心头之恨，他屠戮了数千明兵。料定将会久攻不利的努尔哈赤于二十七日解宁远之围东归，二月九日返回到沈阳。

从战役的全局看，明兵还是以少胜多、孤军奋战，将后金顽强而勇猛的进攻顶住了。它是明朝自萨尔浒战役以来所取得的第一个大胜仗，明朝把它称为"宁远大捷"而载入史册。

客死他乡

自宁远败归后，努尔哈赤一直闷闷不乐。他不明白为什么自己征战一生没有失败过，却让袁崇焕这个从没打过仗的无名之辈赢了自己。这究竟是为什么？看起来，努尔哈赤的情绪的确不佳，心中充满了苦闷，情志不舒。

尽管发动对喀尔喀五卫王突袭获得成功，又有科尔沁贝勒奥巴倾心归后金的喜悦，但心中失败的阴影却始终挥之不去。悲伤和愤恨，使这个已衰老的人难以承受，他已感到心力交瘁。七月二十三日，努尔哈赤终于病倒。八月七日，病情恶化，危在旦夕，诸王及随侍大臣决定速回沈阳。但是，差 40 里就到沈阳的地界时，努尔哈赤便溘然长逝，终年 68 岁。

皇太极成为父亲的汗位合法继承人，是为清太宗，登基后改元为天聪。

第二篇

清太宗文皇帝皇太极

爱新觉罗·皇太极，生于明万历二十年（1592），崇德八年（1643）八月初九日卒。 他登基时 35 岁，在位 17 年，享年 52 岁，庙号太宗，谥号文皇帝，葬昭陵（今辽宁省沈阳市清北陵）。 他为大清王朝夺取全国政权奠定了不可动摇的基础。

第一章 皇太极登基之路

助后金建立殊勋

皇太极幼年时，就跟随父兄出外渔猎。 女真人谋生的必要手段便有渔猎一项。 即使比较注重农业生产的建州女真，也把渔猎作为重要的生活来源。 因此，渔猎是女真男女都擅长的。 在这个氛围中长大的皇太极，一手骑马射箭的好本领自然就被锻炼出来了，这为他后来征战疆场打下了坚实的基础。

后来，努尔哈赤处死长子褚英。 在这过程中，作为四贝勒的皇太极，始终站在父汗努尔哈赤一边，旗帜鲜明，立场坚定。 褚英起初在掌权时得意忘形，后来，在四大贝勒和五大重臣忍无可忍时，皇太极同他们站在一起，将褚英的恶行书面揭发。 直至最后，努尔哈赤处死了褚英，皇太极也表示坚决支持。 处在复杂的政治斗争形势下的皇太极，头脑清醒，处事果断，一个政治家的睿智与机敏逐渐显露出来。

天命六年，明天启元年（1621），根据努尔哈赤的上谕，四贝勒也开始参与国家最高权力的运作了。 这是努尔哈赤对四大贝勒的训练和考验。 这时，29 岁的皇太极和其他三大贝勒一样，开始处理国家大事。

皇太极是努尔哈赤的得力助手，是四大贝勒的中坚力量。 他在追随努尔哈赤的政治较量和军事斗争中，屡建功勋，功劳卓著。 在长期的戎马生涯中，他成为一颗冉冉升起的闪亮的政治和军事新星。 他的继位，可以说是众望所归。

继承汗位

努尔哈赤在弥留之际，心绪烦乱，不知所措，对于他的接班人没有任何的指示，而只是给了"八大铁帽子王"一个原则，即由八王共同推举产生继承人，这就是"平日皆预定告诫"的内容。谁是八王所推举的人选，他就不得而知了。

在决定皇太极登极的过程中，代善及其第一子岳托和第三子萨哈廉起的作用是很大的。在努尔哈赤病逝当天，岳托和萨哈廉经过商议，决定向其父代善提出建议，直言不讳地说："国不可一日无君。这么重大的事，应该尽快做出决定。现在，皇太极贝勒无论才能和德行都举世无双，先帝对他也是宠爱有加，也是大家心里所信服的，应该立刻继承汗位。"

第二天，大贝勒代善召集诸位贝勒大臣，对这份劝进书进行讨论。他出示了事先准备好的劝进书，让大家阅看。参加这次会议的人，都对推举继承人有决定权。讨论后，大家异口同声地表示赞同："好。"

他们将劝进书呈给皇太极。不料，皇太极坚决拒绝。拒之愈坚，劝之愈诚。最后，皇太极答应了，被尊为天聪汗，以翌年（1627）为天聪元年。

后金政权的继位，虽然有斗争，但由于大贝勒代善的主持，最高权力平稳地实现了过渡。

经过20多天的短暂筹备，天命十一年（1626）九月初一日，皇太极举行了庄严隆重的登基大典。皇太极率领诸贝勒大臣，焚香告天，行九拜礼。

第二章　重用汉臣巩固政权

调整国策安定民心

　　即位后的皇太极，面临的国内形势极其严峻，且有尖锐的矛盾存在于满汉之间，一触即发。摆在皇太极面前的第一个问题是国内政策必须立刻调整，其父努尔哈赤原来实行的国策经实践证明是失败的。歧视汉人的国策，制造的满汉民族矛盾也越来越尖锐。汉人受尽煎熬，走投无路，被迫逃亡，铤而走险。生活在人间地狱之中的辽东汉人无时无刻不在思谋着，或逃亡，或暴动。辽东这座活火山随时都可能爆发。

　　对此，皇太极了如指掌。为了稳定政局、安定人心，解决迫在眉睫的满汉民族矛盾问题，继任后的皇太极接连颁发了 3 个调整国策、安定民心的上谕。上谕的精神实质上是强调满汉平等，"满汉之人，均属一体"。努尔哈赤时期歧视汉人的错误政策被改变，给予了汉人平等的法律地位。这就让后金政局的稳定从根本上得以保证，社会秩序也得以稳定。

仿明朝初定官制

　　皇太极继位之初，对国家官制的改革就很关注。

　　天命十一年（1626）九月初八日，刚刚继位 8 天的皇太极，将诸贝勒召集起来共同商议，做了三项调整：第一项，八旗旗主兼任议政大臣；第二项，每旗仍设两名佐管大臣；第三项，每旗又设两名调遣大臣。

　　崇德二年（1636）四月二十八日，皇太极又将八旗议政大臣加入其中。

皇太极进一步完善了努尔哈赤时代的国家政权，并创建了具有后金国特色的国家政权。 后金国国家政权的指导思想也是皇太极创建的，是以明朝为模式，结合满族的特点，将自己的国家政权机构创立起来。 他指示："凡事都照《大明会典》行。"时人认为此项政策"极为得策"。

总之，皇太极创建的国家机器，以明朝为圭臬，也将后金的特色照顾到，具有后金自己的特色。 其性质是满、蒙、汉贵族地主阶级的联合执政。 皇太极的政权的标志，在政治上已经完成了向封建国家的过渡。

礼遇汉官

皇太极同其父努尔哈赤不同，对汉官非常重视，优礼有加。 精明的皇太极从战略的高度，认识到汉官的极端重要性。 他对汉官采取了三项重要政策，从而取得了成功。 第一，积极招降，百般维护。 对归降的汉官采取了来去自由的策略。 第二，人格尊重，待遇优厚。第三，倾心倚重，提拔重用。

皇太极广泛贯彻实行汉官降将政策，为他征服明朝奠定了坚实的基础。

第三章　东征西讨

东征朝鲜

终努尔哈赤之世，后金和朝鲜之间从来没有发生大的战争。 而继位不到 3 个月的皇太极，决心发兵攻打朝鲜，以解决后顾之忧。

天聪元年（1627）正月初八日，二贝勒阿敏、贝勒济尔哈朗、阿济格、岳托、硕托等人奉皇太极之命统 3 万大军，往征朝鲜。

同时，皇太极将在外移营蒙古兵及在内分管蒙古兵并家属一齐调遣，驰往朝鲜义州城驻防。皇太极又将"便宜行事"的决定权交与前线将帅。于是，二贝勒阿敏等决定进攻安州城。

二月初八日，面对边境的重兵，朝鲜使臣进昌君与阿敏进行议和谈判。

在强大的军事压力面前，几经折冲，不得不表示屈服的朝鲜国王李倧，最终同意正式议和。三月初三日，在朝鲜的江华岛，后金国的代表同朝鲜国王李倧签订了盟约。因代表后金同朝鲜签订和约的是级别较低的两位官员，使得前线统帅二贝勒阿敏很不满意。

为此，他也不顾其他贝勒的反对，一意孤行，继续进兵。随后，大军抵达平壤，即在此地迫使朝鲜盟誓。第二个盟约就此产生。

这次战争历时两月余。战争的性质，是一次后金侵略朝鲜的战争，给朝鲜带来的灾难也是巨大的。皇太极迫使朝鲜暂时屈服，虚假的"兄弟之盟"就此结成。皇太极取得了暂时的后方稳定。

但是，从本质上朝鲜并没有屈服。

与明朝的友好关系朝鲜也继续维持，并为明朝大开方便之门。朝鲜国王李倧允许明朝在皮岛继续驻兵，还允许明军登岸，可以耕种于铁山一带。同时，调拨 50 只船给明军使用，每年春秋两季供给米 2.6 万包。与此相反，后金借船、借粮于朝鲜，朝鲜则一概不借。

后金同朝鲜的关系愈益激化，几乎破裂。皇太极决定再次对朝鲜进行征伐。

崇德元年（1636），十一月二十九日，皇太极将讨伐朝鲜的军律颁布，严厉约束部队。十二月初一日，外藩蒙古诸王贝勒各率兵来会。亲率大军征讨朝鲜的皇太极，命礼亲王代善、睿亲王多尔衮、豫亲王多铎、贝勒岳托、豪格、杜度等随征，管旗大臣分左右翼，率领诸军。战争开始后，可以用"兵败如山倒"来形容朝鲜军队，第二年正月三十日，朝鲜国王李倧，"弃兵器，服朝服，率文武群臣，将明所给敕印献上，自南汉山城来朝见"。礼臣在汉江东岸三田渡筑坛，架设黄幄，皇太极在这里举行了受降仪式。双方举行大宴，正式结盟，后金与朝鲜的宗主国与附属国的关系正式确立。

这次战争进行了两个月，将朝鲜彻底征服。清太宗从而消除了后顾之忧，可以放心地西向去对付明朝。

西伐蒙古

皇太极登极后面临着十分严峻的外部形势。后金的西面是蒙古，东面是朝鲜，南面是明朝。征服明朝是皇太极的战略和最终目标，这是同其父汗努尔哈赤完全一致的。然而，皇太极高屋建瓴，在首先稳住明朝的前提下，先对蒙古和朝鲜发动战争，以图进一步稳定后方，彻底解决后顾之忧。

皇太极即位不久，就向喀尔喀扎鲁特部派重兵远袭。这是努尔哈赤对蒙古政策的继续。对待蒙古，努尔哈赤的"顺者以德服、逆者以兵临"的"恩威并行"策略是正确的。扎鲁特部由"顺者"转为"逆者"，皇太极采取了"逆者以兵临"的策略。显然这个策略也是成功的。

皇太极对待蒙古的政策，使蒙古变成了他的盟友，也因此获得一个稳固的后方。这对皇太极未来征明的大战略，已经奠定了很好的基础。

统一黑龙江流域

皇太极即位以后，为了稳固后方，十分重视黑龙江中上游地区的收复问题，并采取"抚慰"政策。满族与黑龙江流域各民族有着历史上的渊源关系。 他一直强调，在向黑龙江流域发展时，应向当地人民说明，"尔之先世，本皆我一国之人"，以便更好地拉拢人民，使他们自愿归附后金。 他又规定，对俘获之人，"须用善言抚慰，饮食甘苦，一体共之"。 这些便是对黑龙江流域各民族的基本政策。

在后金和平招抚政策的感召下，不断有黑龙江流域各部族前来归附。 皇太极最终统一黑龙江流域。

统一黑龙江流域以后的后金，将各族居民编入旗籍，其壮勇之男丁披甲当兵，成为八旗兵源的一个重要组成部分。 同时，他又在各村、屯设姓长、乡长，分户管辖，对征收赋税和行政管理负责。 这就巩固了后金的后方，对于巩固东北边防和支持对明朝的战争具有重要意义。

第四章　南下伐明

攻宁、锦无功而返

宁远之战后，袁崇焕在辽西构筑了一道坚固的防线。 它以山海关为最后一道屏障，层层布防于关外。 围绕宁远、锦州，他修复了锦州城、大凌河、中左所诸城，派遣军队驻守。 同时，袁崇焕大兴屯田，以田养战、以田招民。 在军事上，袁崇焕将"以辽人守辽土、以辽土养辽人，守为正着、战为奇着"的主张贯彻到底，积极进行战略部署。

天聪元年，即明天启七年（1627）五月初六日，36 岁的皇太极发兵攻打锦州。 各路大军很快进逼锦州城下，扎营于距离锦州城仅 500 里处。

这次攻城仍不顺利，损失惨重、攻城受挫的皇太极，想到了谈判。五月十五日，他派出使臣欲同明朝太监纪用议和，使臣三往，明朝使臣方才前来。明朝使臣说，面议时后金可派一名使臣。结果是锦州城内军民拒绝投降，坚持固守。从五月十二日到五月十八日，攻打了8天，后金军损失很大，依然收效甚微。皇太极攻城不下，坚持到五月二十七日，对锦州的攻打只得放弃，转而进攻宁远。

五月二十七日，皇太极携大贝勒代善、阿敏、莽古尔泰及贝勒济尔哈朗、阿济格、萨哈廉等率领大军前往宁远，对袁崇焕兵进行攻打。皇太极亲率阿济格与诸将侍卫及护军等，疾驰进击。明军前队骑兵招架不住，回马败走。追至宁远城下的后金大军，尽杀明兵，"尸填壕堑"。众人被他们的英勇感动了，都深感惭愧，来不及穿上甲胄，就冲上了前线，"分击明步卒"。

城墙之上，袁崇焕用威力强大的西洋大炮轰击后金兵，并"平堞大呼"，激励将士。后金兵再次纷纷倒下，死伤惨重。大炮炸死了游击觉罗拜山、备御巴希。济尔哈朗、萨哈廉及代善的第四子瓦克达也都受了伤，但他们仍然力战。"明兵大败，委弃甲仗于路，死伤者不计其数。"明朝总兵满桂身中数箭。

但是，宁远城并没有被后金攻克。

皇太极审时度势，没有恋战，对宁远城的攻打也暂停了，随后回师锦州。六月初三日，后金军准备攻城器械，最后一次向锦州发起进攻。六月初四日，进攻锦州城的南端，但是"城壕深阔，难以骤拔"。同时，"时值溽暑，天气炎蒸"。"悯念士卒劳苦"的皇太极，感到不能一次奏效，须从长计议。因此，他决定收兵回沈。六月初五日，皇太极班师回归沈阳。

宁锦之战，皇太极再次无功而返。袁崇焕自评道："人人敢死，大小数十战，解围而去，诚数千年未有之武功也。"明朝取得这次胜利，原因有二：一是凭坚固守，不轻易出战；二是大炮政策。袁崇焕的"凭坚城用大炮一策"，立了头功。

计除毛文龙、袁崇焕

这时，明朝的辽东前线发生了一件大事，就是毛文龙被袁崇焕斩杀了。

袁崇焕认为，欲收复辽东，毛文龙必须先收服。袁崇焕对毛文龙的所谓种种劣迹了如指掌，这尽体现在他斩首毛文龙后写给崇祯帝的奏疏里。

袁崇焕因为在天启六年（1626）正月大败努尔哈赤于宁远，复于天启七年（1627）五月在宁远、锦州打败了皇太极，他复辽的决心大大增强。斩毛文龙之后，袁崇焕立即上奏朝廷，崇祯帝看到奏章，十分惊诧。但是，木已成舟，对这个事实崇祯帝只好承认。然而，他的内心深处不能不对袁崇焕怀有芥蒂，后来袁崇焕被杀，与此就有很大关系。袁崇焕在千方百计地筹划"五年复辽"，而处心积虑的皇太极则谋划远征北京。后来，皇太极终于攻入关内，逼近北京，巧施反间计，导致袁崇焕被崇祯帝杀害。

天启七年（1627）十月二十日，率领大军的皇太极自喀喇沁之青城开拔。行4日，到达老河（老哈河）。召集诸贝勒大臣的皇太极，"各授以计，分兵前进"，遂命贝勒济尔哈朗、岳托率右翼四旗兵及右翼蒙古诸贝勒兵，于二十六日夜半，向大安口关进攻，至遵化城合军。令贝勒阿巴泰、阿济格率左翼四旗兵及左翼蒙古诸贝勒向龙井关发起进攻。与此同时，皇太极与大贝勒代善、三贝勒莽古尔泰及众贝勒率大军攻向洪山口关。

"秋毫不扰"的后金军军纪，形成了示范效应，榜样迅速传播，很快见到效果。莽古尔泰派人赴潘家口招降。潘家口守备金有光将投降书交与中军旗鼓范民良、蒋进乔携带归降。

十月二十七日，皇太极率军入边，攻克洪山口关，驻师城内。提升降人方遇清为备御，给予备御敕命，在洪山口把守。"召集流亡，尽心供职。俟后有功，不次擢用。"又将备御赐给率百人执械来降的千总，将把总升为千总。

总兵扬古利奉皇太极之命率先锋军，直逼长城之内的遵化城。后金军大举攻入长城以内，逼近遵化城，消息迅速传到驻守宁远的袁崇焕耳中。焦急万分的袁崇焕急派山海关总兵赵率教增援遵化。

皇太极对遵化巡抚王元雅进行劝降，王元雅坚决不降。皇太极决定攻城。攻城之前，详细的攻城方略也已制定。

攻占遵化城后，皇太极驻扎于此，短暂地进行了休整。在此，皇太极做了三件事：

第一件事，探视伤员。十一月初四日，皇太极听说副将伊逊攻打城堡时手部被炮伤到，伤势颇重，特意亲自探视。

第二件事，再发上谕，严肃军纪。

第三件事，奖励将士。

皇太极的严格军纪、优降俘虏的政策，再次显示出巨大的威力。十一月十一日，长城重要关口喜峰口降顺。

不费一枪一弹，便将喜峰口关轻易拿下，这是皇太极优降俘虏政策的又一次胜利。

十一月十一日，皇太极亲率大军，向北京进发。先是，参将英固尔岱、游击李思忠、文馆儒臣范文程奉命，统备御8员、兵800人，留守遵化。皇太极率军扎营于距离遵化12.5公里处。

十一月十三日，大军至蓟州。将招降书信谕蓟州城内官民，蓟州降。

至此，遵化、蓟州、三河、顺义、通州诸地都被八旗顺利攻占。于是，皇太极至通州，渡河，在通州城北驻扎。通州距北京近在咫尺，对北京构成巨大威胁。十一月十七日，皇太极大军起行。一路势如破竹，北京郊外10公里之牧马厂很快被占领，皇太极随后扎营于此。其管马太监两名及300余人投降。这两个管马太监，就是杨春、王成德。

二十日，大军再次起行，逼近京师，在城北土城关之东驻扎，两翼兵驻扎于城之东北。

十一月十六日，生怕后金兵逼近京师的袁崇焕，仅率领骑兵9000，以两昼夜行150公里的速度，由间道急抵北京城广渠门外扎营。 袁崇焕是主战派，握有的武装力量也很强悍，是后金灭明的最大障碍。 但此次率兵到京后，对他心存疑虑的崇祯帝却与其虚与委蛇。虽几次召见，赏赐御馔及貂裘，但对其部队入城休整的要求却予以拒绝。

与此相配合，皇太极却将一场无中生有的反间计上演，借敌人之手除掉自己的敌人。 十二月初一日，刚愎自用的崇祯帝以"议饷"的名义再次召见袁崇焕、满桂、祖大寿等。 袁崇焕急忙赶至平台，当即被崇祯帝质问：以前为什么擅杀毛文龙？ 现在为什么进京逗留不战？因事发突然，毫无准备的袁崇焕一时语塞。 崇祯帝当即下令将其逮捕，交付锦衣卫关押听勘。 明崇祯三年，天聪四年（1630）八月十六日，明廷以"通虏谋叛""失误封疆"等罪名，悍然将率师入卫北京的袁崇焕处以磔刑，将其家产没收，兄弟、妻子流放3000里。

不久，后金军围困大凌河城的攻坚之战就发生了。

围大凌祖大寿归降

天聪四年，明崇祯三年（1630）三月初二日，皇太极率领部将从迁安东北的冷口出关，返回沈阳。 回到沈阳后，考虑到前方将士已极疲惫，皇太极于三月初十日派遣二贝勒阿敏、贝勒硕托等率兵5000，前去换防。

皇太极率大军东归不久，明朝督理军务的兵部尚书、大学士孙承宗便于五月初一日，率明朝大军，决心收复失地。 孙承宗挥军十二日攻克滦州，十三日收复迁安，十四日收复永平，十五日收复遵化。 只用了不到10天工夫，孙承宗军就将后金兵占领的遵化、永平、滦州、迁安四城全部收复。

七月二十六日，皇太极集合众臣，进行战前动员，宣布出征决定。皇太极阐明战争意义，强调严守军纪。他嘱咐诸将，为将帅之道，在于申明法纪、教诫士卒、恪遵训谕、切识于心。

天聪五年（1631）七月二十七日，拜谒堂子（家庙）完毕的皇太极，即亲率诸贝勒将帅及大军向西进发。翌日，大军顺利渡过辽河。

八月初七日，皇太极召集诸贝勒大臣，下令攻城。此后，屡有大凌河城明兵小股试探出击，寻找出路，但都被击退。因城内粮食、柴薪奇缺，所以出城收禾者、采樵者均被擒获。还有投降的少量军民，皆被皇太极妥善接纳。

八月十二日，明军引诱后金军接战，双方互有伤亡。八月十四日，额驸佟养性部下的士兵，在进攻城台时中炮，脚部受伤。这一天，佟养性向城西南角的一个守台用红衣大炮攻击，射穿雉堞，击毙一人，守台兵惊惧，便投降了。

整个八月，双方接触都是小规模的。明军探明，要想突围是没有可能的，只好等待援兵。被围攻近两月的大凌河城，城内一片死寂。

此时，皇太极加紧劝降活动。十月初九日，皇太极向祖大寿第四次致书。并借劝降之机，阐明了三件大事：

第一件，就努尔哈赤杀人事件，表示忏悔；第二件，解释二贝勒阿敏杀降事件；第三件，说明诛杀蒙古顾特贝勒事。以期消除祖大寿等的疑虑。看到来书，祖大寿等没有动摇，仍然坚持固守。但是，这封劝降书确实起到了动摇军心的远期效应，并逐渐在以后显露出来了。

皇太极继续执行对宁远围而不打的策略，但却将其周边的军事力量有意清除。

祖大寿欲要突围，但防守严密，怎么也跑不出去。外面的援军，也被后金军打败。"在城诸将，力竭计穷"，大凌河城内的境地更为悲惨了。

此时，祖大寿才决心投降。 祖大寿请求让他密谋回去，智取锦州。 皇太极认为祖大寿的计策很好，"许之"。

当然，皇太极低估了祖大寿的情商和智商。 实际上，脚底下抹油的祖大寿溜走了。 他将皇太极欺骗了，一去不复返。 当时是天聪五年（1631），直到崇德七年（1642），皇太极再次攻打锦州，围困锦州1年后，祖大寿才出城投降。 这件事情也已经是过去10余年的了。 但是，祖大寿毕竟投降了。 这说明皇太极长期埋伏的计策，取得了成功。

十月初九日当天，皇太极下令班师。

第五章 建大清称帝

改号大清

天聪十年（1636）四月十一日，亲率诸贝勒大臣的天聪汗皇太极，祭告天地，接受宽温仁圣皇帝尊号，建国号曰大清，改元为崇德元年。 皇太极改元称帝的大事，圆满地结束了。 更定国号，一个新的大清帝国从此诞生了。 这次更定国号，使清太宗的政权更加巩固，民心更加稳定，国力更加强大。

诸大臣都在秣马厉兵，准备进兵关内，消灭明朝。 但是，感到八旗兵力不足的皇太极却要挖掘汉族的潜力，编练汉军八旗。

八旗汉军与八旗满洲、八旗蒙古一起，构成了完整的八旗制度。八旗汉军的创建，起到了一石三鸟的作用。 这一制度的创建，将汉族官兵的作用发挥了，增强了后金军队的力量，也将满洲贝勒的权力分散。 这一切，为征明战争的胜利打下了坚实的基础。

四进黑龙江

富饶美丽的黑龙江流域，很早就属于我国版图。几个世纪前，曾在这里崛起的我国少数民族女真人，跃马中原，建立过统治中国半壁江山的金王朝。明中叶以后，再次崛起的女真民族，涌现出了清朝第一帝努尔哈赤。努尔哈赤去世时，辽东及东海部分地区的版图已经被他恢复了。皇太极即位后，继续着力于东北版图的回归。

皇太极在收回东北版图的过程中，和平招抚的策略是采用较多的，当然，也要有强大的武力基石作为和平招抚的后盾。为此，当和平招抚不奏效的时候，皇太极便会采取武力征服的手段。皇太极对黑龙江先后四次进兵，最终将黑龙江流域牢牢控制在自己手中。

崇德七年（1642），感慨万千的皇太极回忆道："予缵承皇考太祖皇帝之业，嗣位以来，蒙天眷佑，自东北海滨（鄂霍次克海），迄西北海滨（贝加尔湖），其间使犬、使鹿之邦，及产黑狐、黑貂之地，不事耕种、渔猎为生之俗厄鲁特部落，以至斡难河源，远迩诸国，在在臣服。"

这是他执政17年来的一个自我总结。同时，东北的广阔疆域也被清楚地体现出来，已经完全纳入了清朝的版图。在四进黑龙江的过程中，征讨明朝的战略目标仍是皇太极时刻关注的。

第六章　南攻伐明，突然驾崩

频发兵消耗明朝

此前，皇太极曾征讨过明朝两次。第一次为天聪三年（1629），第二次为天聪八年（1634）。 此后，第三、第四次征讨明朝的战争开始了。 第三次扫京畿，第四次荡冀、鲁。

崇德元年（1636）五月二十七日，在翔凤楼太宗召集出征统帅和将领。 会上，皇太极主要强调了三点：一是"避实击虚"，将"如欲进攻，度可取则取，不可取则勿取"的战略予以强调；二是"各抒所见"，强调开诚布公，表明观点；三是有始有终，强调"不要始慎终怠"，要善始善终。 同时，他也明确指示了具体的问题。

五月三十日，皇太极为出征的将士亲自送行。 皇太极出抚近门，先到堂子行礼。 堂子外排列护军八纛，仪仗队吹海螺角和蒙古大号，从堂子里出来的太宗向天行三跪九叩首礼。 然后，他亲自送行至演武场，再次谆谆嘱咐出征将士，目送大军出征。

一个月后，皇太极估计阿济格率军已抵长城脚下，决定另派一支大军攻打山海关。 皇太极明确指示，多尔衮率领右翼兵，由中后所入，逼近山海关；多铎率领左翼兵，由锦州入，逼近山海关。

率领八旗10万将士的阿济格，将兵锋指向明朝的京畿地区。 七月十九日，他在给皇太极的一份战况奏疏中说：他于六月二十七日大军分作三路入边，两黄旗自巴颜德木入，两白旗、正蓝旗自坤都入，两红旗、镶蓝旗自大巴颜入。 入边的第八天，于京畿延庆州（今北京延庆）会和，先攻取近处的长安岭堡、雕鹗堡两个城堡。 败明军7次，俘获人畜1.5万余。

经延庆入居庸关的清军，直逼京师。 七月初七日，清军进抵昌平城下。 城内的降人做内应，昌平城很快陷落。 明总兵巢丕昌投降，他是唯一一个在这次战役中归附清朝的明朝高级将领。 接着，清军由西山南到良乡（今北京房山），两天后，移兵沙河、清河镇，昌平的降兵也一同抵达北京西直门。

此次战役，阿济格遵照皇太极制定的"避实击虚、留干伐枝"的作战方针，将明朝京师这棵主干暂时保留，而着力将其周边的枝叶砍削掉。 阿济格指挥大军，围绕京师，灵动自由，随机应变，对明朝的消耗战也展开了。 城池易攻则攻，难攻则弃。 不胶着一地，不留恋一城。

九月二十八日，皇太极在盛京隆重欢迎凯旋将士。 出地载门5公里迎接的皇太极，率领凯旋的王贝勒大臣，列八纛，跪拜上天。 然后，清太宗御黄幄，接受阿济格捧献的奏捷表文。 皇太极命大学士刚林宣谕，慰问出征将士。 对阿济格，皇太极施行了亲切的抱见礼，看到阿济格"体貌癯瘦，恻然泪下"。 后设大宴，款待凯旋将士。

崇德三年（1638）八月二十三日，清太宗再次发出征明的命令，命睿亲王多尔衮为奉命大将军，统左翼军；以贝勒豪格、饶余贝勒阿巴泰副之；将扬威大将军授予贝勒岳托统右翼军，副手为安平贝勒杜度。 分两路征明。 八月二十七日，扬威大将军贝勒岳托率右翼军起行，皇太极亲自将他们送出抚近门。

九月初四日，大将军睿亲王多尔衮奉命率左翼军起行。

两翼军出征之后，皇太极也与其配合行动。 出兵山海关，对明军的军事行动进行牵制。

此后，皇太极命令清军分三路，陆续开拔，进军山海关一带。 第一路，是三顺王大军先行，命恭顺王孔有德、德顺王耿仲明、智顺王尚可喜各携红衣大炮等起行；第二路，汉军大臣石廷柱、马光远奉命运炮位火器起行；第三路，于十月初十日，皇太极率济尔哈朗、豫亲王多铎等统大军进军山海关。

第四次入关征讨明朝，对明朝的打击是空前重大的。 天聪三年（1629），率军第一次进关，仅限于北京城及城北部分地区；天聪八年（1634），第二次入关，只到了宣府、大同地区；崇德元年（1636）五月，第三次入关，盘旋于京畿一带。 唯有此次，进军目标是广阔的中原地带，围绕北京，扫荡冀、鲁，兵锋所向，横行无忌。"旌旗所指，无不如意。"入关达半年，"转掠二千里"。 从而让明朝的有生力量被极大消耗，极强地摧残了明朝的精神屏障。 此时，在精神上，明朝事实上已经缴械投降了。

但是，皇太极的当务之急，是拿下山海关外的辽西四城。

破锦州、松山

清太宗在避开榆关、用兵关内方面，取得的胜利是巨大的。 但是，在榆关之外的辽西走廊上，他却止步不前，毫无进展。 皇太极在天聪元年（1627），对锦州曾试探性地进行过进攻，但却无功而返。虽然，皇太极在天聪五年（1631）将大凌河城攻破，但也仅止步于此。 在辽西走廊上，皇太极却没有明显的战绩。

辽西四城的阻隔是其主要原因。 辽西四城锦州、松山、杏山、塔山，是山海关外的4个重镇。

皇太极采取了一些有效措施，使围困锦州长期化。 锦州被围后，蓟辽总督洪承畴奉崇祯帝之命统率大军赴锦州解围。 崇祯十二年（1639），授其蓟辽总督。 崇祯十三年（1640），总兵祖大寿以锦州围困告急，出关驻宁远的洪承畴，疏请调兵增援。

松山城具有极端重要的战略位置。 松山处于锦州与杏山之间，为"宁锦咽喉"，是兵家必争之地。 自然，双方争夺的焦点就放在了松山。

崇祯十四年（1641），崇祯帝命领兵总督洪承畴、巡抚邱民仰，并调8大将、13万兵、4万匹马，集中赴锦。

皇太极得到了前方多尔衮的奏报，得知在松山明朝集结了13万大军，欲解锦州之围。 皇太极亲自领兵与洪承畴对战，最后清军严密包围了松山。 洪承畴兵败被俘。 此后，皇太极攻占锦州、松山、塔山、杏山等山海关外四城，进一步扫清了进攻关内的道路。

松锦大战，清朝取得了重大的胜利。 皇太极终于将横亘在面前的4颗钉子拔掉了，打通了进攻山海关的道路。 这标志着清朝同明朝战略相持阶段的结束。 从此开始，清朝对明朝进入了战略反攻阶段。皇太极的历史使命初步完成了。

福临继位

崇德七年（1642）十月二十日，皇太极患了一场重病。此后，他就一直拖着虚弱的身体，经常患病。

崇德八年（1643）八月九日，皇太极驾崩，享年52岁。

第二天，盛京宫内举哀。按照官职大小及关系亲疏，诸王大臣分别在清宁宫、崇政殿、大清门，以旗序肃立举行哀悼。他们把清太宗皇太极的梓宫迎送于崇政殿。皇太极生前听政就在崇政殿，也常在此举行礼宾等仪式。将皇太极的梓宫安放于此，是表示对他的尊重及怀念。在此，贝勒、大臣朝夕哭灵三日。

不管怎么说，皇太极的突然驾崩，形成了权力真空。关于继承人问题，他任何话语都没有留下。君位属谁，尚无定论。人们陷入了深深的思索之中，并在肃穆的崇政殿召开了决定继承人的会议。与会大臣最后决定：国不可一日无主，公议奉先帝子福临缵承大位。改明年为顺治元年（1644）。

崇德八年（1643）九月二十一日，清太宗皇太极的灵柩在盛京昭陵安葬。此时，昭陵尚未完工。皇太极生前未建陵，陵寝建筑在其死后加紧建设。至九月二十一日，仅月余，"山陵、宝城、宫殿告成"，这是一期工程。这一天，庄严的奉移礼举行了。

此后，康熙帝、乾隆帝、嘉庆帝、道光帝都曾东巡祭祖，去往盛京昭陵祭拜。

第三篇

清世祖章皇帝福临(顺治)

爱新觉罗·福临，生于清崇德三年即明崇祯十一年（1638）正月三十日、顺治十八年（1661）正月初七日卒。他6岁登基，在位18年，24岁死，庙号世祖，谥号章皇帝，葬孝陵（今河北省遵化市清东陵）。 他是清朝入关后第一个定鼎北京的皇帝。

第一章　傀儡小皇帝

皇位宝座上的一匹"黑马"

崇德八年（1643）八月九日夜晚，在忙碌了一天之后，在沈阳清宁宫御榻上的皇太极"暴逝"。第二天，他的梓宫被诸贝勒暂时安放在崇政殿内，下令全国举哀3天，全体官员素装服孝，以表哀痛。同时，朝廷内部也有规矩，初十日一天，王公大臣都要斋戒，此后7天之内，诸王率八旗长官每日黎明哭临一次，3天内禁止全国屠宰。

皇太极死后，继承大位的是他6岁的儿子福临，当时掌握实权的多尔衮想出让福临为君、自己与济尔哈朗共同辅政，这个安排应该不是当场做出的，而是事先谋划好的。

即位后的内外形势

当满洲兴起以及其后建立大清皇朝之时，统治中国200多年的明朝却已慢慢走上了亡国之路。

福临登基后的半个月，即崇德八年（1643）九月十一日，率领八旗大军的辅政王济尔哈朗与武英郡王阿济格，带着红衣大炮与各种火器自沈阳出发，向关内明军据点进攻。

这次军事行动，前后共进行七八天，清军攻无不克，明朝却接连失败，表明了八旗军在关外已是"天下无敌"了。对吴三桂防守的宁远孤城，济尔哈朗等没有再攻打，准备留待以政治手段解决，清军于十一月凯旋归返沈阳。

多尔衮与济尔哈朗的这次出兵行动，一是将皇太极死后政坛上互争人士的注意力转移，使政争一时趋于平静；二是将松宁大战后遗留的问题解决，使宁远完全孤立，以实现清朝当时对关外局面的控制；三是打一场有把握胜利的小据点攻击战，让辅政二王的地位与声誉有所提高。

战争后，多尔衮与济尔哈朗二人通力合作，权力膨胀到极点。不过，多尔衮处于支配的地位世人早已看出，他的权势比济尔哈朗高。他们说："刑政拜除，大小国事，九王（指多尔衮）专掌之。"果然，之后摄政王集诸王百官之大权，在第二年正月间，济尔哈朗向内三院、六部、都察院、理藩院等单位堂官说：嗣后凡各衙门办理事务，或有应白于我二王者，或有记档者，都要先向睿亲王禀告。档子书名，亦宜先书睿亲王名。

从此以后，形成了多尔衮一人专政的执政格局，大清的政权内部也渐趋稳定了。

第二章　清兵入关

决战山海关

"万里长城第一关"——山海关，古称榆关，是长城东部的起点，关城南临渤海、北依燕山，横亘辽西走廊，东西为入关门的必经之道。在李自成攻下北京城、要求吴三桂投降被拒绝之后，多尔衮决定率兵亲自攻打。

见情形不妙的吴三桂，紧急向清军求援，山海关的人民也殷盼清军快来参战。 对多尔衮，士绅们也极有信任感。 二十二日天刚亮，率500骑突围出关的吴三桂，到欢喜岭拜见多尔衮。 多尔衮与吴三桂在营中对天盟誓，以白马祭天、乌牛祭地，双方歃血斩衣，折箭为誓，仪式相当庄严隆重。

李自成从战败的唐通报告中得悉清军也来参战，所以他知道成败就在石河之战。 他把大军北至山、南至海，排成一字长蛇。 吴三桂也"悉锐而出"迎战。 清军左翼为阿济格、右翼为多铎，二人各率兵1万余人；率领主力的多尔衮，从山海关中门进，赴石河西部。

当天夜晚，战事完全结束。 各方动员总数约40万人的大军，经过两天一夜的激烈战斗，终于以李自成战败而告终。

多尔衮入北京

兵败山海关后，李自成先退到永平，稍稍整顿兵马，准备再战。但是，此时军心涣散，将领也有人拒不听命。 与吴三桂四月二十三日的追兵再战又告失利，士气已完全崩毁。 在永平西边10公里处的范家庄，李自成杀了吴三桂的父亲吴襄，然后撤兵，于二十六日退还北京。 当日，吴三桂带兵穷追，与刘宗敏等人的流民兵在京城外发生决战，刘宗敏负伤，大顺军再尝败绩。

在主宰北京41天之后的李自成，不无遗憾地离开了北京。 他只当了两天的"正式"皇帝！

吴三桂本来是想进入北京看看家人的，多尔衮怕他返京会横生枝节，便下令叫他随阿济格等人一同带兵去追杀大顺军，吴三桂只好无奈地向西北的征途踏去。 事实上，他留京的家口30多人都已经被李自成下令杀光，只是当时消息还没传到他耳中罢了。

五月初二日，多尔衮率兵离开通州，不久，他就看到了北京城。由于吴三桂在文告中说他将与明朝太子一齐回北京，京中人士都欢欣地等待，以为大明政府会在吴三桂与太子回京后重建，不少大臣都在寺庙中为崇祯皇帝设立灵位、发丧哭临。 但当时八旗兵的军旗已插遍城墙，在惊恐之中，对这个事实百官们也默认了。 人群中有请多尔衮乘辇进城的，多尔衮推辞说："我是效法周公辅佐幼主的，不该乘辇。"众人叩头请求，并说："摄国事周公也曾有过，今宜乘辇。"他随即拜天，行三跪九叩首礼，又行三跪九叩首礼予关外盛京皇宫，然后乘了帝王专用的礼车到武英殿，坐上宝座，故明大小官员以及宦官七八千人对其朝拜，据说还有伏呼万岁的。

就这样，在一片欢呼声中，多尔衮顺利地进占了北京城。

清朝迁都

为了将努尔哈赤、皇太极的宏愿实现，也为了统治全中国，在稳定北京与华北部分地区的局势之后，多尔衮安排迁都，新都北京迎来了小皇帝。

八月二十日，离开沈阳的顺治皇帝，迁都北京。 福临一行人于九月初九日抵山海关，接受驻军总兵官的妥善招待。 吏部尚书巩阿岱、护军统领图赖、宗室王公阿济格等人奉多尔衮之命到离关不远的深河驿欢迎，进献数珠、马匹、果品等物。 其后，福临等人又经过永平、丰润、梁家店等处，之后詹霸、吴达礼等奉多尔衮之命迎驾，进献马匹、果品。 为了福临莅临北京，在玉河桥东，多尔衮又新建满洲人拜天的堂子，共有享殿三间、神房两间、祭神八角亭一座。 九月十八日，顺治皇帝到了通州，多尔衮亲自率诸王、贝勒、贝子、公及文武大臣赴通州见驾。 小皇帝派人送鞍马给多尔衮，多尔衮跪着接受。福临走进暂设的行殿时，摆设了仪仗，奏响了礼乐，他先向天行三跪九叩首礼；然后，率出师诸王、贝勒、文武大臣的多尔衮到皇太后面前行三跪九叩首礼，接着，再向顺治皇帝行三跪九叩首礼。 多尔衮又与福临行满族人亲切的抱见礼，迎驾仪式才算结束。 随后，在欢迎的王公大臣引导下皇帝一行人启程进京。 九月十九日下午未时，福临的车驾从正阳门（现在北京的前门）入城，在紫禁城内入住。

从此，清朝定国都北京，中国换了新主人。

福临再即帝位

进入北京之后的多尔衮，不但没有大肆杀戮、抢劫一空地班师回到东北沈阳，相反，他恢复秩序、安定局势，表达了长期驻守统治的心意。而且，在七月间，他下令将被李自成放火烧掉的乾清宫重新修筑，以作为中央处理大事的办公场所。同时，他又决定迁都北京，以示入主中国的决定。在顺治皇帝从沈阳来北京途中，他已经着手策划福临入京后正式临朝的事项了。他在八月底令大臣拟定小皇帝的登基大典一切礼仪，包括奏乐等。到达北京后的福临，于十月初一日登大宝、即帝位。

当天一早，京城的天刚刚亮，福临穿戴一新，内院官员便来奏请皇帝先到南郊，告祭苍天。祭天典礼结束，福临也正式成为受天之命的真龙天子。

跟他父亲皇太极一样，福临当上国家统治者都举行过两次即位大典。福临在崇德八年（1643）他父亲皇太极死后继承大统、即帝位，是皇朝一般父死子继的延续。第二年，即顺治元年（1644）迁都入京，再办即位大典似乎没有多大必要，为什么还要如此隆重地再举行一次呢？

当时，清朝虽已占领了北京，但天下尚未统一，而且还有很多称帝称王的人。几百年来的古都北京，具有国家政权象征的意义，据有它的人就得到了国家的统治权。为了将顺治皇帝以北京为国都昭告天下，继而征服天下，福临来北京不能不办一次大场面的风光典礼，表示中国已改朝换代，统治者已是清朝。

第三章　多尔衮摄政

皇父摄政王

顺治五年（1648）十一月初八日是冬至，祭天大礼在大清举行。其后两天，又有奉太祖配享、追尊四代祖先尊号等祭告天地典礼，以皇帝名义起拟的诏书于十一日大赦天下。诏书的第一条就说："叔父摄政王，治安天下，有大勋劳，宜增加殊礼，以崇功德，及妃、世子，应得封号。"通过了院部诸大臣的同意。

清初的史实告诉我们，多尔衮封"叔父王""皇父"都是以功不以亲，"皇父"在同时代的朝鲜人和德国人中也被提到，而满文资料更能证明"阿玛土"是用作称呼有权势地位的人。

多尔衮之死

顺治七年（1650）十二月初九日，在喀喇城，摄政睿亲王多尔衮猝死，年39岁。

多尔衮是努尔哈赤的儿子，从身体基因上看他应该是个健康之人。他16岁以后就不断地参加各次战役，打蒙古、征朝鲜、讨明朝，都少不了他，他尝尽了戎马生涯之苦。据他自己说，皇太极晚年的明清松锦大决战对他的健康影响很大。历时两年多的这次战役，他是重要统帅之一，压力之大，不言可知。战争胜利后，他说因为"颇劳心焦思，亲自披坚执锐"，使他"体弱精疲"。那时，才30岁上下的他，就已种下了病根。

皇太极去世以后，他又费尽心思地处理皇位继承问题。崇德八年（1643）八月中，八旗宗亲决意立福临为君，他仅获得一个辅政王的地位，不如自己主观希望的好，必然有很多不快存于心中。入关以后，多尔衮的国事责任更重、烦忧事更多。军事征伐、社会治安、兵饷财政，他样样都要细心筹划。

多尔衮身后在当时也算备极哀荣，一生为清朝做贡献的他，死后得到这些地位上的肯定，也算实至名归。

处死阿济格

多尔衮死后，一场政变在清朝中央险些发生，那就是英亲王阿济格的谋反事件。

阿济格是多尔衮的同胞兄长，他的异常行动在多尔衮死前就曾被发现。谈迁的《北游录》中记：在喀喇城打猎时，多尔衮病发不支，曾召阿济格密谈，其后，"英王即遣三百骑驰入京。知其意的大学士刚令（林），立策马行，日夜驰七百里，先入京，闭九门，遍告宗王、固山等为备。俄三百骑至，皆裹甲，尽收诛之，英王未知也。寻至，被幽"。

阿济格是努尔哈赤的儿子，一向以骁勇善战著名，确实在后金与清初贡献很多，建过不少勋业。这次以"夺政"罪名受到如此重罚，政治打压的因素似乎较多，因为他的罪状都是议政大臣定的，显然没有充分的叛逆证据。不过，他是当时辈分最高的宗室，又是忠诚度不足的军头，不给他判个终身监禁、不把他党羽打尽，皇帝又岂能高枕无忧呢？就这样，阿济格的自由没有了，被幽禁了起来。

顺治八年（1651）九月三十日，在监禁的地方，阿济格发怒，守监的人立即向上级报告，刑部请皇帝处治阿济格，结果经诸王、议政大臣会议，一项决议在十月十六日被宣告："屡罪当死的阿济格，俱荷恩宥，今复出妄语，烧毁监房监门，悖乱已极，应论死。"顺治皇帝随即"令其自尽"。 他的儿子也被赐死。 至此，阿济格的案件才结束。

第四章　顺治帝亲政

清算多尔衮及其党羽

举行过两次即位大典的顺治皇帝，在当时只是有名无实的皇帝。因他年幼，叔父多尔衮摄理一切国家大权。 而多尔衮又擅权独专，当时，大家只知有摄政王而不知有皇帝。 顺治七年（1650）底，多尔衮死了，清廷在摄政王的丧事处理完，并处理了阿济格"夺政"案之后，福临亲政的事宜也开始筹备了。

亲政后，总不免要颁降诏书、大赦天下，福临一方面告诉全国人民他已亲自理政；另一方面，他也借诏书将上台后的治国大政方针予以阐明，以及他对中外官员和人民的要求与期望。 恩赦部分则是将一些加恩赦罪事具体化开列出来，要相关官员执行，目的是将"政在养民"的政策予以强调。

顺治皇帝亲政后，并不是如一般人想象中认为多尔衮已死，一切问题都已解决。 相反，他面临的困难与危险仍然很多，当时，清朝中外布满了多尔衮的势力，皇权可以说处处受到限制。 顺治皇帝要成为一个有实权的君主，就得将这些障碍全部解决才行。

另外，由于多尔衮时代实行剃发、圈地、逃人法等政治措施，引起了不少汉人的民怨，武装革命的也有，抗清运动更为炽热。 顺治皇帝接掌的是不能号令全国的清朝中央，因为当时中国是四分五裂的。

各地战争仍然不断，需要充足的人员与经费平定之后，自己的统治权才能被巩固。

因此，顺治皇帝亲政不是高贵皇位的取得，而是等待承担重大的责任。

布置人事，巩固政权

顺治皇帝和他的母亲布木布泰在满族发展的道路上，也算经历了万般困难，充分体验到了政治斗争的可怕，而实力是政争中唯一能取得胜利的武器。现在多尔衮属下三旗又返回皇家手中，当然应该着意扶植，有了上三旗中一批忠贞之士的支持，政治、军事、经济力量就会变得雄厚，皇帝就可以安稳统治，"下五旗"——镶白、两红、两蓝旗也就没有能力再造反了。

三旗的向心力如何加强呢？顺治皇帝用了以下的一些方法：第一，给被多尔衮迫害而发生冤案的人昭雪。第二，给对皇室忠贞者及反多尔衮有功人员给予嘉奖。第三，嘉奖升授下五旗属人。

从以上的布局中，福临的政府组成可以看成是以索尼、鳌拜、遏必隆、巴哈等两黄旗大臣为核心的队伍，而又将一批下五旗的效忠人士笼络，使得他的统治地位稳固，可以顺利地施政了。

以上的这一番人事布局实施后，福临的统治基础变得更为坚实了。

改善财政窘境

顺治皇帝亲政以后，国库入不敷出，推究其原因，是由于惊人的战争兵饷、武器、马料等的费用，王禄官俸的可观人事开支，拨款不断的民间赈济，重建毁坏宫殿的巨大花费等。财政困难严重威胁到政权的存在，福临已亲政，这一难题当然是必须要设法解决的。

顺治九年（1652）八月十九日，礼科给事中刘余漠上奏请求屯田。 皇帝认为很好，"着户、兵二部确议速奏"。 由于不少官员主张屯田生产，从顺治十年（1653）起，屯田热潮就在受战争破坏的地区掀起了。 政府发给耕牛、种子，招民开垦，实行3年起科，因而使荒地逐渐恢复了生产。

由于战乱的关系，当时隐匿土地的现象很普遍。 顺治皇帝亲政后，对隐匿土地实行宽大政策，准许他们自行出首，尽行免除罪效。

历经战事之后，很多地方农业生产被荒废，地方官无法收税，导致很多人拖欠钱粮，官员拖欠钱粮必遭参处，到处可见被降调的。 福临发现地方官拖欠钱粮还不完全是单纯的人民穷苦无法纳税的问题，有些是因为官员挪用而拖欠的，乡绅、生员、土豪抗不纳粮因而发生。 所以，他又提出修订钱粮考成则例，视拖欠情况分别对各级官吏做出处分。 为使国家征收赋税制度化，顺治皇帝又命令加速修订《赋役全书》，不致发生无据征粮的弊端。

经过顺治皇帝的一番努力，国家财政有了些起色。

第五章　倾心汉化

开科取士，招募人才

清朝时期正式实行科举制度，是顺治入关以后。 当时，大学士范文程上了一道奏疏："治天下在得民心，士为秀民，士心得则民心得矣！"

清朝的科举考试沿袭明朝，基本相同，童生考试是科举考试前要进行的。 童生不一定都是小孩儿，有的12岁左右，老的已有六七十岁，凡是考取之前都算童生。

在县里举行童生考试，由知县主持；考取之后，再进行府考，由知府主持；又考取之后再进行院考，就是由省的学政主持。经过县考、府考、院考成为秀才才能拥有参加正式科举考试的资格。

清朝正式的科举考试，分为三级：

一、乡试。每3年举行一次，主持考试的是由皇帝派的考官，考中了，叫作举人。举人里面的第一名叫作解元，乡试考试的第二年举行会试。

二、会试。会试也是每3年举行一次，在北京的贡院举行，经过考试考中了的，叫作"会试"，会试的第一名叫会元。要进第三级考试殿试就必须取得会试的资格。

三、殿试。通常在皇宫太和殿前举行殿试，由皇帝亲自主持，所以也叫"廷试"。"进士"就是殿试中考中的，进士分三等，叫一甲、二甲、三甲。一甲三个人，就是状元、榜眼和探花。皇帝钦定前三名，考官把参加殿试的考卷大约选出10份，送到皇帝面前，最后前三名就由皇帝来钦点。点出第一名就是状元，第二名是榜眼，第三名是探花。

重用汉人

顺治皇帝非常了解"文化满洲化"是行不通，也是行不得的，所以，对那些有心当清朝官员的汉人他也只有施以满洲语文的教育。同样，"首崇满洲"虽是基本国策，但要将中国完全统治，要达到目的，光靠满人是不够的，汉人还是必须笼络、必须重用的。

顺治十六年（1659）十月初四日，皇帝又向"满汉一体"政策迈了一步，他降谕吏部，汉官可以与满官一同掌印，这是清初划时代的大事。因此，汉官的权力与地位就会被提高。而且，福临还要求满汉官员和衷共济，"凡会议政事，商榷理应满汉一同，斟酌事理，归于至当，不拘满汉皆可具稿"，希望"满汉两议"的现象不要再出现。

从另外一项实际数字上来看，福临亲政后，对汉人的高官也确实重用了。福临是一位聪明的皇帝，他知道需要笼络旧的大臣，但新人才更需要培养，前面谈过他常到翰林院亲自考核庶吉士的满文成绩就是明证。然而，也只是一般知识分子官员为他治理国家，所以，他对科举考试也十分重视。他相信要发现人才只有通过考试，进而培养出人才。

除了制度上的改进足以说明福临进一步汉化、进一步"爱养"汉官，在若干行事作风上他也对汉族大官表现得极具诚意。

总之，福临亲政之后，极其重视可靠的、得力的汉人文武官员，并对其予以重用。不过，他也并非盲目地重用汉人，或是无选择地重用汉人，他只重视对他有益的、对清朝统治权有益的方面。而凡汉人有反清的，他还是会给予无情打击或杀戮。

第六章　顺治出家之谜和真假罪己诏

顺治之死

顺治之死的记载在《清实录》中非常简略，只说在顺治十八年（1661）的正月丁巳（初七）日夜子刻，"上崩于养心殿"。6岁继承皇位的福临，十八年正月死亡，一般史书都说他活了24岁。不过，若按实际年龄来看，22岁11个月才是他真正的年龄。这正是一个人青壮年的开始，福临怎么就这样离开人世呢？所以，当时就有人对他的死产生了疑问。甚至传出福临并未离开人世，而是出家为僧了。

当时，流传着一些令人联想到皇帝出家的原因：他死前既然留下如此条理清楚、语气从容的遗诏，从国家大事到家庭个人小事，逐一列举，这话绝不像一个病危快死之人说的，因而这份罪己诏书被人怀疑是皇帝生前经长时间思考写成的，不是死别的留言。还有为福临写遗诏的大臣王熙，为什么皇帝在病榻前的谈话，他后来"终生不以语人，虽子弟莫得而传"呢？除非遗诏有问题，也许皇帝根本没有什么遗诏，否则，有什么好害怕的呢！此外，康熙皇帝几次奉皇祖母布木布泰上五台山，也是后人认为福临未死而在五台山出家的另一个理由。相信这一说法的人多少与吴梅村的诗有关，因为清凉山就是五台山，福临若不在此山为僧，那么五台山为什么屡遭康熙祖孙拜访呢？

以上种种都是多年来流传的顺治皇帝可能出家为僧的原因。不过，前辈孟森、陈垣等名家经过考证，福临剃发是有可能，但绝没有出家这回事。而目前已发现不少文字史料可以证实，皇帝当年是死于痘症，就是传染病天花。

福临死后，王公大臣们为他定了一个谥号为"章"，庙号世祖，所以，清代官书里对他也有"大清世祖章皇帝"的称呼。

顺治遗诏

如前所述，顺治皇帝已经将一份遗诏在死前写好了，而且内容是开列了14条责备自己的文字：

1. 没有效法祖先努尔哈赤与皇太极用人行政，而且汉化日深，改变不少满洲淳朴旧制，"以致国治未臻，民生未遂"。

2. 圣母皇太后布木布泰的养育大恩，未能报答，有悖孝道。

3. 现在离世，早于圣母"反上厪圣母哀痛"。

4. 接触宗室诸王、贝勒太少，颁恩不多，以致"情谊暌隔"。

5. 竟不信满洲历代忠诚的八旗诸臣，反偏用汉人文臣，以致"满臣无心任事，精力懈弛”。

6. 自己个性好高，不能虚己延纳，将不少有用人才置之不用。

7. 对某些大臣优容姑息，见不肖而不能退，唯德是用的原则并没有做到。

8. 国用浩繁，兵饷不足，而奢侈浪费见于宫中，"厚己薄人，益上损下"，发生这样的事情实属不该。

9. 经营殿宇，造作器具，务极精工，而不自省察，罔体民艰。

10. 不能以礼止情，过分举办董鄂妃之丧礼。

11. 仿明制设立太监的十三衙门，明知其弊，不以为戒。

12. 自己性耽闲静，常图安逸，与廷臣接触少，以致"上下情谊否塞"。

13. 自恃聪明，不能听言纳谏。

14. 既知有过，未能反省，以致"过端日积，愆戾愈多"。

除了这 14 条之外，还有两点非常重要的大事，写于遗诏的结尾处，分别是：一是立皇三子玄烨为皇太子，继承皇位；二是特命辅政大臣为索尼、苏克萨哈、遏必隆与鳌拜四人。 总之，福临大部分想说的话都在遗诏里，其中有部分是皇太后与辅政大臣商量后增删的，或是经皇太后批准后辅政大臣修改的。 这份遗诏的修改增删，对后世清朝应该是有功有过、有利有弊的。 幸好顺治的继承者是康熙，他在满汉的政策上拿捏得很好，在汉化程度上也运用得宜，成功地实现了父亲福临的遗志，这也是清朝能步入盛世的一大原因。

第四篇

清圣祖仁皇帝玄烨(康熙)

爱新觉罗·玄烨，生于顺治十一年（1654）三月十八日，死于康熙六十一年（1722）十一月十三日。他8岁登基，在位61年，享年69岁，庙号圣祖，谥号仁皇帝，葬景陵（今河北省遵化）。他是中国历史上在位时间最长的君主。他名曰守成，实同开创，勤于国事，好学不倦。他奠下了清朝兴盛的根基，将康乾盛世的大好局面摆在世人面前，是一位英明的君主和伟大的政治家。

第一章　康熙即位及亲政

少年天子

顺治十八年正月初七日（1661 年 2 月 5 日），举国上下还在过年，顺治皇帝驾崩了。顺治帝临终之前，曾经反复权衡皇位继承人的问题，最终选择了皇三子玄烨。

玄烨的继位过程，与他的祖父皇太极、父亲福临都有不同。经过错综复杂的宫廷斗争、逐一打击竞争对手的皇太极，最后通过满洲上层贵族会议推举，从而争得了皇位。皇太极死后，当时多尔衮和豪格对皇位的争夺可谓互不相让，二人都不愿意看到对方登上皇位。最后，双方妥协的结果，是让年幼的福临即位。玄烨的继位却没有经历那种针锋相对甚至你死我活的斗争，而主要是顺治皇帝和孝庄皇太后协商的结果。但其中也有一番波折。

第一，皇帝意见：兄终弟及。顺治帝在病危时，就由谁来继承皇位的问题和母亲孝庄太后商量过。顺治帝的意见是，6 个皇子年龄太小，都不能担当国家大任。顺治帝自己 6 岁继位，曾为少年天子，对摄政王多尔衮专权、朝廷大权旁落、母子备受凄苦都亲身感受过。因此，顺治想在本家宗室兄弟中找一位继承者。

第二，太后懿意：子继父位。不同意顺治帝"兄终弟及"意见的孝庄太后，力主子继父位。当然，还有一个重要原因，顺治帝的这 5 位兄弟，都不是孝庄太后所生，他们中的一位如果做了皇帝，那其生母就必定会是皇太后，孝庄太后就很难掌控朝政，日后的处境将相当艰难。

第三，宗室意见：当立皇子。爱新觉罗宗室中的亲王、郡王、贝勒、贝子们，对孝庄太后的意见也赞成，就是从皇子中选择皇位继承人，这样对宗室关系也可以平衡，避免宗室内部的矛盾和冲突。

第四，洋人意见：选择皇子。顺治帝派人问耶稣会士汤若望的意见，对孝庄皇太后的意见，汤若望完全同意。他认为，被皇太后选择的皇三子玄烨，是最合适的继位者，玄烨出过天花是重要的原因。

最后，顺治帝和母亲孝庄太后统一了意见，将玄烨从5个皇子中选出继承皇位，并以皇帝遗诏的形式发布。

8岁继位后的玄烨，到亲政前，主要居住在清宁宫（保和殿）。保和殿曾称位育宫，他的父皇福临在这里居住过。康熙帝即位后，作为少年天子，不谙世事，对政事还无法处理，因而由大臣辅政。

在中国皇朝历史上，少年天子背后有5种形式的权力：一是外戚势力，如汉朝；二是太监势力，如明朝；三是太后临朝，如辽朝；四是宰相辅政，如明万历朝等；五是亲王辅政，如清顺治朝。这5种形式各有其利弊。吸取历史教训的顺治皇帝和孝庄太后采用大臣辅政、四人联合、互展所长的方法，让他们彼此牵制，决定由索尼、苏克萨哈、遏必隆、鳌拜四位异姓军功贵族辅政。

索尼，满洲正黄旗人，姓赫舍里氏，精通满、蒙古、汉语文，又有着文化造诣很深的父亲硕色和叔父希福。希福官崇德朝大学士。出生在这样的文臣之家的索尼，自幼随父学习，对满、蒙古、汉语言文字都精通，又熟悉弓马，经历了战火的历练，文武兼长，是天命、天聪、崇德、顺治、康熙五朝老臣。后来，他的孙女赫舍里氏成为康熙帝的皇后。

苏克萨哈，满洲正白旗人，叶赫那拉氏为其姓，父亲苏纳娶努尔哈赤第六女，为额驸。努尔哈赤是苏克萨哈的外祖父。苏克萨哈为天命、天聪、崇德、顺治、康熙五朝元老。顺治初，官议政大臣。原为多尔衮属下的苏克沙哈，隶正白旗，多尔衮死后，率先将其举发。又曾在明末率军攻打农民起义军孙可望部，六战皆捷，立下大功，官领侍卫内大臣。

遏必隆，满洲镶黄旗人，姓钮祜禄氏，努尔哈赤也是他的外祖父，母亲为努尔哈赤的女儿和硕公主，清开国五大臣之一的额亦都为其父亲。为天命、天聪、崇德、顺治、康熙五朝元老。

鳌拜，满洲镶黄旗人，姓瓜尔佳氏，是清开国五大臣之一费英东（费英东"尚主"，也是额驸）的后裔。为天聪、崇德、顺治、康熙四朝元老。鳌拜弓马娴熟，健壮有力，作战英勇，屡立战功。

辅政大臣有以下几个共同特点：

第一，他们都隶属于上三旗。镶黄旗、正黄旗和正白旗即为"上三旗"。四个辅政大臣从上三旗中出，既体现了地位的高贵，又可以将上三旗之间的关系予以权衡，便于互相制约。

第二，他们都是异姓军功贵族。他们不是宗室，而是异姓军功贵族和开国元勋的后代。

第三，他们中皇亲国戚就有3人。4位辅政大臣中的3位——索尼、苏克萨哈、遏必隆，都是皇亲国戚。

第四，他们都资深而位高权重。

第五，他们多受过多尔衮排挤。摄政睿亲王多尔衮曾经对索尼、遏必隆、鳌拜三人疏远、排挤、打压、迫害，几乎置他们于死地。是顺治帝救了他们，重用他们，他们按理应当竭尽全力辅佐幼帝，报答顺治帝的浩荡皇恩。

少年天子康熙帝在辅政大臣辅佐下，是怎样生活的呢？

其一，读书学习。康熙帝8岁继位后，外朝的军国大事，主要由辅佐大臣主持裁决，重大事情联名向皇帝和太皇太后上报。内阁、六部的奏报，由四位辅政大臣集议会批，再以皇帝名义下发。直到康熙六年（1667）玄烨14岁亲政，才停止了主持朝廷会议。从康熙帝8到14岁，在这6年的时间里，读书、学习是其主要的日程安排。

其二，立志高远。他立下做贤君、明君、勤君、慎君的志向，康熙帝开创了"康雍乾盛世"的局面。

其三，翻案遗诏。康熙六年（1667）七月，康熙帝"躬亲大政"。翌年正月十一日，顺治帝"孝陵神功圣德碑"修建。与顺治遗诏对比，刻着对顺治帝评价的碑文有着根本性的变化。它在褒扬皇父的同时，间接地将辅臣"独崇满洲、贬抑汉臣"等错误做法进行批评，为其后清除鳌拜集团做了思想和舆论准备。

这篇《孝陵神功圣德碑文》，为鳌拜贵族集团敲响了丧钟。

智除鳌拜

四大臣号称辅佐政务，他们实际上代替行使皇帝的权力。凡是由四辅臣已定的或未定的国家要事，都以"辅臣称旨"名义，或是谕令诸王、贝勒、大臣会议与各部院和地方督抚定议奏上，或是命他们执行。因此，任何人都不得违抗如同诏令的"辅臣称旨"。不过任何国事必须由四辅臣集体讨论决定后，共同向皇帝上奏，个人是不能上疏或朝见皇帝的。当时，还没有能力处理国家事务的小皇帝康熙，孝庄也不行垂帘听政，平时自然由四辅臣行使国家最高权力。在形式上，四辅臣的班行排位是有先后的，但是又以共同辅政、集体制约的方式，保持权力平衡。但是，随着四辅臣各自的权势、能量和地位的变动，彼此之间的关系也会不同，而形成的相互结合或对立、个人操纵政局的局面不可避免地就会出现，从而形成擅权的局面。

原隶属于多尔衮率领的正白旗的苏克萨哈，后来凭借首告多尔衮谋篡帝位的反戈一击，受到顺治的重用。与此同时，多尔衮统率的正白旗也同正、镶两黄旗一起，都归之于上三旗。但是，在历史上黄、白两旗形成的积怨并没有消除。多尔衮执政期间，索尼、遏必隆、鳌拜等两黄旗大臣，曾先后遭到贬斥。顺治亲政后，备受宠信的鳌拜等三人，他们很自然地结合在一起，而与正白旗出身的苏克萨哈相对立。

索尼是四辅臣中资历最高的，位列班首。但他年老多病，精力不足。遏必隆阁弱，缺乏主见。苏克萨哈班行第二，他才气开敏，有超出三辅臣之上的能力。他又善于广泛结交，凡有杰出才干的汉官，他都虚心接纳，收到门下。为三朝重臣的鳌拜，战功显赫，自恃功高，"意气凌轹"，朝中大臣"多惮之"。他的权欲很强，然而，班行却排在最末位，因此，心里很不平。他与苏克萨哈虽有姻娅之谊，但议论政事，两人往往抵牾，最终难免生成怨仇。

多尔衮死后，鳌拜以分地不均为由，挑起与苏克萨哈之间的斗争，并且屡次上疏。自换地议起，眼看前前后后发生的情状的康熙，阅毕了刑部的判决，心里已明白苏纳海、朱昌祚、王登联等始终坚持不圈换土地，对鳌拜的恶行极力阻止，引起了鳌拜的愤懑，鳌拜必欲置三人于死地而后快。康熙为此召集了四辅臣，赐坐问询。鳌拜坚奏苏纳海应置重典，索尼和遏必隆对他表示附和，苏克萨哈深知，鳌拜挑起黄、白两旗换地事端，严惩苏纳海等人，将白旗势力镇压，而矛头是直指自己的。

鳌拜煞费苦心，掀起了这场轩然大波，使得朝廷内外沸沸扬扬，尽人皆知。他不顾康熙的反对，竟然强改帝意，将"迁延藐旨""妄行具奏"等罪名加给苏纳海三人，矫诏将三人"俱着即处绞，其家产籍没"。矫诏公布时，苏纳海正系在刑部，朝二披甲轻蔑地瞟了瞟说："我是大臣，本有礼仪，快取酒来！"他痛饮饱餐后，呼唤家仆把布垫在地上，脱下衣服自个躺下，盖上被单。两披甲掀掉衣服、被单。苏纳海拿起弓弦自勒而死。同时，朱昌祚和王登联两人也被处以绞刑。

打着遗诏所示"纪纲法度、用人行政""应仰太祖太宗谟烈"旗号的鳌拜，依恃黄旗在统治权力上占有绝对优势的地位，利用"辅臣称旨"这把利剑，既不理睬孝庄文皇后停换土地的旨意，对严惩苏纳海等人持反对态度的康熙也置之不理，而是肆无忌惮地指令诸王、贝勒、大臣以及吏、兵、刑、户各部将自己的既定方针执行，将20年前业已分定的黄、白两旗的圈地，进行重新调换，擅自将逆己而行的苏纳海、朱昌祚和王登联三大臣诛杀，专权横行，气焰嚣张，不可一世。

眼看鳌拜权势日长的索尼，又与苏克萨哈水火不容，而自己却年老多病，心中十分忧虑。当康熙届临14岁的亲政年龄时，他就于康熙六年（1667）三月策动三位辅臣与他共同奏请皇上亲政。康熙自思"年尚幼冲，天下事务殷繁，未能料理"，想继续要四大臣辅佐数年。索尼等人仍屡行陈奏，康熙只将奏疏"留中未发"。索尼于同年六月病逝。

康熙亲政后，经过一段时期的磨炼，在观察问题或处理政务方面，主见与能力都有了一定的提升。但是，由于鳌拜权重势大，康熙无法实行他的旨意。

鳌拜欺君专权，堵塞言路，威慑群臣，而且举止粗暴，从不遵守朝仪。亲政后的康熙下诏谕令臣下陈述时政得失，而鳌拜却下令要科道陈言禁止，杜绝官员揭发情弊。他甚至拦截奏章，堵塞下情上传。平时，他视康熙为幼儿，在康熙面前动不动就呵斥部院大臣。

这一切都是年轻有为的康熙皇帝无法忍受的。从切身体验中，康熙已清楚地认识到不除掉鳌拜，他就不能整肃朝纲，推行政务也就不可能按照自己的旨意进行。

康熙八年（1669），康熙刚到16岁，亲政还不满两年的他，资历尚浅。他经过反复思虑，决意力避打草惊蛇，采用特殊的斗争方式来清除鳌拜。

为了麻痹鳌拜，康熙采用古人的韬晦之计。他竭力装作酷爱戏耍、无意于政事的样子，精心推选出一批年轻力壮的侍卫，天天和他们一起耍弄练习摔跤的一种布库游戏。即使鳌拜上朝奏事，康熙也照常同小侍卫们戏耍，从不回避。

与亲督侍卫们练习掼跤的康熙，既提高了小伙子们的擒拿技能，又麻痹了鳌拜。眼看时机成熟，一天，康熙对小侍卫们问道："汝等皆朕股肱耆旧，然则畏朕欤，抑畏鳌拜也？"众曰："独畏皇上。"

康熙心中大喜。

一天，鳌拜旁若无人，大摇大摆地独个儿入朝上奏，康熙急用眼神暗示，蓦地小侍卫们一拥而上，擒住鳌拜。之后，议政王大臣等立即奉康熙之命勘审鳌拜罪行。

康熙在处理鳌拜结党专权一案上，是通情达理、很有策略的。议政王大臣康亲王杰书等经过勘问议定：鳌拜罪行30款，遏必隆罪行12款，班布尔善罪行22款，那摩佛罪行12款，塞本得罪行6款，这些人均应处死刑。随后，康熙特召鳌拜亲自审问，鳌拜对罪行也承认属实。他面对康熙，突然揭开衣服，袒露身体，以往为救康熙的祖父皇太极而留下的累累伤痕暴露出来。康熙一瞥，怜悯之情油然而生，遂改死刑为终身监禁，最后鳌拜死在狱中。其子那摩佛亦免死，着革职，籍没拘禁。康熙帝斩杀了其余的党羽。

鳌拜亲戚没有重大罪行的，康熙一律根据实情给予宽大处理。如鳌拜胞弟、内大臣巴哈，姻亲、理藩院左侍郎绰克托，亲侄、侍卫苏尔马等人，议政王大臣康亲王杰书等议定处死，并籍没家产。康熙一律将死刑免去，宽其籍没，判处革职。

在智斗和处理鳌拜专权案中，康熙皇帝的机智、沉着、勇敢与正直的本色已经显露出来。

第二章　削平三藩

藩地似王国，尾大不掉势难制

康熙除掉了鳌拜集团，虽已亲自执政，但是，不安定因素仍然存在。尚可喜（子尚之信）、耿仲明（子耿继茂、孙耿精忠）、吴三桂

"三藩"在国内统一战争的过程中，逐步发展成割据一方的封建军阀势力，对清朝构成严重的威胁。

早在清军南下之时，尚可喜、耿仲明、吴三桂便投降了，并且为清朝立下了汗马功劳。清入主中原之后，封平南王尚可喜王广东（后由子尚之信承袭）、靖南王耿继茂（子耿精忠）王福建、平西王吴三桂王云南，称为"三藩"。其中势力最大的是吴三桂。

利用清廷给予独特行政权力的吴三桂，以散财结士和封建宗法关系等手段，培植了一大批追随自己的封建文人与文武官员。人人得其死力，从而将云贵地区政治局面把持住。同样操纵着其藩属地区的政治的耿、尚，同吴三桂相比，只是程度有所不及而已。

在经济上，三藩更是将搜刮之能应用到底。他们霸占关津，私设商税，垄断工贸，放债取利，拼命增殖藩属财富，以巩固自身的统治基础。

三藩位尊权重，他们拥有军事、政治、经济方面的种种特权，长期专制一方，同中央相对抗的封建割据势力也逐渐形成。同时，三藩的倒行逆施，也给社会带来不安定因素。随着农民军余部和南明政权的覆灭，三藩与中央的对抗性矛盾就开始突显出来，国内将有一场不可避免的动乱。

假戏真做——撤藩

康熙皇帝目睹三藩势焰日炽、尾大不掉的态势已逐步形成。因此，亲政以后，解决三藩问题就一直被康熙当作头等重要的大事。

为了将三藩的权力牵制，康熙亲政后，就委派大吏出任云、贵、广东、广西和福建等省的总督、巡抚。康熙六年（1667）五月，为了麻痹清廷对自己戒备的吴三桂，曾借"目疾"为名，要求清廷将其云、贵两省事务解除。康熙立即下旨，表彰他"久镇岩疆，总理两省，勤劳茂著"的业绩，并深切关怀他"因事繁过瘁"，以致"两目昏瞀，精力日销"之情，特将其解除云、贵两省事务的请求恩准。 随后，经部议定该两省事务按照其他各省规例，由总督、提督和巡抚管理。 这样，三藩的部分行政、军政大权就被康熙收回到中央。

康熙即位后，云、贵一直处于对少数民族的征剿战争状态中。 康熙二年（1663），吴三桂遣总兵王会等剿陇纳山蛮，捣毁他们的巢穴，擒斩他们的首领，稳定了云贵的局势。 但吴三桂同他的部属仍然不断谎报边衅，有意制造紧张局势。

为了迎合清廷的心意，吴三桂还向清廷做出交还权力的种种姿态，企图将清廷对他的疑虑解除，如交还大将军印、辞去云贵总督事务等。 康熙四年（1665）五月，吴三桂又提出裁汰云南额兵，兵部立即表示同意，并经康熙批复准行。 然而，吴三桂的军事实力在这次裁兵中并没有受到根本的损伤。

尽管清廷将三藩的权力逐步削弱，三藩也在不损害自己根本利益前提下做出了让步，但核心问题即军权却没有受到真正触动。 因此，他们依然是独立王国的藩王，对清朝的统一构成了严重的威胁。

平南王尚可喜上疏归老辽东的请求，正中康熙亟须解决三藩问题的下怀。

之后，吴、耿二藩请撤安插的奏疏，给康熙提供了一条将三藩问题解决的途径。 康熙欲用最大的人力物力，迅速而妥善地安插三藩，将三藩手中兵权换取，以达到最终撤藩的目的。

康熙连续向兵部、吏部、户部发出指令，将迁藩的善后工作交与他们做好。 与此同时，礼部左侍郎管右侍郎事折尔肯、翰林院学士兼礼部侍郎傅达礼奉康熙之命往云南；户部尚书梁清标往广东；吏部右侍郎陈一炳往福建，将各藩撤兵起行事宜交与其办。 让他们二人带着亲笔手诏，传谕给吴三桂。

康熙可谓具体而细致地布置了撤藩工作。 他确实准备付出最大的人力和物力来搬移三藩，尽力使三藩在生活上的要求得以满足。

正当清廷积极进行迁藩之时，吴、耿二藩特别是吴三桂却正在策划着武装反叛清廷的活动，终究爆发了一场旷日持久的三藩之战。

吴藩倡乱

康熙撤藩令一下，"全藩震动"，"愕然气阻"的吴三桂顿时瘫软下来，呆若木鸡。

随后，吴三桂先是派亲信扼守云南各关口。凡来往车马行人，只许进，不准出，将消息严密封锁。明里装作听命诏旨的他，派人在归化寺前迎接钦差大臣折尔肯等人，还将起行日期向折尔肯等人佯示，又令云南知府高显辰到交水备办迁移所需夫马、刍粮。暗地里却唆使部属向折尔肯请愿，挽留自己继续驻镇，并将迁移行期以种种借口拖延。

吴三桂一面遣人软禁折尔肯和傅达礼两位钦差大臣，同时，急遣飞骑赶往交水，以迅雷不及掩耳之势，将正在负责置办迁移藩下所需物资的高显辰押下。一面命官兵蓄发，改换衣冠，旗帜全用白色，一律以白毡为骑兵的帽，又将云南巡抚朱国治的头祭旗纛，他自称"天下都讨兵马大元帅"。随后，将一道讨伐清朝的檄文发布，号召天下各方起兵响应。

云贵是吴三桂多年经营的根据地，党羽遍布这里。在他反清后，云南提督张国柱、永北总兵杜辉、鹤庆总兵柯铎、布政司霍之英、提学道国昌等人，都纷纷降附，对他们吴三桂都封了官。对于异己势力，吴三桂则一律予以消灭。

其时，统率20万大军的吴三桂，遣马宝为先锋，直击贵阳。途中听说甘文焜已死，吴三桂大喜。巡抚曹申吉等出郭迎接，进入贵阳的吴三桂没费一兵一卒。

之后，吴三桂率军急趋镇远，向湖广挺进。

全面周密的战略部署

差往贵州备办吴三桂搬迁所需夫役、粮料和船只的兵部郎中党务礼，户部员外郎萨穆哈、席兰泰，主事辛珠、笔帖式萨尔图等人，立即偷偷奔出贵阳上京告变。进入湖南境内，方得乘驿马急往京师，他们连续奔驰了11个昼夜，于十一月二十一日到达北京。众人直奔兵部衙门，竭尽气力，拼命喊：吴三桂反了！

十二月二十二日，四川湖广总督蔡毓荣一面详细地将有关吴三桂反叛后的情况上报，一面调遣沅州总兵等疾赴贵州守御，彝陵总兵官徐治都、永州总兵官李芝兰亦奉命各率兵继进，檄南汝总兵官周邦宁赴楚应援。

连续接到吴三桂举兵反叛的奏报之后的清廷，"举朝震动"。大学士索额图代表多数大臣的意向，奏请将主张撤藩的一些大臣诛杀，试图用谢罪罢兵的方式谋求同吴三桂和解，康熙立即拒绝了他的提议。康熙力图将三藩割据势力铲除的决心是坚定的，没有动摇。他面对朝廷诸大臣要求诛戮建议撤藩大臣的偏激情绪及其被吴三桂气势汹汹的军事实力震慑的恐惧心态，镇定自若，冷静思考，既能将坚持撤藩这一正确主张的少数大臣保护，又能集思广益，从容地做出军事、政治等方面的一系列决策，这一点充分地将年轻皇帝的清醒、坚定、果断和胆略显示出来。

与此同时，康熙又调动各方军力，对各个战略要地进行防守。

广西邻近贵州，守将原为孙延龄。孙延龄系孔有德女婿，孔有德殉死桂林后，康熙任命孙延龄为镇守广西将军，统辖有德旧部，驻军桂林。吴三桂叛乱后，康熙将扶蛮将军特赐给孙延龄，以钱国安为都统，令其统兵固守广西。

在获悉吴三桂叛乱以后，康熙立即下令停撤平南、靖南二藩，将派往广州、福州履行撤藩的梁清标、陈一炳召回。力图将这三股独霸一方的割据势力先稳定住。

由于康熙措施得当，对平定三藩动乱起了重大作用。但是，由于事起仓促，事先没有采取适当防卫措施，以致吴三桂的反叛势力一时发展迅速。

此时，清军未集，江北已是风声鹤唳，这一有利形势吴军如能利用，渡江北上，清军将难以收拾局面。但吴军进至松滋屯驻 3 个多月，按兵不进。吴三桂的谋士刘玄初写了一封信给他，催促他渡江，同清军展开决战，可吴三桂却置之不理。

战争是政治的继续。长期以来，吴三桂蓄意割据云贵而付出了很大的心血，康熙撤藩令一下，粉碎了其独霸一方的政治企图。于是，他试图通过战争将自己的政治夙愿实现。

就这样，吴三桂失去了战机，康熙则凭借占据全国统治的优势地位，向岳州、长沙积极部署兵力，并发动了强大的攻势。

平息耿藩反叛

在福建总督范承谟秉承诏旨进行迁藩工作的同时，靖南王耿精忠于康熙十二年（1673）八月，密与麾下诸将计谋，差黄镛到台湾，策动郑经共同反清。

耿精忠幽禁总督范承谟及其家属 50 余人后，随即举兵反清，与三桂相呼应，并传檄远近，将福建全省迅速掌控。

为了将占领区域扩大，耿精忠积极策动各方分击清军。他主动约请吴三桂进军江西，与之密切配合作战；煽动潮州总兵刘进忠骚扰广东；遣使渡海，诱引郑经向福建沿海郡邑进攻。从而在东南沿海燃起熊熊战火，使清军在军事上陷于被动，疲于应付。

接着，耿精忠布置主力部队，分兵三路，出击浙江、江西。由左军都督曾养性率领东路，连陷福宁诸州县后，进兵平阳。

六月，康熙再谕兵部和康亲王：耿精忠祖父投诚效力，系累世旧勋，他的祖先不能因精忠之罪而受牵连，一旦大兵平定闽省，"其祖父骸骨仍许收葬"。

不过，康熙实行招抚政策，是结合军事征剿进行的。应该说，政治是不流血的斗争，招抚是征剿的继续。不论征剿与招抚，消灭敌人才是其最终目的。

康熙十三年（1674）七月，曾养性率兵数万，进攻衢州。与此同时，连续数次组织兵力进犯金华的耿军，亦被清军一一击退。康熙十四年（1675），康亲王遣都统马哈达由金华进军处州。

耿军马九玉部在衢州不断失利，衢州危急。耿藩与郑经的联盟维持不久，由于郑经向精忠借漳州、泉州招募军队，遭到耿精忠拒绝，郑、耿的关系急剧下降。

军事上节节失败的耿精忠，政治上又陷入内外交困的境地。由于军饷匮乏，恣意剥削，军士逃亡，百姓怨声载道，且部下不听指挥的事件屡有发生。

这时，已濒临绝境的耿精忠，决意归降，立遣人赴延平献总统将军印，派他的儿子耿显祚迎清军到福州。耿精忠率领文武官员出城投降。康熙即命精忠仍留靖南王爵，随大军征剿郑经，图功赎罪。另外，将镇平将军授予耿昭忠，赴福州驻守。

康熙十六年（1677），郑经被清、耿联军逐回厦门，尽复兴化、泉州、漳州诸府。刘进忠亦以潮州降清，福建至此略定。

削除尚藩从乱

尚之信于康熙十五年（1676）二月二十一日发动兵变，接管平南王职权，接受吴三桂的"招讨大将军"印。两广总督金光祖，巡抚终养矩、陈洪湖等亦跟着降吴。随后，尚之信在王府府邸用兵看守，封锁内外消息。

尚可喜闻讯，一时愧恨交加，无地自容。自吴、耿变乱以来，他立意忠于清廷，积极剿御，岂料逆子之信，竟乘他重病卧床之际，利用长子与代理军事的特殊地位，引导藩下走上叛逆的道路，弄得他身败名裂。 后来，尚之孝将其骸骨运往京师，康熙将可喜用隆重礼仪葬于海城，立碑墓道，以示对可喜忠诚的表彰。

吴三桂死后（见后述），战局突变。 于是，一反常态的尚之信立即奏请"进定广西"。 康熙马上允准，让其配合永兴大兵并进。 康熙十八年（1679）二月，率部从封川进入广西的之信，追敌至横川（今广西横县）。 正当清廷对吴军进行剿抚并施的关键时刻，因患痔日剧的之信，却自作主张，让总兵应运统率部队，自己则返回广州医治。

之后，康熙借口将尚之信逮捕。 到此，持续8年之久且轰轰烈烈的"三藩之乱"即将落下帷幕。

进军四川、云贵，吴藩覆灭

随着战争形势的发展和战争条件的变化，在进攻四川、云贵之际，康熙做出了新的军事部署。

康熙陆续将安亲王岳乐、顺承郡王勒尔锦、贝勒察尼等的大将军、将军之职陆续解除，命他们解印归京，分别对他们的功勋与失职给予颂扬与严惩。 勒尔锦、察尼被削去亲王、郡王，并议政及宗人府之职。

由于四川、云贵山陵起伏、沟谷纵横，限制了骑兵驰骋平原战场的威势。 因此，剿灭残敌，收复四川、云贵主要依靠绿旗步兵的力量。

其时，吴将王屏藩拥众数万于兴安、汉中等地，吴之茂在四川松潘地区驻守。 十月十日，王进宝将陕西凤县和甘肃收复，于十月下旬，进克武关，乘胜追击逃敌，直抵汉中。 王屏藩率逃军从青石关撤至四川广元，汉中府被清兵收复。

汉中平定后，康熙授予赵良栋勇略将军，命赵良栋与将军王进宝分兵两路迅速进兵四川；又令图海帅师镇守汉中，接济进蜀诸军粮饷和调发进川军兵。康熙还特地郑重地指出，"不拘陕西通省及各处官兵凡系王进宝、赵良栋所调，速为发遣，勿致有误。若漫不经意，调遣迟延，恐将进定四川重务耽误。"于是，赵良栋从陕西、宁夏、甘肃等所属各兵营选取标兵1.1万人，同将军王进宝自大安驿进取四川。

康熙十九年（1680）十月下旬，赖塔率领广西大军从广西南宁出发，往田州、泗城抵达西隆州。

章泰与蔡毓荣等也由贵州进入云南，与赖塔会师后，随即进军昆明。二月中旬，章泰等立营于距昆明数十里外的归化寺。

九月，率师赶到昆明的赵良栋，与章泰、赖塔两路大军会师，自己与部属对远路跋涉的疲惫困乏统统不顾，立即亲率所部投入战斗，跨越重重沟壑，夺取土桥、新桥与得胜桥。兵临昆明城下，封锁了昆明与外界的水陆通道，切断了城内的粮饷来源。

十月，昆明城内粮绝，一两白银只能购买一酒杯米粮，人都饿死了，军民一片慌乱。章泰等乘势督率各路大军四面猛攻昆明，用炮昼夜轰击。同时，将一封封劝降书连续射向城内，并密派吴三桂部属张起龙持敕潜入城内招抚，让敌军加速瓦解。十月二十八日夜，吴将钱域、吴世吉、黄用与都统何进忠、巡抚林天擎等密谋将吴世璠与郭壮图擒拿送给清军。吴世璠闻变自杀，郭壮图及其子郭宗汾亦都自刎而死。

清军为得到吴三桂的坟墓尸骨，到处搜索，却没有消息。后来，吴三桂的一个侄儿供出，骨灰匣在安福园石桥水底藏着，清军戽水掘骨，果然找到一骨灰匣。然后，章泰等将世璠的头与三桂尸骨一并送到京师。清廷将吴世璠的首级交给刑部，刑部挫断吴三桂的尸骨，分发各省，一律悬挂通衢示众。

历经8年的三藩之乱，至此终告平定，年轻的康熙经受了一次严峻的考验。

第三章 收复台湾

尝试招抚政策

顺治十八年（1661）十二月，郑成功率军攻占台湾，荷兰侵略者在台湾结束 38 年的统治。从此，郑氏政权以台湾为根据地，以金门、厦门两岛为据点，将抗清战争继续到底，使清政府在东南沿海地区的政局很不稳定。

康熙元年（1662）五月，郑成功逝世，他的儿子郑经继续驻守在厦门，在黄昭等人的策动下，其弟郑袭假借郑成功遗言，阴谋袭取藩主位置。郑经获悉这一消息后，立刻偕同周全斌、陈永华与冯锡范等率军准备盘踞台湾。

康熙二年（1663）正月，同周全斌、陈永华与冯锡范等一起的郑经率亲军五总旗下兵丁共 4000 余人、战船 90 余艘，自台湾返回厦门。

康熙二年（1663）四月下旬，在向清廷密谋进攻厦门的奏疏中海澄公黄梧指出，郑成功病故，郑经即位，当此"逆焰方炽之际，断不宜行招抚"，应当抓住其"众心未定，又未纠合完备"的慌乱犹豫机会，神速"进兵剿灭之"。于是，福建水师提督施琅筹建快船 160 艘，新募官兵 3000 名，日夜操练，准备出兵攻打厦门。

康熙三年（1664）三月初六日，清军水师至八尺门，郑威远将军翁求多率兵民 6 万余人投降。十四日夜半，清军渡海进拔铜山，郑永安侯黄廷、都督余宽等率 3.2 万余名部属和家属投降。率数十艘战船的郑经乘风遁走台湾。周全斌因与洪旭有宿嫌，怕到台湾后遭倾轧，也乘机带领部属从漳浦镇海卫投降清军。

四月十六日，天时晴霁，施琅再次出师台湾。为风浪所阻，不果而返，这让清廷起了对继续征剿台湾的疑虑。长期的国内战争导致社会疮痍满目、民生凋敝、财政困乏，为了将战争的创伤医好，清廷也需要获得喘息时机休养生息。而统治集团内部因鳌拜专权与激烈的派系斗争，更需大力整顿以稳定统治。由此，在统一台湾的策略上清政府就由军事征剿转变为和平谈判。在郑氏一方，由于正处在新开发时期的台湾，百业待兴，急需赢得时间从事和平建设增强实力，以待东山再起。这样一来，清、郑之间就出现了短暂和平共处时期。

再战台湾

三藩之乱前，清、郑之间一直处于和平局面。

康熙十五年（1676），平定了三藩之乱后，郑经已成为东南地区清军的主攻对象。康熙十六年（1677），连失漳、泉、惠、潮等7府之地的郑经，退遁金门、厦门。

康熙一面调遣江南、京口的汉兵急援福建；一面激励康亲王等将军大臣，对失援海澄不必自责，务必"时加鼓励，果能灭贼复疆，则前罪自释"。

表面上，郑军一时得势，事实上却是虚弱的。郑方兵力有限，战线却拉得很长，以致军力分散，无形中将自身的力量减弱了。

康熙十七年（1678）九月，刘国轩、吴淑派大军进攻漳州。刘国轩扼踞澳头、三叉口、玉洲、镇门、象鼻、狮山、石尾一带，深沟固垒，首尾连环，坚守阵地，清军一时也难以攻破。

福建总督姚启圣先后遣漳州进士张雄、泉州士绅苏志美往厦门招抚，望郑经从沿海岛屿撤走，退守台湾。郑经却以海澄为厦门门户，不肯让还。

姚启圣招抚不就，取得康熙同意后，于康熙十八年（1679）正月再行迁界，千方百计地将郑军的粮饷来源断绝。

但要将"以水为家、以船为命"的郑氏集团打败，没有一支独立的、训练有素的水师是不可能的。原先惯于陆战的满洲骑兵及其将领对新的战斗任务已经不能胜任，这一点已于康熙十七年（1678）清军在海澄战役的惨败中充分暴露出来了。必须组建一支训练有素的水军，之后，姚启圣、施琅等专心训练水军，一举将郑氏集团在大陆的据点攻占，郑军全部撤至台湾。

澎湖决战取胜，台湾和平就抚

康熙二十二年（1683）四五月间，台湾郑氏获悉施琅将乘南风进征澎湖，从各方面加紧强化澎湖的军事防御，决定在澎湖同清水师决一死战。

六月，率领大队舟师的施琅齐集铜山，大会各镇协营守备千把等随征诸官，部署出征澎湖。

刘国轩听闻消息，忙差部下持令箭与右先锋镇陈谅，着其严督陆路诸将谨守，并遍传狮屿头、凤柜尾、鸡笼山、四角山、内堑、外堑等各镇将，在罗列海岸迅速安排火炮，横截攻打。

十六日，施琅率舟师向澎湖发起进攻。刘国轩坐快哨如飞，于娘妈宫前澳内督率诸镇领着战船、赶缯船排列迎战。在澎湖清郑大军展开了一场大决战。最终，澎湖决战基本上将郑氏政权的军事力量摧毁，以致"扼守澎湖的巨魁、巨镇精锐以及巨舰，不数日而全军覆没"。

施琅对出征前提出的作战方案仍然坚持。他认为，台湾本应乘胜进剿，但攻克澎湖后，大小战舰被炮打损破坏甚多，需要修理制造，乘敌危亡之际，"急令招徕"，应以和平方式来实现台湾问题的解决。如果不成，再继之以军事征剿。

经过澎湖海战，已基本摧毁了台湾的军事力量。继而施琅又实行优待俘虏与恤民政策，由于施琅妥善地"安插投诚，抚绥地方，人民乐业，鸡犬不惊，听闻消息后，台湾兵民自然解体"。

闰六月初八日，郑克塽差协理礼官郑平英、宾客司林维荣给施琅带来了降表和一封信，刘国轩派朱绍熙、曾蜚同行，他们一起到澎湖见施琅。郑方提出"剃发称臣，仍居台湾，永为朝廷屏翰"的要求。施琅对此果断拒绝。总督姚启圣也上奏请招抚颁赦。康熙得到台湾愿意归降的奏报，马上向郑克塽、刘国轩和冯锡范等下了一道诏谕。之后，施琅亲至延平王郑成功庙告祭，历数郑氏开发台湾功绩。

康熙二十二年（1683），郑克塽、刘国轩、冯锡范等人奉皇命至京，康熙授郑克塽公爵，刘国轩、冯锡范伯爵，俱隶上三旗，并令工部将房屋土地拨给他们。

台湾归清后，一个突出问题摆在了康熙的前面，即台湾或弃或留，急需做出决断。

在这关键时刻，福建总督姚启圣、靖海将军施琅、都察院左都御史赵士麟、侍郎苏拜、大学士李霨等挺身而出，坚决反对弃台的荒谬主张，尤其是施琅的真知灼见，极大地影响了康熙的决策。

康熙听取了各方面意见，最后明确谕示：台湾设立一府三县，置巡道一员分辖，隶福建省，府曰台湾，附郭为台湾县，南为凤山县，北为诸罗县，由台厦兵备道分辖。同时，台湾设总兵官一员、副将两员，兵8000，分为水陆8营。澎湖设副将一员，兵2000，分为2营，各设游、守、千、把等官于每营。之后，文武各官陆续就任，编户籍、定赋税、通商贾、兴学校，台湾正式置于清朝中央政权的行政管辖之下。

第四章　击退俄罗斯东侵

哥萨克匪帮侵掠黑龙江

在清廷平定三藩之乱和统一台湾前后，沙俄殖民主义的侵略势力在我国黑龙江流域正渐渐积累起来，严重地破坏着我国的主权和领土完整。

顺治六年（1649），在沙皇的允准和雅库茨克新任统领弗兰茨别科的支持下，70名以哈巴罗夫为头子的哥萨克人组成远征队，向黑龙江地区侵入。在遭到达斡尔人的抵御之后，哈巴罗夫向沙俄请兵，对雅克萨重新入侵，并在此构筑工事，加固设防，作为进一步侵略黑龙江流域的重要据点，并用阿尔巴津取代了雅克萨之名。

顺治十三年（1656），从叶尼塞斯克出发的另一支沙俄军队，闯入石勒格河流域，顺治十五年（1658）侵占我国蒙古族茂明安部居地尼布楚，并将尼布楚改称为涅尔琴斯克，在此构筑城堡，作为进一步向黑龙江中下游扩张的中心。

康熙四年（1665），另一股从叶尼塞斯克来的、由切尔尼科夫斯基率领的沙俄侵略者重新占领了雅克萨。这时，切尔尼科夫斯基正式被沙皇任命为雅克萨长官。康熙十四年（1675），沙俄将雅克萨正式划归尼布楚管辖。

谋求和解与周密备战

面对沙俄的侵略，在解决国内动乱的同时，康熙也在思虑着对付的方略。为了避免双方军事冲突，康熙力图与沙俄通过外交途径进行耐心的交涉，谋求和平解决领土问题。

沙俄方面为了对黑龙江上的武装侵略活动进行配合，装出一副和平友好的姿态，同清政府交往，并从中了解清廷，以便窥测方向，以对军事侵略活动更加有利。

康熙八年（1669）和九年（1670），索伦总管孟格德奉清政府之命先后两次派遣其属下沙兰载带着康熙写给尼布楚总管阿尔申斯基的正式咨文前往尼布楚，要求俄国对中国的侵略活动立即停止，但这些行动都没有结果。

康熙十五年（1676）五月初，俄使尼古拉到北京，将一份国书和一份照会递交给清政府，其内容以自由通商为中心，列举了 12 项条款。

尽管如此，清廷仍以礼相待。康熙对俄使曾两次接见，召至御前赐茶赐酒，并分别命令理藩院和议政王大臣等，对俄方提出的 12 条要求进行详细讨论。

尼古拉回国后，沙俄依然我行我素，对清政府的要求不但拒不答复，反而乘三藩之乱清朝边防空虚之际，加紧了扩张。

康熙与清政府的和平努力被沙俄侵略者看成软弱可欺的表现，侵略气焰越来越嚣张。

康熙十年（1671），康熙帝对东北进行第一次巡视，他一面向当时宁古塔总管巴海了解该地及瓦尔喀、虎尔哈等少数民族的风俗情形，指示巴海"当迪以教化"，将团结当地居民的工作做好；一面强调"尤其防范俄罗斯"，命令巴海训练士马、整备器械，毋堕其狡谋。

康熙十五年（1676），宁古塔将军治所奉清政府之命转移到乌拉，在这里筑城驻防。

康熙二十年（1681）三藩之乱平定后，国内局势基本稳定，康熙便把注意力转向东北。遵照康熙指令的明爱等人，一到索伦，就遣佐领罗尔本、隋珀率领 20 人，前往雅克萨侦察。之后，明爱等回京向康熙奏报。

康熙二十一年（1682），康熙再次对盛京、吉林、乌拉等地进行了视察，向宁古塔将军巴海、副都统萨布素等人对边防情况进行了详细的询问。

康熙从自身和大臣们的几次实地考察了解情况，对黑龙江的形势与敌情，包括土地险易、山川形势、人物情性、道路远近等，已了如指掌。他将敌我情势详细地进行了分析，意识到在黑龙江俄军能"得以盘踞多年者"，有着赖以存在的经济基础。

康熙二十二年（1683），清廷建黑龙江城（即瑷珲）于黑龙江东岸古城的废墟上，预备炮具船舰，令设斥堠于呼玛尔。 宁古塔副都统萨布素奉命率领宁古塔、吉林官兵1500名，水陆奔进，驻防黑龙江。康熙二十四年（1685）初，清廷又在山东、山西、河南选调安插福建藤牌兵420人，由銮仪使林兴珠和何祐率领奔赴前线。 这样一来，康熙前后派出了3000余人前往黑龙江前线。 此外，制鸟枪、铸大炮，康熙还特为红衣大炮钦定其名为"神威无敌大将军"，并于齐齐哈尔设立火器营。

中央和内地为了与黑龙江前线沟通联系，自吉林至瑷珲设置了驿站。 待军队北上后，再在雅克萨至瑷珲和墨尔根之间增设驿站。

康熙二十二年（1683）七月，萨布素率乌拉、宁古塔兵1000人朝黑龙江进发。

清军驱逐沙俄侵略者的军事行动，将黑龙江地区各族人民的斗志激发起来，他们纷纷起义驱逐沙俄侵略者。

因慑于清军威力和各族人民的同仇敌忾，在黑龙江中下游盘踞的俄军陆续撤离据点或缴械投降，从而将雅克萨以外、沿黑龙江中下游的一些敌堡扫除。 雅克萨此时已成为一座孤城。

两次雅克萨之战

康熙二十三年（1684）七月，萨布素等奉康熙之命统兵或由陆路、或由水陆两路向雅克萨挺进，将俄军所种田禾尽行踏毁，再"少引精兵往剿"。

康熙在准备反侵略战争的同时，对边界争端也没有放弃以和平方式解决。 他下令要善待投降或被俘的俄方人员，不准杀戮一人，皆以豢养，使各得其所。

对清廷的警告，沙俄仍然置若罔闻。 康熙二十四年（1685）六月初，清军进抵雅克萨。 将前线指挥所设立在雅克萨对面的小岛上。

二十三日，清军兵临城下，当即向俄军发出用满、蒙、俄 3 种文字书写的两份文件，一份是康熙给沙皇的国书，另一份是彭春给雅克萨头目的咨文，特向雅克萨守将托尔布津派遣俘虏送去，敦促俄军即速撤至雅库，遣返逃人。

可以说，清廷是仁至义尽了，但是，"恃巢穴坚固，不肯迁归"的俄军，甚至"出言不逊""反目相视，施放枪炮"。于是，清军不得不水陆列阵，包围雅克萨。雅克萨在被俄军侵占达 20 年之久后，终于被收复了。

但是，清军将沙俄强建的雅克萨城焚毁后，在雅克萨没有继续设立驻防。这显然是犯了一个重大的错误，留给了沙俄一个可乘之机。

率领残兵败将回到了尼布楚的托尔布津，恰巧遇上以拜顿为头子的援军来到，这给托尔布津打了一针强心剂。后来，派人侦察的尼布楚督军符拉索夫得知清军已全部撤离雅克萨，就命托尔布津带领 500 名侵略军，再次占领雅克萨，并将田间的庄稼收割。托尔布津决定在废墟上重建新的雅克萨城堡，构筑要塞是整个冬季所忙碌的工程。这一工程是在受过训练、经验丰富的德国军事技师拜顿监督下进行的，其防御能力不可小觑。堡内修建了粮库、火药库和军需仓库，还将大量粮食弹药和其他物资贮备于此。

康熙二十五年（1686），萨布素派骁骑校硕格色率军侦探俄军在雅克萨的动向。途中，硕格色从奇勒尔人勒定吉尔那里获悉俄军复来雅克萨筑城盘踞，得知这一消息的硕格色飞速向萨布素报告。萨布素又马上奏报朝廷，并请于冰消时督修船舰，亲率官兵，相机进剿。

率领 2000 余名的萨布素、郎谈等从瑷珲出发，水陆并进，于七月十八日进抵雅克萨城下，向托尔布津再次致书，警告俄军"速回本土"，否则，必用武力将其消灭。清军士气高昂，又有当地居民助战，俄军屡遭失败。

严冬即将来临。八月，康熙要萨布素周密筹划，做好结冰时期的防务。康熙指出，死守雅克萨的俄军，必待援兵到来，且期望在流冰时清军能够撤回。

在清兵重重包围下，被困在雅克萨城中的俄军不能越雷池一步。俄军虽屡次突围，都被清军击退，在一次突围中其头目托尔布津也被击毙，由拜顿接替指挥。但俄军困守孤城，饮水匮乏，柴薪奇缺，粮尽弹绝，饥寒交迫，坏血病在城内肆虐，大部分俄兵战死、病死。原有 800 余名的沙俄侵略军，只剩下 100 多人，且完全丧失了抵抗能力。而清军又在雅克萨城北、城南二处筑起高台，架上大炮，准备攻城。至此，攻下雅克萨已只是时间的问题了。

这期间，蒙古诸部尤其是准噶尔部酋长噶尔丹野心日炽，并且勾结沙俄，对清朝北部边疆构成严重威胁。同时，南方的局势尚不稳定。为了将沙俄与准噶尔部噶尔丹的勾结粉碎，求得边界的稳定和平，康熙希望及早同俄方达成谅解，尽快结束对俄战争。

鉴于雅克萨俄军已濒临绝境，沙俄政府明白，要继续使用武力侵占黑龙江地区的图谋已不能得逞。清廷倡议和谈与主动停火撤军的行动，不仅将清朝政府愿同沙俄谋求和解的诚意充分体现出来，而且为中俄双方和平解决边界争端创造了良好的氛围。这样，终于结束了历时两年多的雅克萨之战。

《尼布楚条约》的签订

康熙二十六年（1687）十一月底，戈洛文作为沙俄代表团从色楞格出发，于次年三月二十四日抵达北京。戈洛文向清廷提出在色楞格中俄和谈代表进行谈判，这一提议得到康熙同意。

康熙二十八年（1689）四月，洛基诺夫奉戈洛文之命来北京，经中俄双方议定，和谈定于当年八月在尼布楚举行。

这时，国内和国际形势都发生了变化。喀尔喀全境被噶尔丹占领，正在同沙俄勾结的他渐露南下的趋势。为了平定噶尔丹叛乱，将噶尔丹同沙俄联盟的阴谋粉碎，康熙在领土要求上做出重大让步，以求中俄谈判及早达成协议。

很明显，沙俄想通过谈判合法化在黑龙江至少包括雅克萨在内侵占的中国领土。否则，为了达到目的，他们将继续发动战争。

但是，欧洲才是那时沙俄扩张的重心。两国使团就是遵从中俄双方政府各自指令的会谈既定方针展开激烈争辩的。

康熙二十八年（1689）六月，中国谈判代表团分两路赶赴尼布楚。

八月十九日，中俄双方随即就会谈的有关事项进行商议。双方决定，会议定于八月二十二日举行，地点在尼布楚与河岸之间，会场设在城外临时搭建的帐篷内，会议务必遵循"在每一件事上平等""任何一方不凌驾于对方之上"的原则，总之双方谈判应将平等精神体现在每一个方面。

几经交涉之后，中俄双方经过反复磋商，至九月七日，终于将《中俄尼布楚条约》正式签订了。条约共有6款：

1. 以流入黑龙江之绰尔纳河，即鞑靼语所称乌伦穆河附近之格尔必齐河为两国之界。格尔必齐河发源处在大兴安岭，此岭直达于海，亦为两国之界。中国管辖岭南一带土地及流入黑龙江大小诸川。又流入黑龙江之额尔古纳河亦为两国之界。河以南诸地，尽属中国；河以北诸地，尽属俄国。凡在额尔古纳河南岸之墨里勒克河口诸房舍，应向北岸迁移。

2. 在亚（雅）克萨俄军所建的城障，应即尽行除毁。俄之居此者，应悉带其物用，尽数迁入俄境。

3. 所有在此约以前订定的事物，永作罢论。自两国永好已定之日起，后有逃亡者，各不收纳，并应械系遣还。

4. 现在，俄民之在中国或华民之在俄国者悉听如旧。

5. 自和约已定之日起，凡持有护照的两国人民，俱得过界来往，并许其贸易互市。

6. 和好已定，两国永敦睦谊，废除一切边境争执，倘各严守约章，争端无自而起。

此外《尼布楚条约》还载明：以华、俄、拉丁诸文将此文刊之于石，置于两国边界，以做永久界碑。

《尼布楚条约》是第一个中俄之间正式缔结的条约。该条约规定，中俄两国东段边界以外兴安岭至海、格尔必齐河和额尔古纳河为界，从法律上对黑龙江和乌苏里江流域的广大地区肯定为中国的领土，黑龙江、乌苏里江都是中国的内河，俄方同意撤回已渗入黑龙江地区的沙皇军队，清朝政府允许将贝加尔湖以东尼布楚一带原属中国的土地让给沙俄，把乌第河流域划为待议地区，并将重大通商利益给予了俄国。《尼布楚条约》的签订，是中国人民在军事上、政治上同沙俄的侵略政策进行针锋相对的斗争之后，双方的协商都是平等地进行的，中国政府做了重大让步的结果。通过签订《尼布楚条约》，中国将被沙俄侵占的一部分领土收回，制止了沙俄对黑龙江地区的进一步侵略，并将沙俄同厄鲁特蒙古的准噶尔部噶尔丹之间的联盟打破，这为后来清政府得以集中力量平定噶尔丹的叛乱创造了条件。沙俄则在土地和通商方面都获得重大利益，沙俄因此而嘉奖了谈判全权代表戈洛文。总之，《尼布楚条约》为中俄睦邻关系奠定了基础。

第五章　三次亲征噶尔丹

亲善和睦的民族政策

康熙时，准噶尔部首领噶尔丹为扩大自己的势力范围，肆意掠夺蒙古各部，不断制造民族矛盾和民族分裂，使清朝与准噶尔部的矛盾尖锐起来。

17 世纪初,准噶尔巴图尔珲台吉时,准部开始强盛,"恃强侮诸卫拉特"。

康熙四年(1665),巴图尔珲台吉逝世,子僧格嗣位,准噶尔内部发生了激烈的争夺属产的战争。最后噶尔丹掌握了准噶尔的统治权。

噶尔丹乘机扩大自己的势力。康熙十六年(1677),西套被他率兵占领,袭杀继顾实汗之后的"卫拉特"首领、自己的岳父鄂齐尔图汗,自称"博硕克图汗",并胁迫"对他的命令大家必须遵从"。

噶尔丹一面扩张自己的势力,一面向清政府表示臣服。噶尔丹又遣使者 4 人随同内大臣奇塔特等将马、骆驼、貂皮、银鼠、猞猁狲皮、沙狐皮、黄狐皮、活雕、金、牛皮与厄鲁特鸟枪等物供奉给清政府,表示谢恩。

然而,康熙对噶尔丹宽容的前提是不损害清政府的根本利益,一旦噶尔丹及其部众对清政府有不敬行为,康熙一定给予严厉处置。康熙二十四年(1685)九月,噶尔丹下属沙里巴图尔台吉的贡使伊特木根在北馆中殴死清正白旗西图佐领下商人,伊特木根立即被康熙下令"依法处斩"。同时,向厄鲁特传谕此事,并严厉警告噶尔丹"谨遵成法,严戢从人,毋得肆恶妄行"。

康熙给予受噶尔丹欺压的厄鲁特部属以道义上、物质上的资助,也实行其对边疆少数民族采取的和解与安抚的政策。后来,康熙同样以这一策略妥善处理了被噶尔丹击败的喀尔喀蒙古族,这对稳定边疆的统治以及将少数民族的分裂势力消除起到了巨大作用和影响。

噶尔丹既已确立了统治厄鲁特四部的决心,进而控制了回疆,他扩展领土的野心也就随之膨胀起来。他一心蓄谋北并喀尔喀,于是,他从伊犁向东迁帐至阿尔泰山,杜尔伯特部众被驱使屯田,且耕且牧,由此将粮草供给本部。

康熙二十七年(1688),率兵 3 万的噶尔丹越过杭爱山,在特穆尔击败土谢图汗察珲多尔济之子,其"仅以身免"。与此同时,噶尔丹提出:"若哲卜尊丹巴呼图克图等来投天朝,或拒而不纳,或擒以付之。"康熙随即让阿南达等持敕往噶尔丹处传谕说:"朕统御宇内,胞与为怀,愿率土共享太平,战争离散之苦从此消失,彼此协和,各得其所。"要噶尔丹"仍遵朕旨",同喀尔喀"同归和睦"。同时,责令噶尔丹退回本土,将喀尔喀牧地归还。 噶尔丹却一意孤行,同清政府的民族和解政策相对抗。

此后,通过多伦会盟,康熙将札萨克图汗与土谢图汗之间的矛盾妥善解决,协调了两部之间的关系,加强了清廷对喀尔喀蒙古的管理,这对漠北蒙古地区的进一步统一、孤立和战胜噶尔丹这股分裂割据势力,提供了极为有利的条件。

首次亲征,击溃噶尔丹

一方面,噶尔丹表现出忠顺于清廷的样子,对清廷使臣"待之有礼,殊为恭顺",并反复声称"我并无自外于中华皇帝"。 但同时噶尔丹与沙皇勾结,蓄意分裂祖国,在康熙看来,战争不可避免。

康熙在努力谋求和平解决厄鲁特与喀尔喀之间纠纷的同时,对噶尔丹始终保持着高度警惕。

康熙二十九年(1690)五月,号称带兵4万的噶尔丹沿克鲁伦河下游渡过乌尔札河南下,扬言"将向俄罗斯借兵攻打喀尔喀"。 在康熙严重警告和清军严阵以待面前,沙俄在已签订《尼布楚条约》之后,终于未敢妄动。

同年六月,沿格尔格河行进的噶尔丹,师至乌尔会河。 七月,噶尔丹深入乌珠穆沁。 康熙命和硕裕亲王福全为抚远大将军,皇子允禔为副将,出古北口;和硕恭亲王常宁为安北大将军,以和硕简亲王雅布、多罗信郡王鄂札为副,出喜峰口;自统中路,下诏亲征。 后在波罗和屯因病驻扎,指挥各路大军。

为了会集各路军队,集中优势兵力,击败噶尔丹,康熙向噶尔丹屡次派出大臣，借和谈为名，麻痹牵制噶尔丹。

七月底，噶尔丹乘虚而入乌兰布通。

不过，噶尔丹军士沿途饥踣死亡，逃到科布多时，残余的也只有几千人了。接着，康熙派侍郎额尔图等诫谕噶尔丹：归附清朝的喀尔喀一人一畜都不得擅自侵犯，"若再违誓言，妄行劫夺生事"，清廷"必务穷讨，断不终止"。

全歼噶尔丹精锐

噶尔丹虽反复立誓，表示"对中华皇帝属下喀尔喀以及众民不予侵犯"，但康熙觉得噶尔丹"其人狡诈，不可深信"，对他仍保持着高度警惕。

自乌兰布通惨败后，噶尔丹"牲畜已尽，无以为食，极其穷困，人被疾疫，死亡相继"，而"劫掠无所获"。为生计所逼，他不得不乞赐白银于清廷，以救燃眉之急。

康熙帝于三十五年（1696）春下诏亲征。在行军途中，事无巨细，康熙都亲自过问，做到细心体察、具体指示。每天，康熙总在凌晨就撤营，他起行后，常见军营炊烟缭绕，军士们尚在进食，迟迟不能将军队的帐房行李运载起行。康熙召集诸大臣，并对其进行面谕，表示要以最大的决心，务期剿灭噶尔丹而还。

大军渐渐逼近噶尔丹驻地。康熙听取了多方面意见，经过深思熟虑，命公主长史多禅、中书阿必达等带了敕书及暖帽、蟒袍、妆缎褂、纯金钩，并巾缨带一条、帛10端和银200两等赐物及4个厄鲁特人向噶尔丹驻地巴颜乌兰进发。

五月初，厄鲁特人俄齐尔也随即告诉丹济拉："圣上亲来。"顿时惊骇失色的丹济拉，急忙领了敕书和4个厄鲁特人，匆匆收兵，向噶尔丹飞快地传送了消息。噶尔丹得知此事恐惧万分。

得悉噶尔丹逃窜的康熙，立刻命领侍卫内大臣马思哈为平北大将军，亲率轻骑向巴颜乌兰急进穷追，又密谕费扬古领兵速进，截其归路，自统大军直追至拖诺山下，不及而回。

奔驰五昼夜的噶尔丹，窜至特勒尔济口，清抚远大将军费扬古所率西路军也到了昭莫多（今蒙古人民共和国乌兰巴托东南图拉河上游南岸）。清军紧跟追击，一概不取所遇弃之驼马辎重、甲械等物，边射边逐，大胜而回。

在这次战役中，噶尔丹军被斩杀 2000 余人，男妇 3000 余被生擒，清军获马驼、牛羊、庐帐、器械不计其数。大炮炸死了噶尔丹之妻阿努亦，噶尔丹仅以数十骑逃遁。昭莫多之战，康熙将噶尔丹精骑全部歼灭，是清廷平定噶尔丹的决定性战役。

噶尔丹自杀，漠北统一

深知噶尔丹狡诈莫测的康熙，知道不可轻信他，便一面交代廷臣与边境各将说"噶尔丹穷迫已极，宜乘此际，速行剿灭，断不可缓"；一面继续以最大的耐心采取招抚办法，用和平方式将清廷同噶尔丹之间的矛盾解决。以 70 日内还报，如过此期，"朕即进兵"。

其时，大部分噶尔丹部属都主张归清。噶尔丹的使者及其一家人都投降了，噶尔丹真的成了孤家寡人。康熙对噶尔丹也算仁至义尽，但噶尔丹依然不肯归降。

为了将噶尔丹这股民族分裂势力根除，康熙三十五年（1696）九月，康熙再次前往归化城，驻跸鄂尔多斯，召大将军费扬古秘密策划第三次军事征剿，并让边讯将领和蒙古诸部密切注视噶尔丹的动向，随时上报。

经过两次亲征，对漠北蒙古的自然环境和风土人情，康熙已很熟悉。这时，噶尔丹已是众叛亲离。一向忠于自己的丹济拉已同他脱离，两次相召，丹济拉都不予理睬。又派人去招降另一亲信杜哈尔阿拉布坦，杜哈尔阿拉布坦反而夺走来人的马驼。不久，噶尔丹在四面楚歌、仅余子身、随处漂荡、只有数十人陪伴的穷迫情势下，惊闻清军到来，寝食俱废，反复思考，无计能逃，于康熙三十六年（1697）闰三月十三日被逼至阿察阿穆塔台后饮药自尽。

康熙三次亲征，深入沙漠，终于将噶尔丹这股分裂势力平定。同时，他又以和睦亲善的民族政策，将清廷同蒙古诸部的关系予以妥善处理，实现了统一漠北蒙古的目的，使北方边境得以安宁。康熙三十六年（1697），清政府让喀尔喀各部重新返回自己原来的牧场，又在科布多、乌里苏台等地派驻将军和参赞大臣。自此，清朝对蒙古的统辖进一步加强了。

第六章　以农为本，整顿吏治

中止圈地和鼓励垦荒

康熙虽然是满清入关第二个皇帝，实际上，他面对的许多问题是开国皇帝必须解决的。尽管顺治皇帝在位 18 年，但是，清朝对全国并没有有效统治，民族矛盾尖锐对立，乃至在康熙登基后的很长时间内，仍烽烟连绵，战火不绝，经济萧条，财政匮乏。

早在顺治元年（1644），清政府便下达了京畿田地"分给东来诸王勋臣、兵丁人等"的命令，从此，满洲贵族不断大规模地圈地，二三十年后，建立了许多皇庄、王庄，因之他们逐渐地转化为封建地主，地主对佃农的压榨激起了许多地方的佃农起义。康熙意识到政之首务乃为安民生，安民生就是要让人民休养生息、安居乐业。在清初土地大量抛荒、流民成群的情况下，首先必须将土地与劳动力的合理结合迅速实现。

轻赋政策

康熙注意推行轻徭薄赋的政策，以减轻农民负担。 如康熙十年（1671）将浙江的故钞银摊入地亩，十八年（1679）推行"均役""均田"政策，将差役摊入地亩。 康熙对大兴土木特别反对，他认为"兴作无益"，所以，他讲求实效，不求奢华，时刻放在心头上的是如何节省民力，故能使农民集中力量，投身于农业生产，创造了农业恢复和发展的条件。

为了将人民负担进一步减轻，康熙不断严禁官吏扰民，反复制止官吏滥征私派、额外苛索。 他还对百官一再告诫道："累民之事，虽纤毫亦不（可）行。"

康熙常以自己为表率，每逢外出巡行，总是力避扰民，厉禁随从人员和地方官吏借机苛索百姓。

扩大农业

明朝灭亡的根本原因是广大农民没有饭吃，于是他们揭竿而起，最后崇祯帝也被逼得白缢。 明清更替，战乱不已，社会动荡，耕地荒芜，水旱频仍，农民食不果腹。 有一个大难题是康熙面临的，这就是将农民吃饭的问题解决。 为此，根本的事情，就是抓农桑。

康熙二十八年（1689），康熙帝第二次南巡时，有江南人将一部《耕织图》进献给他。 这部以诗画并茂形式介绍耕织技术的《耕织图》是南宋绍兴年间（1131～1162）的著作。 作者是楼俦，曾任浙江於潜县令。 所以，这本图册对于推动南宋稻作、蚕桑的发展起过一定作用。

得到这本《耕织图》的康熙非常喜欢，仔细观览，感慨万端。 他认为，可以利用这本图册教育官吏重农爱农，也可以将基本的农桑知识传授给官吏。 比起把农桑之事配乐演唱和列入典制，绘制《耕织图》更形象直观。

回京后，康熙帝命宫廷画师焦秉贞重绘《耕织图》，将稻作和蚕桑的生产过程生动地描绘出来，又将生产工具的使用再现出来，是一部生动直观普及农桑知识的教科书。

康熙四十二年（1703），康熙帝建承德避暑山庄，开辟御瓜圃和御稻田于山庄旁，这就是皇帝的"菜园"和"稻田"。御瓜圃里种瓜豆菜蔬，御稻田又是试验庄稼田。

康熙四十三年（1704），康熙帝看到旱御稻在避暑山庄试种成功，便颁旨准许在北京玉泉山等地推广种植。

康熙五十三年（1714），康熙帝向苏州织造李煦发放了一石御稻，令他推广。同时，试种双季连作，改变长江两岸一季糯一季稻的种植传统。两年以后，江苏、浙江、安徽、两淮及江西等地也有了御稻，粮食产量大幅度提高。

除了种水稻，康熙帝还亲自养蚕。雍正帝、乾隆帝也继承父祖之业，使中国走上"康雍乾盛世"的顶峰。但是，他们领导的中国一直没能从农耕文明的圈子跨出，因而与工业文明失之交臂。而在这时的欧洲，近代工业文明的门槛已经跨过去了。

整顿吏治

康熙整饬吏治，在具体做法上，尽管他并没有超出传统的封建统治者所倡导的范围，但在付诸实践方面花费了很大的心血。他坚持不懈地按照"源清流洁"的思想，在慎选人才、对高级官吏监督与考核的加强及提倡清官政治方面都做了许多具体而细微的工作，因而取得了明显的成效。

由于康熙坚持长期不懈，并采取制度建设、对于扶植清官亲自查巡、打击贪官等多管齐下的办法，对下情及时准确地掌握，并能明辨是非功过、施以奖惩、以正抑邪，使得官吏受到激励与约束，遏制了吏治的腐化趋势。 他多方选才，培植清官，也大大提高了整个吏治队伍的素质。 国家财政收入有了保障，大量的赈济亦得以实施。 康熙朝吏治的成效可以说是为清代康雍乾盛世的出现奠定了一个良好的基础。

对清官，康熙能容忍其稍有私派、加征，这应当与清初官吏的低俸制有关。 一个正七品知县，只 45 两银子的年俸，四品知府 105 两，总督从一品俸银也只 180 两。 如此低微的俸禄是由于清初国力的微薄，对这种制度康熙迟迟未做出调整，而想以放宽私派、加征来缓解，这无疑为贪官开了方便之门。

在外任官中，因触及当地缙绅豪强遭到忌恨而丢官的，亦不在少数。 从根本上说，康熙不可能整饬吏治，他把维持现状当作至为重要的事情，希望不要有刻薄生事的清官。

康熙时，百姓为挽留去任官员而发生民众上书请愿的事曾常常出现。 这种挽留行动本身可能表明人民对某官的拥戴与景仰，也可能是体现当地乡绅地主的意志，还可能出自去任官员的授意，这在许多地方乃至变为俗例。

第五篇

清世宗宪皇帝胤禛(雍正)

（五）雍正帝爱新觉罗

爱新觉罗·胤禛，康熙十七（1678）十月三十日生，雍正十三年（1735）八月二十三日卒。 他45岁登基，58岁离世，在位13年。 庙号世宗，谥号宪皇帝，葬泰陵（今河北省易县清西陵）。 雍正中年登基，年富力强，有着广博的学识和丰富的阅历，刚毅果决，颇有作为。

第一章　不动声色夺帝位

康熙晚年储位之争

康熙四年（1665）九月八日，康熙举行大婚，娶了摄政大臣索尼的孙女。康熙十四年（1675），皇后生下胤礽后病逝，康熙把对妻子的爱全部给予了嫡子，该年十二月十三日便册立8个月大的胤礽为太子，将其立为储君，备位东宫。

作为皇太子，胤礽小时教育良好，6岁就入上书房读书，背诵四书，同时演习满人传统——学习骑射，8岁时就能左右开弓。书法也很好，善作对子，10多岁时就写出过"楼中饮兴因明月，江上诗情为晚霞"的名对。康熙认为他很有前途，"其骑射言辞文学，无不及人之处"。康熙也以他为骄傲，对他的宠爱更是胜过其他皇子，他后来曾经亲口证实："胤礽乃皇后所生，朕煦妪爱惜。"皇太子也不负父皇期望，20岁时便协助康熙理政，逐步在政治舞台上崭露头角。

皇太子逐渐开始骄傲自满。作为储君、国家的二号人物，太子的地位越来越受尊崇，他使用的仪仗和皇帝一样，每年的三大节日接受和皇帝一样规格的礼拜，拜会的礼节仅次于拜见皇帝的三拜九叩礼而实行二跪六叩礼。加上皇太子身边有品行不端之人，更使得太子逐渐偏离了正常的轨道。

这些人中，最明显的就是胤礽乳母的丈夫凌普。胤礽生而失母，与抚养其长大的乳母亲近，这也是人之常情。但是，乳母的丈夫凌普臭名昭著，连康熙都知道。成年后的胤礽贪婪成性和奶公凌普简直如出一辙。

另一个对太子性格影响至深的人是朝中的大臣——索额图。其父亲索尼是康熙幼年继位时的四位顾命大臣之一，索额图是其第三子，早在康熙六年（1667）就晋升为一等侍卫。由于太子之母出自索家，作为舅公，自然对他施加影响。

康熙四十年（1701），索额图以年老为由乞求退休，适逢皇帝南巡，皇太子随行且病在了山东德州，康熙派索额图去陪侍。可是，皇帝却在太子病愈后发现了太子与索额图密谋篡位的证据。康熙四十二年（1703）五月，索额图被冠以"清朝第一罪人"逮捕入狱，不久便死在狱中。

其实，在此之前，康熙已发现太子行为不端。太子不孝的表现已经令康熙失望，但其后他执迷不悟的恶劣行径更令其伤心。

康熙与胤礽矛盾不断激化，其斗争的焦点就在权力分配上。这个根本性问题决定着双方的生死，没人让步斗争就会升级。终于有一天，双方的矛盾被激化了。

康熙四十七年（1708）夏天，康熙出巡至塞外，太子及其他皇子也都同行。在热河，深得康熙帝宠爱的十八皇子胤祄得了重病。虽然精心治疗却不见效，日益恶化，康熙心中十分焦急。此时，身为兄长的皇太子并不关心，这使康熙进一步看到了太子的冷漠无情，既伤心又担心自己百年以后诸子的处境。

第二天，康熙接到了皇十八子的死讯，54岁的老皇帝痛失爱子，伤心欲绝。百感交集之下，他突然召集诸皇子、大臣到行宫，命太子跪下而宣告其罪行。九月初四，返京途中，康熙毅然将皇太子胤礽废黜拘禁。这是康熙第一次废黜太子。

太子被废并没有遏制诸位皇子之间的明争暗斗，反而加深了斗争。为了平复众皇子之间无休止的争斗，康熙只有被迫在一年内不得已又将被废的胤礽抬到政治舞台上。康熙四十八年（1709）的四月十九日是胤礽第二次被立为太子的大庆之日。但是，复立之后的太子并没有洗心革面，而是又重新走上了结党营私的老路。

这再一次激化了康熙与太子的矛盾。康熙五十一年（1712），康熙皇帝正式发布诏书，废黜胤礽，再次将其监禁。次日，康熙亲自用朱砂笔写就诏书，详述其废黜原因，并说太子"不得众人之心"，不能将祖宗创下的基业托付给这样的人。

其后，十月十九日，胤礽被禁锢在咸安宫；十一月十六日，康熙将废黜太子之事祭告天地、宗庙、社稷；十一月二十八日，通告全国。从此，二阿哥胤礽便退出了政治舞台。

胤礽作为康熙亲立的皇太子，本来十分受宠。但他做了33年皇太子，自然会引起众兄弟的忌恨，成为众矢之的。但两次废黜在于他"暴决不仁"，与康熙实行的宽大的施政方针不符，康熙曾经说过，如果胤礽执掌朝政将为祸于民，朝鲜人也断定他"必亡清国"。他的退出使康熙末年的储位之争更加白热化。

"天下第一闲人"

在康熙众子为了储君之位而谋划时，后成为雍正皇帝的胤禛并没有闲着。

当雍正继位之后，竭力将以前的自己打扮成一个大闲人，称在藩邸时从未参与过任何党派，也没有争夺皇储之位的野心。

胤禛的方法在于韬光养晦。早在康熙五十二年（1713），老师戴铎已经为他谋划好了处事原则：其一，处理好父子关系。其二，友爱兄弟，大度包容，和睦相待，不招人妒忌。其三，笼络朝臣。其四，戴铎建议胤禛要培植藩邸人员，从而拥有自己的亲信，作为争取储位的骨干力量。

胤禛对属下人严格控制，不允许有任何不忠。年羹尧少年得志，有时不把主子看在眼里，竟然和三阿哥胤祉的属下私下互通礼物。有一次，年羹尧在给胤禛的书信中称臣而不称奴才。胤禛回批，指责其品行不端，用来书中的"今日之不负皇上（指康熙帝），即异日之不负我（指雍正帝）者"的话威胁他，说他引诱自己阴谋夺取储位，以此为凭可以告发他，并令他将带到任所的弟侄、10岁以上的儿子送回京城，以示惩罚。

在康熙末年众皇子夺嫡时，胤禛不被人重视。他真正介入是在太子第一次被废黜之后，而此时，他并没有信心，也缺少实力。直到康熙五十五年（1716），情况终于发生了改变。

他的生母德妃很受康熙宠爱，养母是身份显赫的贵妃佟佳氏。其他皇子都是在外家养育成人，而胤禛长于宫中，康熙曾说德妃生的第一个儿子胤禛是唯一的"朕亲躬育"的孩子，这种先天的优势可以使他的地位和皇太子胤礽相比。

康熙六十一年（1722）春天，康熙来到胤禛的住所圆明园观赏牡丹春色。胤禛将儿子弘历（即后来的乾隆皇帝）介绍给康熙，少年乾隆聪明伶俐，康熙很喜欢，立刻召见，祖孙二人相见后，康熙十分喜爱弘历，将他送到皇宫中养育，不久，弘历又跟随康熙到热河，住在避暑山庄。

康熙六十一年（1722）十一月十三日，康熙在弥留之际选择传皇位给胤禛，结束了十几年的夺嫡斗争。

第二章　迭兴诸狱

分化瓦解胤禩、胤禟集团

康熙死的第二天，雍正虽未即位但却办了一件大事。他任命贝勒胤禩、十三阿哥胤祥、大学士马齐、尚书隆科多4人为总理事务大臣，他说在丧期心中悲痛，因此臣下"有所启奏诸事"，除藩邸事务外，"俱交送四大臣，而皇上旨意也由四大臣传递"，以便把各种事情有条不紊地办好。 总理事务大臣位尊权重，是新的朝中要员，应是先朝的元老重臣和新君的亲信。 雍正与胤祥情谊最笃，而上台时大受隆科多支持，命他们为总理事务大臣，顺情顺理。 任用政敌胤禩及其追随者马齐，则是出于战略上的考虑。 同日，雍正封胤禩、胤祥为亲王，胤礽的儿子弘晳为郡王。 十二月十一日，赐胤禩爵号和硕廉亲王、胤祥和硕怡亲王、胤祹多罗履郡王、弘晳多罗理郡王。 同月，他命胤禩兼管理藩院和上驷院，雍正元年（1723）二月改兼管工部。

雍正对胤禵有着不同的态度。 任用胤禩为总理事务大臣的当天，令召胤禵回京。 雍正元年（1723）三四月之交，雍正跟随康熙到达景陵享殿，传旨训诫胤禵，胤禵不服，胤禩怕事闹大，叫其跪受他才跪下。 事毕，雍正返京，留胤禵看守景陵，谕令副将李如柏看守胤禵，实际上是把他囚禁了。

对待胤禩一党，雍正主动施以软硬手段，这是因为他是最高统治者。 但这种位置也有不利的因素，皇帝要时刻提防臣下算计，特别是在雍正继位的特殊情况下更易出事。 雍正清楚地认识到：多年的储位之争，人们斗红了眼，为了皇位，一切都可以牺牲。

雍正在即位初年，从给年羹尧的朱谕中可以看到京城的大好形势。 雍正采取后一政策，并且获得成功，是在斗争中小心谨慎、把握正确时机的做法。

雍正对其他参与过争位的兄弟，区别对待。 他认为，胤祉的势力在蒙养斋修书处，即位不到一个月，便先下手为强。 他说陈梦雷是耿继茂叛逆案中罪犯，皇考从宽处理，命他在修书处行走。 然而，他不知悔改，因皇考既经宽恩，不再加刑，然应将他及其儿子发往远边，他的门生中也严厉惩治非法生事的人。 刑部尚书陶赖、张廷枢执行谕旨不坚决，将陈梦雷的两个儿子释放了。 雍正把他们降职，下决心分散胤祉的党派。

雍正对废太子胤礽不为己甚，康熙去世后，他派其去哭灵，旋即禁锢如初。 封其子弘晳为郡王后，将旧日东宫所有的御赐物品给他。雍正二年（1724）十二月胤礽死，雍正亲临丧所，按照亲王规格礼葬。 对拥护胤礽的人却又是另外一个态度。 雍正元年（1723）七月给官员荫子，九月给封典，代父军前效力的少詹事王奕清均不得授予，明显对王掞谋复胤礽之事仍铭记心中。

雍正的打拉结合的策略，在即位第二年夏天发生了变化，主要表现在对胤禩的态度上。 在这以前，对他也有过指责。 如元年十一月，雍正反对丧葬奢侈，说胤禩居其母丧，伪孝矫情。 但这还不是专为胤禩而发。 从雍正即位到二年七月，算是清理朋党的第一时期。

将胤禩集团收拾干净

四年（1726）正月初五日，雍正发出上谕，历数八阿哥胤禩的罪状。

雍正说胤禩有违大清列祖列宗，而实质是在谋取储位和给他这个新君制造难题。 解决这种严重对立的关键，就是惩治胤禩，褫夺他的黄带子，将其逐出皇室。 他的同伙胤禟、苏努等人也遭到了同样的处分。 胤禩妻乌雅氏革去福晋，休回母家，不再有往来。 胤禟编造类似西洋字的十九字头与家人通信，被雍正察觉后抄家。 二月，将胤禩降为民王，交所属旗内稽查，不得依宗室诸王例但留下从属人员，随即圈禁高墙。 贝子鲁宾当胤禵在西北军前时，代胤禩与之联系，没有告发也被圈禁。 镇国公永谦也因在胤禩案中不据实陈奏，革去世爵。三月，胤禩奉命改称"阿其那"，其子弘旺改名"菩萨保"。

在这种情况下，雍正加快了处理他们的速度。 五月，向内外臣工、八旗军民人等宣布胤禩、胤禟、胤禵等人罪状。 雍正怕胤禵在外不便控制，把他囚禁在景山寿皇殿，以康熙的画像命他追思乃父教养之恩，以便改悔。 蔡怀玺也被迫自杀。 雍正治鄂伦岱、阿尔松阿因结党营私全部处斩，妻子没入内务府。 两江总督查弼纳与苏努有姻亲关系被审问，供出"苏努、七十、阿灵阿、揆叙、鄂伦岱、阿尔松阿结为朋党，协力欲将阿其那致之大位"，以及胤禩、胤禟结交情况。七月，雍正将郭允进斩头示众。九月，胤禟在囚禁地方死去，雍正也说他是服了冥诛。随着胤禩、胤禟的死去，终于打掉了这个纵横朝野20多年的政治集团。

与这个集团有关之人都受到了惩罚。山西猗氏县人令狐士义在京受过胤禟资助，后赴西大通找胤禟，表示"愿附有道之主，不附无道之君"，决定率众以救胤禟。雍正五年（1727）七月，雍正以他大逆不道而将之枭首示众。同年，山西布政使高成龄承审胤禟太监李大成，没有以拟斩立决具题，雍正说从前诺岷因此事而得罪，而高成龄知道李大成的身份而予以庇护，一定是同阿其那、塞思黑情热，故枉法宽纵，转而下令对高成龄审讯。雍正七年（1729）正月，曾同隆科多一齐对沙俄代表谈判的四格也因为和苏努相关被审。唯有胤䄉因系雍正同母弟，并未夺其命，使他活到乾隆二十年（1755）病故。

雍正处死胤禩、胤禟等人，是为打击结党篡位。他们在新朝仍固结不散，仍是企图制造新君的失误而获掌玉玺。实际上，雍正和胤禩的斗争，可以划分为两个阶段：康熙时即第一时期，互相争夺储位；雍正朝是第二个时期，胤禩、胤䄉一党并不甘心失败，他们进行暗中的斗争，企图推翻雍正的统治，建立他们自己的政权。这就使得这个时期的斗争实际是保卫与争夺的斗争，它是前一阶段斗争的延续和发展。整体说来，就是争夺储位——皇位的政治斗争。

雍正对胤禩集团宿怨颇多，非致死对手而后快，报新仇则是要树立他的君主应有权威。

雍正清除胤禩党人时，舆论多谴责他的残忍刻薄。他总是进行辩解，对诸王大臣说："朕之是非，和先皇的得失有关，所以，不得不谆谆辩白也。"事实上，他在处理政敌时，确实表现了其残暴的一面，但从斗争实际看来，他的做法基本上适应了清朝政治发展的需要，具有合理性。应该允许他争辩，不可以因其"好胜"就对他全盘否定。

第三章　改革赋役，整顿吏治

清查亏空，设立会考府

康熙后期，官吏贪污、钱粮短缺、国库空虚的情况，雍正在登基前已经知晓。他说："历年户部库银亏空数百万两，朕在藩邸，知之甚悉。"中央财政尚且如此，地方上更是不堪。他在即位之初就说："近日道府州县亏空钱粮者正复不少。""藩库钱粮亏空，近来或多至数十万。"雍正要想他的国家强盛，就必须整理财政、理清赋税。

雍正正式即位前，内阁官员草拟登极恩诏，惯例会列出对亏空官员的豁免。雍正认为，这样做是助长贪官污更侥幸心理而纵容继续侵占钱粮，当即不准，以显示他反贪的决心。雍正一再表示他不宽容，决心全面有力地把惩办贪官、清理亏空的斗争迅速地、大规模地开展起来。

既要保证亏欠归还国库，又不许赃官得好处，雍正还采取了许多措施：命亲戚帮助赔偿。雍正知道有犯官将赃物藏在亲友家中，这些人也有平时分用赃物的，这时要帮他清偿，所以，往往还要附带抄没这些人的家产。这导致株连太多，不得人心，实行 4 年之后，雍正停止了这项措施。

雍正在有计划地清查亏空的同时，也从严处理新的贪污。雍正五年（1727），原礼科给事中、山西学政陈沂震，退职后回原籍江南吴江县，有人告他考试时受贿，雍正说他的家乡正修吴淞江，命巡抚陈时夏、副都统李淑德强迫他出巨资兴修水利。同年，浙江巡抚李卫奏参原淮徐道潘尚智，雍正下令将潘的家产充为浙江海塘工程费用。 同年，丁忧原籍江南华亭的翰林院侍讲廖赓谟，曾任江西乡试主考官、山西学政，有人告他受贿，雍正命他出银 8 万两疏浚苏淞河道，另出银两万两给直隶修墙角。 雍正十年（1732），河南学政俞鸿图被告受贿资财累万，这位爷更惨，当即被处斩刑。

耗羡归公和高薪养廉

清理钱粮亏空，除了追查赃官及其亲友，还有依靠用耗羡银来弥补。 火耗之重本已是突出的社会问题，还要用作清欠，雍正因此就越发要解决它的弊端了。

1. 火耗提解的讨论和雍正的乾断推行

火耗以及与之联系的差役和滥征滥派，雍正明了于心。 他于雍正元年元旦谕地方官文告中说："今钱粮火耗，日渐加增，重者每两加至四五钱，民脂民膏，朘削何堪。 至州县差徭，巧立名目，恣其苛派，竭小民衣食之资，供官司奴隶之用"。 在先帝时，曾有人用火耗以补亏空，先帝未允，如今耗羡断不能加。 雍正在考虑既要削减耗羡又要以它填补亏空的办法。

耗羡部分归公，康熙年间就有人提出，因未被批准所以没有实施，雍正元年（1723）五月，湖广总督杨宗仁再次提出。 他奏称：地方上的公事开销，由百姓提供，不如令州县官在原有耗羡银内节省出二成，交到布政司库房，部分充公。 在雍正支持下，山西、河南首先实行耗羡改革。

雍正想推广这种办法，命九卿会议具奏。 大多数官员不大同意，内阁做出请禁提解火耗的条奏。 他们的理由是：耗羡是州县应得之物，这不能由上面提解。 "提解火耗，定限每两若干，不能寓'抚'字于催科。"意如果火耗当作正税征收，会使人感到增加赋税。 "公取分拨，非大臣鼓励属员之道。"该提议出现后，山西布政使高成龄表示不能同意，于是写奏折与人辩论。 他针对当时耗羡滥征的实际情况，讲解了耗羡归公的好处。 九卿所说看似有理，光明正大，既不增加百姓负担，又让州县官满意。 但只是徒有其表，而听任州县官狂收滥派，不讲官吏法规，不管百姓死活，若按他们的意思，只能维持旧日弊端。 高成龄反驳得很有力，但他只是站在疆吏的地位来看这个问题中大吏与属员的关系，对实行耗羡提解的全部意义还没有透彻的认识。

高成龄的意见引起了雍正的重视，便把它交给总理事务王大臣及九卿、翰、詹、科、道各官讨论，并要求他们"平心静气，虚公执正，确议具奏。 若有怀挟私意以及任性尚气、淆乱是非者，则于此一事，必有一二获罪之人也"。 但这件事关系到官员的自身利益，也涉及人们的政治观点，因此反对者颇多。 在这种情况下，诺岷感到孤立，压力很大，雍正就把刘灿调为刑部郎中，将其弟刘煜、刘烸的举人革掉，避免山西耗羡不能实行。

雍正看到讨论意见不一，就在雍正二年（1724）七月初六日做了实行耗羡提解政策的乾断。 他发出上谕，首先批评官员见识短浅，不能从长远考虑火耗归公的必要。

其次，针对有人希望看山西试行的效果，雍正说："如以为可行，则可通之于天下；如以为不可行，则亦不当试之于山西。"这样讲，表明雍正对此事的态度十分坚定。

这次讨论，雍正清楚地表达了他的态度，其他省份遂继晋、豫二省迅速仿行起来，并在实践中解决了耗羡重和养廉银等问题。

2. 耗羡率的降低

雍正规定耗羡及耗羡率只能减少不能复加："倘地方官员，于应取之外，稍有加重者，朕必访闻，重治其罪。"自从耗羡提解以来，各省火耗率一直都在改动。

3. 耗羡银用途及养廉银制度

耗羡归公后，雍正规定其作用有三：一是给官员的养廉银，二是弥补地方亏空，三是留作地方公用。用以清补亏欠，是雍正初年。各省弥补完毕或基本清楚，补偿的这笔费用就转用到官员的养廉上。

所谓"养廉银"，要用于补贴官员生活和公务，以此不许他们贪污，保持廉洁奉公。耗羡在州县官私征时，虽没法律规定但却照常征收，耗羡归公后，耗羡完全合法了。但收入不归州县官，而属省政府，这就夺去了县官的财路，势必在已成正项赋税的耗羡之外再去横征暴敛。为了防止新的贪赃不法的出现，雍正便给州县官"养廉银"。

明清两代，官俸都很少。靠这一点薪俸，知县吏役根本不能养家糊口，州县官更不能花数以百计的礼金聘请必须具备的幕客了，通常还要打点上司人情往来。即使拿出全部俸银也不够派作零头的用场。而出仕的官员，多由科举、捐纳、恩荫而来，他们的出仕，赚钱是重要目的之一，这点俸禄自然不能满足，没有人会傻到贴钱做官。这种低俸禄制度和封建官僚制度的性质相结合，必然产生官吏的贪赃营私。

地方官的问题解决了，京官俸禄低廉问题仍然存在，如果不予解决，地方官仍要向他们送礼。雍正顾虑及此，便下令给吏、户、兵、刑、工五部尚书、侍郎加发双俸，称为"恩俸"。兼管部务的大学士也可以获得双俸。汉人小京官，原先每年支领俸米 12 石，大多不够家属口食，雍正下令依照银两给米，免得花大价钱到市场购买，后又命给他们加俸银、俸米。

耗羡银按地丁税的一定比例征收，地丁银基本上是固定的，这也固定了耗羡银。官员的养廉银和衙门的办公用银，是根据该地方事务的繁简状况确定的，变化不大。这就是说，地方政府除去上缴国库的钱粮，自行的收入和使用基本固定，可以维持收支平衡。这就含有近代政府财政预算、决算的意味。 孟森先生看到了这一点，他说："养廉自督抚至杂职，皆有定额，因公办有差务，作正开销，火耗不敷，别支国库，自前代以来，漫无稽考之赡官吏，办差徭，作一结束。 虽未能入预算决算财政公开轨道，而较之前代，则清之雍乾可谓尽心吏治矣。"日本学者佐伯富认为，耗羡归公可以明确地方经费，对地方行政的实施是一大进步。

4.取缔陋规、加派的斗争

养廉银制度实行之前，地方官中下属定期给上司送礼金，若上司身兼数任，就得奉送几份礼物，这一陋规一直沿袭。 雍正元年（1723），山东巡抚黄炳报告他所主管的衙门，礼银每年就有11万两，其中节礼、寿礼银6万两，丁、地规礼银1万余两，两司羡余银3万两，驿道、粮道规礼银各2000两，盐道及盐商规礼银各3000两。黄炳做了6年按察使，收盐商规礼银3万两。 巡抚一年的规礼，是养廉银的几倍。 按察使所受盐商规礼一项，就占到养廉银的1/2以上。雍正即位后，决心改除陋习，他发出上谕，禁止钦差接受地方官馈赠，督抚也不得以此向州县摊派。 在实行耗羡提解的同时，下决心整治陋习。 这方面，河南巡抚做得比较突出。 石文焯在计议耗羡归公时，提议道礼金不取缔则州县官还会在耗羡外再行加派以奉献上司。为了取缔陋习就将巡抚衙门"所有司道规例，府州县节礼，及通省上下各衙门一切节寿规礼，尽行革除"。 田文镜接任后，坚持取缔陋习，不收规礼："家人吏役约束颇严，门包小费一概谢绝。"河南多有特产，如开封府的绫、绵、绸、手帕、西瓜，归德府的木瓜、牡丹、永枣、岗榴，怀庆的地黄、山药、竹器，汝南府的光鸭、固鹅、西绢，平原州县的麦豆，水田州县的大米，附山州县的木炭、兽皮、野鸡、鹿、兔等类，曾有上司强迫下属缴纳。 田文镜一概不收，也严行禁止地方官交送。

有些官员贪恋礼金，雍正就严加处理："倘有再私受规礼者，将该员置之重典，其该管之督抚，亦从重治罪。"

除了革除地方陋习，雍正还加强对中央官员的约束。原来地方官向户部缴纳钱粮，每1000两税银，加送余平银25两、饭银7两。雍正刚即位，就下令减去1/10余平。实行耗羡提解后，总理户部三库事务的胤祥建议将加平银和加色银取消，不许地方解送官员短交或以潮银抵充足色纹银，不许库官通同作弊、侵蚀私分，雍正予以批准。雍正明确规定，余平银、饭银均减半收纳。有些衙门中收有部费，如题奏事件，不给部费就不能了结，会考府就是新设立用以清理钱粮的，也有地方大吏用比部费加倍的银钱进行打点。雍正于二年（1734）十月二十三日谕告各级官府严厉禁止这些行为。

实行耗羡归公和养廉银制度，目的在于取消官场陋习。但是，官僚总不想放弃这项财源，力图维持它，所以，反对陋规是一场斗争。

5.简评耗羡归公和养廉银制度

雍正实行耗羡提解，对国赋亏空现象，用本来为地方官私有的耗羡加以补偿。又确定养廉银制度，希图防止以后再发生侵吞，确保国库收入。他还控制火耗率，禁止地方官恣意加派，也保障百姓完纳正税。所以，这项制度的精神主要是确保赋税，使得国库充盈。

耗羡归公、清查亏空、养廉银三事同时进行，它改变了贪污受贿的恶劣风习和败坏吏治的一些恶习。

耗羡归公和养廉银制度给地方赋税明确制度化，支出按预计的进行，是政府在财政管理上的进步。

耗羡提解后的耗羡量，大多数地区比州县私征时减少了，这有利于百姓休养生息。乾隆初年内阁学士钱陈群说，"初定耗羡，视从前听州县自征之数有减无增。奉行以来，吏治肃清，民亦安业。"这是一种赞美，不过也反映耗羡归公确实有益于民生。

火耗私征，沿自明朝，到雍正时已有几百年历史，各种弊端逐渐显现，雍正把它加以改变，并使它与养廉银制度相辅相成，从而使得它具有在保证社会制度的前提下进行改革。 乾隆初年，当政者中一部分人对耗羡归公持有异议，但最终没有变动。 当时，兵部主事彭端淑说它是"万世不易法也"。 "万世"，未免有些绝对，但至少清朝一直延续。 由此可知，耗羡归公的实现，有其历史的必然性和合理性。雍正决心改革，乾隆时纂修《清朝文献通考》的官员就此说他"通权达变"，不为过誉。

清朝实行低俸禄制度，官员的薪水并不高。 雍正时，地丁银约为 3000 万两，盐课、茶课约 400 万两，还有粮食四五百万石，王公百官的俸禄不及 100 万两。 雍正不肯动用国库但又必须反贪，只好拿耗羡银送给官僚，实际上是加重人民的负担。 因此，耗羡归公和养廉银制度的确立，对非法的盘剥加以承认，将附加税变为正税，对官员的额外搜求给予有限度的认可，它的出现，使得加赋、贪污的丑行部分合乎法律。 所以说，对雍正勇于承受加派罪名、整饬横征暴敛的弊政加以肯定的同时，也要看到这次改革的实质与不彻底性。

士民一体当差

耗羡归公，包含解决乡绅百姓耗羡不合理的问题。 对此，钱陈群说："康熙年间之耗羡，州县私征，往往乡愚多输，而缙绅士大夫以及胥吏豪强听其自便，输纳之数较少于齐民。"田文镜指责某些地方官："征收钱粮，滥加火耗，绅衿上役不令与民一体完纳，任其减轻，而取偿于百姓小户。"地方官不按田粮向绅富征收火耗，而是从贫民身上剥削，这是官吏在施政过程中无形使绅衿享有特权。 他们还享有法定的和其他不成文的特殊权利。 清朝入关之初，依照官员品级优免该户一定量的丁役，也免除差役和杂办。 地方官在收税时，就把官员和士人称为"官户""儒户""宦户"，这种叫法不一，也不是一成不变，所谓"绅监衿吏户名，朝改暮迁"，一般秀才称为"儒户"，监生称为"宦户"。这些绅衿户都享受免役权。

雍正认为，政府、绅衿、平民三者的矛盾，作祟的是不法绅衿，希图剥夺和限制他们的非法特权，使与平民身份平等。于雍正二年（1724）二月，下令革除儒户、宦户名目。不许生监包揽同姓钱粮，不准他们本身拖欠钱粮，若违背就严厉惩处。雍正深知地方官易同绅衿勾结，特地告诫他们必须遵守，"倘有瞻顾，不力革此弊者，或科道官参劾，或被旁人告发，查出必治以重罪"。过了两年，雍正再次对绅衿避税进行严厉禁止，重申绅衿只免本身一丁差徭，"其子孙族户滥冒及私立儒户、宦户，包揽诡寄者，查出治罪"。

士民一体当差政策。严禁绅衿包纳钱粮和抗粮的政策。绅衿的纳粮，雍正也加强管理。对拖欠粮赋的绅衿，雍正严惩不贷。雍正为防止劣绅干政，不许士民保留地方官，并制定主佃关系法令，镇压生监罢考的政策。雍正还加大对监生的管理力度。

雍正用这些办法调节绅衿、平民、政府三者关系。对不法绅衿有所打击，当然不是成为矛盾对头，他说有的地方官为得百姓称誉，故意摧折乡绅。但是，乡绅或者是父祖，或者是本人为国效劳，这样的簪缨之族，则不应镇压。他说对绅士应分别情况，区别对待：品行端方的，应当加意敬礼，作为百姓模范；有一般过愆的，则劝诚之，令他改正；对那些不肯改过的，便严惩不贷。针对田文镜处罚田主擅责佃户建议所做的指示，就是他作为地主阶级的最高代表维护绅衿利益的表现。他反对作恶不端的绅衿，超越了清朝政府所给予的法定权利，这是危害政府权力也不利于百姓，更不利于封建社会秩序稳定的行为。雍正为保护政府和平民的正当权利，用剥夺绅衿的非法特权、平均赋役的办法，解决平民、绅衿和政府的关系，维护了清朝的有效统治。

第四章　围绕士人的矛盾和政治斗争

打击科甲士人的结党营私

封建国家的行政依靠国家官员运行，隋唐实行科举考试之后，这些官员主要是通过科举考试进入仕途。每场考试的主考官和当科录取的考生会结成一种特殊关系，即"座师"与"门生"的关系。同场录取的考生之间互称"同年"，这种关系成为清朝的"科甲朋党"。早在顺治帝时期，为了杜绝朋党之祸，就曾下令禁官员拜门生，但始终禁而不止。像康熙朝的名臣李光地，作为著名的理学家，也多次主持科考，一大批通过科举进入仕途的汉人官僚聚集在他的周围。康熙帝知道汉官瞧不起满官，他几次命令科道官员弹劾纠举大臣的罪行，但这些官员都一言不发。康熙帝心里清楚，这些官员"皆入李光地、赵申乔之党，看在他们的面子上不敢说话"。

雍正帝继位后，再看朋党之状，尤其是"科甲朋党"盛极一时的局面时说："我在藩邸40余年，臣子们结党营私，十分虚伪，当面一套、背后一套，这些都是我所深知的，甚至可以'屈指而数'官员的具体行为。"因此，雍正十分忌恨科甲朋党。

雍正三年（1725）六月，长芦盐政御史莽鹄立在奏折中请对官员拜门生予以禁止。莽鹄立的这一奏折，除了指斥了科举制下师生不正之风和官场上的严重陋习外，还指出一些官员的挪移亏空和盘剥民众。其重要原因之一就是为老师、同年进行打点，这样就把反对"科甲朋党"和吏治整顿、清理亏空联系起来了。这符合雍正帝打击朋党、整顿吏治、清理财务的总体方针，雍正十分满意，用朱笔批道：

"师生党比之风，朕所深恶，此奏甚属得理，与朕意合。"

雍正之所以痛下决心惩治科甲党人，在于他的总治理方针。他认为，官员结党，彼此朋比党援，徇私废公，将会打乱朝廷正常运行轨道，同时科甲出身的官员身上有很多恶习。他们一味地宽仁，喜欢沽名钓誉，又缺乏进取精神，这些都是和力求改革、兴利除弊、讲求实际的雍正帝的作风针锋相对的。雍正的本意在于：我励精图治，就是想使万民各得其所，天下能长治久安。整顿一切不合理，务必做到井然有序。"秩然就理""岂容尔等科甲中党援积习，为世道民生之害？"

曾静投书案

雍正帝在朝中打击科甲朋党的同时，帝国西陲重镇西安有一惊天大案发生。雍正六年（1728）九月二十六日，川陕总督岳钟琪在拜访友人的回程中，前方侍卫被挡住，拦街人半穿儒服、半穿农衣，不知何人，执意要将手中书信交给总督。岳钟琪无奈之下，只得打开阅看，只见信中内容大逆不道，使他惊出了一身冷汗。

信中对他的称呼十分奇怪，称他为"天吏元帅"。写信人自称"江南无业游民夏靓"，信中首先大加肯定岳钟琪的出身，称他是"宋武穆侯岳飞之后裔"，而他竟然背叛先人，为清廷卖命，真是愧对先人。攻击清朝政府，这位自称夏靓的人总结为"天昏地暗，日月无光"，并将不久前孔庙发生火灾以及前几年间旱涝频繁归咎于满洲异族统治上。夏靓在信中对社会秩序的描述时将自己观点表述为："田土尽为富户所收，富者日富，贫者日贫"，已经严重失衡，处于失范状态。而信中言辞最激烈的部分便是攻击雍正帝，列举了他的十大罪状，即谋父、逼母、弑兄、屠弟、贪财、好杀、酗酒、淫色、怀疑诛忠、好谀任佞，人神共愤。

岳钟琪对这封信感到十分不安，在房中不停地踱步。他回想自己的身世、最近这些年的遭遇，不知该如何处置。

岳钟琪确实是岳飞后裔，远祖是岳飞第三子岳霖的第三子岳珂，他是岳飞的第20世孙。他表字东美，号容斋，祖籍河南汤阴。父亲岳升龙为祖父岳镇邦的长子，因有军功担任游击参将。康熙三十五年（1696）擢升为四川提督后又到山东担任总兵。康熙四十九年（1710），致仕回四川奉养九十高龄的老母，在成都病逝。据《清史稿》记载，岳钟琪就出生在四川成都。从祖父岳镇邦到岳钟琪，岳家是三代名将之家。岳钟琪改任武职后，仕途显赫，历任四川永宁协副将、四川提督。雍正三年（1725）四月，年羹尧在西边战场上，岳钟琪奉命接替川陕总督的职务。雍正五年（1727），策妄阿拉布坦死后，其子噶尔丹继承汗位，和沙皇勾结谋划动乱。岳钟琪被封为宁远大将军，和靖远大将军博尔丹分别率领西路、北路两支大军出师征讨。在这次战斗中，岳钟琪深谋远虑，对边疆治理提出一系列政策，再次受到雍正的表彰。最后岳钟琪兵分四路，追击噶尔丹，将乌鲁木齐收复，被雍正帝称为"当朝第一名将"。然而，不管是围绕他的身世的传言，还是对他职位的攻击，一直都存在看。

川陕总督之职，自康熙十九年（1680）就已经定下条例，是八旗子弟的专职。岳钟琪是汉人，从他得此官位就是破例，说明他深受雍正帝的宠信。因此，他招来了很多人的嫉妒，雍正曾亲口说在曾静案之前，对岳钟琪弹劾的奏折有一篓（小箱子）之多。很多人都说岳钟琪是岳飞后人，岳飞是抗金名将，金人正是现在满人的祖先，岳钟琪是反对清朝统治为汉人报仇，率领军队叛乱。雍正五年（1727）四川省辖区内成都地区的大街上曾经演出过一场闹剧，有百姓在街上喊，"岳公爷带川陕兵丁造反"，并说岳钟琪在成都四门都设有黑店，专门杀人。就连审讯结果都捏造出来：岳钟琪已受到谴责，他的长子岳浚业已经被朝廷捉拿问罪。虽然经过审查，发现这个名叫卢宗汉的人神志不清，是个不折不扣的疯子，最终将他处死了事。但是，有关岳钟琪与政府有矛盾却始终有流言。

朝中臣子也对岳深表怀疑。 岳钟琪接受川陕总督的任命时，当时的议政大臣、署理直隶总督、汉军旗人蔡珽就曾经向雍正帝劝说这人不值得信任。 后来，岳钟琪进京时，蔡珽还曾经警告他，怡亲王胤祥也不满意他。 百姓都知道皇帝最信任怡亲王胤祥，失去了他的信任，就等于失去了皇帝的信任，岳钟琪非常惶恐。 卢宗汉案件更使他惶恐，上奏折请求辞退总督的职务。 但是，当时的雍正帝一直对他表示信任，要他继续任职，"愈加鼓励精神，协赞朕躬，利益社稷苍生，措天下于泰山之安，理大清于磐石之固，造无穷之福以遗子孙也"。

岳钟琪思前想后，只有审问此人后才能采取措施。 但是，如果自己单独审理，没有人给自己证明就没有办法取信于皇帝。 他于是请来当地最高长官一同审理，可惜的是，不知是真的没有时间还是故意躲避是非，岳钟琪数次都请不来陕西巡抚，岳只得退而求其次，请负责陕西一省司法监察工作的按察使硕色加入审查。 硕色坐在将军府大厅的侧房之中，审判就在大厅进行。

自称张倬的投书人很快被带了上来，岳钟琪最初并没有严刑逼供，他和颜悦色地询问"张倬"从哪里来、离西安有多远、他的老师现在何处、怎样才能见到他等问题。

张倬只是小心翼翼地告诉他，老师家住广东沿海地区，有大批的忠实拥护者。 他自己是从南海之滨一路北上，花费 4 个多月之久达西安，至于老师的真实姓名，他发过毒誓，决不能透露。 他之所以要投书给岳元帅，是由于皇帝 3 次召其进京，元帅都拒不奉诏，民间都传说岳元帅不久将揭竿而起。 现在，他们师徒已经在湖广、江西、广东、广西、云南、贵州六省制造舆论，一呼百应，蓄势待发。

岳钟琪诱其招供均以失败告终，只有动用大刑了。 二十七日这天，巡抚西琳也赶到了，他和按察使硕色在侧房坐着，听着大厅上"张倬"受刑发出的声声惨叫。 但是，审讯依旧没有进展，无奈之下，只好将其押回牢房，岳钟琪三人另行商量对策。

二十七日的审讯无果，但是，岳钟琪明白若不向雍正报告，他的耳目也会告密，还不如坦诚相告，争取皇帝的信任。于是，他在这天给皇帝密奏，汇报了整起事件，包括审讯的过程，可谓是事无巨细。

雍正帝在批折中，告知岳钟琪应如何审问张倬、如何诱供。他们君臣真是心有灵犀，岳钟琪在收到回复之前，已经诱供成功，于是，此案突然有了进展。

二十八日岳钟琪将密折发出去之后，假装放了张倬，让咸宁县丞李元假称是自己的仆人，假意和他亲近，并派人美酒美食招待套其话，可惜此计又没有成功。岳钟琪一看，只有自己亲自出马了。

二十九日，按察使硕色依然在密室之中就座，岳钟琪再将张倬请到军府大厅，他和张倬共设盟誓，愿意背叛朝廷，并且效忠他们师徒二人。张倬到底年轻，没有经验，轻易就相信了岳钟琪的谎言，将他们的来历和盘托出。

他的老师不是什么南海夏靓，而是在湖南永兴县蒲潭村的秀才曾静。他本人姓张名熙，本是湖南衡州府人士，现客居在老师家中。他声称老师的思想受到吕留良影响，曾经派自己前往吕的家乡拜访，遗憾的是吕留良离世，只访得吕弟子严鸿逵以及严的弟子。十月初二日，岳钟琪将审讯结果上报雍正。

雍正收到岳钟琪此奏，察觉事情有些复杂。他立即指示执政大臣通知湖南巡抚逮捕曾静等人，同时通知浙江总督李卫，查抄吕留良家，将吕党一并捉拿，从此"投书策反案"大兴文字狱。他和活人曾静、死人吕留良展开了一场轰动全国的大论战。

曾静在供词中自叹禽兽不如诚心悔过，一定要"转为人胎"。雍正一方面对"曾静案"中涉及的相关人员大肆搜捕，另一方面对曾静案表示不同寻常处理。他说"曾静之过虽大，实有可原之情"，虽然曾静言辞狂妄悖逆，但只毁谤雍正，并没有发动叛乱，也没有同谋的共犯，而且他认罪诚心，完全可以免他一死。雍正帝不但出人意料地免去了曾静等人的死刑，还用曾静的口供与忏悔书《归仁录》与上谕编成《大义觉迷录》，刊刻颁于全国各府州县学，作为生员们必修的学习资料。 如果有人不知这书，那么，教官就要被从重治罪。 曾静、张熙免罪释放，还给了他们一个营生，以观风整俗的身份去宣讲《大义觉迷录》，"现身说法，化导愚顽"。 曾静在大臣的带领下到江南地区的江宁府、苏州府、杭州府等地宣讲，后秘密回到湖南，在家候旨，实际上就是将其软禁起来。 雍正帝害怕他的继承者翻案，特意下达了"朕之子孙，将来亦不得以其诋毁朕躬，而追究诛戮"的谕令。 但乾隆登基后，就将《大义觉迷录》列为禁书，并将曾静、张熙凌迟处死，显然是因为《大义觉迷录》并没有为雍正很好地辩解。

曾静敬仰的先师吕留良的下场十分悲惨，虽已经离世，但是基于他的学术影响，雍正帝采取了非常严厉的手段。

吕留良（1629—1683），号晚村，浙江石门人，顺治十年（1653）秀才。 他晚期改变思想，悔恨猎取清朝功名，康熙五年（1666）放弃举子业，投身学术撰述，成为当时有名的理学家，被人尊称为"东海夫子"。 他的著述强调华夷的不同，即"华夷之分，大于君臣之义"，教导汉人站稳华夏的民族立场，不能为外族政权效忠。 对已经灭亡的明王朝念念不忘，拒不承认满族朝廷，拒绝为清朝服务，康熙十八年（1679）开博学鸿词科，有人推选他，他也不从。 次年，地方官又以山林隐逸荐举他，他也坚持不赴。 吕留良在后世影响甚广，像曾静这种生活在偏僻地区的小知识分子都慕名前往拜访，足见他的声名远扬。 曾静对吕留良的崇拜到了无以复加的地步，他说："皇帝合该是吾学中儒者做，不该把世路上英雄做。 周末局变，在位多不知学，尽是世路中英雄，甚至老奸巨猾，即谚所谓光棍也。"他认为，春秋时应是孔子，战国该是孟子，秦以后应为程、朱，"明末皇帝该吕子做"。 只有这些人才适合当皇帝。

雍正对吕留良以讲学为名批评时政，使全国士子都受其影响，拜读他的著述这种行为非常痛恨，他指责吕留良妖言惑众、大逆不道。虽然吕留良已经去世多年，他仍然命令将吕的坟墓掘开，锉骨扬灰，以示惩罚，还残酷打击他的弟子家人。

吕留良的长子已故进士吕葆中、弟子严鸿逵杀戮其尸体割头示众；另一子吕毅中、再传弟子沈在宽被判处"斩立决"；吕留良和严鸿逵的孙辈，有很多人发配到宁古塔给披甲人为奴，如其中有"顶替隐匿等弊，一经发觉，将浙江省办理此案之官员与该犯一体治罪"。吕氏家产被查抄当作浙江省工程用费。

吕留良的同乡朱振基在广东连州知州任上时，曾供奉了吕留良牌位。吕案发生时，他已经调任广州府，被一个生员告发，雍正帝将他革职，严加审问，朱振基死于狱中。

雍正帝还命令大学士朱轼专门写文章批判吕留良的《四书讲义》和《语录》。雍正九年（1731）十二月成书，刊刻、颁发到各地学官，同时将吕留良著作禁止："逆贼吕留良，以批评时艺，托名讲义，今罪迹昭彰，普天共愤。"他要求官员们焚毁其著作，坚决杜绝其在社会上流传。

"曾静投书案"以这样的结局收场，人们不禁要问：一个小小的秀才，不知天高地厚地策动总督谋反，本可以处死他结案，为什么雍正如此大费周折呢？其实，是曾静信中提到的很多问题都说到他的弊端，比如他的十大罪问题。如何处理此案早在岳钟琪奏折密报的时候，雍正就已经制定好了方针，他说："朕览逆书，惊讶坠泪，览之梦中亦未料，天下有人如此论朕也，亦未料其逆情如此之大也，此等逆物，如此自首，非天而何，朕实感天祖之恩，昊天罔极矣，此书一无可隐讳处，事情明白后，朕另有谕。"

他说受了这般委屈，但仍然感谢上天，给了他一个为自己辩解的机会，于是，他利用这个机会在全国范围内宣讲自己的继位问题等，并以此可以同时清查八阿哥党、科甲党人等，可以说是一举多得。曾静审完之后，雍正帝就此事在宠臣田文镜的奏折上批道："遇此种怪物，不得不有一番出奇料理，倾耳以听可也！"但是，吕留良案处罚严厉，已经有些文字狱的味道了，此后大兴文字狱多效仿此案。

民间传说吕留良的孙女吕四娘有幸得以逃脱，长大后拜大侠甘凤池为师，学得飞檐走壁的功夫，最终刺杀了雍正以报血仇。 吕四娘其人在正史中没有记载，但有一点是肯定的，负责捉拿吕留良子孙的是浙江总督李卫。 至于甘凤池，在江湖上传闻其武艺高强。 他早在康熙时期曾在浙江参加过反对朝廷的"朱三太子案"，雍正时期又和张云如一伙人密谋反清复明的活动，他们将海外"吕宋山岛"的"朱家苗裔"视为礼拜对象，准备于雍正八年（1730）秋天举事。 雍正七年（1729），李卫破获此案。 《雍正朱批谕旨》中记载李卫："查此辈棍一徒，造作讹信，往来煽惑，着实痛恨，断难容其漏网。 臣细思江浙好事悖谬之人，莫过于现在拿获之甘凤池等各犯。"李卫是雍正的得力干将，向来做事滴水不漏，如何肯放过诸如吕四娘之类重要的犯人？ 当时，杭州府两名监生不知天高地厚称知道张熙，都被李卫立即捉拿归案，可见当时风声之紧。 吕四娘的传说有可能是民间同情吕家遭遇不幸而杜撰出来的，同时也是对雍正大搞文字狱的无声抵抗。

第五章　军机处的创建和秘密建储制的确立

设立军机处

1. 军机始创

军机处原来叫过军机房或者军需房，后改名"办理军机处"，简称"军机处"。 清人对于它的创建时间有着不同探讨：其一，王昶《军机处题名》"雍正七年"说；其二，嘉庆末年梁章钜《枢垣纪略》"雍正八年"说；其三，无法给出确切年代；其四是误说，《清史稿·职官志》"雍正十年"说。 虽然军机处的创立时间不明，但有一点是相同的，它因筹备西北地区军事事务而创设。 军事行动的前期准备十分重要，尤其应注意机密性。 但清代已有的内阁和议政王大臣会议的保密度还是不能使雍正满意，他曾告诫大学士等人说大小臣工"面奉谕旨"的内容关系国家政务，不能随意透露，可见先前发生过内阁泄密事件。 负责国家军国大政的议政王大臣会议也有此情况，康熙就曾经训斥议政王大臣在未公开内容前，外界已经有人得知详情了，即使到雍正时期仍没有改观。 显然，想要确保政务机密必须创立一个全新的机构，雍正帝想到的就是"军机处"。

除军机大臣之外，军机处还设有若干军机章京，俗称"小军机"，没有固定人数，由雍正从内阁、议政处、六部、翰林院、理藩院等衙门官员中拣任。 直到嘉庆初年，军机章京的人数才被固定为满汉章京各16人，共32人；满汉章京又各分两班值班，每班8人。 军机章京的任命名目，称为"军机司员上行走"，或者称作"军机章京上行走"。 军机章京也是兼差，凡承旨人值军机处的官员，仍为原衙门的实缺并照例升转。 军机章京一般为五品或六品，领班章京为从三品或正四品。 按照惯例军机章京不参加京察，他们的升迁一般由军机大臣酌情保奏，平时每3年保奏一次，如果适逢修补档案、编修方略等事结束时，军机章京都有"特保"的机会，故其提升较快，被当时人视为升官捷径。 当然这是后话，军机制度在雍正朝处于草创阶段，并没有如此周详。

军机处只有值房，没有自己的正式衙门，因此有人说军机处"无公署、无专官"。 军机处要处理紧急机密事务，值班室一定要靠近皇帝生活的地方。 所以，军机处最早设在乾清门外西边，不久又迁到乾清门外，和南书房相邻，最终设在了紫禁城隆宗门内北侧。 值班室是用木板盖成的矮小破落的房子，最初只有一间或一间半，后来经过改建，变成了5间砖瓦房，但还是和金碧辉煌的皇宫形成了强烈的对比。 虽然军机处班房毫不起眼儿，但却是大清王朝机密重地，任何人未经允许不得进入，门上挂着白木牌，上书"误入军机者斩"。 即便是亲王以下满汉文武大臣，没有皇帝"特旨"，也不能轻易进入军机处值班房。 值班房的门前、窗外均不准闲人窥视。 皇帝甚至派都察御史在军机处旁边监视，如发现问题可"参奏"，皇帝也会对其严惩不贷。

2. 职能办公

军机处的主要工作内容是办理军政要务，主要工作方式是朝见雍正帝接受旨意，并将旨意转成文字，将文字转发出去。 雍正如此说道："军机处为办理枢务承写密旨之地，以严密为要，军机大臣传述朕旨，令章京缮写，均不应稍有泄露。"雍正朝时，形成了一套每天召见军机大臣的制度，根据《枢垣纪略》记载可知，当时每天军机大臣寅时（3：00—5：00）进入值班室，辰时（5：00—7：00）皇帝召见。 如果事情紧急，还会提前朝见。 君臣一天有时见一次面，有时多次。 皇帝召见军机大臣，太监也不能在一旁侍候，军机大臣退出后，便开始书写文件。 因为西北军事吃紧，张廷玉任军机大臣时，几乎整日都在军机处值班室度过。 雍正八到九年间，雍正帝身体不太好，张廷玉承办了所有密旨。 当时，雍正住在圆明园中，可能军机处的班房也设在了园里。 雍正帝召见不分昼夜，张廷玉常常一二更后才能回家。

初设时，军机处的职掌只限于军务，但后来事权逐渐扩大。 概括起来，军机处主要承办以下几项事务：

（1）为皇帝撰拟、发布上谕。

（2）办理由皇帝交议的大政。

（3）参与文武官员的选任升迁。 京内外高级文武官员应升应补之人，由军机处提交名单，最后由皇帝筛选，进行任用。

（4）考察行军路线及军备物资。 根据军事需要，考察行军路线上的山川险要及兵马粮草情况，随时供皇帝查询。

（5）奉旨与有关部门共同处理重大案件。 军机处奉旨可以会同刑部或其他部门审讯，酌定处理重大案件。

（6）以钦差身份督察各地政务，处理各种重要事件并回奏皇帝。

（7）誊录并保存公文。

3. 军机作用

有人说，清代的军机大臣相当于前朝的宰相，虽然没有宰相之名，但却行宰相之实。 实际上军机大臣只是对皇帝负责，承旨办事。因此，军机处不可能形成尾大不掉之势，只能绝对听从皇帝命令。

军机处一成立，办事高效严密，成为雍正帝的重要帮手。 军机处不论承办事务的大小，一律都在当日完成，绝不积压，这样的办事作风自然成就高效率。 军机处重要公文的保密和递送既保证了严格贯彻中央政令，速度又比之前加快，有效地提高了清廷的行政效率。

军机处的官员虽然地位显要，但是，除了军机大臣有每天晋见皇帝的殊荣之外，并没有其他什么特殊的权力。

清初重要的军政机构有 3 个，即议政处、内阁和军机处。 议政处源自关外，成员主要由王公贵族组成，称议政大臣，参划机要。 后设内三院，即后来的内阁。 政务归内阁，议政处保留军务。 之后，议政处的权力逐渐减弱，名存实亡，到乾隆朝撤销。 仿明朝制度的内阁，逐渐排斥议政处于机务之外。 而军机处建立后，军政要务归军机处，内阁只保留了一般政务。 军机处的权力远在内阁之上，大学士的权力为军机大臣所分，内阁逐渐被排斥于机务之外。 大学士兼军机大臣才有一定实权。 内阁宰相，名存实亡。 因此，军机处逐渐取代了内阁的作用，是清代行政制度上的重要变革。

军机处在清人眼中是神秘的衙门。 虽然雍正朝初设时它的权力有限，但是随着时间的推移，它的权力愈来愈大，大有一发不可收拾之势。 皇帝为了防止它坐大，也想尽办法加以限制。 例如，军机处图章放在内廷，要盖印时，值班的军机章京要去"请印"。 又如中央和地方官吏上奏的内容都不准预先告诉军机处。 直到清末，军机处都没有逃脱皇帝御用"秘书处"的牢笼，皇宫的巍峨豪华和军机处的矮小破落，形成一种强烈的对比，正象征着君主的高大与臣下的卑小之间的对比。

秘密立储制度的建立

早期满人政权采用汗位推选制，由太祖努尔哈赤钦定在八王（诸贝勒）之中推选汗位继承人，是否贤能是入选汗位继承人的唯一标准。康熙帝深受儒家传统文化影响，首次按照汉族传统实施嫡长子皇位继承制，公开建立储君，以皇子是否具有嫡长子身份作为入选皇位继承人的唯一标准，因此而册立皇后之子为太子。不幸的是，皇太子辜负了他的期望，康熙晚年不得已未再册立过太子，这一时期是"不立储君"阶段。在康熙末年激烈的夺嫡斗争中脱颖而出的雍正皇帝对于几十年兄弟间的明争暗斗心有余悸，为了防止下一代重演兄弟阋墙的悲剧，他在即位当年就提出了秘密建储方案。此时，清朝进入了暗定储君阶段。

秘密建储制度是皇帝从选举贤能的标准出发，在众子中选择皇储的皇位继承制度。雍正元年（1723）八月十七日，雍正皇帝在紫禁城乾清宫西暖阁中召见了诸位亲王、总理事务大臣等满朝文武官员，将选立储君的原因和办法公开。由他亲笔写下皇位继承人的名字，密封起来放在盒子之中，盒子被安置在乾清宫正中由顺治皇帝亲笔写成的"正大光明"匾额之后。之所以放在"正大光明"匾后，是因为这里是紫禁城中最高的地方，可以防止密函被盗。雍正皇帝最后说，这密函说不定要藏身匾后几十年。

自雍正以后，清代皇位继承的基本制度一直采用"秘密建储制"，乾隆皇帝首先受益。他之后效法皇父，秘密册立储君，而后嘉庆传道光、道光传咸丰，保证了皇位的顺利传承，有力地维护了皇权，减轻了皇子们对皇位的角逐力度，也避免了储君威胁皇帝，与皇帝争权。

秘密建储的实质是分离储君与储君应有的权力，进而取消"储权"，使储君不能培养个人势力，不能组建属于自己的势力集团和皇权对抗。汉武帝时的弗陵太子、唐太宗时的承乾太子最终被废，都是由于他们的势力太过强大，已经危及了皇帝的统治。更重要的是，储君没有特殊权力的支撑，就没有力量和皇帝抗衡，二者之间的矛盾和冲突也就由此迎刃而解了。

但同时我们也应该看到，设立储君在一定程度上是皇帝为了缓冲与诸皇子间的冲突，没有了既定皇位继承人的朝代，就会出现这样一种局面：储君与皇帝的冲突，变成了意图登上九五之尊的诸多皇子与皇帝之间的冲突。这种冲突是暗斗，不是明争，所以要比储君与皇帝的冲突隐蔽很多，这就给人们一种错觉——没有太子，天下太平。因此，在维护皇权稳定的作用上，"秘密建储制"还是比嫡长子继承制要好一些。

其次，值得怀疑的是秘密建储的选贤效果。秘密选定储君的标准当然是此人贤能，将来会是一位贤明的君主。然而，仅凭皇帝一人的主观判断，很难做到在几个十几个皇子中比较出最贤能的一位，这一过程显然缺乏统一的标准，也缺乏考核的机制，来确定到底怎样才叫贤能。并且，作为唯一的评判官，皇帝的个人偏好、对后宫嫔妃的宠爱、对皇子品行的了解程度等诸多因素，都会影响对人选的确定，进而影响"贤君"的质量。

最后是"秘密建储制"的致命缺陷——秘密建储使皇位继承者缺少必要的政治素质培养和政治实践锻炼。如何做好皇帝是一门高深的学问，这需要长期的培养和历练，而为了保持"秘密建储制"的隐秘性，皇帝必须对皇子们做到一视同仁，未来继承者得不到特别的培养。因此，雍正时期的弘历参与的政治活动只限于代替父亲祭祀，或者处理一般性事务。乾隆皇帝属于天纵英才型人物，即便是缺乏理论引导和实践锻炼机会，他仍然可以在皇帝宝座上运筹帷幄、指挥若定。但是，其后的继承者一任不如一任，执政质量也明显呈现日益下降趋势。 虽然这些继承者大多数仍然十分勤政，但考勤不能弥补执政能力不足，由此大清国势日益衰落。 从这个角度来说，"秘密建储制"对清朝中后期国势的衰落负有一定的责任。

虽然这项制度有利有弊，但是总体而言，施行"秘密建储制"是成功的，减少了皇子们的争斗和对政局的影响，不失为一种好的传位方式。

第六章　改革旗务和处理满汉矛盾

终止下五旗私属

努尔哈赤在最初统一女真各部的过程中，创立了具有民族特色且对后世影响深远的满洲八旗制度。

清初统治时期，八旗相对独立，各旗旗主基本固定，而且世袭接管该旗。 一旦发生动荡，当他们不得不面临忠于皇帝还是旗主的选择时，便会毫无疑问地倾向于后者。

清初的皇帝面对这一局面，开始了收权的斗争。 皇太极时期，由皇帝亲自统领正黄、镶黄两旗。 顺治时期，皇帝又收回多尔衮的正白旗。 至此，皇帝自领正黄、镶黄、正白三旗，称为"上三旗"；而宗室王公所领正红、镶红、镶白、正蓝、镶蓝则被称为"下五旗"。 皇帝通过上三旗的设立增大了权力，奏响了清帝最终完全控制八旗的序曲。

康熙朝时，皇子开始到"下五旗"中做旗主，不再由原来的宗室王公充当旗主。 雍正即位之后，接续前朝，继续分封皇子入"下五旗"，而且还将尚未分封的年幼的皇弟封爵入"下五旗"，试图削弱五旗宗室王公的势力。 更重要的是，此时这些宗室王公已经不再是管主，他们成了管理都统事务的普通官员，与五旗所管辖的旗地已经不具有私属关系。 这些应该可以说是将下五旗在制度层面上加以限制。

然而，一道旨意，或是一个皇子并不能革除长久以来形成的领属关系。 雍正帝早在长期的皇位争夺过程中就切身体会到了隐含在这种依附关系中的力量。 他深知，一切才刚刚开始。

毫无疑问，雍正帝一步步果决而又谨慎地推行着他的改革。 完成了对于军队上层的整改之后，雍正又开始收基层佐领的权。 佐领职位并不高，但是处于最容易和宗室王公保持私密关系的位置上，长久以来形成的主仆关系往往使其对于宗室王公产生跨越彼此等级的感情，这正是最让雍正帝头疼的事情。 在其争夺皇位的岁月里，雍正无疑是这种隶属关系的双重承受者，他有自己可以信赖、可以依托的佐领，而同时又受到其他皇子忠诚的下属增添的重重阻碍。

法令可以解决冷酷的政治问题，但是却难以驾驭和控制感情。 雍正帝为此还是进行了尝试。 他规定：凡是已经被裁撤的宗室王公的佐领，严禁其再与旧主有所往来。 如果犯禁，从重治罪 4 年。 又勒令凡是年老体弱或是愚笨之人，仅可以领佐领的俸禄，不可以再去掌管政事，改由该旗官员打理。 雍正用他所规定的强制方式来割断佐领与旧主之间的关系。 另外，他开始亲自派官员深入到下层。 在五旗内部早已融为一体的完整架构里，利用人员更替将整个体系加以瓦解和分化。

另一方面，雍正帝为达成政治目的也在拉拢下属旗民。 他试图通过对下属旗民的拉拢来夺取宗室王公的权力。 对于雍正帝和旗民来说，这无疑是一项双赢的举措。 100 多年以后，林肯在美国内战中将这一策略加以巧妙地运用，在北方处于弱势的情势之下，他及时发布了《解放奴隶宣言》，使广大受压迫奴役的黑人成为北方的坚定支持者，从而扭转了战争的局势，最终取得了内战的胜利。

雍正帝也曾经明令禁止下五旗宗室王公对属下任意滋扰或没收家

产的行径。 同时，他要求对宗室王公属下的身份加以明确，只可作为护卫、散骑郎、典仪、亲军校、亲军。 如果想要选取本人或是子侄需要的贴身随从人员或是兼管家务人员等，需要列出名单请旨批示。 而对于一般属下，不可以擅自治罪，一定要请旨处理。

雍正帝曾亲自斥责下五旗的官员，认为五旗官员对其属下人等极为苛求，从不体恤。 有的王公纵容门下管事人员肆意贪污，种种恶习，危害颇多。 而在外省做官的门下人，更是时常受到所在旗都统或是参领等官的要挟。 在推举人员上任时，五旗官员必然向门下人勒索贿赂，然后才肯为其上报至朝廷。 而门下人一旦上任之后，又会以各种借口追到其住所，或者以对其有恩为由索要回报，或者称家里有急事变故需要帮助。 更为卑劣的是，有的五旗官员以门下人过去的私事相要挟。 总之，五旗官员以各种手段对其属下勒索钱财，而门下人只能忍气吞声就范。 新上任的官员一般并无太多资财，于是只能搜刮所管辖的百姓，无辜的百姓最终成了牺牲品。 雍正帝对此深恶痛绝，勒令如果仍有五旗官员肆意勒索，其属下可以据实告知其督抚并转奏至皇帝；如果督抚隐匿不报，本人可以密奏至都察院。

然而，雍正帝的警告仍被有些不法官员当成耳旁风。 雍正二年（1724），在审理公爵星尼勒索其属下人王成勋一案中，雍正感慨道：星尼不过是一个公爵，竟向一个州县官王成勋索要数千两银子。如果王成勋隶属于王府，又成了大员，那会索取多少呢？ 于是，雍正对其发出严重警告说：如果日后仍不悔改，一定会裁撤全部五旗王公所属下人。 雍正十一年（1733），太原知府刘崇元告发佐领李永安向其索取白银120两，以及马匹、衣物，后来又索取200多两银子。 雍正帝立即降旨严办李永安。

雍正帝对于这些下属旗民案件的关注，无疑给予了下属旗民精神上的支持。 雍正帝在这些案件中确实处理了个别的犯案官员，然而这些更多是一种理念上的支持与拉拢，为其彻底解决下五旗私属问题打下了良好的群众基础。 事实证明，这取得了一定的成效。 在受到层层盘剥之后，下属旗民自然会趋向归属中央的直接管辖，或许实施上仍有旧弊，但至少在精神上有了一定的归属感。

雍正帝接续前朝，整顿旗务，终止了下五旗的私属关系，为彻底打击朋党、巩固自身的统治奠定了基础。此后，皇帝掌控了更多的权力，将地方纳入到自身的统治体系之中。而对于整个王朝的统治来说，下五旗私属关系的终止增强了清政府的控制力，为其日后进行的政治、军事活动打下了坚实的基础。雍正帝改革的成功，立足于清初几代皇帝的努力以及政局的逐步稳定，而其改革决心和雄才大略是成功改革的重要因素。

然而，八旗制度的领主分封以及世袭性传统仍有一定的残留，一些如世袭佐领之类的现象因为数量众多而难以全部革除，使其改革进程一直延续到后朝。

重整八旗风气

清朝的统治者虽然用武力统治了中原，却一直处于一种担忧与不安之中，即对汉人不认同满族的担忧和对满人民族特性逐步丧失的不安。担忧与不安之后，他们决定用彰显满人尊贵性的方式来征服汉人。

朝廷制定了一系列给予八旗人口特权的政策。为了保持满人持续的战斗力，更重要的是为了防止大规模的汉人暴乱，清朝的皇帝们清楚地认识到这样一个事实——必须保证国家兵员数量的充足。

清初八旗人口较少，由此其所得收入可以满足其生存甚至维持贵族生活的需要。然而，雍正时期，经过清初几十年的发展，旗人人口迅速膨胀。旗地数量不变，朝廷兵额却不能无限增加，由此八旗的生计问题活生生地摆在了雍正帝面前。

雍正帝对此忧心忡忡，以骑射为本的旗人入主中原之后，由于生存环境的稳定以及自身地位的优越，八旗子弟已经有荒废武备的趋势。 而且近来为官也多求文职，且做文职亦只是玩乐度日，不能苦心求学，并无瞩目的成就，生活上追求奢靡，攀比成风。 雍正曾痛心地对旗人说：如果我们不念及从前先祖打江山时的艰辛，不考虑日后的生计问题，只是贪图享乐、跟风效仿，那么后果将不堪设想。

他深知一个国家的武备是最为重要的事情，而训练兵丁主要依靠八旗大臣。 如今八旗军士生计困难都是由奢侈的生活所致，于是于雍正元年（1723）下旨，令八旗大臣3年之内改正八旗军士的奢侈之风。

与此同时，雍正帝还采取了一系列"开源节流"的措施，试图整治社会上旗人的奢靡之风，从根本上去解决旗人的生计问题。

雍正采取"节流"的政策，谕令旗人官员以及兵丁戒奢崇俭。 雍正二年（1724），他颁布谕旨，告诫旗人应当量入为出，为自身长久发展做好充分的准备。 而且命令各旗都统禁止旗人赌博、酗酒、斗鸡、沉迷戏馆歌场等，并重新制定八旗公侯军民的婚丧制度，一切尽量从俭。

然而，这些举措仅仅是规范八旗子弟生活的硬性制度，并不能真正解决他们长久以来存在的奢靡行为习惯。 雍正帝意识到，"开源"才是解决八旗生计问题的重要环节，只有为八旗子弟寻找到新的出路，才能解决因八旗人口日益增多而面临的窘境。

首先，朝廷方面对旗人进行补贴，雍正帝希望这些银钱可以稍微缓解旗人的生活困难，之后再寻找其他的办法一步步解决旗人的生计问题。 然而，这些对于改善旗人的生活来说仍然是杯水车薪，只是暂时的缓解，并未彻底解决问题。

其次，雍正帝设法增设兵额，使社会上的闲杂旗人都能领上军饷，从而增加旗人的收入。

雍正帝的这些举措在一定程度上使得一部分八旗子弟的生活问题得到解决，但仅仅依靠朝廷无限制的补贴很难从根本上解决旗人日益增多的问题。 毕竟朝廷的财政支出是有限的，清朝旗人人口增长的速度大大超乎经济的增长水平。 于是雍正帝又将目光集中在发展旗人生产上，希望旗人自力更生来解决自身的生计问题。

再次，雍正帝为缓解人口压力，试图扩张旗地范围。 雍正十一年（1733），他命喜峰口处的驻防官兵屯田，每名给地150亩、菜园4分，依照民田规定缴纳租税。

最后，雍正帝还仿古推行商周时期的井田制。 孟子曾经具体描述了这种土地制度，国家将各片土地划为9个区域，成井字形，每片土地900亩。 其中中间的区域为公田，剩余8家为私田；这8家需要轮流耕种公田，只有公田耕种之后，才可以耕种自己的田地。 在井田制中，农民只有土地的使用权而无所有权，土地不可以买卖，也就不存在土地兼并的问题。 这应该是一种极为理想的土地管理方式，但是历代封建王朝的统治者均未真正贯彻实行。 雍正在某些方面可以说是一个理想主义者，他执着地相信，只有实施井田制才能最终改变八旗子弟面临的困境。 为此，很快就开展了实行井田制的具体工作。

雍正二年（1724），他命令怡亲王胤祥彻查内务府、户部衙门余地以及拖欠钱粮人员所交地亩数目。 清查数目之后，他将内务府余地1600余顷、拖欠钱粮人等所交地2600余顷中的一部分作为井田。 井田主要分布在京南霸州、永清、固安、新城等县官田，大约200多顷。 京城中16岁以上、60岁以下的八旗无业者都被派去耕种土地。满洲旗人50户、蒙古旗人10户、汉军旗人40户，共100户，每户授私田100亩、公田12亩半，8家共有公田100亩。 另外每户发田12亩半用于建造房屋，每户发银50两用于购买农具、耕牛等生产工具。雍正帝规定，私田收入归农户所有，公田收入3年之后全部交公。

然而，井田制实行之后，自愿种田人很少，效果并不理想，这大抵是由于八旗子弟长期腐化所致。 自从清王朝入主中原，八旗子弟一直享受着较高的地位，过惯了养尊处优的生活，习惯于等待朝廷发放的补贴救助，长期脱离生产劳动，日渐懒散腐化，宁可变卖家产也要去追求奢华享受。 如今忽然要求这样一群人去经营辛苦的农事，自然无人响应。 于是，雍正不得不强制把旗民迁往井田处耕种。

雍正五年（1727），无奈之下的雍正帝只得又采取强制措施，命令拖欠钱粮的八旗子弟或是违规犯法被革退之士兵连同家人发配到井田处耕种。 后来，他又把一些革职的官员派去井田处，作为对其的惩罚。 此时，井田制已经不能用于解决八旗子弟的生计，而成了处罚犯罪人员的手段。 这种身份的生产者自然不会具备丝毫的生产积极性，对于农业生产毫不关心，一些人不但不参加劳动耕种土地，还破坏井田。 同时，井田地区还滋生了一系列的问题，如管理官员通过对井田划分等级，徇私舞弊，牟取利益。 被迫发配至井田处的旗民开始偷卖官牛，甚至擅自向汉人出租井田。 井田制举步维艰，已经走到了尽头，可雍正帝始终没有放弃，所以直到乾隆皇帝即位之后井田才被改弦易辙，改为屯田。

雍正帝的各种努力可谓收效甚微。 他自己也看到了，劝诫是不能改造八旗子弟的奢靡习气的。 他发现仍有旗民立刻变卖发放的钱粮，然后放纵逍遥、喝酒吃肉，最后落得饥寒交迫。 雍正帝感慨道，自从即位以来，有时一月之内赏给兵丁钱粮好几次，国家每次都要花费35万多两白银。 然而，发放到旗人手中之后，不出10天便被这些不争气的旗人花光。 此时，大概雍正帝觉察出了自己找不到更好的方案来消除这些由来已久的恶习。 于是只能退而求其次，寄希望在官员身上，他要求八旗官员要对各自领属的官兵以及闲散人员剖析情理、严加劝诫。 这也是他的无奈之举。

尽力调处满汉矛盾

一直以来，清朝统治者们不得不面对满汉矛盾这一棘手问题。 清初前几代皇帝们一直致力于向汉人证明满族统治的合理性，尤其是要修正一直以来汉人所宣称的"华夷之辨"，不仅让汉人承认清朝的正统性，更要拉拢与汉人的关系，尤其是获得汉族地主阶级的信任，并与之结为同盟。 然而，其中均衡两方面的尺度着实是一个复杂的问题。 雍正帝即位之后，仍然将此问题视为其政治统治中的一个重要方面。

雍正帝深谙改善满汉关系的关键在于对汉文化的认同，为了使汉人对清朝彻底臣服，雍正极力推崇儒学。 他曾发布圣谕，尊称孔子为至圣先师，认为孔子启迪人心的仁义道德和三纲五常皆为世代学习的典范。 且儒家所阐述的伦理不仅能教化黎民百姓，亦对帝王帮助巨大。 因此，儒家经典必须得到尊崇，而且应与天地共长久。 这些对于儒家学说的肯定，一方面有力地回击了汉人以满族为蛮夷的认识，拉近了与汉族知识分子的关系，增加了一般民众对清王朝的认同感；另一方面，统治者也是有效地利用儒家思想作为自身的统治工具。 儒家思想有着极为精湛的治国理论分析体系，三纲五常对于民众各个方面的控制更是有利于稳定统治。 于是，清朝统治者与汉文化的巧妙融合，既维护了自身的地位，也加强了对于民众思想文化上的管理。

对于安抚汉人的反满情绪，无疑是一个极为敏感但是又很重要的问题。 自清朝开始统治中原大地以来，"反清复明"一直是汉人起义和反抗活动的主要旗号，明朝一直是汉人无法逝去的回忆。 对于清帝来说，对于明朝后续事务的处理无疑关乎统治的稳定问题。 处理不当，可能会导致更为广大的反抗，后患无穷；处理得当，则可能会拉拢一大部分汉人真心归顺。 在一系列反清复明的秘密活动中，"朱三太子"案极具代表性。

明朝最后一个皇帝崇祯有 7 个儿子，到康熙年间时，三皇子朱慈焕成为仅存的明朝皇裔，身份最为尊贵。 但是，此人早已失去踪迹，而历来的反抗斗争多是打着前朝旧主的名号，和秦末陈胜、吴广的农民大起义一样，反清斗争亦是如此。 康熙年间，朱三太子的名号被许多造反者假借。 然而，众多的朱三太子之中，究竟哪一个才真的是崇祯的儿子，由于文献的缺乏，真相已无从得知。 问题的关键并不在于谁是朱三太子这个人，而是这个称谓对于民众的号召力以及其对清王朝稳定性的破坏。 即使对于前朝无时无刻不充斥着警惕，清朝统治者对前朝却还要保持适度的尊敬以拉拢人心。 毕竟汉人们仍然对曾经的大明王朝充满感情，尤其是对于大明有着更深厚感情的知识分子。

清朝皇帝们在这个问题上选择了接受这个事实，当然并非简单的接受，而是试图用另一种方式对其加以引导。 他们认为，在适当的时候，要对汉人的反抗以柔克刚。 就像整治水患，"导"往往比"堵"更为有效。 于是，拉拢的手段被满人皇帝用来化解自身统治的危机。

康熙帝曾亲自到明孝陵祭奠朱元璋，并且下令保护明十三陵，以此表示对前朝的尊重，渴望换得汉人的认可。 可是到了雍正朝时期，却仍然屡屡发生假借朱三太子之名的叛乱。 雍正帝对此亦极为重视，他回顾前朝历史说：康熙年间，各处反贼余孽仍然频频作案，而像念一和尚、朱一贵这样以朱三太子为名的人非常多，本朝山东人张玉也冒充朱姓，假称自己是明朝后裔，遇到占卜者称其有帝王之命。 为此，雍正帝下令要将此人拿获拷问。 此类事件在其他地区均遭到了雍正帝的大力镇压，最后一一失败。

对起义者发动军事攻势的同时，雍正帝也沿用康熙朝时期对于汉人的拉拢政策。 他在即位之初就称自己发现在康熙帝未被刊发的谕旨之中有称赞朱元璋统一中国的内容，由此，雍正帝特意命人找寻朱氏后裔，后来将找到的正白旗籍的正定知府朱之琏封为一等侯，承担明朝诸陵的祭祀，而且赐予他的族人正白旗旗人的身份。 实际上，朱之琏的先人早在清军入侵时即被俘投降，早已经加入汉人八旗。 因此，朱之琏已经是完全被满化了的朱氏后裔，对于清王朝并不具有任何威胁，于是清统治者正好将其作为宣扬自己对前朝后裔仁慈宽容的工具，用以迷惑世人，缓解日益紧张的满汉关系。

在清朝政治统治的具体操作过程中，协调满汉关系的一个重要方面便是对汉族地主官僚阶级的政策。 汉族官僚阶层对于中国传统有着深入的了解，对清廷治理全国有着极大的帮助。 但由于其特殊的身份地位和处在中央统治集团内部的地位，清朝统治者又不得不对如此一群富于智慧声望的治国之才加以防范。

雍正帝宣称，自己即位以来一直对满汉官员一视同仁，对待满汉官员并没有任何偏向，只是视才能而定。由此，一些汉族官员得到了雍正帝的重用，如汉人大学士张廷玉、汉族官僚田文镜等。这些人在中央和地方充分发挥自己的作用，在一定程度上促进了清朝统治者对国家行之有效的治理。

雍正帝这种做法无疑有利于汉族官员发挥自己的才能。一直以来，旗人都以自己的尊贵身份高出汉人一等，便排挤汉族官员，汉族官员很难在官场上占据高位，发挥自己在政治上的才智。但从雍正皇帝内心深处来讲，仍然是有所偏向的。比如，他曾经说天下臣子的才智不尽相同，政事之才有人天生擅长，有人终生不擅此道，用人时只需要看他是不是适合这个职位就可以了，和他是满人还是汉人没有必然联系。但接下来他又说，如果宗室内和满洲内都有一位才智相近的治世能人，自己一定会优先选用宗室之人；如果是满洲内和汉军内均都有一位治世能人，满洲之人一定会优先被选；如此类推，汉军、汉人的情况也是如此。可以看出，他并未做到真正的公平、公正，满人和汉人在他心目中的地位还是不一样的。

调节满汉关系的一个根本问题是对下层满汉民众之间的矛盾协调，毕竟为数众多的汉民是整个清王朝统治的基础，只有民众尽皆安定，社会方能稳步发展。地方上的旗人往往利用其自身的身份地位欺凌、压榨汉民。雍正帝看到了这种情况，认为如果继续发展势必影响到整个清王朝的安定，也不利于对汉民的有效控制。于是，他对此加以关注，在处理一些案件时尽量顾及汉民的利益。

为了防止满族失去自身特色，雍正帝一再强调语言对于一个民族的重要性。他规定，侍卫护军内部和八旗训练时只可以讲满语，如有违例者将严惩其长官。可见，当时满人汉化的情况一定非常普遍，皇帝对此十分忧虑。汉文化以其悠久的历史和博大精深的内涵传承下来，极强的包容性是它本身一个极大特点，历史上众多少数民族随着与汉民族的融合，逐渐丧失了自己的特性。满族也不得不面临这样一个挑战。我们可以看到，满人利用其特权地位欺压汉人，但是，其自身不知不觉中也受到了汉人的影响，生活方式、语言文化等方面也在逐渐地汉化。雍正帝意识到了这个问题，于是，他兴办觉罗学、宗学、八旗官学，以满文为主要课程，教育旗人传承发扬满族文化。

满汉之间的矛盾，主要以汉人受压迫的地位为形式，而实际上，汉文化又凌驾于满族文化之上，形成了另一种优势。所以，满汉之矛盾不仅仅是满汉地位上的矛盾，也是两种文化的冲突碰撞。

第七章　雍正帝驾崩之谜

雍正死因的几种传言

雍正十三年（1735）八月，同往常一样，雍正帝住在圆明园，每天都有处理不完的政务。十八日那天他与大臣们商讨少数民族事宜，命令哈元生、张照等人一定要根除"苗患"；二十日他召见了宁古塔将军建议升职的几名官员，次日仍旧正常办公。但到了二十二日，雍正却突然得了病。当天晚上，朝中重臣都被匆匆忙忙地召入寝宫，当时的雍正已然气息奄奄，他宣布取传位诏书。二十三日，雍正皇帝58岁的生命在圆明园走到尽头。

从发病到去世仅仅一天，对于雍正的突然离世，《雍正朝起居注册》这样记载：八月二十一日，上不豫，仍办事如常。二十二日，上不豫，子宝亲王、和亲王朝夕侍侧。戌时，上疾大渐，召诸王、内大臣及大学士至寝宫，授受遗诏。二十三日子时龙驭上宾。大学士宣读朱笔谕旨，宝亲王（即乾隆）即位。二十三日晨奉大行皇帝黄舆返大内，申刻大殓。

"起居注"是中国封建时代记载帝王日常起居和朝政大事的日记体史册，它常记录下皇帝每天的生活，成为历代修正史的重要史料来源。清代起居注称为《起居注册》，由专设的日讲起居注官负责编纂，起居注为当时人记当时事，所载史实比官修史书更加可信，具有重要的史料价值。清代的《起居注册》尤其以康熙、雍正、乾隆三朝内容较丰富，具有较高的史料价值。但在雍正暴死这件事上，起居注记载得相当简单，没有任何原因说明，这就很容易引起人们的猜测。

亲历此事的重臣在著作中曾谈起雍正暴亡之事，张廷玉修年谱时回忆了雍正逝世时的情况。八月二十日，雍正帝身体已感不适，但他仍然坚持上朝处理政务，张廷玉也像平常一样，每天都去觐见。八月二十日晚，劳累整日的张廷玉刚刚卧床，就被紧急宣召进宫。他赶到圆明园，看见三四个太监已经在西南门焦急地等待，进雍正寝宫后，张廷玉看到的雍正已然气息奄奄，他不禁"惊骇欲绝"。庄亲王弘昼、果亲王弘曕、鄂尔泰、公丰盛额、讷亲、内大臣海望先后来到，众人皆来床前请安，随后，便出寝宫在台阶之下等待消息。诊治和药物都不起效，到了二十三日子时（23—1点），雍正皇帝"龙驭上宾"矣。

张廷玉之"惊骇欲绝"，鄂尔泰之"脱口惊呼"后匆忙赶往宫中，以致髀骨磨穿血湿驴背，都表明他们因雍正帝的死而感到惊恐万分，但他们同样都没有说明雍正的病因和病症。从此，民间对于雍正暴亡开始了种种猜测。

雍正暴亡，说明他身体内一直积聚着病变，可是，即位之初他夜以继日地工作，从不休息，说明他当时身体非常健康，有应对繁重政务的体力。他曾经在雍正五年（1727）正月鄂尔泰请安奏折上写道："我身体状况很好，自去年冬天，'外援顺序'，更觉得身心舒畅。"直到雍正七年（1729）四月时，他还向臣子说自己身体很好，饮食规律、身体健康。但到了冬天，他的身体就出现了问题。《上谕内阁》中保留了雍正帝述及自己身体状况的文章。他说，他从去年冬天就感觉身体稍有不适，一开始并不上心，也没有请医生治理调养。今年二月以来，寒热之症每隔一日便发作一次，饮食也不比平时，夜间不能熟睡。他的病拖了两个多月，五月，和他感情最深，对他帮助最大的弟弟——怡亲王胤祥因病去世，他亲自参加丧礼，尽情抒发了自己哀恸的心情，后来竟然病情减轻，逐渐好转病愈。

据雍正帝的表述，他能痊愈是因为哀痛，这似乎不合常理。一般人在伤心绝望时，往往会生病，痛苦怎么能治病呢？实际上，当时的雍正并没有痊愈，一年后，和他相守多年的结发妻子孝敬皇后去世，他都没有体力亲自去看妻子入土为安。到此时，他才坦白了自己的身体状况，从雍正七年（1729）冬天开始生病，经过一年多时间的治疗，刚有痊愈的迹象就听到了胤祥去世的噩耗，他难以抑制心中悲痛。虽然医生再三劝其静养，他仍然几次亲自前往祭奠十三弟，悲痛加上劳累，很快使病情恶化。太医们对雍正帝的病症束手无策，他们连皇帝究竟是生的什么病都说不出来。因此，雍正帝向心腹股肱大臣发出密旨，命他们寻访名医。

很快有了消息，四川巡抚宪德写折子报告说，当地有个人叫龚伦，人们都称他龚仙人，有长生之术，86岁高龄时还老来得子。雍正立即召此人进宫，不想此时龚仙人却升天死去了。雍正八年（1730），李卫寻访得河南道士贾士芳，向雍正帝推荐他，贾士芳随即被田文镜礼送至京城。白云观是京中最有名的道家圣地，贾士芳原是观中道士，怡亲王胤祥认为他"精通医术"，曾经想向皇兄推荐他。雍正帝召见贾道士后，感到他"虚诈不实"，没有任何实用价值，就打发他出去了。贾士芳于是在河南浪迹，逐渐在江湖中小有名气。因此，他声名远播，得到浙江总督李卫的注意。贾士芳又一次进了紫禁城。这一次，他一开始给雍正帝治病就大显身手，疗效很好。雍正帝确实感到病情减缓，十分高兴，寄字给鄂尔泰，说得异人贾士芳调治效果良好。

可是，雍正帝并不感到踏实，可能是贾士芳综合使用催眠术、按摩术和气功给雍正帝治疗，而他自身功力不济，令雍正帝感觉时好时坏，因此，认为他想要操纵龙体康宁。贾士芳行"以手按摩之术"，无疑是在施行按摩术，他按摩的同时口诵咒语，装神弄鬼，意在"驱神"。他本人也可能会点气功，通过向皇帝"发功"来治疗。由此看来，贾士芳的意图是诱导雍正帝进入睡眠状态，以便他得到休息。初进宫时，雍正帝对他抱有很大期望，积极配合他，能安然入睡，疲倦得到减缓，自然病症会减轻。因此，才使他感到贾士芳的方法很有疗效。然而，老是依靠同一套方案，装神弄鬼治病，总会有被揭穿的一天。果然，雍正帝逐渐感到贾士芳的治疗效果大不如前了。有一天，贾道士给雍正帝治疗时，依然一边按摩一边念咒，只听他念道："天地听我主持，神鬼听我驱使。"这两句话激怒了雍正，雍正这个至尊的皇帝不过是上天之子，还得听命于天地神祇，贾士芳区区方外道士，竟然要天地神鬼听他摆布。这在雍正看来，不仅是亵渎神明，更是大逆不忠的反贼。加上雍正本身已对其治疗产生不满，他认为贾士芳为他治病用心险恶，想要控制他的身体状况，这让他无法忍受。他说："贾士芳为我治疗，我身体的丝毫变化都被他操控！"于是，"异人"贾道士被宣布是"妖人左道"，雍正帝毫不留情地处死了他。

从那以后，雍正一天天病重，八年（1730）六月一度病危，他紧急召见胤禄、胤礼、弘历、弘昼，大学士、内阁大臣等人，向群臣做了交代。同年九月，将亲自写好的朱笔传位诏书告诉张廷玉。当时的雍正皇帝应该是平心静气地打点后事。但出乎意料的是，他竟然战胜了死神，恢复了健康。雍正九年（1731）秋天，他在和宠臣田文镜往来的密折中，时常提及自己的健康状况，雍正十年（1732）正月折中说："朕躬今已痊愈矣。"十月的折子上他写道："我现在身体很好。今年以来，备感身体强健清爽，是上天和祖先保佑的结果。"雍正帝身体状况确实好了，雍正十年（1732）六月，他虽已年近60，却又添了一个儿子弘曕，老年得子，是他身体健康的最有力证据。 雍正十一年（1733）正月雍正曾前往遵化东陵谒见，行程前后长达6天。雍正十三年（1735）二月再次拜谒，这样的长途跋涉没有体力的支撑是很难实现的。

雍正既然已经恢复健康，怎么会在一天之内突然离世呢？很多学者都认为，直接原因是他长期以来服用丹药。 金梁著《清帝外纪·世宗崩》篇中说："唯世宗之崩，相传修炼饵丹所致，或出有因。"杨启樵先生、冯尔康先生等今人持同样观点。 随着近年来对清宫档案研究深入，越来越多的史学工作者认为，雍正帝服用丹药中毒身亡的可能性很大。

登基以后的雍正极为推崇宋代金丹派南宗祖师张伯端，赐封他"紫阳真人"名号，其发明的金丹要领深得雍正赞赏。 至少从雍正四年（1726）起，他就经常吃道士炼制的丹药"既济丹"。 这一年，他还曾将此丹赐予鄂尔泰服用，一个月后，鄂尔泰回奏称"大有功效"。 在鄂尔泰的奏折的批复说"此方甚佳"。 他还曾向田文镜赏赐此丹药，说该丹药经过精心炼制，药性不涉及寒热温凉，效果殊异，它的功效不在攻击疾病，而是增补元气，有百益而无一害。 他告诉田文镜尽管放心服用，不要有所怀疑，只是不知道他到底服用与否。

雍正八年（1730）那场大病后，虽然雍正处死了贾道士，但仍然豢养着其他道士。 这些人中，有人属于"设醮祈祷"派，如被封作"妙应真人"的娄近垣，娄一直不赞同修炼丹药，他和"丹药派"道士张太虚、王定乾等人还是有区别的。 张、王等人陪同雍正住于圆明园，据档案记载，雍正从闹病到死去大约5年时间里道教活动持续不断，还在苏州给道士定做了法衣，一次就是60件。 今天北京故宫博物院对其着道教服装的画像仍有收藏。

雍正一面大搞道教活动，一面在圆明园中升火炼丹。

我们都知道，道士炼丹所用的铅、汞、硫、砷等矿物质都是有毒性的，它们会严重危害大脑和五脏。 在现代生活中，降低这些物质的含量是环保的主要任务之一。 因此，古人所谓可以长生的丹药其实就是害人的毒药，害死雍正的真凶可能就是这些丹药。

按照《活计档》的记录："八月初九日，总管太监陈久卿、首领太监王守贵一同传话：'圆明园要用牛舌头黑铅二百斤。'"说的是在雍正死前的 12 天，还运了能炼 200 斤丹药的黑铅进圆明园。 黑铅是有毒金属，过量服食可使人致死。 这些直接证明雍正是被丹药害死的。

雍正十三年（1735）八月二十三日凌晨子时，雍正去世，即位的是四子弘历。 雍正暴亡，乾隆新立，百废待举，但为什么乾隆十分重视驱逐炼丹道士？ 是不是暗示了他们同雍正死亡之间的关联？ 圣旨中的每一句话都有"此地无银三百两"之嫌，这些似乎都在告诉我们雍正皇帝死于丹药中毒。 也许雍正只是出于身体健康的考虑才同道士接触，但是长期服食必定会产生依赖，体内积聚了大量丹药中含有的毒素，最终导致了他的死亡。 雍正朝的历史始于疑案，终于疑案，像谜一样的雍正皇帝给后人留下了无数想象的空间。

封建帝王生前极尽奢侈之能事，建设死后居所也同样劳民伤财。秦始皇用了 33 年的时间来营建自己的地下宫殿，至死也没完成，他的后代为了完成工程，又花了 3 年的时间来收尾。 而汉武帝更夸张，修建陵墓竟花了 53 年。 同样，清代皇帝也非常重视修造陵墓。

清朝入关后，曾将陵寝选在今河北省遵化县，即清东陵。 在封建社会，"风水"是一门大学问。 古人把人的住宅基地或者坟地周围的风向水流等形势视为"风水"，认为它能招致主人或者死者一家的祸福。 风水好的坟墓能给后代带来福气；反之则会给后代带来厄运。单从风水学角度来看，东陵的确是一块难得的宝地。 北昌瑞山可视为天然屏障，南金星山似朝笏行礼，中间影壁山像书案一般可以依凭，东鹰飞到仰山似青龙盘卧，西黄花山似白虎雄踞，又有两条大河东西环绕。 陵寝之地处在群山环抱之间，辽阔坦荡，是理想的归处。 所以，顺治皇帝、康熙皇帝都选择在此修建陵墓。

按照先例，雍正也应该在东陵建寝陵，与其父康熙皇帝为伴，但他没有这么做，而是选在了当时的易州地区（今河北易县）。有人说，因为雍正帝篡改了父亲遗诏而得位，担心死后没有颜面去见父皇，心虚不安，因此才迁陵易州；也有人说他终生好大喜功，嗜杀成性，自以为是，处处要与别人不同，另辟陵墓就是想要凸显自己。这两种说法那一种符合历史实际呢？

雍正刚即位时，就开始为陵寝忙碌，雍正四年（1726），他专门任命十三弟胤祥、张廷玉和内务府官员一同负责办理此事。最初在遵化进行选址，来年闰三月，他还曾专门任命总兵官李楠、钦天监监正明圆带领勘察人员勘察遵化地形，四月时胤祥等人上报说"九凤朝阳"山地很合适，雍正对此很赞同，他说这个地方和皇祖顺治皇帝的孝陵、父皇康熙皇帝景陵相邻，正符合我的本意。于是，他下令开始动工。可谁知，动工后才发现此地土质不好，虽然规模很大，但"形局未全"，并且地穴的土含有砂石，做不了陵寝，只好另寻他处了。

另一地址选在了北京西南方向，开始在房山地区勘探，但也发现了同样的问题。

最后，终于确定将陵寝定在离北京120多公里的易县。工程需要使用的木料，是广东、福建、四川等省供应的楠木；金砖由江苏省承办，石料由房山县采办，这几乎用上了全国各地的资源。雍正六年（1728）三月，两广总督上报采买情况，雍正帝说，为了建造陵寝所需建材，宁可浪费也不能偷工减料。动工后8年，直到乾隆二年（1737），陵墓才正式竣工，取名为泰陵。在他之后，道光皇帝、光绪皇帝也将陵寝选在了易县，清西陵这一庞大的陵墓群即由此组成。

乾隆二年（1737）六月，在大红门北面建筑了一座圣德神功牌楼，有26.05米高，黄琉璃瓦盖顶，碑楼内地面中心有巨石台基，雕有寿山福海和鱼鳖虾蟹，有一对巨型石雕赑屃卧于石基上，各驮石碑一通。碑帽上都有四条伏缠浮雕龙，碑额有"大清泰陵圣德神功碑"

字样，碑身镌刻着满汉两种文字，载有雍正的毕生功德。

雍正皇帝在世的时候，多次评价自己，认为自己性情"敦厚"，是"明镜铁汉"，办事"大公无我、秉公行政""生平从不负人"，素以"为善自强"自警，每当他自我反省时，他会觉得自己虽然不敢和三代以上的圣贤明君媲美，但是，"若汉唐宋明之主实对之不愧"。

雍正皇帝不知疲倦地勤政治国，他为如何明智治国、为臣民造福而日夜思索。给他提对公众有利、减轻百姓负担的建议和计划最能讨得他的欢心。他会很高兴地研究，为实施这些建议而不惜一切代价。

他是一位熟读四书五经、通经史之人，为追求革新政治的实践而孜孜不倦，他是一位辛勤劳动、笔耕不辍、事无巨细的皇帝；他是一位守护本民族利益的皇帝；他是一位独具慧眼、任人唯贤的皇帝；他是一位试图控制一切的统治者；他是一位尊孔好儒又宠佛信道的统治者。同时，他是一个迷信的人，生活奢侈又好逸乐；他的家庭并不幸福，死因迷雾团团。他没有皇父康熙大帝那样的宏伟事业，也没有其子乾隆皇帝的十全武功，但康熙末年的弊政正是他改变的，继承了父亲的大业，除旧布新，发扬光大；又是他为乾隆的强盛国力奠定基础，继往开来。没有他，就没有康乾盛世，他生前遭人非议，死后骂声不断，但又无人质疑其明君地位。

野史中的雍正

民国初年，人们喜欢把清室历史当谈资，野史纷出，其中颇有涉及雍正的，如燕北老人《满清十三朝宫闱秘史》、蔡东藩《清史演义》、柴萼《梵天庐丛录》、孙剑秋《吕四娘演义》《血滴子》等。这些书评价了雍正的出生、死亡、性格、为人、政事，其中多属伪造历史，荒诞不经。写雍正传记，对此本不须过意，没有必要探讨那些无稽之谈。但是，野史、小说远比史书流传得更为广泛，它们的故事深入于民间。

对于雍正的生父问题，据《满清十三朝宫闱秘史》记载：康熙一日见卫某之妾，爱之，召入宫，六月而生雍正，故云"世宗实卫家儿矣"。这本书接着说："胤禛之母，先私于年羹尧，入宫八月，而生世宗。"这就使读者糊涂了，雍正到底是谁家的孩子？这不是自我反噬吗？究竟该相信哪种说法呢？卫某为何许人？燕北老人说其妾入侍康熙以后，被召为御前侍卫，则其系无名下人，无从考证。至于年羹尧，"当抚川时，年未三十"。他出任四川巡抚是在康熙四十八年，由此可知，康熙十八年他还未出生，而雍正则生于十七年，后出世的却成了先到人间的人的生父，哪有这般怪事？

世间传说，皇子时的雍正与侠客接交。燕北老人说，康熙不喜欢雍正，因而雍正浪荡江湖，与剑客力士游，结兄弟十三人，长者为和尚，他们武艺绝伦，还研制出杀人利器"血滴子"。这些说法中，把雍正描绘成精通武术的人，但这并不符合实情。雍正把他的武艺与乃父做过比较，说"皇考神武天授，挽强贯札之能超越千古，众蒙古见之，无不惊服，而朕之技射又不及皇考矣"。他觉得自己武艺并不高明。他自己没有独立进行过秋狩，也没有表现过这种才能。之所以把他同剑客、武艺联系起来，大约是因为他在皇子时就同和尚接近的关系，还有就是为了虚构其即位和死亡同侠客的关系。

至于雍正的继位，燕北老人又给了人们三种说法：一是康熙传位十四子的遗诏被雍正生父卫某将十字改为于字；二是他自己进宫偷得遗诏，把十四子的十字改为第字；三是他自己把十字改为于字。雍正在世时，就有改十字为于字的传说，燕北老人把历久相沿的传说及由此而衍化的其他改诏说一股脑儿取来，这是用传闻异说以媚读者，并没有传留信史。

以上关于雍正的演义，或自相矛盾，或不合情理，均非实录。出现这种情况是有特殊原因的。

辛亥革命号召反满，如同盟会以"驱逐鞑虏，恢复中华"为宗旨，推翻清朝后，为巩固成果，亦须继续排满。因此，民国初年接连出现对清史的著述，研讨清朝的得失。在这些著述中，人们痛斥清朝的残暴统治和腐败无能，又以汉人自尊贬低清朝皇室。于是，太后下嫁、顺治出家等疑案相继被大肆渲染。关于雍正的种种不德的说法，其原因也不在于他一人，实乃丑化清室的需要。在这种环境中考察对雍正的传说，较易明了它的真伪。

讲这些故事的人，虽有严肃者，但更有一种人专为迎合小市民心理，以为人们爱听宫中趣事，皇帝在的时候人们不敢讨论，及至帝制取消了，可以无所顾忌了，遂大讲特讲。然而，皇宫里的事情极为机密，难于得其真、其详。于是只能靠传闻，传的人多了，越传离本事越远，以致有的作者自逞臆构之能，把故事变得好听。即如燕北老人，自云其宫中秘事的资料由小苏拉提供，因辛亥革命后，南方缙绅士大夫多喜欢聊清宫旧事，他的记载为许多人借阅，甚至见于报端或载入名家笔谈中，到1919年乃受友人怂恿，将其书公之于世。其友人陈鹤炜为之作序，对其著作极力称赞："……宫廷之事，言谈有禁，传闻既少，记载亦鲜，偶或散见各书，大都一鳞一爪，非语焉不详，即传闻失实，从无有有系统而集大成如今之《满清十三朝宫闱秘史》者。"又说，这本书"搜访既确，去取尤严，无一字不有来历，即无一字不加斟酌"。但是，从之前的介绍可以知道，他之著书，既不严肃，也不审慎，唯以谈清宫事，投得某些读者的喜好。

小说家要创作，当然可以虚构。但如果是小说，读者就只能把它当小说看，不能视为历史书籍。青年读者更需要明确其区别，不要误会。

雍正的传闻，我们且把它们只当成传闻吧！

第六篇

清高宗纯皇帝弘历(乾隆)

爱新觉罗·弘历，生于康熙五十年（1711）八月十三日，嘉庆四年（1799）正月初三日驾崩。 他25岁登基，在位60年，享年89岁，是有文字记载以来寿命最长的皇帝。乾隆庙号高宗，谥号纯皇帝，葬裕陵。 他的时代成为帝王时期的中国最后一个盛世，也成为清王朝乃至整个封建社会时期中国由盛而衰的转折点。

第一章　从皇孙到初政

青少年弘历

康熙五十年（1711）八月十三日子夜，雍亲王胤禛得知格格钮祜禄氏生下了一个男孩儿，心情顿时兴奋起来。

此前，胤禛已得四子。长子弘晖，由皇后乌喇那拉氏所生，康熙四十三年（1704）夭折。齐妃李氏为胤禛生下三个儿子，分别是弘盼、弘昀、弘时。但弘盼未满两周岁殇逝，还不曾叙齿排行。弘昀排行第二，11岁死去，如今只剩8岁的弘时。胤禛贵为亲王，仅有一子，未免单薄。当时，诸王子争储竞争激烈。太子胤礽初废复立，而昏庸暴戾秉性不改，康熙对此十分痛心。胤禛与几个兄弟一样有觊觎皇位之心，但他小心掩饰，口头上说储位之事，"避之不能，尚有希图之举乎"。背地里，他部署周详，以川抚年羹尧与十三阿哥胤祥等为核心组成了夺权小集团。胤禛心里明白，在诸阿哥中，最能讨父皇欢心的人才能在未来主宰天下。多年来，他一直以此为原则约束自己的言行。现在，他又给康熙老皇帝增添一个孙子，这必然会加重自己在康熙心中的分量。

钮祜禄氏是四品典仪凌柱的女儿，其父官爵并不显。她所生之子排行第四，取名弘历。弘历就是执政中国60年的乾隆皇帝。

弘历自小聪颖灵敏，过目成诵。他先后受业于庶吉士福敏，署翰林院掌院学士朱轼、徐元梦和翰林院编修蔡世远等人，这几人各有专攻。福敏字龙翰，满洲镶白旗人。雍正请他为弘历启蒙，毫无疑问是因为他性格刚直，能够对自己儿子严格督课。在福敏指导下，弘历

167

13岁之前就熟读了《诗经》《尚书》《易经》《春秋》和《戴氏礼记》等儒家经典和宋儒著作，以及《通鉴纲目》《史记》《汉书》等史籍，学业长进很快。 弘历曾说，自己"冲龄就儒时，（福敏）启迪之力多也"。 朱轼字若瞻，江西高安人，威望一时，雍正命其为弘历师傅，设教席于懋勤殿，受弘历行拜师礼。 朱轼以经训进讲，将贾谊、董仲舒和宋儒学说教授给弘历。 蔡世远字闻之，福建漳浦人，作为学者，他在当时非常有名气，雍正元年（1723），他教弘历等读四书五经、宋儒著述以及诸史、载籍于上书房。 蔡世远教授儒学时，"必引而近之，发言处事，所宜设诚而致行者"，即以近傍实际，阐述儒家理论，而非教弘历死板读书。 他讲史，"则即兴亡治乱，君子小人消长，心迹异同，反复陈述"，即通过剖析以往朝代兴亡、古人沉浮以及执政者思想修养等灌输治国平天下的历史经验和教训。 弘历深受这几位老师的影响，曾说"于轼得学之体，于世远得学之用，于福敏得学之基"。

康熙六十一年（1722）春，胤禛的私房花园圆明园里牡丹花盛开。 有一天，康熙乘兴到园中"镂月开云"牡丹台观花，胤禛借机向康熙引见弘历。 当时的弘历年方12岁，长得前庭方广，眉目清秀，身材颀长，举步稳重，谈吐不俗。 眼前这个翩翩少年，康熙一见就喜欢，即时带回宫中"养育抚视"。 从此，祖孙二人形影相随。

这一年十一月，康熙病危。 他临终告诉大学士马齐："第四子雍亲王胤禛最贤，我死后立为皇嗣。 胤禛第四子有英雄气象，必封为太子。"康熙弥留之际，向胤禛和弘历托付了大清江山。

登上皇帝宝座

雍正十三年（1735）八月二十日，雍正在圆明园处理政务，身体偶感不适，却未引起重视。 二十二日深夜，突然病重。 庄亲王胤禄、果亲王胤礼和大学士鄂尔泰、张廷玉、公丰盛额、讷亲、内大臣海望应召入寝宫。 二十三日子时，这位年仅 58 岁的皇帝驾崩，他统治了中国 13 年。

雍正去世，内宫哭声一片。 鄂尔泰、张廷玉对胤禄、胤礼说，雍正"因传位大事，亲书密旨，曾示我二人，外此无有知者。 此旨收藏宫中，应急请出，以正大统"。 实际上，早在雍正七年（1729）冬时，生病的雍正寒热时发，饮食不常，夜不能熟寝。 雍正八年（1730）六月，召见胤禄、弘历、弘昼和大学士、内大臣数人，面授遗诏。 九月，又向张廷玉示知立储密诏，雍正十年（1732）正月再次密示鄂尔泰、张廷玉，"此时圣谕曰，汝二人外，再无一人知之"。 鄂、张所说"亲书密旨"，正是雍正十年正月的密旨。

雍正驾崩不久，总管太监捧出黄封一函，有朱笔亲书传位弘历诏藏于其中。 张廷玉于灯下宣读，弘历跪拜受命并宣布"遵皇考遗旨，令庄亲王、果亲王、大学士鄂尔泰、张廷玉辅政"。

八月二十四日，弘历颁布数道谕旨。 其中，谕内外大臣旨主要有三项内容：第一，朕受皇考付托，凡皇考办理未竟之事，皆朕今日所当敬谨继述。 实际上，这是在宣布自己将继续先帝未竟之业，维护政策连续性。 第二，诸王大臣均受恩深重，各宜殚心竭力，辅朕不逮。 表明其要求诸大臣对自己效忠。 第三，外省文武大臣，如果因皇考"龙驭上宾"，将已经上奏的本章"中途赶回，另行反改，或者送到京城却不向上递交的，经朕查出，定行从重治罪"。 这是向各级地方官员提出要求，行事要从一而终，不得欺慢。

还有一道是谕总理事务王大臣庄亲王胤禄等人的，有关鄂尔泰、张廷玉配享太庙问题："雍正八年六月内，钦奉皇考谕旨，张廷玉器量纯全，抒诚供职。 其纂修圣祖仁皇实录，宣力独多，每年遵旨缮写上谕，悉能详达朕意，训示臣民，其功甚巨。 鄂尔泰志秉忠贞，才优经济，安民察吏，绥靖边疆，洵为不世出之名臣。 此二人者，朕可保其始终不渝。 朕万年之后，二臣着配享太庙。 今朕欲将皇考此旨入于遗诏内颁发。"对于封建官僚来说，配享太庙是至高无上的荣誉。

弘历宣布要在皇考遗诏中写入此事，等于以雍正遗诏作为最权威的兑现保证。这种超出常格的做法，是想笼络这二位满汉大臣的领袖人物，通过争取他们来争取整个官僚队伍效忠自己。鄂、张二人故作姿态，"屡行固辞"，先是谦让，却还是感激涕零地接受了。他们两人两日后上奏，"不敢当辅政之名，请照例称总理事务"。弘历同意，降旨"凡宫门一切陈奏，先告知总理事务王大臣，再行进呈"。

弘历还重视稳定后宫。八月二十五日，他对太监颁谕说："国家政事，关系重大，不许妄行传说。皇太后仁慈，抚爱朕躬，凡有所知，不能不告。但市井传说，多有舛误。今后凡外间传闻，无故向廷传说者，即为背法，查处后定要将其正法。"这是想防止太监向内宫传递朝廷信息，搬弄是非，扰乱朝政。

弘历还降谕都统莽鹄立，命令他从西苑赶走张太虚、王定乾那些炼丹道士。雍正生前迷信道家丹药，在西苑替皇帝炼丹的就是张、王等人。所以，雍正突然死亡，史家疑为丹药中毒，绝非捕风捉影之论。而弘历在乃父尸骨未寒之时，急忙驱走炼丹道士，更使人有理由相信雍正的身休正是受其损害。弘历这份诏谕写得很奇妙．"皇考万几余暇，闻外间炉火修炼之说，圣心深知其非，聊欲试观其术，以为游戏清闲之具，因将张太虚、王定乾等数人置于西苑空闲之地。圣心视之与俳优人等耳，未曾听其一言，未曾用其一药。且深知其为市井无赖之徒，最好造言生事，皇考向朕与亲王面谕者屡矣。今朕将伊逐出，各回本籍。""若伊等因内廷行走数年，捏称在大行皇帝御前一言一字，以及在外招摇煽惑，断无不败露之理，一经访闻，定严行拿究，立即正法，决不宽贷。"上谕从为亲者尊者讳角度出发，称雍正视炼丹术为"游戏消闲之具"，也知道这批人是"市井无赖之徒"，从未用过一药。表明了年轻的乾隆对炼丹术的鄙视与厌恶，也表明他具有反对愚昧的可贵精神。

九月三日黎明，大驾卤簿全设。弘历行九拜礼，先是着素服朝向雍正帝梓宫行礼。然后，他更换礼服，奉皇太后到永寿宫行礼。随后，又到中和殿受内大臣和执事官行拜，继而到太和殿即皇帝位，受亲王以及文武百官、朝鲜等国使臣朝拜，昭告天下，以明年为乾隆元年。

第二章 调整政治经济政策

政治政策的调整

乾隆刚刚即位时，就开始调整政治："治天下之道，贵得其中。故宽则纠之以猛，猛则济之以宽……皇祖圣祖仁皇帝深仁厚泽，垂六十年休养生息，民物恬熙，循是以往，恐有过宽之弊。皇考绍承大统，振饬纪纲，俾吏治澄清，庶事厘正，人知畏法远罪，而不敢萌侥幸之心，此皇考因时更化，所以导之于至中……兹当御极之初，时时以皇考之心为心，即以皇考之政为政，惟思刚柔相济，不竟不絿（急）以臻致平康直之治。"

乾隆帝这段话不应当理解为他主张以"宽"治世。乾隆自己也曾告诫大臣们，不要"误以为朕意在宽，遂相率于纵弛一路……此朕心所大惧者"。宽猛结合的"中"才是乾隆所强调的，根据不同的政治需要，或用"宽"，或以"猛"。在某些方面，他的"猛"甚至超过了雍正。

1. 强调实政，消除官场恶习

求实是乾隆刚刚即位时的突出特点。他求实所用的主要手段不是宽，而是猛。

当时的官场恶习，大体有 3 种表现：其一，好做歌功颂德的表面文章。 其二，关注蝇头小利，不管大事，以致滋生苟且、懒散习气。其三，不关心民瘼，为了保住官职不惜说假话。 乾隆对此风气的遏制毫不手软，或杀或放，效果突出。

2. 重新处理胤禩集团和曾静案

胤禩集团案和曾静反清案，是发生在雍正年间的两起重大案件。雍正对胤禩集团给予严厉取缔，却对曾静反清案件采取宽纵政策。 继位后的乾隆重新处理此二案件。 与雍正的政策相反，乾隆宽纵胤禩集团，却严办曾静案。

雍正即位后，失去皇帝位的康熙第八子胤禩心怀不满，与其九弟、十弟、十四弟等串通威胁皇位。 雍正四年（1726），胤禩集团被取缔，雍正分别给八弟、九弟改为含有侮辱性的名字"阿其那"和"塞思黑"，并将其从宗室籍中开除。 雍正十三年（1735）十月，乾隆指令诸王满汉大臣等，讨论了康熙二子复归宗室的问题，同时，下令清理因罪被黜的觉罗氏宗室子孙。 仿照康熙时期的政策，要将他们附载玉牒（皇室谱牒），分赐红带、紫带。 因事关重大，九卿"旋议旋改，胸无定见"，一个月的讨论仍未达成共识。 最后，乾隆巧妙地一锤定音："谨查康熙五十四年增修玉牒时，圣祖仁皇帝将从前革去宗室莽古尔泰、德克类、阿济格等之子孙，加恩给予红带，收入玉牒。 此即圣祖加恩之成宪也。 今应遵照此例，将阿其那、塞思黑之子孙，给予红带，收入玉牒。"

这次，乾隆以乃祖名义将乃父政策做出调整。 乾隆二年（1737），他还谕令释放康熙九子和十四子，并赐予"公爵空衔，不必食俸，仍令在家居住"。

乾隆用宽大政策对待包括阿其那、塞思黑在内的皇族并非出于宗族的感情，而是以此来争取皇族和更多的满洲贵族拥戴的目的。

对曾静案中的人物，乾隆的态度却截然相反。

雍正六年（1728），湖南人曾静密遣门徒张熙投书川陕总督岳钟琪，称雍正是暴君，宣扬"华夏之分大于君臣之伦"，策动岳钟琪起兵反清。 此书被岳钟琪上报雍正。 案件审理过程中，曾静招认道，浙江吕留良的反满思想影响了他。 张熙供认到东南访求吕氏遗书时，受吕留良门人严鸿逵、沈在宽等热情款待。 雍正处理此案的方式颇独特。 一方面，他将已故的吕留良、严鸿逵戮尸枭首，立斩吕留良之子吕毅中、严鸿逵门徒沈在宽；另一方面，编订曾静供词及其所写的颂扬雍正和清朝统治的《归仁录》，加上雍正处理此案的上谕，合刊成《大义觉迷录》向全国颁行，以宣传反击排满思想、巩固清政权，继而释放了曾静、张熙，并向其保证"即朕之子孙将来亦不得以其诋毁朕躬而穷诛戮之"。 继位第二个月的乾隆就撕毁了其父当年的保证，下令将曾静、张熙逮杀。 乾隆说，宽大曾、张二人，只能至雍正朝为止，理由自然是堂而皇之：吕留良毁谤了我的祖父，这就是我父亲杀了吕留良的原因；曾静、张熙毁谤的是我父亲，这就是我父亲放了他的原因。 如今，我也要明正曾静之罪。 这位年轻皇帝以相当圆滑的政治手腕杀人。 他之所以这样做，与雍正释放曾静、张熙一样，也是为了要在全国范围内抑制反清排满思潮。 不过，雍正的手段硬中带软，乾隆则是杀一儆百。

3. 整治宗室内部关系和弘晳集团案

乾隆初政，以谦让的态度处理宗室内部关系。 但是，乾隆的谦让，使皇族内部权力之争难以根本消除。 乾隆四年（1739），发生了以弘晳为首的结党营私案。

弘晳是康熙第二子理亲王胤礽之子。 康熙年间，太子胤礽两次被废，康熙五十一年（1712）终于被禁锢咸安宫。 雍正即位后，将弘晳封为理郡王。 雍正元年（1723），诏于祁县郑家庄修盖房屋，派驻扎兵丁，迎胤礽居住。 没过多长时间，胤礽生病去世。 雍正六年（1728），弘晳被晋封亲王。 但是，弘晳对于胤礽失去皇位的事情耿耿于怀，公然以东宫嫡子自居。 有一批失意的皇族聚集在弘晳的周围，他们是弘升、弘昌、弘晈、弘普等人。 弘升是康熙第五子恒温亲王允祺的儿子。 雍正五年（1727），弘升犯事，雍正将其圈禁并削去世子爵位。 乾隆即位后将他释放，安排他管理火器并授予都统职位。弘昌、弘晈都是康熙第十三子胤祥的儿子。 弘昌秉性愚蠢，曾受封贝子。 因为犯事，其父将他圈禁在家中，乾隆即位时，加封贝勒。 弘晈是胤祥的第四子，胤祥死后，雍正把他册封为宁郡王，但他与弘昌一样鄙陋无知，好吃嗜酒、贪图玩乐。 弘普是庄亲王胤禄的儿子。胤禄凭借着乾隆对他的尊敬以及总理事务大臣兼管工部、理藩院尚书，食亲王双俸的显赫地位，成为弘哲集团的后台。 乾隆二年（1737）该集团的动作已经引起乾隆的注意，但他没有采取措施，唯"冀其悔悟，渐次散解"。 两年之后，看到他们依然固结，担心总有一天会威胁皇权，不得不加以取缔。 乾隆四年（1739）八月，弘哲向过生辰的乾隆进献鹅黄肩舆一乘，乾隆对他更生怀疑：生日献礼，单进此皇帝专用肩舆，"朕若不受，伊即留以自用"，可见其居心叵测。 不久，弘哲被人告发忤逆。 宗人府奉命审讯，审出弘哲同妖人安泰询问，准噶尔能否打到北京？ 天下太平否？ 当今皇帝能活多久？ 将来我还能升腾否？ 乾隆降谕，弘哲之罪较阿其那、塞思黑辈尤重，应该在景山东菜园永久囚禁，子孙革出宗室。 后来，乾隆革去弘昌贝勒，弘普革去贝子，弘升永远圈禁，保留王号的弘晈永远住俸。 胤禄免革王爵，但停止双俸，罢去议政大臣、理藩院尚书和都统之职。 对待安泰则以绞监候处置，在秋天过后进行处决。 乾隆通过此事，传谕宗室："在朕临御天下，固不敢以亲亲之一节，而忘国家之大法，而宗室诸臣，亦当知国家之法，在所必行，若不知儆惕，身蹈法网。 朕虽欲敦亲亲之谊，亦断不能宽假也。"

弘哲集团案，是阿其那、塞思黑事件的余波，是康熙、雍正以来皇族内部为夺取皇权所展开斗争的尾声。 乾隆处理了弘哲集团，使来自皇族内部的威胁得到消除。

经济政策的调整

乾隆对政策的调整，除了政治，也见于经济方面。他主要从两个方面调整了经济政策：一方面是完善某些政策，另一方面是对某些政策加以删改。

1. 财政政策的调整

乾隆即位后，多次减免各种农业税，这是财政政策最重要的调整。

雍正年间，耗羡归公制度是清朝实行的财政制度。耗羡本是明清时期的田赋附加税，用以对田赋缴纳、运输和保存过程中的费用和损失进行弥补，其具体名目繁杂。乾隆即位，颁诏要求对耗羡征收标准进行严格控制。

此外，对于某些不合理的商业税收和其他杂税，乾隆都予以取消。

2. 调整农业政策和兴修水利

雍正年间，清政府曾大力倡导垦荒，虽取得很大成就，但也存在很多谎报绩效的官员。他们以少报多，熟田也当垦荒地上报。尤其是田文镜、王士俊二人相继任河南巡抚时，将报垦数用来考察地方官政绩，报多超迁、报少申饬，搞得民怨沸腾。即位后的乾隆下令禁止虚报开垦，要求地方官详加核实。

清初以来，各地佃农抵抗租税的斗争持续不绝。乾隆的劝减佃租谕，旨在缓和佃农与地主之间的矛盾。

雍正二年（1724），清朝还推行了老农顶戴制度，每年在每个乡里选择一两个勤劳俭朴并且没有犯过错的老农，授予八品顶戴，此又称老农总吏之例。乾隆元年（1736）七月，皇帝批准吏部议决将老农顶戴制度予以撤销。

雍正年间，为了帮贫困旗人谋求生计，清朝在京南的固安、新城、霸州、永清设立井田实验区，拨官田200多顷，将京城内16岁以上、60岁以下没有产业的旗人派去井田实验区耕种。乾隆元年（1736）十一月，乾隆将其取消，改为屯田制度，令耕种者按亩缴纳屯粮。

乾隆对水利建设很重视，继位后数次动用国库抢修重大工程。

3. 恤商政策

与传统的轻商思想不同，乾隆的恤商思想鲜明。他说："商众即吾民者，朕心岂有歧视。"他认识到商人在商品流通中的重要作用。他说："至于商贾，阜通货贿，未尝无益于人。"也正是从恤商思想出发，乾隆为了保护商业资本采取了针对性措施。

雍正十三年（1735）十二月，苏州织造海保上奏，提议不在江南征田赋耗羡，而增加关税，将关税结余用作官吏养廉。乾隆阅后责备说："独不思商贾亦吾民乎？近来大以税重为苦，伊等不当蒙宽减之恩耶？汝有司榷之责，但当以清弊恤商为本，不当为越位之谋。"这一年冬天，因西北用兵，包给商人领运了两万石军用粮草，并发给了商人1万石运价。乾隆元年（1736），清朝从西北撤兵，不再需要原计划运送的军粮。主管此事的官员严令商人在有限时间内退出钱款，以致"众怨沸腾，深为苦累"。乾隆认为，这种做法"甚不妥协，大非朕体恤商贾之意"，改令"着宽其限制，令商人徐徐还缴"。

乾隆对商人的正当贸易采取保护政策，却严厉打击非法经营。乾隆三年（1728），受干旱影响，北京米价高涨，官府减价粜米以济贫民。但是，奸商潘七等囤积居奇，被逮捕严格惩处。广东盐运使陈鸿熙在管理盐务期间，"巧取营私，无利不搜"。盐商缴饷后，本应随即发给盐引，陈鸿熙收了银饷却没有发给盐引，名曰"挂饷"。商人销售盐斤交来的税款，他也不上缴国库，名曰"挂价"。陈鸿熙拿

176

挂饷、挂价得来的银两去经商，有了收益之后才将原款归还，"余利
婪收入己"，他是封建"官倒"的典型。乾隆后来将他革职拿问。

4. 调整其他社会经济政策

雍正十三年（1735）十一月，乾隆降谕将僧尼道士身份进行甄别
区分。他说，多一僧道，即少一农民。

乾隆对其父政治经济政策的调整，使一些人利益受损，引起了他
们的不满。乾隆对"翻案"论的批驳以及对王士俊的处理，反映了他
锐意进取的精神和决心，也扫除了他推行经济政治政策的障碍。

第三章　打击朋党，整顿吏治

将鄂尔泰、张廷玉两个政治集团清除

雍正弥留之际，在遗诏中安排庄亲王胤禄、果亲王胤礼和大学士
鄂尔泰、张廷玉四人辅佐弘历。胤礼于乾隆三年（1738）病故。乾
隆四年（1739），作为弘晳后台的胤禄被罢议政大臣等职，失去权
威。唯有鄂尔泰、张廷玉仍在朝中，成为百官领袖。

早在雍正年间，鄂尔泰、张廷玉就各自培植自己的势力团体。鄂
尔泰，姓西林觉罗氏，字毅庵，满洲镶蓝旗人，康熙十九年（1680）
出生。虽年轻时中举，康熙一朝之内仅仅官至内务府员外郎。胤禛
在藩邸时，曾有事求助鄂尔泰，遭拒绝。胤禛不仅不因此事怀恨在
心，反而认识了鄂尔泰的刚直性格，"以郎官之微而敢上拒皇子"，
即位之后便大力任用他。雍正元年（1723），鄂尔泰超擢江苏布政
使，从雍正三年（1725）至十年（1732）之间，他曾经先后出任广西

巡抚、云南巡抚、云贵总督、云贵广西总督等封疆大员。 后来授保和殿大学士，入阁办事，位居军机大臣的首位。 鄂尔泰还倡导清朝执行"改土归流"，"节制滇南七载，一时智勇之士多出幕下"，加上执掌内阁，士林蚁趋，逐渐形成以满洲官僚为中坚，纳入部分汉族官僚的势力集团。 主要成员有庄亲王胤禄、公哈达哈、军机大臣海望、湖广总督迈柱、河道总督高斌、工部尚书史贻直、巡抚鄂昌、总督张广泗、御史仲永檀、陕西学政胡中藻等。

张廷玉，字衡臣，安徽桐城人，其父亲为大学士张英，康熙三十九年（1700）进士，康熙四十三年（1704）奉旨值南书房。 雍正即位后，为其授官礼部尚书，不久兼翰林院掌院学士并调至户部任职。 雍正四年（1726）授其官为文渊阁大学士，五年（1727）进文学殿大学士，六年（1728）进保和殿大学士。 雍正八年（1729），为应对西北用兵问题，清朝在中央设立军机处。 张廷玉制定了军机处规章，推动了军机制度的创立和健全。 他为人谨慎，所草上谕全合雍正心意，所以雍正对他十分赏识信任。 雍正九年（1731），皇帝又御书"赞奠硕辅"四字，传令内廷将四字制成龙匾赏赐给张廷玉，足见雍正十分器重张廷玉。 有一次张廷玉偶疾，雍正对近侍说："朕连日臂痛，汝等知之乎？ 大学士张廷玉患病，非朕臂痛而何？"八年（1730）六月，雍正颁谕鄂尔泰、张廷玉配享太庙。 对大臣而言，这是最高荣誉和奖赏。 乾隆即位后，这位娴于典章、工于文字的老臣依然辅佐他。 乾隆二年（1738），张与鄂尔泰同封三等伯。 经过张英、张廷玉父子长期经营，到雍正年间，以张氏为核心的桐城官僚队伍势力发展很快。雍正十二年（1734），张廷玉曾自夸："近日桐人之受国恩登仕籍者，甲于天下。"至乾隆前期，张家共有 19 人先后在朝廷为官。 张廷玉曾得意地写道："自先父端（张英）而下，三世入翰林者凡九人，同祖者二人，是廷玉一门受圣朝恩至深至厚。"与张氏世代联姻的姚氏是桐城另一望族，"子姓蕃衍，仕宦众多"，同时期做官的，还有姚孔等 10 人。

雍正赞赏甚至姑息鄂、张二氏，致使两人势力膨胀。雍正十二年（1748），雍正说："大学士鄂尔泰、张廷玉实我朝之贤大臣。朕见伊两家后起人才蔚然可观，是以屡加擢用，有甫经数年而即至大贵者……彼夫识见卑鄙之人，未必不私心窃疑，而谓朕之暧其所好。""然朕之乐于用伊两家子弟者，亦自有朕之意在。一以两家之先人培植深远，方获生此贤哲为国家之股肱……一以两家子弟素闻家教，与众不同，必不至负国恩而忘家训；一以两大学士如此忠诚，虽天下之人尚思教育成就之。所以，训勉于一门之内者，必更加肫笃，可以代朕之提撕训导，令其有成。为此三者，择人而用，随才器使。"雍正有意扶植鄂、张两家族，既可从中选取一批温顺奴才，还有意把他们塑造成忠君大臣的模范。

在雍正扶植下，降至乾隆初年，随着势力的膨胀，鄂、张两集团之间明争暗斗的对立局面已日趋严重。清宗室昭梿说："上之初年，鄂、张二相国秉政，嗜好不齐，门下互相推举，渐至分朋引类，阴为角斗。"

乾隆十分清楚这两大集团之间的争斗。他曾说内外官员："如满洲则思依附鄂尔泰，汉人则思依附张廷玉。不独微末之员，即侍郎尚书中亦所不免。"朋党之争，势必造成封建政权的瓦解。乾隆毕竟不是雍正，血气方刚的他"临御以来，用人之权从不旁落"，对鄂、张两集团呼朋引类、党同伐异、垄断仕途、大肆扩充各自实力的斗争，不能不管。但他又精明过人，并没有急躁地处理这两大集团之间的斗争。纵观乾隆所作所为，他采取的策略是先利用、再限制、最后铲除。乾隆二年（1737）会试，主考官是张廷玉，中试的人中有张廷玉的侄子张若需。殿试时，乾隆出了3道题，其中第一题是《为君难为臣不易》。当年十一月，乾隆以大学士不应兼管的常例，批准张廷玉辞去户部事务，只兼管吏部。这便在某种程度上削减了张氏集团的实力。

乾隆六年（1741），发生了仲永檀弹劾案，这是鄂尔泰集团走向衰败的转折点。

　　仲永檀，字襄西，山东济宁人。他在乾隆元年（1736）考中进士，五年（1740）考选陕西道监察御史，是鄂尔泰得意门生。同年，原工部凿匠、京师富民俞氏死而无子，嗣孙年幼，企图谋占其家产的义女婿许秉义与内阁学士许王猷联宗，并托许王猷出面，邀约了很多朝臣去俞家吊丧，借以壮许家声势恐吓俞氏。步兵统领鄂善告发了此事，许王猷受夺职处分，看似了结了此事，但是乾隆六年三月，已转任提督的鄂善受俞家贿赂万金之事被仲永檀揭发，他还进一步揭发大学士张廷玉送了柬帖，大学士徐本、赵国麟亲往吊丧，礼部侍郎吴家驹往吊得赏。仲永檀称："向来密奏留中事件，外间旋即知之。此必有串通左右，暗为宣泄者。"乾隆对仲永檀的告发相当重视，命怡亲王弘晓、和亲王弘昼，大学士鄂尔泰、张廷玉、徐本，尚书讷亲、来保7人一同审问鄂善。后来，乾隆又将鄂尔泰等人召集来亲自审问。他劝鄂善说，若确实受贿，于朕前实奏无妨，从轻审理。鄂善把它当真了，招认自己受贿银1000两。乾隆立即降旨说："念尔尝为大臣，不忍明正典刑，然汝亦何颜复立人世乎！汝宜有以自处也。"要求鄂善自裁。鄂善看形势不妙，才得知掉进了皇帝的陷阱，随即翻供。乾隆大怒，处鄂善死刑，余者则不了了之。而仲永檀因此被擢金都御史。此外，乾隆还嘉奖仲永檀说："自今以后，居言官之职者，皆当以仲永檀为法，不必畏首畏尾矣。"

　　但是，仲永檀揭发大学士赵国麟等赴俞家送帖、吊丧，经审查，是绝对没有的事。赵国麟，山东泰安人，康熙四十年（1706）进士。该年会试，考官是张廷玉，两人关系自然不一般。仲永檀弹劾的是赵国麟，实际针对的是张廷玉集团。赵国麟对仲永檀诬告不实反而升官心怀不满，上疏乞求引退。乾隆不肯，为安抚赵国麟而任命其为礼部尚书。赵国麟仍耿耿于怀，多次求退。终于将皇帝惹怒，把他削夺官职，留在咸安宫效力。

　　就在仲永檀事件发生的同时，又出现刘统勋上疏要求暂停张廷玉家族升转之事。

乾隆六年（1741）十二月，都察院左都御史刘统勋上奏二折。其一认为讷亲承办了太多事务，另一说张廷玉家族有太多在朝廷为官的人："大学士张廷玉历事三朝，小心敬慎。皇上眷注优隆，久而弗替，可谓遭逢极盛。然大名之下，责备恒多；勋业之成，晚节当慎。外间舆论动云，桐城张、姚二姓，占却半部缙绅。此盈满之候，而倾覆之机所易伏也。窃闻圣祖仁皇帝时，曾因廷臣有升转太速之员，特谕停业升转……臣愚以为宜仿此意，敕下大学士张廷玉，会同吏部衙门，将张、姚二姓部册有名者，详悉查明。其同姓不同宗，与远房亲谊，不在此例。若系亲房近友、累世密戚现任之员开列奏闻，自命下之日为始，三年之内，停其升转。"刘统勋奏疏，实际上希望乾隆将升转办法予以暂停，让张氏集团得到限制。乾隆阅后降旨，一面抚慰张廷玉，一边对其进行敲打。

张廷玉是深谙世故的官场老手。他看出乾隆对自己家族势力的发展确实心存芥蒂，因此，他立刻上疏，请求将兼任的吏部职务辞去。乾隆没有同意，这时他还需要张廷玉。乾隆十年（1745），鄂尔泰死，乾隆没有将首席军机大臣的位置安排给张廷玉，而是以"我朝旧制，内阁系满大学士领班"为理由，升讷亲为首席军机大臣。次年十月，张廷玉年逾古稀，乾隆准他"不必向早入朝，或遇炎蒸风雨，或自度宜于少休，亦不必勉强入内。其应办事务，可以在家办理"。对张氏还算宽容。十三年（1748）正月，张廷玉再次求退，乾隆仍不同意，仅准其辞去在吏部的兼职。到了十四年（1749）十一月，乾隆才批准张廷玉以原官并带伯爵衔致仕。但正是在这个关键时刻，张廷玉将乾隆惹恼了。

乾隆早已答应履行雍正未实现的承诺，让张廷玉身后配享太庙。但乾隆也说过，配享大臣不宜归田终老。因此，张廷玉担心自己得不到配享，遂奏请"乞上一言为券"。大臣竟要求皇帝给他写保证书，乾隆当然不悦，但仍颁诏重申雍正成命，并制诗示意，用明朝刘基乞休后依然配享太庙例安慰张廷玉。张廷玉放心了。次日，他命其子张若澄代替他去朝堂上奏道谢。求配享可亲自面奏，得到允诺后竟然不亲自向皇帝谢恩，乾隆大为恼火。

乾隆传谕写旨时，在场的只有大学士傅恒和协办大学士汪由敦。汪由敦是张廷玉门生，立即免冠为张廷玉求情。圣旨还未下，张廷玉立马亲自上朝去向皇帝谢恩。乾隆断定，张廷玉昨日不来今日来，肯定是汪由敦走漏的消息。由此他联想起张廷玉曾建议，自己告老之后大学士之职可由汪由敦接任，愈加怒气冲冲："朕为天下主，而令在廷大臣因师生而成门户，在朝则倚恃眷注，事事要被典，及去位而又有得意门生留星替月，此可姑容乎？"张廷玉因此被削去伯爵，以大学士原衔休致，但仍许配享。乾隆还罢免汪由敦的协办大学士和尚书职位，在任办事赎罪。

到了这个时候，张廷玉已经完全失去皇帝的宠信。乾隆不时找借口训斥他，欲摧垮张氏集团。乾隆十五年（1750）二月，乾隆离京西巡五台山，张廷玉同众人一道送驾。乾隆因张廷玉"未曾叩首道旁，且毫无惶悚激切之意"而发火。乾隆给张廷玉看以往清朝配享诸臣的名单，让张廷玉自己度量是否应该配享，并命九卿就此问题定议具奏。定议结果，罢张廷玉配享，乾隆准奏。同年九月，又揭发出张廷玉的姻亲朱荃与吕留良案件有关联。乾隆降旨单去张廷玉大学士衔，将以前赠予的一切赏赐追回。至此，张廷玉彻底垮台。

乾隆二十年（1755）张廷玉去世，乾隆仍遵雍正诺言将其配享太庙。这除了体现乾隆"纯孝"美德外，也不可避免地对张氏政治集团产生复炽效应。

全面整顿吏治

康熙、雍正都曾从厘正制度入手大力整顿吏治。乾隆要励精图治，就不能不对吏治进行大刀阔斧的改革。对已有的官僚机构，他并未采取措施，而是针对中央九卿、科道和各省督抚、地方府县衙门存在的不同问题，从封建官吏职责规范化的角度，进行有针对性的整治。

乾隆大致估量了中央九卿的状况。他认为，所谓谨慎自守，实即不求有功、但求无过的无所作为习气。其通常表现一为懒散，二为因循推诿、文移往来。

督抚是封疆大臣，肩负一方国计民生的重大问题。乾隆对督抚的重视不下于九卿。他说："九卿督抚，皆朕股肱大臣，国计民生均有攸赖。"他对督抚提出的首要要求是忠于职守，尽职尽责，"处官事如家事"，"若当官而存苟且之心，将百事皆从废弛矣"。

乾隆的话是精辟的。他以"察吏"为"安民"根本，将"安民"视为封疆大臣首责，即先抓各级官吏，再抓国家的治理，进而抓住整个政治管理的核心。

整顿吏治还有一项重要内容是惩办贪污。乾隆对贪官惩办十分严厉。乾隆二年（1737），山西学政喀尔钦在布政使萨哈谅支持下贿卖文武生员一案被揭露。乾隆对之感到相当震惊。他说，御极以来，体恤群吏，增俸禄，厚养廉，原以为所有官员都会因感激而勤勉，砥砺廉隅，不可能有贪墨败检以干宪典的人。没有想到山西布政使萨哈谅、学政喀尔钦秽迹昭彰，赃私累累，"实朕梦想之所不到""一省如此，他省可知矣"。乾隆立即下旨斩喀尔钦，处萨哈谅斩监候。

喀尔钦一案未了，乾隆六年（1741）三月，浙江巡抚卢焯又被左都御史刘吴龙揭发在处理嘉兴府桐乡县汪家分财产案件的时候贪赃枉法，受贿银5万两，该知府杨景震受贿3万两。同年九月，总督那苏图参奏，荆宜施道姜邵湘"管理荆关税务，肆志贪饕，横征暴敛，侵蚀冒销，饱其欲壑"。荆关税课每年还有余银3万余两，姜邵湘每年几乎私自占用了其中一半。接着，又发生浙江巡抚常安贪污案、四川学政朱荃贿卖童生案，等等。贪污案件日益增多，乾隆决定加重对其惩治。不过，乾隆对贪污案的处理虽较以往严厉，但仍未能制止该朝贪污案件的发生。

第四章　首征金川，平定西藏

金川之役

　　乾隆时期，有数万藏民居住在大渡河上游的大小金川支流。 其中，大金川地区纵约二三百里，横约数十里，但只有不到 1 万的人口。 大小金川地处青藏高原，峻岭丛蘁，山深林箐，交通十分不便，沿河地方以竹索为桥、皮船作渡。 藏民垒石为房，号称"住碉"，分布在半山腰或山顶上。

　　大小金川土司都是明朝杂川寺演化禅师的后裔。 顺治七年（1659），清朝授小金川头人卜尔吉细为土司。 康熙五年（1666），清授予内附的大金川头人嘉勒巴演化禅师印，俾领其众。 雍正元年（1723），嘉勒巴庶孙色勒奔以土司身份将兵跟随岳钟琪进藏平叛，立下功劳。 清政府正式授予大金川安抚司印。 从此，大小金川土司分立，小金川土司势力被削弱。 据当时当地人说："莎罗奔、扎勒达克皆非人名。 番人称出家为莎罗奔，掌管印信为扎勒达克。"又说"莎罗奔，番语为诸酋之长"。 据此可知，莎罗奔是土司头人称号。 雍正末至乾隆初，色勒奔任大金川莎罗奔。

　　乾隆七年（1742），大金川土司巴勒奔因病去世，八年（1743）十一月，清朝任命色勒奔细袭职，这位新任莎罗奔野心勃勃。 为控制小金川，把侄女阿扣嫁给了小金川土司泽旺。 性格懦弱的泽旺受制于妻，以至于阿扣私通其弟土舍良尔吉而不能治。 乾隆十年（1745），莎罗奔勾结良尔吉，袭取小金川，生擒泽旺，良尔吉自此执掌小金川土司印信。

此时，清政府对川西瞻对的战争甫告结束，需要进行休整。 对于大小金川发生的事件，川陕总督庆复和四川巡抚纪山均没有派兵的想法，仅檄谕和息。 庆复还上奏乾隆："因地势极险，运粮无路，且伊自在土司内相扰，并非干犯内地。"建议采取"以番御番之法"，不派兵干预。 乾隆同意庆复的建议，批道："瞻对甫完功，佳兵不详，卿所见极是。"

迫于清廷的压力，莎罗奔释放泽旺，交还土司印信，但其扩张野心不死。 乾隆十二年（1747）正月，革布什咱土司的正地寨成为他攻击的对象，同年二月又发兵攻打明正土司辖下的鲁密、章谷，藏民望风奔避，坐汛把总李进廷无法抵御，退保吕里。 直至此时，乾隆仍无意出兵。 他在同年二月降谕："如但小小攻杀，事出偶然，即当任其自行消释，不必遽兴问罪之师，但使无犯疆圉，不致侵扰。 于进藏道路塘汛无梗，彼穴中之斗，竟可置之不问。"至三月，当乾隆获知大金川攻占鲁密、章谷，李进廷退保吕里的消息，方才感觉事态的严重性，一反不用兵的主张。 三月二十一日，他连降两道谕旨。 第一道谕旨是要将庆复调回京城，任命张广泗为川陕总督；第二道谕旨是宣布派兵进剿大金川。

三月十九日，乾隆又听说莎罗奔纠集党羽，攻围霍耳、章谷，杀死千总向朝选，进逼到打箭炉附近的毛牛地方，击伤清军游击罗于朝。 乾隆终于降谕令张广泗立即赴川，与庆复、纪山二人"一同商酌进兵，迅速剿灭"。

乾隆自己十分自豪的"十大武功"中的第一功——金川之役，就这样开始了。

1.误用张广泗损兵折将

乾隆极为赏识张广泗在处理贵州苗疆事务上的成绩，称赞他"西南保障，实卿堪当"。 张广泗改任川陕总督的原因可以从乾隆的指示中得知："大抵番蛮与苗性相似。今莅川省，即以治苗之法治蛮，自能慑服其心，消弭其衅，务须一一通盘计算，为永远宁谧之图。"即要求张广泗将处理苗疆的方法、经验应用到金川问题上。

乾隆十二年（1747）四月下旬，张广泗奉命入川，确实是踌躇满志，希图再建奇功。他向乾隆上奏，现有汉、土官兵两万余，但士兵各怀二心，非逡巡观望，即逃匿潜藏；而官兵单弱，攻守难以支持，请于近省再调兵2000入川支持平叛。乾隆同意了他的提议。张广泗入川之初，军事上也确实有所进展，先后收复了毛牛、马桑等地，小金川土司泽旺更是闻风投诚。自以为稳操胜券的张广泗向乾隆报告："征剿大金，现已悉心筹划，分路进兵，捣其巢穴，附近诸酋输诚纳款，则诸业就绪，酋首不日可以殄灭。"以为战争可以速胜的乾隆说："从来兵贵神速。名将折冲，未有不以师老重费为戒者。"要求张广泗"指期克捷"。但事实证明，不论张广泗还是乾隆，都对战局估计得过于乐观了。

大金川主要有两个据点：一处是勒乌围，又叫勒歪，莎罗奔亲自防守此地；另一处是刮耳崖，由莎罗奔侄郎卡父子把守。这两个据点相距120公里，并且都在大金川河以东。张广泗分兵两路攻打。西路军又被分为4个小队：第一队由松潘总兵宋宗璋率领土汉官兵4500名，从党坝进攻勒歪；第二队由参将郎建业等率领3500名土汉官兵，从曾头沟、卡里攻勒歪；第三队由威茂协副将马良柱率领3500名土汉官兵，从僧格宗进攻刮耳崖；第四队由参将买国良、游击高得禄率领3000名士兵，从党坝进攻刮耳崖。南路军分3路，由建昌镇总兵许应虎统率：参将蔡允甫率众由革布什咱攻取正地、古交，然后与西路会合，夹攻勒乌围；泰宁协副将张兴、游击陈礼率部由巴底、娘尽进军，与西路军马良柱、买国良会合攻打刮耳崖。另一路派游击罗于朝会同土司汪结率领的军队由绰斯甲布进发，目标是占领河西各寨。西南二路7军共计3万余人。张广泗为了对各军进行调度指挥，也从杂谷闹进驻小金川美诺寨。七月末，西路军打到距刮耳崖仅10公里地；南路军占领了 3 处大金川守卡，金川兵被迫退守独松碉寨。 然而，一直到八月，清军在大金川构筑的战碉面前都束手无策，进展缓慢。

掘地道、挖墙孔、断水路、用炮击，种种办法均不能奏效。 乾隆在得知前线战况后，平叛决心有所动摇。 九月，谕张广泗，要张就两种方案提出意见。 其中一个是以京兵代替绿旗兵作战。 乾隆说："朕意兴师已久，尚未奏凯，绿旗兵丁不足取胜，与其日久而师老，不如送京师旗兵之精锐，一以当十，汰绿旗之闲冗，以省无用之费。"另一方案是将大金川划归西藏管辖。

但前方形势此时陡变。 九月九日，本已就抚的土目恩错实然反叛，带领大金川兵抢占游击陈礼驻扎的马邦山梁，切断了清军的粮食供给道路。 十一月底，大金川兵围攻副将张兴营盘。 十二月十八日，张兴所部粮食全部耗尽，被大金川兵诱至右山梁沟底，全军覆没。 张兴所部败溃使得驻扎河东及其山梁的郎建业失去掎角之势。次年（1748）正月初二日，大金川兵又攻占江岸噶固碉卡，七日再夺取郎建业所立的 7 处卡伦，第二天杀游击孟臣。 二十日，大金川兵继续追击，参将郎建业退至巴底，而总兵马良柱所部也撤退到纳贝山下喇布碉内居住。 张广泗损失惨重，计划受挫。

张广泗对这一连串的军事失利负有不可推卸的责任。 当大金川兵攻打马邦时，马良柱等请张广泗调兵支援，皆被张广泗拒绝。 自十二月七日至十三日，张兴部队绝粮 7 日，以饥饿困疲之卒迎击强悍之敌，当然非败不可。 可是，张广泗在事后向乾隆的报告中，将责任都推到张兴头上，他自己仅假惺惺地承担所谓"不能早为觉察"之罪，请求乾隆将他"敕部严加议处"。 同时，他上书乾隆，要求增兵 1万、炮 100 枚、饷 100 万两，并保证于夏秋之际结束战争，其奏折如下："四月内正当塞外雪消之际，彼时兵力已足，攻具已备。 计贼现存不过四五千人。 我兵汰其伤病及无用士兵，可存三万余人。 以六击一，臣虽懦至极，而天威所临，贼人断不能支，以理势揆之，夏秋之间，定期竣事。”

乾隆十三年（1748）春，乾隆尚未对张广泗完全丧失信心，但对其指挥战争的才能已有所怀疑。他一方面批准张广泗增兵添炮拨饷的要求；另一方面又考虑"为此大兵云集，各部进剿头绪繁多，虽张广泗才猷素著，而独力支持恐难"，开始酝酿加强前方指挥力量。

此时，奉命筹运粮食的兵部尚书班第正查勘进入川西粮道。二月，班第根据所了解的情况密奏乾隆：张广泗自去冬失事后，深自愤懑，亟图进攻。苐番情非所熟悉，士气积疲。认为增兵不如选将，建议起用时为四川提督的岳钟琪。但是，岳钟琪在征噶尔丹策零时，就是因为张广泗等的弹劾被捕下狱，直至乾隆二年（1737）才获释。乾隆颇为顾虑岳钟琪与张广泗之间的恩怨，在批复班第奏疏中说："此见亦可，但不知张广泗与彼和否？若二人不和，恐又于事无益。"相较之下，乾隆还是倾向于起用岳钟琪。二月，他降谕："朕思岳钟琪久官西蜀，素为川省所服，且夙娴军旅，熟谙番情，伊虽获罪西陲，亦缘准噶尔夷情非所深悉。若任以金川之事，自属人地相宜。伊三世受国厚恩，自必竭力报称，以盖前愆。着张广泗会同班第商榷，如有应用岳钟琪之处，即着伊二人传朕旨，行文调至军营，以总兵衔委用。"张广泗不愿起用岳钟琪，又不敢抗旨，但在复疏中对岳的评价充满贬义，反对任命岳为大将军，仅同意用以提督："岳钟琪虽将门之子，不免纨绔之习，喜独断自用，错误不肯悔改，闻警则茫无所措，色厉内荏，言大才疏。然久在戎行，遇事风生，颇有见解。以为大将军则难胜任，若用提督，尚属武员中不可多得者，且闻为大金川所服，诚如所谕，人地相宜。"

乾隆此时不得不考虑张广泗的态度，且对岳钟琪才能也缺乏实际了解。因此，他降旨岳钟琪以提督衔赴军前效力。同时，乾隆几经考虑，决定派领班首席军机大臣果毅公讷亲为经略，亲自赴川西指挥战事。

2. 老师糜饷怒斩主帅

岳钟琪在雍正年间进攻西藏时，曾统率过金川兵，在金川有很高的威信。讷亲，镶黄旗钮祜禄氏，清开国元勋弘毅公额亦都曾孙，其祖父遏必隆是康熙初年四辅臣之一。雍正五年（1727），讷亲袭公爵爵位，同年十一月入军机处，十三年（1735）授正白旗都统，旋进一等公。乾隆元年（1736），迁镶黄旗都统。二年任兵部尚书兼军机大臣，三年（1738）迁吏部尚书，四年（1739）加太子太保。乾隆九年（1744），到河南、江南、山东的军营巡视，并察勘海塘、河工。乾隆十一年（1746）授保和殿大学士，在鄂尔泰去世后接任首席军机大臣。

讷亲五月二十日到成都，第二天出发赴川西，六月三日到达张广泗驻扎的小金川美诺地方。第二天，张广泗就离开美诺前往卡撒，二人没有商量打击敌人的策略。史称讷亲"自恃其才，蔑视广泗"，确有其事。六日，讷亲也赶到卡撒的美沟军营。九日，他会同张广泗察看地形后，就决定将万余兵力集中，从色尔力山梁进攻，"限二日克刮耳崖，若有人进谏，动以军法从事，三军震惧"。六月十四日，署总兵任举、副将唐开中和参将买国良兵分三路攻腊岭。买国良率众越岭抵木城左右，金川兵一齐出击，城内枪炮交加、矢石如雨，买国良阵亡。第二天，任举、唐开中攻石城东面，哈攀龙攻南面。十六日，任举因遭伏身亡，唐开中身负重伤。讷亲的骄气因为战斗的失利而被打掉。他立刻改攻碉为筑碉，要效法敌方，以碉逼碉："贼番因险据碉，故能以少御众。今我兵既逼贼碉，自当亦令筑碉与之共险，兼示以筑室反耕之意。"

一接到讷亲奏报，乾隆立即意识到此策不中綮窍，批谕中详析筑碉之策不宜，其内容可以概括为三点：第一，没有遵守攻守原则。"彼之筑碉以为自守也，我自宜决策前进，奋力攻取。"第二，缺乏兵力财力。"今因彼守险，我亦筑碉，微特劳费加倍，且我兵已深入贼境，地利、气候素不相习，而守碉势须留兵，多则馈运难继，少则单弱可虑。"第三，留有后患。"且将来大金川扑灭之后，此地不过仍归之番，是今劳师动众，反为助番建碉之举，恐贻笑于国人，跃治于番部矣。"乾隆还说："昨批此折，即以为不妥。想了一夜，也没有好的策略，不如速罢之为宜。"

张广泗对讷亲的战术不表态。乾隆故在批谕中指出："可见彼有推诿之意，殊添朕忧，讷亲不可不知也。"

筑碉战术被否定之后，讷亲束手无策。从此，他不敢自出一令，临战则避于帐房之中，遥为指示。如此主帅，自然被人嘲笑而削弱威信。同样，尚书班第、内大臣傅尔丹和提督岳钟琪都是"未发一谋，未出一策"。御史王显绪建议"以番制番"。乾隆见王显父子熟悉金川，便命王显绪向其父王柔征询破敌之策。王柔到军营竟向讷亲建议请终南山道士用五雷法术以击贼碉。这成为一段不切实际的插曲，反映出清朝上下对金川战碉一筹莫展。闰七月，乾隆接到讷亲和张广泗奏疏，得知二人意见不一。

八月初八日，乾隆接到岳钟琪两份告发张广泗的奏折。其一，指出张广泗将进攻对象选为刮耳崖是决策上的失误："今刮耳崖虽系逆酋要地，但地险碉多，攻取不易。非若勒乌围贼巢，路径甚多，如卡里山、固噶沟二处路不甚险，可出奇兵，直捣勒乌围。勒乌围一破，四路自溃。"岳钟琪还说，他建议张广泗集中兵力，"归并党坝，首尾夹攻。且党坝至勒乌围不过五六十里，只需康八达一破，便可直捣巢穴"。张广泗借口不容易改动，对此加以拒绝。其二，说张任用叛逆良尔吉和汉奸王秋。岳还说良尔吉素通莎罗奔偪女小金川土司泽旺之妻阿扣，勾结莎罗奔谋夺小金川土司印信，还率众烧毁沃日各寨。张广泗到任后，没有将良尔吉及其亲信汉奸王秋正法，反而让他握有兵权，以致土司"各俱怀疑，不惟不肯用力，且恐良尔吉暗通金酋，更生他变"。乾隆阅后叫讷亲查明情况。但同时，乾隆又接到前方打败仗的奏报。至七月下旬，讷亲与张广泗为摆脱困境，策划军事行动迎合皇帝，便于二十三日进攻康八达。至二十七日，因屡攻卡撒不下，改攻喇底二道山梁。 将清兵分为左右两路，右路军到达沟口时，数十名金川兵从山梁上呐喊，3000余清兵抱头鼠窜。 八月十七日，清军失败的战报到达北京后，乾隆批道："即不能以一当十，亦何至三千之众，还抵不过十个敌人，而至闻声远遁，自相蹂躏，此事实出情理之外，闻之骇听。"他彻底不再相信讷亲、张广泗。 九月十日，他谕令讷亲、张广泗速回京当面商议，傅尔丹暂行护理川陕总督印，所有进讨事宜，会同岳钟琪相机行动。 继而又命令尚书班第立即前往军营办理。 九月十九日，乾隆又接到讷亲和张广泗报告，说大金川兵二三十人于八月二十四日夜袭杂谷营卡，在士兵熟睡时，偷袭营垒，杀伤兵丁，抢去炮位。 乾隆看后对其严厉责备："则其平日毫无纪律、视同儿戏可知。 大金川自用事以来，大约失之严者少、失之懈弛者多，总由军纪不明，以致无一人合宜，殊非朕本意所及料也。"从乾隆十一年（1746）六月以来，清廷耗费白银2000万两，用时两年有余，却无法平定一土司叛乱，完全震怒的乾隆决定惩办讷亲、张广泗二人。 九月二十九日，乾隆以"玩兵养寇，贻误军机"将张广泗革职，到刑部处理，令侍卫富成押解其至京。 5天后，以其误国深重，立斩决张广泗。 十四年（1749）正月，乾隆又以"退缩偷安，老师縻饷"罪，下令将讷亲缚赴军营，以其祖遏必隆之刀在军前将其斩首。

3.遣傅恒、岳钟琪抚降莎罗奔

乾隆在罢撤讷亲、张广泗后，将平定金川的重任交给了傅恒。

乾隆十三年九月十日，乾隆帝着傅恒暂管川陕总督印，前赴军营办事。 第二天授以经略之职，统领一切军务。 十月六日，傅恒又从协办大学士升为大学士，九日其官职被确定为保和殿大学士兼户部尚书。

傅恒，字春和，姓富察氏，满洲镶黄旗人。 他的祖父米思翰曾在康熙朝任户部尚书，在平定三藩之乱的过程中，做出过贡献。 傅恒的姐姐是乾隆之孝贤皇后，她于乾隆十三年三月在东谒孔林由德州回京途中病死。 傅恒作为皇帝妻舅，自此更是备受宠信。 乾隆十年（1745）被授命在军机处行走，两年后授户部尚书。 傅恒受命任经略金川军务时，还只是一个年方 27 岁、血气方刚的青年。

乾隆决定加强军事力量配合傅恒平叛。 他降谕从陕甘、云南、湖北、湖南、西安、四川以及京师、东北增派 3.5 万满汉官兵，总计 6 万余人。 除了在金川军营铸造重约 1 吨的铜炮多尊之外，乾隆又将京师颇有威力的冲天炮、九节炮、威远炮等全部搬去。 同年十月，乾隆除命令从广储司运 10 万两白银给傅恒带往军营用为犒赏，又从户部库银和各省拨银 400 万两以供军需。 乾隆还降旨从京城修驿站到成都 48 座，以及从成都至军营的马、步 24 塘，以期保持交通顺畅，便于运兵和传递军情。

乾隆在十月九日向前方将士颁谕，指出攻打金川两年没有进展，是由于讷亲、张广泗"措置乖方，毫无谋略，不身亲督阵，畏缩不前，并且施号不明确、赏罚不分明"所致。 两年以来，士卒重罹锋镝饥寒之苦，法律虽不容兵不用命，但"咎归主帅"。 现经啰人学士傅恒带上银两赏与汉土军士，"以示投醪实惠，鼓励士心，务令踊跃向前，锐师采入，迅奏肤功"。 乾隆颁这道谕旨，目的为提高前线的士气。

傅恒入川后，先下令诛杀良尔吉、阿扣和汉奸王秋，解除作战的隐患。 十二月二十一日，他到达卡撒军营。 在仔细视察地形后，他立刻向乾隆上奏，提出舍战碉专捣贼巢的作战方案。 乾隆受岳钟琪的影响，不同意此作战方案。 岳钟琪曾向乾隆状告张广泗选定刮耳崖是错误的进攻对象。 他不仅担心傅恒重蹈张广泗覆辙；更重要的是，当傅恒到达川西军营之时，正是乾隆考虑转变对金川战略之际。

乾隆十四年（1749）正月初一日，乾隆宣布因看清局势而要结束战争。 接着，他又连续降旨要求傅恒在四月底、五月初班师还朝，并说："或得一二阵连胜，俾贼酋穷蹙乞命，即可因势纳降。"乾隆还援引康熙亲征噶尔丹时"因挽运稽迟，不得已下诏班师"的事例，要傅恒加以模仿，以促使傅恒班师。 正月十五日，因傅恒的姐姐孝贤皇后丧服将次"小祥"，乾隆又以皇太后名义，以傅恒应当前去行礼为理由，令其于二月初旬起程返京。 乾隆还在谕旨中说："朕于今年正月初三日始定撤兵之计，今日皇太后圣母慈谕，此即朕新运顺畅之机。"十六日，乾隆恳切地告诉傅恒说："是贼据地利，万无可望成功之理。 朕思之甚熟，看之甚透。 上年办法实属错误，趁早结束以等待好的时机。 朕改过不吝，经略大学士当恢宏见识，为国家远大计。"十八日，他正式颁旨，召傅恒班师还朝，"其纳降善后事宜交四川总督策楞办理"。

此时，大金川在清军围困之下，苦撑 1 年又 8 个月，也是弹尽粮绝，无力再战。 莎罗奔在战场上多次投降。 正月十二日，他又遣人到军营具禀求降。 十五日，再次派人来军营恳切求情。 傅恒却坚持要莎罗奔和郎卡叔侄"亲缚赴辕"。 实际上，他准备利用他们的投降进行逮捕，"还朝献俘"。 乾隆反对傅恒的这个意图，他要傅恒"不若昭布殊恩，网开三面"，否则，"必加诛戮，岂朕覆载包容之量所能忍出耶？"

傅恒并不愿意撤兵，多次上疏要求缓期还朝。 但在皇帝催促、圣命不可违的情况下，最终同意莎罗奔乞降。 二月五日，莎罗奔、郎卡于寨门外除道设坛，带领喇嘛、头目多人，焚香顶戴鼓乐前来傅恒处投降。 傅恒宣布皇帝圣旨，"示以德威，宥以不死"。 莎罗奔深受感激发誓不再犯，并呈献佛一尊、银万两。 傅恒纳佛却银，受降成功。 这一天，远近土司观者如堵，人们无不为和平而欢呼雀跃。

乾隆自诩为"十大武功"的首功金川之役，至此草率收兵。 战争虽然以大金川投降告终，但是，清军在战场上实未取胜。

平定西藏叛乱

大金川战火刚灭，西藏就有动乱。 西藏古称唐古忒，又称土伯特，隋唐时称吐蕃。 唐贞观年间，文成公主进藏，随身带有释迦牟尼佛铸像，此后，西藏开始广泛传播佛教。 西藏于元代正式隶属中国。明末，统治西藏地区的是佛教中的"噶举派"，称为"白教"，即噶玛政权，其首领藏巴汗对另一教派"格鲁派"也就是"黄教"残酷迫害。 崇德四年（1639），清入关建立全国统治权前夕，皇太极遣使致书西藏黄教僧俗领袖上伯特汗和五世达赖岁桑嘉措，向黄教表达清廷愿意支持"延致高僧、宣扬佛教"的诚意。 崇德六年（1641），五世达赖和四世班禅罗桑曲结联合密招厄鲁特蒙古和硕特部顾实汗武装推翻噶玛政权，建立了和硕特蒙古和西藏黄教联合统治的噶丹颇章政权。 达赖和班禅作为西藏的宗教象征，而具体政务则由达赖委任的第巴来掌管，实权则操在顾实汗手中。 顺治九年（1652），五世达赖受到清帝的隆重接待，并以金册印封"西天大善自在佛所领普通瓦赤喇但喇达赖喇嘛"。 从此，由清政府正式确定了达赖这一封号及其在西藏的法王地位。 在崇德、顺治时期，清朝主要是通过宣布崇佛以及册封赏赐等手段，拉拢西藏高层，以维系中央与地方的关系。

雍正时期，通过驻兵西藏和设置驻藏大臣，清中央政府对西藏地区的统治有所强化。 但是，西藏的地方军事力量在颇罗鼐统治时期迅速扩展。 颇罗鼐深得雍正信赖，为防御准噶尔进犯西藏，他受命训练骑兵 1 万名、步兵 1.5 万名，分防各要塞。 在西藏地方军事力量迅速发展的同时，雍正十一年（1733），清朝却把驻藏军队减少至 500人。 乾隆对颇罗鼐也非常信任。 乾隆四年（1739），乾隆皇帝晋封颇罗鼐为郡王，封其长子珠尔默特车布登为辅国公、次子珠尔默特那木扎勒为札萨克一等台吉。 到乾隆十一年（1746），颇罗鼐在两个儿子中挑一个任为"长子"，以便日后袭王爵，总理藏务。 至此，颇罗鼐家族不但拥有强大的军事力量，还获得了藏王的世袭权力，其在西藏的统治地位得以巩固与提高，也埋下了大农奴主贵族势力割据作乱的祸根。

到乾隆十二年（1747），颇罗鼐病逝，"长子"珠尔默特那木扎勒袭封郡王。 乾隆此时传谕驻藏大臣副都统傅清，指出有几件令人担忧的事情。 一是珠尔默特年幼新袭，未必能服众心；二是新郡王与达赖有不和之意，想通过傅清从中调解；三是今年正逢准噶尔"入藏熬茶"，应提防准部乘颇罗鼐刚刚过世招惹是非。 总之，乾隆担心颇罗鼐过世后，西藏会发生动乱。 果然，颇罗鼐病故，珠尔默特那木扎勒拒绝达赖来吊奠诵经，通过傅清的调解才解决。 乾隆闻奏，说"可释朕西顾之忧"。

但乾隆没有想到，珠尔默特那木扎勒怀有割据西藏的分裂野心。他阴谋扩充军队，于乾隆十三年（1748）告诉驻藏大臣索拜说，在阿哈雅克地区发现准噶尔"贼人"，要求往喀喇乌苏练兵。 索拜同意。乾隆责怪索拜没有查明此事，遂逐步意识到珠尔默特那木扎勒虽外表恭谨，"究未必能安静奉法"。

乾隆十四年（1749），金川战事结束，乾隆对金川战争中纪山的表现并不满意，将他从四川巡抚降任驻藏大臣。 纪山到达西藏足足有一个月，珠尔默特那木扎勒才出来会见，这无疑是故意表示轻视他。十月，乾隆见纪山无能，遂命傅清重新选用驻藏大臣替代纪山。

同年十二月，纪山又给乾隆皇帝上奏，说珠尔默特那木扎勒称，住在阿里克地区的兄长珠尔默特车布登派人抢其买卖人货，并将通藏要道严密把守，扬言要发兵来攻，为此不得不调兵以防范果尔弼地方。 乾隆不相信此事，认为珠尔默特车布登向来没有过分的举动，珠尔默特那木扎勒为人暴戾，安知非捏词陷害其兄，欲兴兵构衅！乾隆要求纪山派人到阿里克面见珠尔默特车布登，察其动静，并劝告他果有委屈，应及时禀告驻藏大臣，代为剖分曲直，不可擅动干戈。 同时，他传谕四川总督策楞、提督岳钟琪密为筹划调度，以为不时之需。 此时，策楞见仅有100名驻藏清军，奏请增至原额500。 乾隆不同意，说藏地数十万众，官兵即使增至500名，既不足资防范，徒启彼之疑。 不久，乾隆派侍郎拉布敦继任驻藏大臣。

乾隆十五年（1750）正月，傅清、策楞在上奏乾隆的奏折中认为，珠尔默特那木扎勒"由于与兄不睦，架捏诬陷，决不致有侵犯之事"。 此时，乾隆君臣仅仅把珠尔默特那木扎勒在西藏的所作所为看成是对付其兄的举动，却没有意识到是对中央统治西藏的威胁。 不久，乾隆获悉珠尔默特车布登病故，甚感怀疑。 但果真病死与否，无从调查，遂作罢。 他说："虽明知为彼所愚，亦不妨姑且从权，置之不问。"乾隆认为，珠尔默特那木扎勒与兄关系不和，伊兄死，"既无与相敌之人，伊亦无可构衅，或从此安静，亦未可定"。 因此，对拉布敦等请求准许珠尔默特车布登一子承袭之事，乾隆皇都一直都未同意，说珠尔默特那木扎勒既不容其兄，更何况其兄之子，承袭实在是额外生事。 二月二十日，他传谕军机大臣："今车布登已死，藏地无事，若更议派兵驻守，多作张皇，适足动其疑虑，宣布添兵一事，毋庸办理。"乾隆简单地把珠尔默特车布登的死作为平息藏乱的契机，企图以乱治藏，一代英君，竟糊涂至此。

乾隆十五年夏季，西藏的形势一再恶化。 五月五日，乾隆接傅清、拉布敦奏折，奏折中报告了珠尔默特那木扎,勒往萨海地方调动部队、搬运炮位等情形。 但是，乾隆依然不相信其有反叛行为，反而侃侃而谈珠尔默特那木扎勒不至于叛乱的原因："从来有异谋者，非有所贪图希冀于所不当，则必祸患逼身，出于不得已。 以珠尔默特那木扎勒言之，伊身为藏主，操生杀而擅富贵，俸赐所欲、贸易所入，岁获重赏，而且倚借中朝声势，众蒙古皆与往来，可得厚利，伊更何所贪图希冀？若叛去，则全无所得，伊何所利而反耶？ 至伊远在天末，虽有大臣往驻，并不监制其行为、分夺其声势，伊又何拘束困苦，而以逆谋自救耶？ 利无可图、害无可避，而谓其将有异谋，诚过虑也！"

秋天之后，珠尔默特那木扎勒的谋叛行为开始公开化。 他扬言："我已设计撤回汉兵四百名，其余若不知机早回，必诛戮！"并下令封锁塘汛，不准士兵之间以文书往来。 又派人潜通准噶尔部，"求其发兵至拉达克地方，以为声援"。 珠尔默特那木扎勒疯狂迫害拥护清中央政府的上层人物。 他派兵抄没了噶隆班第达、布隆赞等人的家，驱逐珠尔默特车布登之人，杀害颇罗鼐旧人。情况如此危急，傅清、拉布敦决定等到珠尔默特那木扎勒从打克萨返回拉萨接见之时，将其擒获。他们上奏乾隆，表明"不待请旨，即行乘机办理"。乾隆见奏，十分担忧，认为二人孤悬在藏，如果不详细安排则有大祸患。因此，十月八日，乾隆明谕傅清等"不可妄动"，又密令策楞、岳钟琪等筹集川兵，准备剿匪。另一方面，他还派班第即速进藏更换拉布敦，会同傅清相机办事。

叛乱发生后，七世达赖喇嘛噶桑嘉措一面委班第达代理履行藏王相应事务，维持局面；一面传令叫藏汉和睦相处。达赖还派人追查被劫饷银，终于擒获罗卜藏扎什等叛逃分子。

十一月十四日，乾隆从策楞、岳钟琪奏折中知道傅清、拉布敦牺牲。第二天，他迅速宣布几项重大决定：命策楞、岳钟琪率兵3000入藏，总兵董芳率2000兵力掩护，陕甘总督尹继善驰驿赴川，料理一应军机。等到西藏政局稍微平定，罗卜藏扎什已被擒获，又改令策楞带领800兵力进藏，岳钟琪驻守打箭炉，董芳返川。另外，宣布兴师入藏，讨伐叛逆。"惟务搜除逆党，以安地方。凡非逆党亲信、连累百姓，优加恤赏。至塘汛番人将官兵捆绑，就算定罪，也要听珠尔默特那木扎勒所使，概置不问。"与此同时，对傅清、拉布敦以及其他为此牺牲的官兵恩赐。后来，追赠傅清、拉布敦一等伯，子孙给一等子爵，世袭罔替，又在拉萨通司冈及北京崇文门建"双忠祠"，两人合祀，每年春秋祭。除此之外，不同意再立藏王。他说："若如达赖喇嘛所奏，即将班第达立为藏王，将来又成一颇罗鼐，日后伊子又思世袭，专据其地，转滋事端。"他传谕班第："以藏地多立头人，分杀其势，正当乘此机会，通盘筹划，务彻始彻终，为万全之计。"

叛乱过后，乾隆开始认真思考导致西藏叛乱的原因。他认为问题关键在于第巴与办事噶隆事权太大，驻藏大臣没有实权："即如珠尔默特那木扎勒一言而塘汛断绝，班第达一言而塘汛复通，信息往来，惟藏王之言是听，而驻藏大臣毫无把握，如此即驻兵万人，何济于事？"他又说，"由今观之，办理噶隆之人，权势不使太专，是朕所加恩永辑藏地亿众生灵之要道也。"

乾隆十六年（1751）三月，策楞、班第等按照乾隆意思拟定《酌定西藏善后章程》13 款。 其中主要的有：应查照旧例，添放噶隆 4 名，其中一名由深晓黄教的僧侣担任，庶于僧俗均有裨益；噶隆办理公务，应在公所，不得在私宅，凡地方些小事务，众噶隆秉公会商办理，应具折奏事重务，须遵旨请示达赖喇嘛及驻藏大臣酌定办理，钤用达赖喇嘛印信及钦差大臣关防；西藏各级官员补放，噶隆等应公同禀报达赖喇嘛及驻藏大臣酌定，俟奉有达赖喇嘛并钦差大臣印信文书遵行。 全藏民人均达赖喇嘛所属，禁止私占及滥发免差文件。

乾隆基本批准，遂按此执行，但他指出："藏地关系最要者，尤在台站，此乃往来枢纽所在，以前被藏王控制，今于章程中未曾议及。 但既然定下来也不着急改动，应于一二年后再办理。"

根据《酌定西藏善后章程》13 款规定，取消了藏王，抑制了噶隆权力，重大问题须经达赖喇嘛及驻藏大臣批准。 这是对达赖喇嘛及驻藏大臣的地位与权力的提高，削弱了农奴主贵族权势。 作为西藏政体的重大变革，它强化了清中央政府对西藏的统治，也有利于西藏政局的稳定。 乾隆通过对以往失误的反省和新制度的制定，维护了国家的统一和地方的安定。

第五章　乾隆下江南

南巡前的准备

乾隆十四年（1749）十月五日，乾隆决定在十六年（1751）正月巡幸江南。

下江南十分重要但路途遥远，不同于西登五台山，东谒泰山、孔林那样容易。因此，谕旨说这是"出于该省绅耆士庶，望幸心殷，合词奏请"，又经大学士、九卿集体讨论得出的结论。

南巡谕旨使得江南地方官员人心惶惶。同年十月中旬，闽浙总督喀尔吉善和署浙江巡抚永常就上折奏请皇帝到浙江时视察钱塘江工程。乾隆批准了此事。

皇帝下江南，必须首先解决道路问题。十一月，山东巡抚准泰奏，从山东到江南，有中、东两条路线。中路从德州经兖郡至韩庄，东路则经泰安至红花埠。康熙时台儿庄以下河道浅，如果走中路至韩庄，还要纤道宿迁方可登御舟南下，很不方便。东路时间长但是便利，所以，康熙走的是东路。现在，台儿庄下的运河通行，御驾可由滕县沿着宽平道路，到达黄林庄码头，登舟南下，路既短又方便。尽管如此，乾隆执意效法其祖，决定南巡时选择康熙南巡时走过的东路。针对道路的宽窄问题，路旁田园、房屋、冢墓应否拆迁问题，乾隆说："朕巡幸江浙，问俗观风，清跸所至，除道供顿，有司不必过费周章。"他对于修路涉及百姓坟墓，认为只要"于辇路经由无碍，不得令其移徙"，有些地方只要差不多能够遮蔽就可以了。遵照谕旨精神，闽浙总督喀尔吉善于三月报告，江南水路发达，不如乘御舟经运河南下更为便利。

乾隆声称，下江南巡视河务便是一个目的。

南巡的资金筹备情况，清朝批准两江总督署江苏巡抚黄廷桂奏请，于乾隆十五年（1750）在江苏宝苏局增铸"八卯"，至第二年即乾隆十六年（1751）停止。乾隆还批准，沿途各省截留漕粮10万石，浙江省因温州、台州等处受灾，准许截留漕粮15万石，以资市场平粜。

为避免南巡期间运河上漕船、运盐船和商船拥挤，保证河道通畅，乾隆批准地方政府采取如下几项措施：批准两淮盐政吉庆奏请，在乾隆十五年（1750）十月开始预先运送第二年盐斤 40 万引，每引加耗 20 斤，作为盐商提前运货的补偿；准浙江省奏请，令杭、嘉、湖等府漕船，全部于十五年十二月初开行，这是为第二年二三月该地区运河畅通做准备；浙江盐商如果本钱少，就同意按照销售地远近，于十五年冬远者预领 1/2，近者预领 3/10，正课先纳，其他例输引杂公费，缓至明年四月缴纳；京口作为货运基地，轴辘衔尾，如果先期于各处早为拦截，必然会因为商人蜂拥而抬高市价。因此，乾隆拟在御舟抵达前三五日，稍令商船避入支港，俟御舟过后立即放行。

同时，大学士一等公傅恒，担任南巡行营总理。待到南巡工作准备好，十二月十九日，乾隆又谕，巡幸江浙期间，着庄亲王胤禄、履亲王胤祹、和亲王弘昼以及大学士来保、史贻直在京城留守处理政事。二十一日，又颁谕军机大臣，南巡期间，凡西藏、四川军机文报，都要速递行处。河南、江苏、浙江各督抚，应酌量地方情形，安设驿站，派拨夫马，限定时期，相接邮传，以免迟误文报。由此可见，乾隆于南巡期间仍密切关注叛乱初定的西藏的局势。

首次下江南

乾隆十六年（1751）正月十三日，乾隆奉皇太后之命，动身从北京第一次下江南。当天，他批准百姓前来瞻仰。"人烟辐辏之所，瞻仰者既足慰望幸之忱，而朕亦得因而见闾阎风俗之盛。"除十分狭窄拥堵的地方外，"若道途宽广，清跸所经，无虞拥塞，不得概行禁止"。二十二日，他又宣布奖励南巡途经的地方官："凡有罚俸降级之案，俱准其开复。其无此等参罚案件者，各加一级。"

进入山东后，乾隆陆续颁布减征蠲赋和赈灾谕旨。正月二十一日，他宣布减免山东州县途经地区本年额赋 3/10。二十六日，又宣布受灾的山东从十五年起分 5 年带征，但邹县、平阴等县重灾，带征欠谷 97.5 万余石概行蠲免。二十七日，乾隆派遣官员到东岳泰山与孔庙祭祀。 二月三日，宣布山东因为受灾，兰山等7州县加赈一个月。

　　二月四日，乾隆进入江苏后，立即派官员对治河功臣靳辅、齐苏勒和嵇曾筠等祠祭祀。 八日，奉皇太后命渡淮河，至天妃闸，当晚乘船到直隶厂。 十日，又祭祀清河神威显王庙，阅视高家堰水利工程。十五日，他降谕，经过淮安，看到城北都是水，"虽有土堤为之防，而人烟凑集之区，设经异涨，这应该如何？ 亟应改建石工，以资保障"，指示总河高斌等会同总督黄廷桂确勘详估，及时建筑。 乾隆的这次调查部署，体现了他对黄淮地区水利工程的关心。 在江苏期间，乾隆还多次下旨减免税赋来赈灾。 二月十一日，他宣布对乾隆十五年受灾极重的宿州等9县和稍重的凤阳等9县加赈一个月，并豁免宿迁、桃源、清河所借籽种、银两。 谕旨明确指出百姓急需之物，要该省布政使永宁迅速前往办理，上述各州县正印官即回本任，专力放赈。 二十五日又宣布，清河、宿迁、大河卫等8州县1卫，本来打算征收欠的漕米麦豆等，俱分作3年带征，又豁免扬州府兴化县积欠的荒废田钱粮。

　　两淮盐商在乾隆南巡江苏期间，"踊跃急公，捐输报效"。 乾隆对此予以嘉奖，各按商人本身职衔赐顶戴，还特恩准"两淮纲盐食盐于定额外，每引赏加十斤。 不在原定成本之内，俾得永远沾受实惠"。

　　二十一日，乾隆到达苏州。 为了表示对原致仕礼部侍郎、长洲人沈德潜的优待，赐他在原籍食俸。 在苏州日子里，他派员给三吴先贤祠各送了牌匾：给周泰伯祠匾"三让高踪"，言偃即子游祠匾"道启东南"，范仲淹祠匾"学醇业广"，韩世忠祠匾"中兴伟略"，越王钱镠匾"忠顺贻庥"，陆贽祠匾"内相经纶"，岳飞祠匾"伟烈纯忠"，于谦祠匾"丹心抗节"。 苏州紫阳书院也赐匾"白鹿遗规"。

　　二十八日，乾隆在嘉兴阅兵，赐扈从王公大臣并浙江大小官员食品。 并颁谕说："朕南巡江浙，绅士都前来迎接，用文字歌颂。 着大学士傅恒、梁诗正等，会同江苏、安徽、浙江总督、学政详议对三省进献诗赋士子的考试选取办法。"最后决定，起初由三省学政分别预选。 江苏、安徽预选中者赴江宁，浙江预选中者赴杭州。 等到皇帝到达江宁、杭州时，分别命题考选。 这体现了乾隆对江南士子的优待，为他们做官提供了一次机遇。

三月一日，乾隆到达杭州。 在籍翰林院侍讲刘振球专程赶来接驾，乾隆赐以御笔诗章及题匾"词垣耆瑞"。 还赏赐江宁钟山书院、苏州紫阳书院、杭州敷文书院武英殿刊本《十三经》《二十二史》各一部。 三日，到敷文书院看潮、阅兵。 四日，遣官祭钱塘江神庙、南镇之神以及明臣王守仁祠，赐王守仁祠匾"名世真才"。 六日，他祭祀钱塘，还奉皇太后之命渡江。 这一天，准总理行营大臣、大学士傅恒奏，处理阿德克新进入民居闹事一案。 七日，乾隆到达绍兴。八日，亲祭禹陵，行三跪九叩大拜。 九日，他奉皇太后命回銮，渡钱塘江抵杭州。 十一日颁谕，考中之浙江进献诗赋士子谢庸、陈鸿宝、王又曾，"着加恩特赐举人，授为内阁中书，学习行走，与考取候补人员一体补用。 并仍准其会试"。 十六日，回銮至苏州。 十八日，到范仲淹祠参观，赐园名"高义"，赐范家后代范宏兴等绸缎一匹、貂皮两张。 派遣官员祭奠晋臣卜壸祠，赐匾"典午孤忠"；祭奠宋臣曹彬庙，赐匾"仁者有勇"；祭明臣徐达墓，赐匾"元勋伟略"；祭常遇春墓，赐匾"勇动风云"；祭方孝孺墓，赐匾"浩气同扶"；祭已故清两江总督于成龙和傅腊塔祠。 二十四日到达江宁。 二十五日又阅兵，奉皇太后命临视江宁织造机房，还祭祀明太祖朱元璋，并行三跪九叩礼。

三月三十日，乾隆宣布，于江苏进献诗赋士子中选取蒋雍植、钱大昕、褚寅亮、吴志鸿等，着按浙江省例补用。

四月四日，乾隆到达直隶厂。 五日，去禹王庙拜祭，御书匾"平成永赖"。 六日，到蒋家坝阅视堤工。 九日，至黄河岸边厂祭河神，渡河。

四月十九日，乾隆经过泰安，拜岱庙。 五月四日，返回至北京，奉皇太后命居畅春园。 二十五日，乾隆下旨："朕今春南巡时，经清江浦一带，雨水似觉太多，天气尚寒，恐于麦秋有碍，时为廑念。 回銮之后，该督抚等虽已屡次请安，但究竟未将地方情形奏报。 着询问两江总督黄廷桂等，将该处雨水情形、麦秋如何、民情是否拮据，据实即速奏闻。"即使回到京城乾隆仍不忘江南民生。

后五次下江南

乾隆自十六年（1751）南巡后，又有5次下江南。 所经路途，与首次下江南大致一样。 第二次是二十二年（1757）一月十一日从京师出发，于四月二十六日回到圆明园。 第三次是二十七年（1762）一月十二日，也是从京师出发，五月四日回到圆明园。 第四次是三十年（1765）一月十六日从京师出发，四月二十一日返抵圆明园。

乾隆是受皇太后之命进行的这4次南巡。 第四次回銮时，乾隆面谕江南诸大吏：圣母春秋高而江浙远在千里之外，此后勿再吁请圣母皇太后南巡。

第五次是乾隆四十五年（1780）一月十二日从京师出发，五月九日回到圆明园。 此时，乾隆已是一位70岁老翁了。

第六次是乾隆四十九年（1784）一月二十九日从京师出发，四月二十三日回到圆明园。

与首次南巡一样，乾隆在后5次南巡过程中，仍把视察民情、巡视水利工程与维系人心作为南巡活动的基本内容。

浙江沿海塘堤是乾隆最关心的一项工程。 乾隆从第三次南巡开始，每到浙江，都要赴海宁等地视察塘工。 乾隆二十七年（1762）三月，在其到杭州的次日，就赶赴海盐履视海塘堤工。 当时，海宁段塘堤的修筑存在柴塘和石塘的争议。 客观地说，乾隆下江南期间，对海塘工程的视察是相当细致的，部署也是切合实际的，这保证了海塘工程的质量。

自乾隆首次下江南以来，中央减免所过州县的钱粮，已成惯例。一般情况下，免直隶、山东、江苏、浙江本年地丁银 3/10、受灾区免 1/2，并且全免了江宁、苏州近郭州县的地丁银。累年拖欠的地丁银，都不用全还了。据统计，6 次南巡共免所经州县通赋及钱粮达 2000 余万两白银。

　　乾隆还屡次指示，南巡期间尽量避免去打扰商旅。乾隆二十二年（1757），巡漕给事中洋海奏，当南巡御船回銮之时，通州从北而的商船都要回避。乾隆批道"所见甚属纰缪"，并说"运河为南北往来通衢，将来皇太后回銮时，商民船只，遇有支河汊港，原可暂行回避。即使无可避之处，亦令附泊旁岸，不致妨碍纤道可耳。若专为关防起见，则舵工、水手、在执事者且不令其回避，何况行人，而先期尽行禁阻可乎！"乾隆从民生出发的考虑是相当明智的。

　　乾隆南巡期间，既笼络南方士大夫，竭力表现出对士子的关心厚爱，又不忘对乡居旧臣的眷念。第二次下江南时，他决定像第一次那样，批准江苏、安徽、浙江三省府州县学增收童生。

　　乾隆下江南，朝中一些大臣认为皇上的目的是游山玩水。乾隆二十三年（1758），副都御史孙灏上谏疏，希望皇帝次年不再南巡。奏折中有一句话"索约勒非江浙胜地可观"。乾隆阅后恼羞成怒，批驳说："其言更为荒诞。且南巡之举，岂仅为山水观览之娱！上年朕临除邳淮泗沮洳之地，为之相视求瘼，疏泄求防，次第兴举，今岁农事倍收，孙灏宁不闻乎！"乾隆对孙灏的批驳表明其下江南并不是为了游山玩水，而是"相视求瘼"。

　　当然，乾隆六度南巡，也耗费了大量的人力物力财力。有些人认为，南巡浪费是导致后期国力衰竭的重要原因之一，并助长了社会浮华、颓废之风。南巡确实有巨大的副作用，但说因此而导致清朝逐步衰竭，则言之过重。

第六章 统一回疆

回部大、小和卓叛清

回部是指天山南路回教徒居住的地区，古有袁纥、韦纥、乌护、乌纥、回纥、回鹘、畏兀儿等不同称谓。 传说唐朝以前那里就居住着信仰佛教的居民，元朝以后，随着伊斯兰教东渐，百姓改而从之。 伊斯兰教在中国有回教之名，所以回部就成为该地区的通称。

回部旧汗是蒙古成吉思汗次子察哈台之后裔。 明末，伊斯兰教创始人穆罕默德第 26 世孙玛木特迁入喀什噶尔，并在政治上和宗教上逐渐将蒙古人的统治地位取代。 但是，从 17 世纪以来，回教内部"白山宗"与"黑山宗"两个教派对立，两个政治派别的斗争愈演愈烈。因此，回部地区的各城镇并不团结。 17 世纪末，喀什噶尔"白山宗"首领阿法克被"黑山宗"排挤，北上投靠准噶尔。 看到有机可乘的噶尔丹遂于康熙十七年（1678）进兵天山南路各部，立"白山宗"阿法克为首领，于是控制了回部地区。 从此，回部上层受到准部统治者压制，时间长达半个多世纪。 为防止南路反抗，准噶尔贵族把有影响、有威胁的回部首领都弄到伊犁做人质。 阿布都实特之子玛罕木特，回人因为他是贵族而尊敬他，他因而曾受命总理南部各城。 他身居叶尔羌，广收人心。 噶尔丹策零将他迁入伊犁。 他死后，同样的命运也降临到两个儿子，即大、小和卓兄弟的身上。

顺治三年（1646），吐鲁番首领遣使奉表入贡，清朝与回地正式往来也算开始了。 后因河西回民丁国栋等联合哈密、吐鲁番抗清，嘉峪关被清政府下令关闭，交通断绝。 顺治八年（1651），叶尔羌头目主动将所掠内地民人送还，取得清廷谅解，重开贡道与贸易。 噶尔丹入侵南路后，强行将回部地区与清朝的通贡阻断。 康熙三十五年（1696），被准噶尔部当作人质的回部首领阿布都实特自拔来投，康熙派人护送到哈密。 为避免准部骚扰哈密、吐鲁番两地回人，清朝将两处部分回人移居内地。 康熙六十年（1721）五月，厄鲁特宰桑和勒博斯额穆齐率兵500围攻投清的回人，抚远大将军胤禵令发兵2000赴吐鲁番。 雍正三年（1725）四月，大兵撤还，朝廷议徙吐鲁番回人于内地，此次共有650人愿意内迁。 雍正九年（1731）三月，再次晓谕回人："伊等倘自揣力不能敌，不妨仍为移避之计。"雍正十年（1732）十二月，回民1万余口内附安插于瓜州，总督刘于义、巡抚许容奉皇帝之命妥善处理，协助其筑堡、造房，给予口粮、牛种等项。

乾隆初，准噶尔问题尚未解决，防护与迁移兼顾仍然是清朝对回的政策。 乾隆十二年（1747）七月，金塔寺100余户回众被移于哈密种地居住。 征准前夕，又遣官赴瓜州编旗队，置管旗章京、副管旗章京、参领、佐领、骁骑校各员，如哈密例。 乾隆十九年（1754），清军准备两路出击，将回疆北路收复。 各地回众纷纷表示支持，他们积极配合清军，有乘机逃离准部者，有为清军当向导者，也有参加战斗的。 乾隆二十年（1755）五月，伊犁贸易回人阿达莫米木等13宰桑共率2000余户来投，又将熟悉地形的回军300名组织起来帮助追擒叛首达瓦齐。

清军攻下伊犁，大小和卓兄弟结束了长期受制于人的囚徒生涯，准噶尔贵族残暴统治在回部地区也不在了。

乾隆二十二年（1757）五月，发生了副都统阿敏道在南疆被害事件。 乾隆二十一年（1756）秋，右副将军兆惠命阿敏道，率索伦兵1000名、厄鲁特兵2000名及投诚的回部伯克（意即总管）鄂对（回部汗的部属），向南路进发对两和卓进行招抚。 由于侍卫托伦泰的文书报告内容失实，兆惠误认为"回城地方并无事故，毋庸多带兵前往"，阿敏道因此也没有太多的担心，随行的伯克鄂对曾提醒他对小和卓的阴谋要注意，但他不听，仅以满兵 100 人驰入库车城内，结果被拘留。乾隆二十二年五月，阿敏道被小和卓杀害，小和卓正式叛清。

阿敏道被杀，清朝招抚政策失败。乾隆愤怒地说，"决不能容忍大臣被杀这事，而不为之复仇也"，遂命雅尔哈善为靖逆将军，统兵征讨。

平叛从挫折到胜利

大小和卓的叛乱基地在叶尔羌和喀什噶尔。这两大回城，都有他们祖父阿布都实特的党羽与亲戚故旧。大和卓被弟弟说服了叛清，两回城云集响应。他们还派员传示各城整备鞍马器械，听命于两和卓。所属叶尔羌、喀什噶尔、和阗等的数十万回户除外，库车、阿克苏、乌什、拜城、赛里木等所属部分回人亦受其惑。一时间，天山南路黑云压城，分裂割据之势渐显。

低估了叛军力量的乾隆，以为"厄鲁特等既皆剪除，则回部自可招服"。正是由于他轻敌，导致用人不当、主观冒进的错误在他平叛初期时有出现。乾隆二十三年（1758）四月，他竟降旨调平准主帅兆惠返京休整，令雅尔哈善代兆惠总理回部事务。

雅尔哈善在征准战役中因将降人沙克都尔曼济剿杀而立功，授参赞大臣、兵部尚书等职，旋又以靖逆将军挂帅征回。《啸亭杂录》作者昭梿说："雅固书生，未娴将略，唯听偏裨等出策，令不画一。"对雅尔哈善的弱点，乾隆也不是一点都不知道，但是，他对回部力量的小看，致使他以为一雅尔哈善足矣。一念之差，带来严重后果。

乾隆二十三年（1758）五月，率满汉官兵万余的雅尔哈善在旧库车阿奇木伯克引导下，由吐鲁番进攻库车。听到这个消息的和卓兄弟带鸟枪兵万余由阿克苏戈壁捷径来援。同年六月，领队大臣爱隆阿半途截击，先后于和托萧、鄂根河畔斩杀数千回兵。 率领余部的和卓兄弟退保库车城中。 雅尔哈善以为敌人自投罗网，用兵紧围，只待其力竭而降，自己则终日弈棋，不巡垒，亦不出击。 阿奇木进谏说："贼必不株困围城，势必遁。 遁有二道，一由城西渭干河涉浅渡，一由北山口向阿克苏戈壁。 请各伏一千兵马于两隘以待。"雅尔哈善对此不予理会。 二十四日凌晨，听到城中驼鸣负重之声的索伦兵潜告雅尔哈善，雅尔哈善仍不相信。 两和卓及伯克阿布都遂出西门，由北山口逃走。 获悉的把守西门副都统顺德纳以昏夜不发兵，及天亮始遣百余人追之，但为时已晚。 事后，雅尔哈善将责任推给顺德纳，上书参劾。 顺德纳被乾隆降旨革职，身为将军的雅尔哈善也难辞其咎，便要他一面加紧围攻库车，一面追击小和卓。 库车城墙以沙土、柳条筑成，十分坚厚，且依山傍水，易守难攻。 绿营兵奉提督马得胜之命穴地为隧道，可惜操之过急，让守城回兵知道，反堑其外，实薰焚之，600 余名清军化为灰烬。

从五月持续到八月的库车之役一无所获，乾隆心急如焚。 当他再次接到雅尔哈善弹劾他人的报告时，尖锐地指出："前后奏报，情词矛盾，用词模棱两可，始参顺德纳以卸过，继参马得胜以诿咎，并无一语引罪，身为将军却不反思，指摩诸将者，谁之责欤？ 此而不置于法，国宪安在！ 已降旨命兆惠就近前往库车一带办理回部，革职雅尔哈善、哈宁阿、顺德纳，兆惠至军营日，即着拿解来京，将此先行通谕知之。"乾隆二十四年（1759）正月，因犯失职罪的雅尔哈善在京伏法。

库车之败，也给乾隆发热的头脑泼了盆冷水。 他不得不收回成命，让兆惠重新出山。 事实上，在接获回京谕旨之前兆惠已经动身进入回部地区，返京之事并未付诸行程，可惜领兵不多，难有作为。 他沿途息马，等待机会。 等到乾隆命令兆惠移师回部，小和卓已将库车舍弃，退至阿克苏。

乾隆二十三年八月二十日，看到阿克苏城下的兆惠军，回众头目颇拉特、和阗伯克霍集斯先后请降。 兆惠办理回务不久，各地回城伯克受抚的消息不时进京。 激动不已的乾隆又错以为征回大功告成在即，无须多烦兵力，续派清军也因此停止了。 同时，他又命车布登扎布将喀尔喀士兵自阿济必济带回游牧地休息，厄鲁特汗罗布藏多尔济所领厄鲁特兵丁亦奉命返回驻地，令副将军富德等候兆惠消息，无须前往协助。 就在兆惠带兵 4000 名兼程向叶尔羌突击时，突然没有了清军的增援，兆惠顿时陷入困境。

小和卓已坚壁清野，割田禾敛民众入城，使清军一无所得。 又筑土台于叶尔羌城东北 5 里处，让大和卓据喀什噶尔相掎角。 十月六日，兆惠兵临城东，派两翼夺据土台，将回军从东、西、北三门出动的数百名骑兵击败。 由于叶尔羌城周 10 余里，四面 12 个门，兆惠兵少不能攻城，只得结营自守于城东隔河有水草处，待援师到来。

葱岭北河流经喀城外，葱岭南河流经叶尔羌城外，北河被当地回人称为赤水河，南河为黑水河。 兆惠屯营处即南河岸边，他一方面向喀什噶尔派副都统爱隆阿分兵 800 把守，另一方面为充实军用而筹备粮草。 十三日，侦知奇盘山下有回人牧群，遂率兵千余由城南夺桥过河。 清兵甫过 400 余，桥忽断。 敌方先出四五千骑堵截，万余步兵随后，前后夹击清军，两翼冲杀，为此散落各处的清军只能各自为战，阵亡者数百，受伤无算。 总兵高天喜、副都统三保、护军统领鄂实、监察御史何泰、侍卫特通额俱战殁。

经此打击的兆惠再不敢轻易复出。 十七日夜，他派 5 名精明强干者分路赴阿克苏告急。 舒赫德将紧急军情飞章入奏乾隆。

回军虽数倍于清军，且团团围住"黑水营"，但兆惠带兵凶悍勇猛他们早有听闻，故不敢强取，只是沿清军营垒别筑土台，以为长久围困之计。 掘地藏粮是回人之俗，据说过去是为了逃避准噶尔人的搜刮。 兆惠令清军挖掘于林地中，意外得粟数百石。 回军又引水灌营，反供清军水源。 回军鸟枪所射铅子夹于树叶间，清军伐树得数万以回击。 就这样，清军奇迹般地坚持了 3 个月之久。

时值布鲁特人劫掠喀什噶尔城，清军乘机将大营焚毁，大和卓疑布鲁特人是应清军之邀前来夹击。所以派人见兆惠议和，兆惠提出必须献上小和卓的条件，结果和议不成。

在北路间黑水营困境的副将军富德，即率新到的索伦、察哈尔兵2000名及北路厄鲁特兵1000余名冒雪驰救。乾隆二十四年（1759）正月六日，于乎尔战回部骑兵5000名。九日，渡叶尔羌河，距黑水营尚有150公里，但因叛军阻击，行动缓慢，却正好碰上巴里坤大臣阿里衮带兵600名，合爱隆阿之兵1000余连夜赶到，三路奋进，直驱黑水营。兵败的大小和卓逃走，兆惠与援军合师，振旅退回阿克苏休整。

黑水被围、清军得救，功劳应归兆惠。他将乾隆部署不当所带来的损失在一定程度上减少到了最低程度。但他却不以此为自己请功，反主动上奏以轻敌引咎请罪。这与雅尔哈善推责诿过形成鲜明对比。乾隆以兆惠忠诚勇敢，晋升武毅谋一等公，加赏红宝石帽顶，着四团龙补服。

黑水营解围之后，兆惠准备厚集兵力，由阿克苏、和阗两路出击，将大小和卓两个叛乱基地攻下。

放弃叶尔羌的小和卓遣阿布都克勒木传信大和卓木，将喀什噶尔属下各城回民移往巴达克山，并相约六月二十四在提斯衮会师。从俘获的人口中，清军得知了他们去向，参赞大臣明瑞率前锋1000余骑追至霍斯库岭，斩敌500名。七月十日，在阿尔楚山清军与回军决战，富德以火器健锐营居中，明瑞、阿桂为左翼，阿里衮、巴禄为右翼，别列奇兵、援兵二队，如墙而进。左右两山被奇兵夺下，左翼、右翼、中间三线同时出击，戮贼1000余，获兵械器具无算。

3天以后，两和卓败抵巴达克山界之伊西洱库河。护送家属的大和卓先走，小和卓以万众据北山及迤东诸峰负隅顽抗。富德令阿里衮由南岸趋西岭追大和卓，自己对东峰的小和卓军进行全力攻击。是役，降回众1.2万余人、牲畜万计，两和卓携妻孥及三四百人逃入巴达克山。 一方面，福德命令伯克霍集斯、侍卫额勒登额等带兵100名向巴达克山汗索勒坦沙索取两和卓，另一方面将上述情况驰奏。 乾隆闻知，很不满富德仅派遣侍卫额勒登额和伯克霍集斯一行赴巴达克的行为，降谕斥责。 富德遭斥，于八月二十五日以强硬口气限巴达克汗索勒坦沙将两和卓于30日内交出，生者缚送，死者验尸，逾期不至，即行加兵。 为杜绝后患，索勒坦沙汗杀死两和卓并通知清军。 九月初九日，经熟悉小和卓兄弟的右卫满洲纳达齐前往巴达克山验看属实。 十月初二日，富德自巴达克山凯旋，结束了这次的征战。

戡定回部叛乱之后，基本稳定了西北的局势。 乾隆戡定准部与平定回疆，时间是互相衔接的，阻止西北分裂，维护国家统一都是其目的。 乾隆皇帝总结平准、征回两役，得意之情溢于言表，十月二十四日，颁《御制开惑论》宣示中外。 十一月五日，又作《御制平定回部告成太学碑》《御制平定回部勒铭叶尔羌碑》《御制平定回部勒铭叶什勒库勒诺尔碑》等，将用兵准部、回部本意及成功始末刻于石上。

治理回部的构想与措施

平定大小和卓叛乱后，回部地区如何治理的问题提到议事日程。廷臣积极上疏陈述己见，问题围绕着怎样对待伯克以及什么体制可以建立而开始。

乾隆二十三年（1758）九月初，负责征回后勤供应的陕甘总督黄廷桂在有关踏勘运粮道路及调拨马匹驼只的奏折中，建议仍要驻兵于回部平定之后。 乾隆认为这种看法"于回地情形，尚未深悉"。 他说，回部与伊犁不同，伊犁控制辽阔，为了压制不得不驻兵，回部则应"拣选头目，统辖城堡，总归伊犁军营节制"。 随后，他传谕兆惠："回部将来的事宜治理，惟于归顺人内择其有功而可信者，授以职位，管理贡赋等事。"九月中旬，兆惠奏请将各城总管之职授予库车阿奇木伯克鄂，乾隆不以为然，他说："现在招徕新附，令鄂对暂行管理尚可，若平定叶尔羌、喀什噶尔办理安插回众时，总管不必为回人，仍循其旧制，各城分设头目，伊犁将军对他们进行管理，再于库车派大臣一员管理。"

所谓"循其旧制"，是指沿用其官制旧名。但是，总管不能是回人。乾隆在具体运用中，突出两点：一是回人头目分设于各城中，保持原有官职，以统辖城堡；二是除少数重镇外，尽量在各回城少驻或不驻军队，但强调伊犁将军对各城有统治权。

根据乾隆"以回治回"的构想，兆惠等人将具体措施拟定出来。乾隆二十四年（1759）七月，兆惠抚定喀什噶尔后，就该地设官、定职、征粮、铸钱及驻兵分防诸事将具体的建设性主张提了出来。

对于大小和卓的霍集占家族，乾隆对其放心不下，将他们迁移京都。

清军驻防南路的情形，决定于各城的地位。阿克苏是回部适中之地，喀什噶尔、叶尔羌为回城之冠。英吉沙尔境属边围，与外藩相接。满营、绿营分兵对以上几城进行防守。其他如哈喇沙尔、库车、赛里木、乌什、和阗等城仅留绿营以资捍卫。

军台、卡伦之设，是一项清朝固边守疆的辅助办法。北路在戡定准部叛乱后已设，南路则稍晚。据《西域图志》记载："荡平西域，全隶版图，地周二万余里。军台遍布其地，而于其严疆要隘，毗接外藩处所，为了捍卫领土增设卡伦。"在回疆哈喇沙尔、乌什、阿克苏、叶尔羌、喀什噶尔之间，有河流将戎马的地方阻断，"造舟以济，回民为水手，免其纳赋"。军台以营员及笔帖式领之，卡伦则以前锋校、骁骑校领之，统于侍卫。各处"视其地之大小简要为差"，决定驻兵的数量。

为解决驻防清军的生计问题，乾隆实施了若干相关的赋税、货币及贸易政策。据兆惠厘定贡赋数目，回人每人纳粮、棉、红花等税约2.1万余腾格。虽在南路只有为数不多的官兵驻防，但由于回部初定，赋税收入不稳定，且数量有限，每年清政府必须拨银补给。

乾隆本着"量入为出"的指导思想，不赞同将过多的银两从内地拨出。乾隆二十五年（1760）六月，他让参赞大臣舒赫德认真核查新疆的租赋收入，对屯驻官兵经费酌情决定，并强调："伊犁、叶尔羌、喀什噶尔、阿克苏、库车等处驻兵，要根据当地的收入以定章程，不可致烦内地民力。"十月，舒赫德经过核实，报告口粮在各地回城都不缺乏，但所征腾格钱文，不敷支给。乾隆指示："不全部支付所奏钱粮，自应计各城钱粮，量入为出。阅所奏支给之项，不敷者十分之三，就能将三分的兵数撤去。"

与灵活的货币政策相比较，乾隆关于回部贸易措施就显得保守。为将驻回官兵的生活必需品解决，他曾鼓励内地商人往南路交易。

然而，在贸易政策上，清政府很快便由鼓励改为限制。

乾隆三十年（1765）乌什事变后，限制更加严厉。乾隆对哈萨克商人还禁止其直接进入回疆，说："回疆新定，哈萨克不能全部在回地行走，故只准在伊犁贸易。"这些贸易禁令对回部地区与外界的交往显然是不利的，影响其社会经济发展。

乌什之变及对回政策的变化

乾隆三十年（1765）二月，乌什回人掀起了一场规模不大却颇具影响的抗暴斗争，使乾隆"以回治回"政策受到挑战。

乾隆"以回治回"的政策，让南疆地区少数上层统治集团的权益受到了维护。尤其是额敏和卓、玉素布两大望族，为乾隆特别倚重。南疆各城统治核心，大体构成成员是两大家族的。对于回部伯克们的种种劣迹，乾隆则听而不闻。

乾隆派到各回城任职的官员、侍卫及口外驻防武官占到多数，这些人素质差，缺乏行政能力，又身兼"监督"回人职责，格外专横跋扈。这些人行事贪赃枉法，成了回地一大祸害。他们与伯克狼狈为奸，敛派回户。

清朝驻乌什办事大臣苏成父子在回地久有恶名。 乌什回人经常奉他们之命去伊犁购马匹、采办官粮，又从不给价，甚至强行要回人购买价格高达 4 两白银的瘦羊。 苏成生性淫暴，回人妇女稍有姿色，皆唤入署内"父子宣淫，且以人丁裸体为乐，经旬累月，始放出衙。 乌什回子，久欲寝其皮而食其肉矣"。 曾经留在衙内的人中，就有乌什小伯克赖和木图拉之妻。

　　乾隆三十年（1765）二月，苏成强征回人 240 名向济克德运送沙枣种植，派自己儿子押运，沿途行李俱令回人背负，运夫对此极为不满。 对苏成父子早已愤恨的赖和木图拉利用这个机会，于二月十四日夜，与 240 名运沙枣树回人挑起了事变，聚噪城中。 听闻此事的回部各城反应强烈。 叶尔羌人情汹汹，动摇可虑；阿克苏回众"微有不安意"，库车城中"思想不安的人民想爆发动乱"。

　　此次回部之乱，实因"官逼民反"。 事发前夕，有回人侦知情况，前往阿奇木伯克阿布都拉家。 阿布都拉正"饮酒半酣，以为阻兴，不信其言，斥逐而去"。 是夜三更，暴动回众三四百人先杀民愤极大的阿布都拉，然后他们攻入苏成署内，将其父子家人和属众杀害。

　　阿克苏距乌什最近，得知乌什有变的办事大臣边特哈（又有称边他哈或卞塔海），匆忙带领数百名驻防官兵前来镇压。 虽然乌什城门打开了，但边特哈却以为内中有诈，不敢进城，而令炮手向城内放炮。 乌什回人被这样的举动激怒了，他们群起反抗，将赖和木图拉推举为阿奇木伯克，并联合打败边特哈。

　　乌什事态继续扩大，在喀什噶尔总理南路回疆之参赞大臣那世通只能赶来。 伊犁将军明瑞、参赞大臣永贵亦率满汉官兵 1 万余人由穆苏尔达巴罕赶到，清军对乌什各路展开了围困。 明瑞抵乌什后发现那世通与边特哈不和，遇事推诿，遂具折参奏。 乾隆三十年四月，两人被乾隆下令处死，并派阿桂去乌什襄助明瑞。

　　阿桂到达乌什后，清军的攻击力量加强了。 六月，在一次战争中赖和木图拉中箭身亡，回人军心动摇，遂于八月十五日被镇压下去。

乌什暴动失败后，清朝军士对回人进行了屠杀。早在五月间，乾隆就下了狠心，降谕"克复乌什城后，勿留孑遗，尽数杀戮"。乌什城破，明瑞、阿桂报告已将首恶擒拿，分别正法及送往伊犁。乾隆觉得给予了过轻的惩罚，应当"大示惩创"。根据乾隆旨意，除屠杀事件参与者360余人外，又向内地遣送幸存的乌什人，赏给大臣官员为奴。十月，明瑞等奉旨起解，因害怕人多出乱子，途中处死了2350名男人，仅留下妇女儿童。原有回人约两万余人的乌什人，经此场浩劫后所剩无几，所居地方成为一片废墟。

第七章　闭关政策与对沙俄蚕食的遏制

关闭三海关

康熙二十三年（1684），海禁令被清朝取消，"令出洋贸易，以彰富庶之治"。乾隆二十五年（1760），他又宣布建立粤海关、闽海关、浙海关和江（苏）海关，以广州、厦门、宁波和松江为4个对外通商口岸。雍正五年（1727），南洋的海禁也被废除了。从此以后，清朝海外贸易进入了一个新的发展时期。据统计，从康熙二十三年（1684）至乾隆二十二年（1757）的67年间，一共有30017艘商船从中国开往日本。来华的欧美各国商船，从康熙二十三年至乾隆二十二年共有312艘，吨位小者140吨、大者480吨，一般是300吨。对这时期外贸易盛况人们的描述是"江海云清，梯航云集"。广东更是"东起潮州，西尽廉隅，南尽琼崖，凡分三路，均会有出海门户"。

清朝以和平友好的态度对待来华贸易的外商。对于在中国洋面遇风遭难的商船，清朝有关部门与沿海百姓总是尽力救护，必要的物资援助也会提供。如雍正十三年（1735），有英吉利船一只在外洋失风，漂到广州的遇难外国人有 13 个。广东地方官"加意抚恤，给予衣帽口粮，于税羡项内，赏给回籍盘费，让他们回国时搭别的洋船"。还有一艘驶往日本贸易的荷兰商船，在洋面遭风桅折断，货物被海水浸湿。广东当局救起了这艘船，赐银 1328 两，另给银 500 两修理船只。第二年，荷兰驻咬吧城署公班兀蛮律仁直力等来文称谢，说"不会忘记衙门的恩义，即和兰祖家亦沐于无既矣"。

但是，西方殖民者对待中国旅外侨民就不这样了，不仅野蛮奴役剥削，甚至残酷杀害。乾隆五年（1740），荷兰东印度公司当局公然对在巴达维亚城居住的无辜华侨进行血腥大屠杀，近万名侨胞遇难，华侨房屋被毁达 6700 家，仅有 150 余人侥幸逃脱。这就是震惊世界的"红溪惨案"。

乾隆六年（1741），清政府获悉"红溪惨案"后，福建总督策楞等由此建议将南洋贸易禁止。

在中国外贸商品中，最多的就是丝织品和茶叶。其中丝主要产自浙江。产自江浙的丝经内地商人贩运至广州出口，市价在广东当然要高于产地。同时，浙江又有进口洋货的广阔市场，因此，急于要拓展江浙市场的外商，增加了在宁波港的进出口贸易额。

正因为如此，外国商人不愿局限广州一地进行贸易，而更想直接赴江浙做生意。乾隆二十年（1755）三月，英商喀利生（又译作霞里笋）、洪任辉将带来的货物在广州售尽后，又率船北上，四月到达宁波，被当地地方官安排在李元祚洋行住歇。同年六月，由呷噶率领的另一艘商船也到达宁波。两船共带来番银 22 万两，想要于宁波购买茶叶。这是洪任辉第一次来到宁波。知道此事后，乾隆仅询问船上 8 名广东香山县水手为何不留发辫，经地方官说明之后，事情也就过去了，他并未对此多加关注。乾隆二十二年（1757），洪任辉第二次率商船到宁波贸易，就引起乾隆的注意了，他担心第二个澳门会在宁波产生。

为了让外国商船不驶入宁波贸易,乾隆指示采取三条措施。 其一,提高浙海关关税,"洋船意在图利,使其无利可图,则自归粤省收泊,乃不禁之利也";其二,对洪任辉等来宁波贸易的外国商船,强制性地"令原船返棹至广,不准入浙江海口";其三,不许开设洋行及天主教堂于宁波。 他认为,番商来宁波贸易,必有内奸于宁波配合,地方官"并当留心查察。 如市侩设有洋行,及图谋设立天主教堂等,皆当严行禁逐,则番商无所依,就能将它的来路切断"。

乾隆采取这三条措施,是从海防安全出发,浙海关实际上也被关闭了。 同年十一月,乾隆更明确宣布,洋船"交易只能在广州"。 这一命令,实际上关闭了闽、浙和江的海关。 不过,这些闭关禁令只是针对欧洲,尤其是英国和荷兰商船。 至于亚洲商船,不在禁止之列。 如乾隆二十二年,即闽海关闭关不久,福建地方官报告有吕宋番船一只来厦门贸易。 乾隆下令先将其是哪国船只查明,如不是"红毛船",便"向来到厦番船,自可照准其贸易"。

遏制沙俄蚕食野心

雍正五年(1727)七月,中俄《布连斯奇条约》签订后,双方将喀尔喀地区划定为边界。 第二年五月,又签订《恰克图条约》,共计 11 款,主要内容包括:中俄中段边界的分界点为恰克图,东自额尔古讷河,西至沙毕纳依岭,界线以南为中国境,以北为俄国境;对逃犯,双方都不能进行收容;俄商 3 年一次至北京贸易,每次人数不超过 200 人,允许俄国教堂在京设立等。 《恰克图条约》签订后,我国贝加尔湖一带和唐努乌梁海以北的叶尼塞河上游广大地区,都划归了俄国的版图。 在中俄贸易中俄方更是获得了巨大经济实惠。 签约后,俄国在恰克图建立了边贸市场,来此贸易的除沙俄官方商队外还有私商,贸易额逐年上升。 18 世纪 40 年代,在恰克图贸易中沙俄周转额年约 50 万~60 万卢布，50 年代初达 80 万~90 万卢布。乾隆二十一年（1756）仅贸易额就达 69.2 万卢布，二十四年（1759）更增至 141.7 万卢布，仅税收沙俄政府就获得 15.7 万卢布。

清政府签订《布连斯奇条约》和《恰克图条约》，是为了谋求边境的安稳而做出的重大让步。但是，并不因此而满足的沙俄政府在《恰克图条约》签订之后，继续执行蚕食我国东北、西北和蒙古地区的政策。

沙俄历来对我国东北黑龙江地区图谋不轨。尤其是 17 世纪末以来，随着商品生产的发展、全俄市场的形成，沙俄对我国黑龙江流域更加垂涎，想让它成为自己东北方向的出海口。乾隆二十一年，沙皇伊丽莎白·彼得洛夫娜派使者来华，随带致清朝理藩院的俄国枢密院信件，提出俄国船只借道黑龙江的要求："俄罗斯驿递在理藩院呈递萨纳特衙门文书，称有灾害在你们国家的东北地区，现造船挽运口粮，一定行走在东路尼布楚地方阴葛达河额尔衮及黑龙江，求勿拦阻。"乾隆二十二年（1757）八月，乾隆皇帝接到这份文书，当即断然将俄方的侵略性要求拒绝。他说·"初与俄罗斯议定《恰克图条约》11 条内，并无逾界遣人运送什物一项。"为了对沙俄船只强行闯入黑龙江进行预防，乾隆在指示理藩院行文批驳的同时，命令黑龙江边防台站官兵"加意防范卡座，勿令私过"。面对沙俄对黑龙江航行权的赤裸裸的野心，乾隆不得不采取有效措施，加强防范。同年十一月，对蒙古土谢图汗桑寨多尔济的奏请予以批准，在蒙古车臣汗嘛呢巴达嘛部落与俄国接壤的各卡座，补足缺额兵丁。乾隆二十三年（1758）正月，又批准黑龙江将军绰勒多奏请，在靠近俄罗斯边界添设卡座，其中车臣汗部落 37 卡、托索克内 17 卡、托索克外 16 卡，共计 70 卡，"委员巡查，日一会哨"。自康熙二十九年（1690），即《尼布楚条约》签订第二年之后，对东北边境诸河流的河源清朝还未曾做过勘察。为了进一步摸清东北边境的河防，乾隆三十年（1765），清朝组织力量对格尔毕河、精奇里江、西里木第河和钮曼河的河源进行了探查。查勘之后，黑龙江将军富僧阿上奏："查呼伦贝尔与俄罗斯接壤之额尔古讷河，西岸系俄罗斯地界，东岸俱我国地界，卡座到处都是，直至珠尔特地方。"他建议，自珠尔特至莫哩勒克河，再添设两卡，并于索博尔罕添立鄂博，逐日巡查。富僧阿还提出，每年六月向托克、英肯两河口以及鄂勒希、西里木第河派兵巡查，每 3 年派副总管、佐领、骁骑校于解冻后由水路至河源兴堪（安）山巡查一次。黑龙江官兵每年应巡查至格尔毕齐河河口，每 3 年亦应巡查一次至河源兴堪（安）山。乾隆批准了这一建议。乾隆朝的这些措施，有效遏制了沙俄对黑龙江流域的蚕食。

对我国的西北和蒙古地区，沙俄同样是虎视眈眈。

乾隆二十一年（1756）七月，正当清朝出兵平定阿睦尔撒纳叛乱时，喀尔喀蒙古和托辉特部郡王青滚杂卜乘机叛乱，擅自将驻守伊犁各卡座的喀尔喀兵丁撤回，并派人抢劫第 27 至第 29 台站，"将商人驼只物件掳去"。青滚杂卜叛变后，企图向俄罗斯逃窜。得知这一消息的俄国西伯利亚总督米亚特列夫立刻向沙俄外交委员会建议，想要收容这一小撮叛乱分子，以促使更多的喀尔喀部民叛逃。对米亚特列夫的报告，俄国枢密院不仅批准了，还于乾隆二十一年八月十二日在关于青滚杂卜叛乱声明所做的复文中，公然向清政府提出割让领土方面的要求，作为将来引渡叛匪的条件。但是，对抓获青滚杂卜乾隆已经做了周密布置。他任命赛音诺颜部亲王成衮扎布为定边左副将军，监督将兵擒拿叛军，晓谕众喀尔喀协力，并要蒙古阿拉善部贝勒罗布藏多尔济派兵一至两千名以备调遣。乾隆说："准噶尔现今在版图之内，其北则俄罗斯境地，伊即欲逃窜，断不能脱身远扬。"果然，当年十一月二十八日，青滚杂卜在逃到沙俄边境杭哈奖噶斯地方被擒。拿不到叛匪青滚杂卜这张牌的沙俄，也就打不响他的如意算盘了。为了加强西北边防，乾隆二十六年（1761），参赞大臣阿桂奉命驻兵塔尔巴哈台（简称塔城）。同年七月，他向皇帝建议，在伊犁与乌鲁木齐之间的玛纳斯、库尔喀喇乌苏和晶河三处，"安设村庄，驻兵屯田"。 伊犁管辖晶河以西台站，乌鲁木齐管辖托多克以东台站。第二年，阿桂经查勘后，又就伊犁至塔尔巴哈台之间的设卡地点向皇帝建议："拟自辉迈拉呼至爱呼斯、招摩多，自阿勒坦额默勒至伊犁河岸17处，立木为记。 对伊犁河4处，垒石为记。 派护军统领伊勒图等今年春天前往安设讫。"乾隆批准了阿桂的这两项建议。

在平定阿睦尔撒纳叛乱前后，清朝对唐努乌梁海、阿尔泰乌梁海和阿尔泰淖尔乌梁海加强了管辖，设旗分佐领，驻兵屯牧，确定贡赋。 但是，沙俄染指乌梁海的野心不死，尤其是阿睦尔撒纳败亡后，更是加紧蚕食乌梁海和额尔齐斯河上游中国辖地。 乾隆二十七年（1762）新沙皇叶卡特林娜二世执政。 她曾叫嚷"不制服中国的傲慢""我是死不瞑目的"。 在她的支持下，沙俄军队对乌梁海地区不断进行侵蚀。 乾隆二十八年（1763）八月，据乌里雅苏台将军成衮扎布报告，在卫满河（即鄂依满河、哈屯河上游）、布克图尔玛库克乌苏（哈屯河上游）等处俄罗斯"造屋树栅"。 同时，乌梁海地区一居民玛木特也将一份有关蚕食该地区阴谋的俄国文书交给了清朝。 玛木特还供称："实有其事，并色毕亦曾造屋树栅。"沙俄这些活动，使它的侵略野心被乾隆察觉到了。 他说："布克图尔玛库克乌苏，系果勒卓辉旧游牧，色毕系呼图克旧游牧，俱系准噶尔地方。 而准噶尔地方此时均已内附，俄罗斯根本与他们无干，伊等岂可擅自造屋树栅！观此，足见俄罗斯渐有侵占准部地方之意。"乾隆当即降谕成衮扎布等，令其向库克乌苏、色毕地方率兵前往，将俄罗斯木栅屋宇尽行拆毁。 九月四日，乾隆决定将恰克图地区的中俄贸易暂停，以示对沙俄侵略行径的抗议。

停止恰克图贸易，是在中俄边贸中延续沿海闭关政策。 随着中俄两国，尤其是中国蒙古地区商品经济的发展，中俄边贸已成难以阻挡之势。 禁令颁布后，"恰克图往来之人及恰克图居住的人都说，俄罗斯尚通贸易"。 乾隆三十年（1765）四月，乾隆皇帝将禁贸令重申了一遍，说："恰克图停止贸易，特为俄罗斯等背原定价值增加货税，一切诸事推托支吾，办理时不简洁。今已停止贸易，而蒙古岂可私行？责令蒙古土谢图汗桑寨多尔济彻底查察。"查察结果，桑寨多尔济也派人参与边贸，因而被革去王爵，解京闲住。既然禁止不了恰克图贸易，只好重新开放。乾隆三十三年（1768）七月，俄罗斯哈屯汗派使者将中俄贸易11款提出来要清政府给予恢复，内容包括"一切遵守法律进行贸易，不敢狡赖""照旧派学生4人，随贸易人等来京学习文字""嗣后边界逃窃事件，详定章程，严查速办"等等。八月，乾隆降谕："既然俄罗斯对章程已经知道遵守了，着准其通商。"正式将恰克图禁贸令取消。

乾隆虽已看出"对准部地区俄罗斯有侵犯之意"，也采取了一些防御性措施以遏制沙俄蚕食。但是中俄边界线太长，又远离清朝政治经济中心，防御力量不足。因此，中国对准部地区不少土地仍然没有管辖权。这就扩大了沙俄的野心，还给更严重的边疆危机埋下了伏笔。

第八章　主持编纂《四库全书》

亲自主持编纂《四库全书》

编纂《四库全书》，是乾隆盛世于文化方面的表现。

乾隆三十七年正月初四日，乾隆皇帝下旨要求搜集古今各种书籍。乾隆在谕旨中，追述自登基以来，倡导整理编纂文献所取得的成就，同时指出康熙时期编纂的《古今图书集成》存在的不足"因类取裁，不能悉载全文"。他要汇集更多的书，做到"四库七略，益昭美备"。同月，乾隆说："此时部库所积，多至八千余万，朕每以存积太多为嫌。天地生财，止有此数，今较乾隆初年，已多至一半有余，朕实不欲其多聚。"在拥有物质基础的前提下，乾隆萌发编纂旷古大丛书的雄心。不过，这道谕令主要是讲搜集图书的范围，首先是"性学治法"，其次是"孜核典章"的政书与"九流百家"著作，以及历代与本朝名人诗文集。第二年二月，乾隆才决定将这部丛书命名为《四库全书》。

在乾隆的推动下，征集图书的工作进展顺利。当年五月，据报告浙江、江南督抚以及两淮盐政已经征集了四五千种图书。至三十九年夏，各地共进书12次，计4523种56955卷，无卷数者2092册尚不计及。进献书目最多的当属各地的藏书家了，如浙江鲍士恭、范懋柱、汪启淑以及两淮之马裕，光这四家进献的图书就有五六百种。乾隆降旨赏以上四家《古今图书集成》各一部。进献100种书以上的还有江苏周厚堉、蒋曾莹，浙江吴玉墀、孙仰曾、汪汝瑮等，朝臣黄登贤、纪昀、励守谦、汪如藻等也进书多种。对此，乾隆赏每个人内府初印《佩文韵府》一部。乾隆还指示"丁篇首用翰林院印，并加钤记，载明年月姓名丁书面页，俟将来办竣后仍给还各本家"。三十九年六月，乾隆皇帝令馆臣，对进书最多者，选十几种善本，题以御制诗句。七月，他又下令如果一个人进献百本以上的书，"可称藏书之家，即应将其姓名附载于各书提要末"。这些表彰性政策，使藏书家感到荣耀，更加鼓励了大家献书的热情。

此外，乾隆还谕令要充分利用官方藏书，包括从清初至乾隆三十八年以前官方编纂的《周易折中》《大清会典》《唐宋诗醇》《春秋传说汇纂》《性理精义》等，以及皇史宬、懋勤殿、景阳宫、上书房、摛藻堂、昭仁殿、武英殿、内阁大库、含经堂等内廷藏书。乾隆特别重视对《永乐大典》中的罕见书籍进行搜集。乾隆三十八年二月，他批准安徽学政朱筠条奏，降旨将《永乐大典》中"不恒经见"的古书，"可以凑合成书者"。他详细检阅，并与《古今图书集成》互为校核，先行摘开目录奏闻，"候朕裁定"。经查核，《永乐大典》中缺少了1000余本。 乾隆想到在编修《古今图书集成》的时候，总裁等官徐乾学、王鸿绪、高士奇等在局日久，可能会留有剩本，遂降旨令各家后裔，若有存书，"无论本数多寡，即为缴出送京"。 当年八月，纪昀、陆锡熊由于对从《永乐大典》中检出的各类书"考订分排，具有条理，而撰述提要，粲然可观"，乾隆特意封他们为翰林院侍读。

据统计，搜集的书的总数计1.29万余种16.8万余册。 其中，各省督抚进书约1.1万余册，私人献书近1000册。 纪昀等人从《永乐大典》辑出失传书籍，计经部66种、史部41种、子部103种、集部175种，共4926卷。 这些都为《四库全书》的编纂奠定了丰富的基础。

乾隆专门建立一个庞大的四库全书馆，作为组织机构来编纂《四库全书》，由正总裁总揽编纂工作，副总裁协助总裁。 总裁之下，有总阅官，总理阅定群书；有总纂官，总理编纂之事；有总校官，总理校订。 还有翰林院提调官、武英殿提调官，负责提取两处的书籍；有总目协勘官，对全书总目进行安排；有缮写处，专掌抄书。 总纂官之下，又有纂修官，分任编书之目，他们的职能有四类：校勘《永乐大典》纂修官、校办各省送到遗书纂修官、黄签考证纂修官、天文算学纂修官。 还设篆隶分校官、绘图分校官。 缮书处亦设总校官、分校官、篆隶分校官。 此外，还有翰林院收掌官、武英殿收掌官、督催官、缮书处收掌官、监造官等等，共360员，包括了许多优秀人才。乾隆三十八年闰三月，乾隆皇帝批准大学士刘统勋荐举，总办有两位，为纪昀、陆锡熊，以姚鼐、程晋芳、任大椿、汪如藻、翁方纲为纂修，以余集、邵晋涵、周永年、戴震、杨昌霖等人"在分校上行走"。 这些人都能称得上是博学之人。 纪昀学贯儒籍，旁通百家，他在编纂工作中，"钩深摘隐，各得其要旨"，在《四库全书》的编纂过程中起到了重要作用。 陆锡熊、邵晋涵以史学著称。 周永年在校勘学方面最有成就，姚鼐擅长经学、理学。 任大椿精经学、小学；

戴震精通考据，精通经学、天文、地理、音韵、训诂等，但每次都不能考取进士，乾隆特以举人召置四库全书馆充纂修官。有这一批著名学者参与其事，《四库全书》的质量就有了保证。乾隆还任命皇六子永瑢、皇八子永璇、皇十一子永瑆以及大学士刘统勋、舒赫德、阿桂、于敏中等为总纂官。皇亲显贵的参与，表明乾隆高度重视《四库全书》的编纂，对其工作的顺利进展，提供了政治上的保护。

乾隆皇帝亲自制定了《四库全书》的分类原则。乾隆三十八年二月十一日，他对《永乐大典》按韵分字编排的分类法表示不满，并下了一道圣谕："编韵分字，意在贪多务得，不出类书窠臼，是以踳驳乖体，于体例未能允协。即如所用韵次，不依唐宋旧部，惟以洪武正韵为断，已觉凌杂不伦，况经训为群籍根源，于《易》先列蒙卦，于《诗》先列大东，于《周官》先列冬官，且采用各家，不论易书诗礼春秋之序，前后错互，甚至载入六书篆隶真草字样，描头画角，支离无谓。至儒家之外，阑入释典道经。于古柱下史专掌藏书守先待后之义，尤为凿枘，不合朕意。从来四库书目，以经史子集为纲目，裒辑分储，实古今不易之法。是书既遗编渊海，若准此以采撷所登，用广石渠金匮之藏，较为有益。"乾隆强调按经、史、子、集四部分类法，是要在群书中突出儒家的地位。

另外，乾隆不仅亲自确定书籍征集的范围、原则、方法，亲自遴选纂修人员，亲自确定全书编纂原则，而且还亲自阅读了半成品。可以说，乾隆抓《四库全书》的编纂，是抓得相当具体细致。他不时审检《四库全书》馆送来的缮写本，就发现了一些错别字。有一次，他阅读康熙御制诗集，里面就将"桃花"的"桃"写成了"梅"，便降谕说："朕于所缮各种书籍，原未尝有意苛求，亦实无暇通身细阅，而信手披阅，错字自然呈露，则其他舛误，谅更不少。"他要求总裁们每天都要来馆，"但能每本抽阅数处，时为驳正，则校对及誊录等皆知有所儆畏经心"。这就能使校对人员认真工作，以"免鲁鱼亥豕之讹"。乾隆三十八年十月，在乾隆皇帝的要求下，总裁大臣们制定了《功过处分条例》，对誊录、校对人员的功过赏罚做了明文规定。虽然有严格的处分规定，但谬误仍难避免，为此而被记过或罚俸者甚多。如总纂纪昀、陆锡熊、孙士毅仅仅在乾隆四十五年冬天就被记过3次，纂修周永年于四十六年冬记过50次。被记过最多的人就是总校官王燕绪、朱铃、何思钧、仓圣脉4人：仓圣脉达1686次，朱铃达2734次，王燕绪达3705次，何思钧达3728次。这说明，乾隆对这套书要求很严格。

乾隆得知浙江宁波府范懋柱家"天一阁"藏书处，"纯用砖甃，不畏火烛，自前明相传至今，（藏书）并无损失"，三十九年六月，他让浙江地方官去考察，"看其房间制造之法"，然后"烫成准样，开明丈尺呈览"。地方官向乾隆汇报说："天一阁在范氏住宅之东，坐北向南，左右砖甃为垣，前后檐上下俱设窗门，其梁柱俱用松杉等木。共六间：西偏一间，安设楼梯；东偏一间，以近墙壁，恐受湿气，并不贮书。惟居中三间，排列大橱十口，内六橱，前后有门，两面贮书，取其透风。后列中橱二口、小橱二口。又西一间，排列中橱十二口，橱下各置英石一块，以收潮湿。阁前凿池，其东北隅又为曲池。传闻凿池之始，土中隐有字形，如'天一'二字。因悟'天一生水'之义，即以名阁。阁用六间，取'地六成之'之义。"

同年秋，乾隆命在避暑山庄和圆明园分别建了文津阁和文源阁，乾隆四十年又在紫禁城建文渊阁，乾隆四十一年于盛京建文溯阁，欲将《四库全书》藏于这些地方。这就是著名的"北四阁"。乾隆皇帝曾作《题文津阁诗识语》注云："是阁与紫禁城、御园、盛京之三阁，均仿范氏天一阁之制，以贮《四库全书》者。"四十四年，又建了文宗阁，位于镇江；四十五年，在扬州建成文汇阁；四十七年在杭州兴建文澜阁。这就是著名的"南三阁"。它们同样是仿天一阁建成。

从乾隆三十七年正月算起，花了10年编纂《四库全书》，至四十六年冬才完成第一部的缮写工作。乾隆令贮文渊阁。后来，第二、

三、四部也出炉了，分别贮文溯、文源、文津三阁。乾隆四十七年七月，乾隆决定再缮写三部，在南三阁各存一部。他说："因思江浙为人文渊薮，朕翠华临莅，士子涵濡教泽，乐育渐摩，已非一日，其间力学好古之士，愿读中秘书者，自不乏人。兹《四库全书》允宜广布流传，以光文治。如扬州大观堂之'文汇阁'、镇江口金山寺之'文宗阁'、杭州圣因寺之'文澜阁'，皆有藏书之所，着交四库馆再缮三份，安贮各该处，俾江浙士子观摩誊录……"

乾隆五十二年三月，当南三阁三份《四库全书》就要写完的时候，李清《诸史异同录》事件发生。在阅读内廷《四库全书》的过程中，乾隆发现李清《诸史异同录》内说，清康熙时与明崇祯时有"四事相同"，"妄诞不经，阅之殊甚骇异"。乾隆严厉指出："李清系明季职官，当明社沦亡，不能捐躯殉节，在本朝食毛践土，已阅多年，乃敢妄逞臆说，任意比拟，设其人尚在，必当立正诛邪，用彰宪典。今其身既幸逃显戮，其所著籍悖妄之处，自应搜查销毁，以杜邪说而正人心。乃从前查办遗书时，该省及办理四库全书之皇子大臣等，未经撤毁，今续办三分全书，犹复援例缮，方经朕摘览而得，甚属非是。所有办《四库全书》之皇子、大臣及总纂纪昀、孙士毅、陆锡熊，总校陆费墀、恭泰、吴裕德，从前覆校许烺，俱着交部分别严加议处。所有四阁陈设之本及续办三分书内，俱着掣出销毁。"

在乾隆的斥责下，北四阁的《四库全书》被重新检查，不仅销毁了李清《诸史异同录》，还抽出李清撰《南北史合注》《列代不知姓名录》《南唐书合订》，以及吴其贞的《书画记》、周亮工的《读书录》《闽小纪》《印人传》和不著撰人但内有钱谦益辨证的《国史考异》等。

编纂《四库全书》的功过

《四库全书》的编纂，对于保存与整理我国古代文化遗产，有不可磨灭的作用。

《四库全书》共收录书籍3488种，存目达到6783种。单佚书就有380多种，是经过众多学者辛苦收集才得到的。还有不少书籍，经过艰苦的考订、鉴版本、证真伪、补残篇、斠字句，恢复了古籍的原貌。郦道元的《水经注》，由于长期辗转抄刻，经注混淆，讹误不可卒读。经戴震精心研究，确定了区别经与注的三原则，才将经与注区分开来。《四库全书》的编纂者还编写了《四库全书总目》，主要是对著录与存目书籍做了详细介绍，写明作者姓名、所处年代与该书要旨，集图书作者、内容与版本三者于一体，影响了我国目录学的发展。

但是，由于《四库全书》编纂者受政治的影响，在编纂过程中，对于不利于清朝的书籍，采取销毁、删削、挖改等文化专制手段，同时也对古文化造成了很大的破坏。

乾隆三十七年正月四日，在搜集群书的谕旨中，乾隆很明白地说此举是"聿资治理"。"聿资治理"的政治意图一直贯穿于《四库全书》编纂全过程。

儒学在意识形态领域居于统治地位，是不容怀疑的。对于那些讥讽儒学鼻祖孔孟的著述，即便学术价值很高，也遭到了抨击或摒弃。如东汉王充的《论衡》，在中国思想史上具有难以抹杀的地位，《四库全书》编纂者也承认，说此书"终不能废"，收入《四库全书》，但对《刺孟》《问孔》两篇，却加以批评，说是"以与圣贤相轧，可谓悖矣"。明代进步思想家李贽也说过，汉唐以来，人们"咸以孔子之是非为是非，故未尝有是非耳"。对于李贽的言论，乾隆等人视之为洪水猛兽，不仅销毁了他的著作，而且直斥李贽"为小人无忌惮之尤""非圣无法，敢为异端""别立褒贬，凡千古相传之善恶，无不颠倒易位，尤为罪不容诛，其书可毁，其名亦不足以污简牍"。

在编纂《四库全书》期间，乾隆焚毁的书的数目，据地方官上报的数字共计2629种。又据《四库全书纂修考》的作者郭伯恭统计，被全毁的书有 2453 种、抽毁书目 402 种、销毁书版目 50 种、销毁石刻目 24 种，共计 2629 种。 每种都销毁了好几部，所销毁的总数至少当在 10 万部左右。

第九章　从盛入衰的转折年代

制造文字狱

1. 乾隆前期文字狱

文字狱由来已久。 清朝文字狱不仅数量较以往增多，也格外残酷。 乾隆时期，大案迭起，是文字狱最恐怖的年代。 据不完全统计，乾隆在位 60 年，制造的文字狱多达 100 余起。 中国封建文化专制到这个时期已成为封建思想文化的恐怖统治。

乾隆朝罗织文字狱罪名甚多，主要有三类：讥讽官方推崇的理学和圣贤、诽毁皇帝或朝政、诋毁清朝或收藏诋毁清朝的违碍书籍。 乾隆在位 60 年里的百余起文字狱，可以三十九年（1773）为界，分为两个时期。 前期的罪名主要是非儒毁圣、攻击皇帝与朝廷，后期大多以收藏禁书获罪。

诋毁理学与先贤的文字狱，以谢济世案为代表。

在清朝，理学居各学说的统治地位。 康熙将朱熹升配"十哲之列"，受到尊奉，凡有悖理学都要受到惩罚。 雍正年间，广西全州人谢济世，字石霖，曾因所著《古本大学注》中涉及诋毁理学而被弹劾。 其时，江南吴县知县陆生楠以"诽议时政"获罪，于军前正法。 谢济世陪斩后投入大牢。 乾隆登基，大赦天下，释放谢济世，复补江南道御史。 他仍坚持己见，以所著《大学注》《中庸疏》进呈，被乾隆退了回去。　乾隆六年（1741），又有人告发谢济世所注《周易》，大部分内容是抄袭来知德的。　来知德，字矣鲜，四川梁山县人，明嘉靖三十一年（1552）中举后，移居万县深山中，花了29年精思易理而著《周易集注》，至乾隆时，百余年来信其说者颇多，但反对的人也不少。　这本是学术歧见。　但告发者说，谢济世抄袭来知德，与程朱不合，特别是《论语》《中庸》更"以朱注为错误支离，而一以己意释之"。　乾隆获奏，认为其狂妄自大，但是谢济世在乾隆时期颇有影响。　乾隆二十二年（1756），湖南茶陵生员陈兆安著《大学疑思辨断》《中庸理事断》等书，推崇谢济世。　湖南巡抚富勒浑以此事上奏朝廷，乾隆认为其"识解肤浅"，毋庸办理。

　　由此可知，违背理学毕竟是学术之争，因此处理较轻。　但是，对于直接把攻击矛头指向皇帝的案件，处罚就要严重得多。　乾隆十六年（1751）孙嘉淦伪奏疏案正是如此。　胡仲藻"坚磨生诗钞案"就是典型的案例。　胡仲藻，江西新建人，曾任内阁学士，是鄂尔泰得意门生，自诩"西林第一门"，与鄂尔泰从子鄂昌来往密切。　乾隆十八年，他的《坚磨生诗钞》被人呈送给乾隆皇帝。　乾隆下令户部尚书、协办大学士蒋溥暗中办理。　乾隆二十年二月，又令广西巡抚卫哲治将其在广西任学政时所出的乡试试卷，及其诗文并一切"恶迹"，全送往京师。　同时，命协办陕甘总督刘统勋搜查甘肃巡抚鄂昌衙门，将鄂昌与胡仲藻往来应酬诗文以及与别人往来字迹一并送往京师。　三月十三日，乾隆召集大学士、九卿、翰林、詹事、科道等，宣布胡仲藻罪状。　首先，《坚磨生诗钞》这个书名就犯了大忌。　说"坚磨"出自《鲁论》，孔子所称磨涅，说的是佛肸。　胡仲藻以此自号，是诚居何心？乾隆把"坚磨"解释为《论语》中的"磨涅"，加进了历史典故。　原来孔子虽然听从了叛乱者佛肸在中牟的召唤，但以为自己是坚而磨不破、白而黑不染，与叛乱者保持了距离。　乾隆这一解释，就给胡仲藻扣上了谋反的罪名。　接着，又指出诗钞中"其种种悖逆之不可悉数"者。　如"又曰'一把心肠论浊清'加'浊'字于国号之上，是何肺腑？""至若'老佛如今无病病，朝门闻说不开开'之句，尤为奇诞。朕每日听政，召见臣工，何乃有朝门不开之语？""至其所出试题内，考经义有'乾三爻不象龙之说'……乾隆乃朕年号，龙与隆同音，其诋毁之意可知""至于孝贤皇后之丧，乃'并花已觉单无蒂'之句……丧心病狂一至如此"。乾隆还指出，鄂昌身为满洲世仆，历任巡抚，看见这种大逆不道的著作竟不知愤恨，"且丧心与之唱和，引为同调，其罪实不容诛"。审讯中还发现鄂昌著有《塞上吟》，"称蒙古为胡儿"，并接受大学士史贻直贿赂，为其子史奕簪请托。结果，胡仲藻被判斩立决，赐鄂昌自尽，史贻直致仕回籍，已故大学士鄂尔泰也从贤良祠中撤出。胡仲藻之狱，是统治阶级内部矛盾的反映。

爱新觉罗氏取代明朝，以少数民族君临天下，对汉族知识分子一直保持较高的警惕，见到"明""清"字样就神经紧张，总要竭力揣测是否带有反清性质。由此所造成的文字狱中，真正的反清者固然有之，但大部分都是无辜受害者。

浙江天台县生员齐周华，确实是有反清思想。早在雍正九年（1/31）吕留良案件发生时，雍正谕各省监生表态，如果有认为应该处罚吕留良的人，即行出结；若"有独抒己见"，可以呈明。齐周华居然赴刑部"独抒己见"，最后他被永远监禁。齐在狱中还作《祭吕留良》一文，"极力推崇，比之夷齐孟子"。乾隆即位，大赦齐周华回家，又游历各省，继续著述。乾隆二十六年，他决心变卖家产刻书，但妻儿均不同意，并被驱逐出齐氏家族，一人独居僻处。由于长期折磨，这位孤独的老人精神和行为都已不太正常。乾隆三十七年，他竟拿着《名山藏初集》等书，恳请正在天台县执行公务的浙江巡抚熊学鹏作序。结果，其本人被凌迟处死，其子、孙斩监候，而女眷付功臣家为奴。在他的著述中，发现有当时的名人沈德潜、谢济世、李绂、吕抚及其族兄礼部侍郎齐召南作的序或跋，这些人后来都受到了惩罚。

乾隆朝对封建文化控制很严，由于毛举细故，陷人于罪，文字狱凶残到了顶点，不仅那些切切于仕进或沽名钓誉的文人反遭杀身之祸，就是一些粗识文墨的疯子、骗子也不例外。

　　对于乾隆文网密张，知识分子动辄以悖逆构罪，有人提出异议。乾隆二十三年十二月，御史汤先甲上"刑法宜为变通"折说："内外问刑衙门，遇有造作妖言，收藏野史之类，多丽逆案。宜坐以所犯罪名，不必视为大案，极意搜罗。"汤先甲所请求，并不是要求取消文字狱，而是不可以扩大其严重性，"宜坐以所犯罪名"，意思即为根据具体案情拟罪。这实际是要求将文字狱降温。乾隆看后十分生气，把奏折掷还汤先甲，并说："肆行诋毁本朝之语，此而不谓之逆，则必如何而可谓之逆者！凡在食毛践土之人，自当见而发指，而犹存迁就宽贷之意，必其人非本朝之臣子而后可！"汤先甲上疏非但没有达到目的，文字狱比以前反而更加严重了。

2. 乾隆后期文字狱

　　编纂《四库全书》对保存中国历史文化有重要意义。但在编纂过程中，寓禁于征，不仅大规模销毁"违碍书籍"，而且对于著述或收藏者大肆屠戮，这成为乾隆后期文字狱的基本内容。

　　为了推动违碍书籍的收缴，乾隆在三十九年就制造了屈大均诗文案。

　　屈大均早在雍正八年（1730）时，因其诗文中"多有逆词"，雍正降诏对其子屈明洪抄家缴书，锁拿治罪。至乾隆时，屈大均嫡系子孙已死绝。但是，由于屈大均的《广东新语》在番禺书肆仍有出售，清朝下令搜查屈氏族人的家。又因传说南京雨花台有屈大均衣冠冢，乾隆立即派人前去搜查，无果。乾隆三十九年十一月，乾隆发布谕旨，只要"如有收藏违碍之书，即早交出，免其治罪"。

　　谕旨发布后，不仅收缴的违碍书籍增多，而且文字狱的数量也急剧增加。乾隆的恐怖思想文化统治，进入了更加严酷的时期。

文字狱是封建思想文化专制的产物。 在这样的环境下，势必会产生一批文化鹰犬。 他们为了向最高统治者邀功，到处窥探捕捉对象。

　　官府四处密访，无耻文人也经常出入书铺、学馆，甚至到私人书房中用卑鄙伎俩获取密告材料。 例如乾隆三十九年，一个叫简上的人，只用3元钱就从屈大均族人家中诓得屈大均3本著作，才酿成了屈大均案。 正是这一批文化鹰犬推波助澜，文字狱才愈演愈烈。 有些案件，乾隆皇帝也不以为然。 乾隆四十三年四月，山西武乡县生员李抡元，在乃父墓碑上用"皇考"二字。 山西巡抚觉罗巴延三以"悖逆"罪逮捕李抡元。 乾隆不以为然，并说："'皇考'之字用于《礼经》，被屈原《离骚》及欧阳修《泷冈阡表》都引用过。 在臣子尊君敬上之义，固应避之，但迂腐无知，泥于用古，不得谓之叛逆，可勿庸查办。"李抡元因此得救。

　　此外，在地主文人之中，有一部分人为谋取私利，不惜挟嫌首告，希望把对手弄得家破人亡。 如自号"半察先生"的河南登封县生员李一，与同里监生乔廷英平日以诗文唱和。 乾隆四十八年，李一的儿子李从先与人争夺秤行。 李从先认为是乔廷英撺使别人这样做的，遂向县官控告乔廷英。 乔遂将李一的《半察糊涂词》呈官，李一也告发乔廷英诗稿中有"千秋臣子心，一朝日月天"等悖逆诗句，结果两家人都惨遭灭门。

　　乾隆前期，一些人因利欲熏心而遭杀身之祸，但封建文人并没有引以为戒。 乾隆后期，为求功名利禄或沽名钓誉而身负重罪的案件，依然存在。

　　典型的例子就是直隶盐山县王列，他是个名利狂。 他声称家有"天仙"写的"神书"。 "占仙"说他与翰林纪昀"俱是圣门子弟。 纪昀是子贡转世，王珣是颜回转世"。 还叫王珣的哥哥王琦到盐山县儒学投递书帖，害得王珣被斩首。 直隶高邑人智天豹，自称在骆驼崖采药时，"曾遇见老主显圣，授予《本朝万年书》一部。 书中说本朝国运比周朝八百年更为长久"，并按八卦名目，瞎编了800个清朝年号，其中乾隆是 57 年。 他授意一个目不识丁的徒弟张九雷，在谒陵路上进献给乾隆说："若进了此书，皇上必然喜欢我们，我们都可以富贵了。"谁知乾隆一心想当 60 年皇帝，说乾隆一朝仅 57 年，无异于诅咒皇帝。 结果，智天豹被判斩立决，张九雷被判斩监候。

以上数例引颈受戮的文人，是迂腐可悲的。 其实受害者并不都是具有反清意识或者是利欲熏心者，其中不乏有识之士。 他们针对社会某些弊端上书言事，稍不合最高统治者的心思，也会酿成大祸。

文字狱在社会上产生了很大的影响。 在封建思想文化恐怖政策之下，著书会惹祸，刻书会惹祸，藏书会惹祸，售书会惹祸，读书也会惹祸。 知识分子只能埋头于故纸堆，做烦琐考证，庶几可以免祸！

宠信和珅，贪污案迭起

宠信和珅以及和珅弄权，体现了乾隆后期的败权。 自和珅弄权，清朝社会已陷入黑暗年代。

和珅字致斋，姓钮祜禄氏，为满洲正红旗人。 他于乾隆十五年（1750）出生，父亲名常保。 和珅曾祖父尼雅哈纳曾因军功赐巴图鲁，被封为三等轻车都尉，可世袭。 和珅 10 岁左右与乃弟和琳一起被选送入咸安宫官学读书。 咸安宫官学创办于雍正六年（1728），位于西华门内。 这所学校旨在培养内务府人员的优秀子弟。 乾隆年间扩大招收八旗官员子弟入学，主要学习满汉蒙古语文以及经史等典籍，还学习骑射与火器等军事技艺。 和珅因天资聪明、记忆力强，在学生中出类拔萃。 乾隆三十二年，和珅与内务府大臣、户部侍郎英廉的孙女结婚。 后英廉连续升职，乾隆三十四年任刑部尚书，四十二年为协办大学士，四十五年授东阁大学士。

和珅结婚那一年，还承袭了三等轻车都尉，这个职衔薪水很高。第二年，他参加顺天府试落第，23 岁时又被授予三等侍卫，挑补黏竿处。

不久，和珅又调任仪銮卫侍卫。

乾隆四十年，和珅仕途蒸蒸日上。那么乾隆为什么宠爱和珅？有关传说不少，其中为人机警又小有才干、办事干练，是和珅取宠于乾隆的主要原因。他得势之后，更是投乾隆所好。作为军机大臣，"言不称臣，必曰奴才；随旨使令，殆同皂隶""皇帝若有咳唾，和珅以溺器进之"。乾隆晚年挥霍无度，给内务府增加了很大负担。和珅经管崇文门税务，移用崇文门所得税款，供内务府开销，使内务府不仅"岁为盈积，充外府之用"。乾隆七旬庆寿以及千叟宴，都是由和珅主持的，规模十分宏大，乾隆皇帝对此十分满意。而和珅家族与皇室联姻，使和珅与皇家之间发展为裙带关系，感情更加密切。

和珅得势后，结党营私。对于和珅擅权乱政，朝中也有心怀不满者，但他们慑于和珅权势，不敢轻举妄动。乾隆五十一年五月，发生了两广总督富勒浑的家奴殷士俊案件。经江苏织造四德等揭发，在殷士俊家中查出现存及出借的银钱共2万余两、田360余亩、房屋3处，并起出殷士俊之子殷孝基捐监部照一张。乾隆当即断定，殷士俊一个家奴，财产竟然如此之多，肯定有勒索行为，其根子在主人富勒浑，于是富勒浑被搁置。家奴勒索致富，罪及主子，这件事启发了和珅的反对派。六月中旬，御史曹锡宝弹劾和珅家人刘秃子："（刘）本系车夫，浑管家务，服用奢侈，器具完美，苟非侵冒主财，克扣欺隐，或借主人名目招摇撞骗，焉能如此。"

其时乾隆正在热河，和珅随驾。他接到奏折后，立即面询和珅。和珅回答："刘秃子刘全儿，并无秃子之名，本系世仆，有旗档可查。因家人众多，宅内不敷栖止，是以令其在宅西附近兴化寺街居住，一向派在崇文门税务上照管一切。尚为安分朴实，平时管束家人甚严，向来未闻其敢在外招摇滋事。或因扈从出外日多，无人管教，渐有生事之处，亦未可定，请旨饬派严查重处。"

听了和珅的辩解，乾隆马上表态：曹锡宝犯有诬陷大臣罪。

问题还不止如此。在参劾刘全儿之前，曹锡宝曾把他的奏疏送同乡朋友江苏南汇人侍郎吴省钦看过。 吴省钦卖友求荣，立即驰往热河，把这一消息告诉和珅。 和珅令刘全儿立刻藏匿一切逾制器具，毁其居室、衣服、车马，不留痕迹。

曹锡宝参劾和珅家奴，惹火烧身，受了处分，但是和珅的地位却更加稳固。 此后，终乾隆之世，无人再敢去触犯和珅这个权贵。 正如《清史稿》作者所说，高宗中年之后，"大臣恃宠乱政，民迫于饥寒，卒成祸乱"。 乾隆后期，和珅弄权对败坏政局所造成的影响，未可低估。

和珅擅权时期，贿赂公行，受贿行贿绝非孤立现象。 处于封建社会后期的清王朝，尽管在其前期励精图治、蓬勃发展，但降至乾隆中期，随着政治相对稳定和经济某种程度的繁荣，以乾隆为首的统治集团逐渐倦于政务，吏治日趋腐败，骄奢淫逸之风日炽。

乾隆后期，最大的集团贪污案，是以甘肃布政使王亶望为首的侵吞"监粮"案。 依甘肃旧例，百姓可以输豆麦捐国子监生。 乾隆三十一年（1766）这一旧例被革除。 乾隆三十九年因甘肃地瘠民贫，户无粮储又时有灾荒，陕甘总督勒尔谨向朝廷请求恢复捐监旧例，筹粮备赈。 乾隆批准勒尔谨奏请，特调王亶望自浙江布政使改任甘肃布政使，主持收粮捐监工作。

王亶望是原江苏巡抚王师的儿子。 王师官声素著，颇有政绩。 王亶望以举人捐纳知县，历官至浙江布政使。 乾隆三十八年，皇帝幸天津，拒绝了王亶望上贡的方物及饰珠金如意。 但乾隆还是很看重他。 乾隆三十九年十月，王亶望赴任甘肃仅半年便向皇帝报告，称收捐监19017名，得豆麦827500余石。 乾隆对巨额粮食起疑，发"四不可解"谕诘问勒尔谨："一、甘肃民多艰窘，安得有近2万人捐监？ 二、民食尚且不敷，又安得这么多粮食捐监？ 三、捐监粮多达82万，年复一年，经久必陈腐，又将安用？ 四、即使每年借给民间，何不留于闾阎，听其自为流转？"勒尔谨回奏："甘省报捐监者，多系外省商民。 安西、肃州系新疆新辟门户，商民必经之地。 近年甘肃收成颇好，富户积粮日多，乐于粜粮得价。商人因粮价平减，遂卖货购粮捐监。"乾隆因查不出破绽，只好谕"尔等既身任其事，勉力妥为之可也"。刑部尚书袁守侗被乾隆专门派赴甘肃盘查，也查不出什么问题。降至乾隆四十二年，甘肃累计收到 600 多万石监粮。王亶望也因功升擢浙江巡抚。

乾隆后期贪污案特点如下：

第一，贪污的花样多。如侵贪公私款项、侵吞钱粮造成仓储亏空、官吏勒索属员和百姓、收受贿赂，以及监守自盗、挪移公款等。

第二，贪污犯中高级官员多。犯官位列总督的，就有云贵总督恒文、李侍尧，陕甘总督勒尔谨，闽浙总督陈辉祖、伍拉纳，两广总督富勒浑等。犯赃的巡抚、布政使就更多了。所以，乾隆五十五年（1790）内阁学士尹壮图说："各督抚声名狼藉。"

第三，集团性贪污案件多。如乾隆四十六年甘肃侵吞"监粮"案，乾隆四十七年以山东巡抚国泰为首的仓储亏空案，乾隆六十年（1795）以总督伍拉纳、巡抚浦霖为首的福建侵吞库帑案等，都是上下勾结，通同作案。

第四，贪污数额巨大。如乾隆四十六年哈密通判经方一人竟被查出侵吞帑项达 15 万两，乾隆四十七年山东国泰贪污造成仓库亏空 130 万两，五十八年浙江巡抚福崧一人被查出侵用该省盐运款达 11.5 万两。乾隆六十年查出福建前后亏空达 250 万两。不仅大官贪污数额多，连他们的仆人也靠招摇贪索而致富。如乾隆四十五年云贵总督李侍尧的家人被查出平时借势积赀达数千金，乾隆四十六年勒尔谨家人曹禄被查出通过勒索蓄积现银达 2 万两。

第五，官官相护，揭发案件和惩办难。贪污案以上诸特点表明，降至乾隆后期，清朝政治的腐朽阶段已开始。而官场贪污成风，与乾隆改变对贪污犯的惩治政策也有密切关系。

据估计，乾隆四十五年和珅任户部尚书时创制了"议罪银"制度。所谓议罪银，就是议罪罚银。它主要是针对督抚等地方大员而设的，但"议罪银"的对象，还包括布政使、盐政织造、税关监督等，以及富裕的商人。办法是"令其自出己赀，稍赎罪戾"。大部分议罪银的收入解归内务府供皇室消费，少部分留在地方作为水利工程等用途。军机处专门设立的"密记处"负责承办和追取议罪银。密记处由和珅直接负责，秘密进行，与吏部所主管的公开罚俸制度不同。罪官出资赎罪的标准视官缺肥瘠及收入多寡而定，少者1.55万两，多者达38.4万两。为表示对皇上效忠，犯罪者多自愿从重认罚。只要多罚银，就可以博取乾隆欢心，不但可以继续任职，甚至可以超擢更大的官或更肥的缺。议罪银制度的实施，怂恿了贪污行为。贪污愈多，私囊愈饱，一旦败露，便可以凭腰间巨赀从重认罚，保住官位甚至超擢。可以说，议罪银制度加速了乾隆后期吏治的败坏，这势必会引起一些正直官员的反对。乾隆五十五年一月，内阁大学士尹壮图上奏：

"近有严罚示惩，而反邻宽纵者。如督抚自蹈愆尤，不即罢斥，罚银数万，以充公用。因有督抚等自请认罪罚银若干万两者。在桀骜之督抚，借口以快饕餮之私，即清廉自矢者，不得不望属员饮助，日后遇有亏空营私，不容不曲为庇护。是罚银虽严，不惟无以动其愧惧之心，且潜生其玩易之念。请永停罚银之例，将罚项改为记大过若干次，如才具平常，或即罢斥，或量予京职，毋许再膺外任。"

尹壮图对贪污犯官罚银例的批评，是中肯的。但并未被乾隆听进去，他辩解说："督抚等坐拥厚廉，以其尸位素餐，故议罚充公之项，令其自出己赀，稍赎罪戾，亦不过偶尔行之，非定例也。"

这就是说，督抚"尸位素餐"，只要自己出钱就可以"稍赎罪戾"。乾隆二十三年九月，乾隆曾说，限内完赃减等条例将"益肆无忌之行"。将乾隆前后不同政策与不同言论做一比较，就可以发现其已完全改变了指导思想。乾隆五十五年的乾隆，正是乾隆二十三年的乾隆所斥责的那种"视帑项为重而弼教为轻"的决策者。不仅如此，他还要尹壮图就奏疏中所说督抚中有人"以措办官项为辞，需索属员，派令饮助"，说明参奏究竟指的是什么人。

尹壮图事件的影响是恶劣的。 不仅议罪银制度没有被取消，而且也没有人再敢于对时政发表议论了。 剩下来的只是一片颂谀之声，而在颂谀声中，清朝的政治也就继续黑暗下去了。

接见英使马戛尔尼

在一个相当长的时期中，中国市场确实不太需要欧洲商品。 外国人在中国购进中国商品所使用的外币，这在许多需要外币购买外国产品的国家看来是非常可贵的，但在中国换进许多外国硬币，对中国人来说只是一个麻烦。

英国方面不满意中英当时这种贸易状况。 他们感到有必要采取有力措施扩大对华贸易。 于是，经过慎重挑选，马戛尔尼被英国国王指定为来华特使。 此人曾在印度担任要职，出任过英国驻彼得堡公使，料理过孟加拉事务，长期从事外交工作，富有谈判经验。 马戛尔尼挚友斯当东任其副手。 斯当东也曾代表英国政府外理过多起外交事务。使团还有秘书、翻译、医生等。 为了向中国炫耀大英帝国的力量和物质文明，化学、天文学、力学等多学科的专家也被英政府安排进使团。 乾隆五十七年（1782）九月，从英国朴次茅斯港起航的使团，直航天津。 乾隆五十八年（1783）一月，清朝表示同意马戛尔尼访华。但是孤立于世界之外的清王朝不仅缺乏外交常识，而且从天朝帝国传统的虚骄观念出发，清王朝认为英使是前来"叩祝"乾隆八十寿辰的。 五月，马戛尔尼的使团船到达澳门。 广东巡抚郭世勋获悉后，立即向北京报告。 乾隆决定在热河行宫避暑山庄接见马戛尔尼，并降谕接待工作由驻在天津的长芦盐政征瑞承办。

征瑞陪同使团到达北京，住进了宏雅园。 此时，乾隆已去避暑山庄。 七月十八日，英使参观了圆明园。 原先，英使曾傲慢地认为难以找到安装体积高大的礼品地点。 但看了正大光明殿之后，即认为

"这个宽广的大殿正适于陈列礼物"。乾隆听后十分得意说："总不出朕所料。该贡使等从未观光上国，其前征瑞说贡品高大，不免夸大其词。兹一见天朝殿宇辉煌壮丽，气也不免短了。"可见，乾隆安排英使参观圆明园宫殿，其目的是要与西方比试物质文明。

为了便于赴热河谒见乾隆，使团移住城内。这时，马戛尔尼最担心的是谒见乾隆的礼节问题。如果按清政府要求行三跪九叩礼，这等于英国"表示屈服和顺从"，难以接受。如果不行此礼，又怕难以谒见中国皇帝，完不成英王交给的使命。"这对英国和英属印度甚至全欧洲商业的关系是重大的。"马戛尔尼给大学士和珅写去备忘录，交涉谒见的礼节："贵国皇帝钦派一位同本使地位身份相同的大员穿着朝服在英王陛下御像前行本使在贵国皇帝面前所行的同样礼节。"这样做就可以使本特使既能向贵国皇帝致敬，而又不损及他所代表的本国国王在世界列强中的崇高地位。

乾隆对英使不肯行三跪九叩礼很不满意。清政府在反复磋商后终于答应马戛尔尼提出的另一方案，以晋见英王时单腿下跪礼谒见乾隆，但免去英国式的吻手礼节。乾隆在达成谒见礼节协议后指示，八月十日在避暑山庄万树园，正式接见正使马戛尔尼和副使斯当东。

八月十日清晨，乾隆在万树园接见了英国正、副使。同时还接见了缅甸国使臣，以及蒙古诸王、贝勒、贝子、额附、台吉等。马戛尔尼向乾隆行礼致辞，向乾隆递交了装在镶有珠宝的金盒里的英王书信。乾隆赐宴款待，并约请马戛尔尼及其随员第二天游览御花园。八月十三日乾隆生日当天，马戛尔尼带着随员到澹泊敬殿行庆贺礼。

英使团在庆寿活动后先行回京。乾隆在热河看了刚刚译成中文的英文信件。此时，他才真正了解到英国使团来华的目的。八月十五日，他在给英王的复信，即《敕谕英吉利国王》中回应了英方提出的8项要求。

英国方面提出的8项要求，可以分为3种情况。其一，符合外交关系准则的，如要求在北京派员管理本国对华贸易，乾隆加以拒绝，反映了清王朝排外防外的保守思想。 其二，个别条款与清朝所支持的封建传统文化相抵触。 如要求让传教士在中国各处任意传教，企图以西方宗教的蒙昧主义来奴化中国人，这与乾隆重视儒学的思想显然格格不入，被乾隆视为有悖于"圣帝明王垂教"的"异说"，加以抵制。 它反映了东西方两种意识形态的对立。 其三，8款中的主要内容，如要求在舟山、广州给地居住，减免内河关税，这实质上是要求中国政府割让土地，减免关税侵犯了中国的主权，反映了英国政府向中国领土推行殖民政策的企图。 乾隆拒绝这些侵略性的条款，维护了国家主权，是完全正确的外交政策。 但在复信中，孤立于世界之外的中国封建帝王的愚昧与孤傲被再一次暴露出来。

乾隆从对英国在欧洲行为的耳闻，预测到马戛尔尼访华没有达到预期目的不会善罢甘休。 为此，他在外交和军事上采取了预防性措施。 英国使团的来华访问将一个庞大而又虚弱的中国完全暴露给了西方殖民者。 马戛尔尼说："使团的副使斯当东回国之后，根据访华人员的记录，编写了《英使谒见乾隆纪实》，于1797年即清嘉庆二年在伦敦出版。 这本书详细地向英国资产阶级汇报他们的访华情况，当然也会增强西方殖民者对中国的野心。 可悲的是，古老的中华帝国的最高统治者，还自我陶醉在'天朝声威'的梦幻中。"

三年太上皇

乾隆三十七年（1772）十一月，乾隆首次向诸皇子表明，归政的时间定于其86岁。 第二年冬，又"手书应立皇子之名，密缄而藏之"。 但仅有军机大臣们知道这件事，至于储君是谁，乾隆对任何人都不透露。 由于储君问题秘而不宣，朝野对这件事议论纷纷。

到乾隆后期时，乾隆迫不得已必须把已经秘密建储的事和自己的退位计划一同向世人说明。 他说：此等大事，我肯定已经有所顾忌，已于三十八年冬手书应立皇子之名，密缄藏之。

乾隆五十四年十二月，即将寿登八旬的乾隆，虽然只有 6 年的时间就到他归政了，但仍满怀壮心，说："一日未息肩，万民恒在怀。"虽然这样，他还是着手为不久将来的归政做准备。

乾隆特意选取他登基 60 周年纪念日，即乾隆六十年九月三日，把储君人选公布。这一天，他御勤政殿，把诸皇子皇孙和王公大臣召集到这里，取出当年存放在乾清宫"正大光明"匾后的密诏，公同阅看，宣布太子为皇十五子永琰，明年改元嘉庆。永琰同时改为颙琰，移居毓庆宫，生母令懿皇贵妃赠孝仪皇后。

十月，乾隆又把明年传位大典有关事宜一一宣布，决定届时颁发传位诏，退位后乾隆将被称为太上皇，用敕旨代替谕旨，自称乃用朕字。

嘉庆元年（1796）元旦，终于到乾隆退位了。乾隆御太和殿，亲授颙琰皇帝之宝。鸿胪寺官员上天安门城楼，把太上皇传位诏一一宣读，重申在京各部院和各省督抚"题奏事件，悉遵前旨"。四日，为庆贺"纪元周甲，躬举授受上仪"盛典，乾隆与嘉庆于寿宁宫、皇极殿举行千叟宴。这是清朝第三次举行千叟宴。

乾隆退位后，却仍然掌握官吏的升迁任免权。历年在热河引见文武官员，是乾隆了解官僚队伍的重要方式，这一习惯逐渐形成规则并予以保留。嘉庆元年四月，在他即将赴避暑山庄的前夕，要求吏、兵二部，将知县、武备以上应行引见者，在该部堂官的带领下轮流前往热河。

乾隆也掌握着这时期的经济大权，凡田赋及其他捐税的减免，都是由他批准的。如嘉庆元年七月，湖北、湖南因受白莲教起义影响，对其缓征半年钱粮的要求，乾隆予以批准。当年，承德府是第五次普免钱粮的轮免之年，又适逢传位授受，在避暑山庄内，乾隆、嘉庆同驻，因而决定该府各州县钱粮明年还能再免一次。嘉庆二年三月，乾隆幸盘山，降敕除免所过沿途州县钱粮。三年五月，乾隆去避暑山庄，降敕说："以前在这里巡游，每次仅蠲免钱粮十分之三，今岁朕春秋八旬有八，司皇帝启銮，诸事吉祥，着免四成。"

嘉庆前三年，太上皇更是独揽军事大权。在这期间，苗民于湘黔暴动，白莲教于川楚陕起义。乾隆自己拥有镇压这两次起义的指挥权，诚如他自己所说："一切军务机宜，俱朕斟酌指示。"

太上皇期间，乾隆依然掌管政权、财政、军权，所以降至嘉庆三年，他干脆丢掉"归政"二字，而以"训政"代之，说："三载以来，孜孜训政。"

第七篇

清仁宗睿皇帝颙琰（嘉庆）

爱新觉罗·颙琰，生于乾隆二十五年（1760）十月初六日，嘉庆二十五年（1820）七月二十五日卒，登基时 36 岁，在位 25 年，享年 61 岁。 庙号仁宗，谥号睿皇帝，葬昌陵（河北易县）。 嘉庆在位期间无显赫政绩，虽力图守成，却阻挡不了清王朝走向没落。

第一章　书房里走出的天子

继位人沉重悬念

乾隆三十八年（1773）冬，时已62周岁的乾隆帝用朱笔把继位的皇子之名写了下来，密封之后藏于"正大光明"匾之后。究竟是谁继位，只有弘历本人知道。对于绝大多数满汉朝臣、地方官员和天下百姓来说，皇上选皇太子究竟在何时，皇上决定选择哪位皇子做皇位继承人，在乾隆十三至六十年长达47年的时间里，无人知晓。

乾隆帝一辈子有儿子17个，都于乾隆三十一年之前出生；还生了10个女儿。成年皇子被朝臣乃至百姓私下猜测：谁最后得到皇帝的青睐，能登上皇太子宝座？

乾隆六十年（1795）新正，乾隆帝举行家宴，逐个赏赐皇子皇孙，独不赏皇十五子永琰。正在人们诧异时，只听乾隆帝对他说："尔则何用银为？"翻译过来，就是："银子对你有什么用呢？"这句话含义丰富。由此，乾隆帝内定20多年的继位人才被别人隐约猜到。

十五阿哥脱颖而出

嘉庆皇帝颙琰（永琰），是乾隆的第十五子，在乾隆的17个儿子中排次在后面。他的生母魏佳氏，是内管领清泰之女，本属汉军，后投入满洲旗，背景并不特殊，入宫后只是个一般的贵人，乾隆十年（1745）封为令嫔。乾隆的四子二女由她诞下，因此于乾隆三十年

（1765）她被晋升为贵妃，四十年死去，乾隆一生都没有特别地宠爱过她。 乾隆二十五年（1760）十月初六日，在京郊圆明园的"天地一家春"殿，永琰出生。 此时的乾隆已年逾50岁。 排行既后又出于庶妃的永琰，按说不太可能当皇帝，但机遇却偏偏落在他头上了。

乾隆三十八年（1773），在极其秘密的情况下，乾隆未与任何人商量便写好建储的密旨，藏到"正大光明"匾后，事毕，他仍未召集诸王和文武大臣宣示，只是通知了军机大臣。 他所立的储君，就是十五阿哥永琰。

此后，乾隆皇帝用了20余年的时间，对永琰的品质和才干不动声色地观察着，而他能在众多兄弟之间脱颖而出，又从14到35岁这样漫长的时期内经受了政治经验丰富的乾隆皇帝种种观察、考验而最终得以继承大统。 永琰，显然是符合了乾隆挑选接班人的种种条件。所以，乾隆六十年九月初三那天当众公布永琰为皇太子时，乾隆当时心情很好。

很难判断永琰在这20年的漫长时间，是否能够察觉自己已经被立为皇储，但从他在这期间写的雄心勃勃的诗句来看，这点思想准备他还是有的，诸如"尝祭思开创，时巡念守成，待瞻幽燕地，大业缅经营""展礼珠丘思不匮，守成常念拓基难"等，能说一点皇上的口气都没有吗?

传位大典

乾隆六十年（1795）九月初三日，乾隆帝在勤政殿召见了诸皇子皇孙、王公大臣，正式宣布皇太子便是十五子——嘉亲王永琰，定明年（1796）为嘉庆元年。 照惯例，永琰自然要假装谦虚。 初四日，他和皇子、大臣们一齐奏请皇帝依旧掌握政权，不必改元传位，但是乾隆显然不会同意。 于是，乾隆对传位大典的仪式、提法一一安排到位，命军机大臣草拟了有关文件，决定于明年正月元日举行大典。 就这样，在乾隆的操办下，永琰被正式推到了皇帝的宝座上，成了嘉庆皇帝。

即位之后，永琰以"颙琰"称之。"颙"与"永"同音，但这个字很生僻。清朝皇帝的名字都是要避讳的，颙字不常用，避"颙"字当然要方便于避"永"字。这种做法从此沿袭下来。譬如，道光帝名叫绵宁，继位后便以"旻宁"称之，总算让写字的人避开了因触及名讳而判死罪的危险。

第二章　乾隆驾崩

乾隆去世，和珅垮台

晚年的乾隆意满志骄，不仅自诩自己为建立"十全武功"的"十全老人"，对自己的健康状况也充满信心，多次说朕"寿开九秩，精神康健，视听未衰"。不过，他还是提早安排了自己的身后事。清入关后，顺治、康熙、雍正三位皇帝的陵墓，分别以孝陵、景陵和泰陵称之。嘉庆三年冬，乾隆偶感风寒之后，身体渐渐不行，饮食渐减，视听也渐弱，老态顿增。嘉庆四年（1799）元旦，在乾清宫，乾隆受到百官朝贺，翌日病危，第三天去世，享年89岁。

乾隆去世，嘉庆亲政，他立即动手把和珅集团剪除。

对于在乾隆后期骄横跋扈的和珅，嘉庆内心憎恨，但外表却丝毫未露，"凡于政令，惟和珅是听，以示亲信，俾不生疑惧"，甚至宣称自己以后治理江山还要仰仗和珅。嘉庆的韬晦策略麻痹了和珅，使和珅丝毫没有担忧自己的未来。因此，他把乾隆病危的消息仅仅当作新闻，"出向外廷人员叙说，谈笑如常"。他做梦也没想到，乾隆去世，自己的死期也到了。

乾隆去世后，嘉庆就软禁了和珅，名义上任命和珅与成亲王永瑆、大学士王杰、尚书福长安等负责办理丧仪，但把和珅、福长安以"昼夜守直殡殿，不得任其出入"之令软禁。 而和珅身边的党羽也一步步被嘉庆铲除。 山东巡抚伊江阿得知乾隆去世，驰驿赴京递送奏折，被嘉庆派人截获。 伊江阿奏折内把给和珅的书信附上，劝和珅"节哀"，而丝毫没有提及嘉庆。 嘉庆恼怒之下，将伊江阿发配伊犁。 而和珅集团中主要人物左都御史吴省兰，嘉庆也把他革职回籍；侍郎李潢降为编修，太仆寺卿李光云以原品休致；而乾隆陵墓裕陵也派大学士苏凌阿去看守。 十五日，嘉庆宣布和珅 20 条大罪，三日后便把和珅赐死，福长安斩监候，被押往和珅监所，跪视和珅自尽后，再押回狱，秋后处决。 嘉庆还把和珅"累至数十百万"的家产彻底查抄了。

嘉庆力图革除乾隆晚期败政的主要举措便是铲除和珅政治集团。但是，19 世纪中国封建社会已走近历史尽头，清王朝无可避免地步入没落。

自评功过

从嘉庆三年（1798）开始，乾隆作为太上皇，身体已大不如以前，史书上记载他"心体焦劳，因勤政导致积劳成疾"，身子稍微康复一点，又"训政不倦，召见臣工如往常一样"。 到了嘉庆四年（1799），在太上皇身边的臣仆都很清楚：太上皇不几日就要去世了。 正月初一，新年第一天总算还比较稳当。 当天晚上，乾隆病危，正月初三凌晨便离开了人世。

乾隆帝临终面谕"万年以后，当以称'宗'为是"，嘉庆帝为太上皇上庙号也是根据这个，称其为"高宗"。

乾隆帝的遗诏还是相对合理的，至少在乾隆五十年（1785）以前，国内局势还是比较平和的，从二征廓尔喀来说，也可以说乾隆还算公正地评价了自己。 在乾隆朝前中期，确实是清朝的顶峰，国库丰殷，民富国强。 但到了乾隆晚年，则形势便大有变化了，因为乾隆宠幸和珅，和珅手握大权，一手遮天，专权乱政，吏治极为腐败，贪官污吏横行，民多"蹙额兴叹"。

嘉庆四年（1799）九月，整个清朝乃至整个古代史的"全盛之势"的缔造者乾隆帝，葬于河北遵化马兰峪裕陵。

第三章　和珅跌倒，嘉庆吃饱

和珅二十大罪状

嘉庆把和珅恨到了骨髓里，只等着老皇帝咽气，便随即铲除和珅。 乾隆帝崩逝的第二天，嘉庆就宣布由和珅总理太上皇一切丧仪，把和珅和同党福长安安排在殡殿昼夜值班，不准擅自走动，乘机把和珅军机大臣、九门提督之权也给剥夺了。

此谕旨一下，举朝震惊，都知道所指就是和珅，于是就有一些言官会察言观色，如御史广兴，给事中王念孙、广泰等人，立即交章弹劾和珅。 嘉庆帝利用这些把和珅革职，让仪亲王永璇、成亲王永瑆传旨，令勇士阿兰保监督执行。 又对各部院大臣、各省督抚都下令，让他们起来揭发，并就如何将和珅拟罪之事，据实复奏。 最后又通过直隶总督胡季堂为和珅构筑了 20 大罪状，要求将这个悖逆不法、荼毒国家和百姓、贪赃枉法、目无君上的权臣以大逆论处。 这一套程序进行得丝丝入扣，很难相信是临时发生的，显然嘉庆早有预谋。 当然在嘉庆归罪和珅的 20 大罪状之中大都很牵强，但是能够从以下几个方面分之：和珅无礼，这纯属"欲加之罪，何患无辞"一类；其二是专擅，这倒是证据确凿；而真正重点，还是贪黩，即其三。

据说和珅对这些罪状都一一招供。照嘉庆的意思，非要将和珅凌迟处死，才能把心头那口恶气吐出。可是他的已经下嫁和珅之子的和孝公主妹妹为和珅再三求情，又有大臣董诰、刘墉的一再劝阻，又有康熙诛鳌拜、雍正诛年羹尧的前例，嘉庆只得"加恩"赐和珅于狱中自尽，并且强调这是为国体起见，并不是由于和珅自身。

据说和珅死前，曾写了一首诗："五十年来梦幻真，今朝撒手谢红尘；他时水泛含龙日，认取香烟是后身。"众说纷纭，但都不甚明白。总之，嘉庆快刀斩乱麻地解除了这一心腹之患，终于可以在政治舞台上大显身手了。

和珅家产清单

嘉庆皇帝派庆桂、盛住、永瑆、绵恩等王公大臣把和珅家产查抄，并列表上奏。其实不仅和珅如此，这样的情形在乾隆朝中大大小小的贪官之中也存在。颙琰在乾隆驾崩次日所颁的谕旨确实有几分道理。

抄没和珅的巨额家产后，其去向便成为当时人议论纷纷的话题。传说这些财产入于国库的为数甚微，便是臣下受到封赏的也不多，所以"和珅跌倒，嘉庆吃饱"这句民谚，似是含义深远。

很难查证这句话的真实性，不过从当时嘉庆的一道上谕来看，倒也不是全无根据。这条上谕是对副都统萨彬图进行痛骂的。这个萨彬图实在是多事，他一再向嘉庆帝上奏，说和珅的财产甚多，除了这些查出来的，肯定还有不少被埋藏或寄放他处，或侵蚀挪移了，刑部审理时，肯定有官员故意遮掩，请皇上再对此案细细追查。嘉庆对他置之不理，他却事隔不久再次上奏，说他从亲戚之处探听到，和珅家有4个使女是掌管金银账目的，请皇上交给他去提讯。但随后的事情发展却让人目瞪口呆，嘉庆革职查办萨彬图。

据民间传说，确有 4 名使女为和珅管金银库和大柜内珠玉等项杂物账簿，她们的名字分别是香莲、惠芳、卢八儿和云香，至于她们被审时有过什么供词，则无从得知了。

和珅家财之有案可稽者，庆郡王永璘占据了和珅的住宅，花园一半赏给了成亲王永瑆，一半赏给了和孝公主夫妇，各位公主也得到了一些珍宝财物的封赏，虽说累日携运不尽，但据说也仍是和珅全部家产的很小一部分。其他的内务府全部处理了。内务府是为皇家掌管财物的机构，这些财物自然就都归为皇家特别是嘉庆所有，难怪惹得当时人议论纷纷了。

第四章 官逼民反，遍地烽火

川楚陕白莲教起义

乾隆末年，社会矛盾和危机不断加剧，白莲教作为一种秘密宗教在下层民众中迅速传播开来，势力逐渐庞大，而且从地下秘密状态转为公开与清政府对抗，终于使得强大的反对清朝统治的武装力量彻底形成。嘉庆元年（1796）白莲教起义爆发，历时 9 年，湖北、四川、陕西、河南和甘肃 5 省都纷纷卷入起义之中。清政府耗费了大量人力、物力来镇压这次起义，并导致国库亏空。这使得清王朝由盛转衰加速，并成为其盛衰的转折点。

1. 白莲教重新起兵

乾隆朝是清王朝的盛世时期，乾隆晚期清朝也已日薄西山。随着社会经济的发展，大大加快了土地集中的速度，土地兼并越来越严重，广大劳动人民遭受着经济上的剥削、政治上的高压，加之连年天灾人祸，百姓的日子越来越不好过。 不断激化的尖锐阶级矛盾，使得反抗清王朝的斗争随时可能爆发。

四川、湖北、陕西等省正在传播一种秘密的宗教，在人民群众中组织和发动武装反抗斗争。 特别是在川、楚、陕三省交界处，人称巴山和南山老林的山区，有大量的人群聚集在这里，他们大多失去土地而背井离乡。 这里的秘密宗教活动更为活跃，其中白莲教影响最大。

乾隆六十年（1795），在湖北聚集着各地的白莲教首领，在对当时的形势经过一番讨论分析之后，一致认定是时候起义了，遂商定于嘉庆元年（1796）四月十七日各地同时发动起义。 但由于湖北宜都、枝江的白莲教徒已经无法忍耐清军的滥杀无辜和肆意追捕，于嘉庆元年（1796）正月提前起义，张正谟、聂杰人率领众多穷苦百姓纷纷抗争清朝，长阳、长乐、东湖、当阳等地的白莲教徒纷纷响应，各地老百姓也奋起反抗清朝，使反抗斗争如燎原之火迅速扩散。

2. 起义军的壮大

此时，已是太上皇的乾隆皇帝在得到南方诸省起义造反的奏报后，立即制定剿灭计划，开始军事部署。

在各地起义军中，声势最为浩大的便是襄阳义军，清军当然也把此当作首取目标。 此后清军大队人马逼近襄阳，来势汹汹，王聪儿、姚之富等率义军由于人民群众的密切配合，使得清军的围攻破产。 并且由于各路义军配合调动，清兵捉襟见肘，清政府想以重兵一举歼灭湖北义军的企图也最终宣告破产。

在四川，清政府派总督英善、成都将军勒礼善对前达州、东乡义军进行镇压。 英善分派游击尚维岳、都司清福等扎营于娘娘庙和东乡天星桥。 嘉庆二年（1797）正月，徐天德、冷天禄、王三槐等率领的起义军把东乡攻陷。 在南坎场、金峨寺两次激战中，清军受到重击。

不久，达州和东乡两支起义军会集到一起，四川白莲教起义的高潮彻底到来。 为了同四川起义军互相配合、协同作战，湖北襄阳义军决定挺进四川。 两支起义主力会师于东乡附近的白秀山。 会师之后，各地领导人开始整编义军。 以地区为单位，统一以黄、蓝、青、白等号分编，设营于各号，作为基本的战斗单位。 还把掌柜、元帅、先锋、总兵等各级指挥人员设立起来。 整编使得军队的战斗力大大增强，也令各支起义队伍之间的联系更加密切。

3.起义失败

起义军会师东乡，大大增加了起义军的实力。 清朝统治者得知后，大为恐慌，立即召集大队军马，从三个方向进逼，企图在东乡围困起义军。 王聪儿、姚之富为了避开敌人的锋芒，决定转移各部义军。 嘉庆三年以后，由王聪儿等率领的襄阳义军于川、陕等地进行游击战。 但清军在川、陕机动作战能力较强，义军不但没有威胁到清军，反而遭到清军围堵，多次战败。

嘉庆四年（1799），乾隆帝去世，嘉庆帝开始上台。 他采取一系列措施，改革弊端，整顿吏治。 任用勒保为经略大臣，节制川、楚、陕、豫、甘 5 省军务，把无能的将领撤换，还惩办了贪官。 在军事上，推行“坚壁清野”与“剿抚兼施”的策略。

起义军方面也吸取了前一段时间固守山寨从而始终被动挨打的教训，采用流动作战的战略，与清军迂回作战，逐渐恢复自身的元气。一批新的将领在战斗中逐渐成长起来，起义军的战斗力也大大增加。

嘉庆七年（1802）以后，起义军越发衰落。 起义军余部不仅人数很少，又是分散作战，以致清政府在三省一直“不得解严”。 起义军余部坚持抗争清军，直到嘉庆九年，苟文润、苟朝九战死，清政府才算把这场声势浩大、轰轰烈烈的白莲教大起义最终镇压了下去。

嘉庆元年（1796）爆发的白莲教大起义，与清军 9 年抗争，四川、陕西、湖北、甘肃、河南 5 省都在这次起义中生灵涂炭。 清廷为了镇压这次起义，从全国16个省抽调了大批兵力。 9年中，起义军击毙400多名提督、总兵以下军官，耗用军费两亿两之巨，相当于当时清政府4年的全部财政收入，尽管起义最终失败，但也使清王朝由盛转衰。

江西天地会起义

嘉庆八年（1803）十月，在江西广昌、宁都、石城一带也爆发了天地会起义。 起义首领是李凌魁。 嘉庆八年（1803）二月，李凌魁看到人马已经壮大，便树起了起义的大旗。 他自称系"后唐天子转世"，还以四句歌诀作为口号："天空降下一炷香，一半阴来一半阳。 若得阴阳归一处，寅卯时中坐朝堂。"并宣扬子丑年间（嘉庆十年，1805）同教有难，可以凭借这个时机发动起义。 嘉庆八年（1803）七月，李凌魁在福建被捕遇害，其徒廖千周便准备筹划起义，替李凌魁报仇。

同至广昌一带后，廖丁周开始筹划，最后决定由廖千周、李步高、赖达忠等于广昌、宁都、石城及与福建连界之姚坊地方，同时发动起义。 由李奇天等人于各自所在的村庄招人，作为接应力量。 先攻广昌驿前堡，使之成为桥头堡。 众人都同意了，共聚众1500余人。 但起义当天，当地乡绅把廖千周等人谋谋举事之信探明并报告官府。 官府密令乡绅把乡勇集合起来，严密防范起义，并且率领官兵对起义者搜捕。 十三日清晨兵丁、乡勇猝至，廖千周等猝不及防，抵挡不住，很快溃败。 清军当场杀害赖达忠等57人，赖汉魁等100余人被捕，余众皆乘着战乱四散逃亡。 这次起义被扼杀于摇篮之中。

嘉、道年间的天地会尚未壮大，其发展的阶段还主要是秘密流传、发展组织、积蓄力量。 所进行的武装反抗大多还缺乏经验和实力，因此往往在举事之前就被清军发现。

天理教起义

1. 天理教

天理教又名八卦教，来源于白莲教。 主要以河北、山东、山西、河南一带为传播区域。 "真空家乡，无生父母"是其信奉的八字真诀，教徒们把这8个字书写在白绢上，供于暗室，日夜拜诵。

林清是天理教教首，他是在嘉庆十一年（1806）入会的。 林清以为人豪侠爽直、办事公正著称，组织能力又强，入教后不久便得到众教徒的追随，成为八卦教中坎卦的教主。 天理教的主要首领中，河南的李文成、冯克善也是入教之后迅速崛起的，八卦教中的震卦教主是李文成，他也统领着坎卦之外的七卦，但坎卦节制这七卦，故林清、李文成两位领导人便成了天理教的领导核心。

清代，人民群众组织和发动反抗斗争的形式通常是通过秘密宗教。 因为宗教的教义能够表达人们对当时社会的不满以及对美好未来的憧憬，社会底层挣扎的人民也容易接受这些，同时这些也吸引着人民参加组织。 天理教在它创立之始及吸收教徒的时候，就是针对清代中叶大地主、大官僚聚敛土地，提出了凡是加入教会的教民，都要缴纳一种"根基钱"（或叫"种福钱"），事成之后，人民可获得10倍的补偿，凡缴纳百钱者可得到土地一顷。 这一颇具号召力的主张提出之后，由于人们对土地十分渴望，便纷纷前来入会，而天理教又常常从事各种扶危济困的事业，从而愈加得到人们的支持。

2. 起义的爆发

北京在得知天理教起义的消息后，清军立即兵分三路，北面直隶总督温承惠为钦差大臣，与河北镇总兵色克通阿会合并包抄，东面山东巡抚同兴堵截，河南巡抚高杞"紧防西南"，清军共有2.3万余人的镇压总兵力。

正当清廷对直隶、山东、河南一带的天理教起义军大规模围捕的时候，九月十五日，林清指挥京畿一带的天理教徒按照预定计划打入皇宫，企图直接夺取最高政权，推翻清廷统治，史学家以"癸酉之变"称之。

天理教进攻皇宫的时候，嘉庆皇帝正在热河行宫避暑，闻悉京城发生事变，大惊失色，匆忙于十六日回到北京，还没处理完善后事宜，就于次日写了一份"罪己诏"昭示天下。

3. 镇压义军

把林清的河北起义军镇压之后，清政府又转而全力镇压李文成领导的滑县起义军。

嘉庆十八年（1813）九月二十六日，那彦成出陕西潼关，于孟津渡强渡黄河，十月初八来到河南卫辉。但这时已有3万河南义军把道口占据，他不敢贸然向义军进兵，奏请增调山西兵1000、甘肃兵2000。嘉庆帝斥责那彦成举动拖沓，不能立刻救援滑县，反而借口兵力不足，其实是那彦成畏敌如虎，不战而败，任"贼盘踞蹂躏"而不肯出手相救，等于为虎作伥纵"贼"殃。

那彦成率清军主力赶到道口之后，见义军已在道口周围掘壕灌水，构筑起来坚固的工事，于是把各路清军分编为7路，又部署总兵音登额用大炮从西面进行轰击，高、杨分兵攻击，杨遇春当头杀到，庆祥率马队从另外三面攻击，那彦成本人率兵四路截杀。清军发起进攻之后，遭到坚守在道口的两万余义军顽强抵抗。但清军成功阻截了滑县起义军派来的2000余名援军，使道口孤立无助。经过一天的战斗，清军终于打败了义军，义军道口失守。

清军攻占道口之后，立即对滑县县城施压。那彦成先以1.3万余清兵将县城三个城门围住，因兵力有限，空出正北门和西北门，为防义军突围，又急忙奏请援兵。桃源义军首领刘国明见滑县被围，遂从北门率800义军冲入滑县城内，用轻车救出李文成，随后又把4000余名义军聚合起来，攻下辉县山内的司寨，突围成功。

清军掉过头来，又把司寨重重围住。义军白土冈一战失利，司寨内兵力益显不足。二十日，清军开始攻寨，义军奋力与清军近身肉搏，义军众将士靠着占据寨内几百座民房，利用地势向清军发枪炮，弹药用尽则用石块掷向清军，一时清军死伤惨重。一直打到晚上，不分胜负，杨芳气得直下令火攻，同时枪炮齐发，猛攻民房。义军无处可藏，弹尽粮绝，被清军枪杀殆尽。

清军攻占司寨后，滑县成了清军最后要攻取的目标。该地"城坚厚，外砖内土中沙，火炮攻之，遇沙而止"，起义军把这些有利条件加以利用，顽强地进行了抵抗，使清军"围之数旬不克"。不料清军暗挖地道，内埋炸药，炸塌城墙20余丈，攻入内城。双方在城内巷战。起义军首领宁元成、王道潃、刘宗顺、冯相林等都被清军杀死，牛亮臣、徐安国等被俘后械送京师被杀害。清军最终镇压了天理教起义。

第五章　懦弱守成，保守治国

整饬吏治

乾隆末年，朝廷"损下益上"，官员"因循怠玩"，国家政治一点都不清明，看到这种状况，嘉庆皇帝在制裁和珅的同时，以整肃军机处为切入点，又煞费苦心地采取多项政策，比如限制进贡、严格规章制度、下诏求言等，力图澄清政治，再现康乾盛世的恢宏局面。

1. 限制进贡

清朝中衰的根源便是统治阶级过分聚敛财富而激化社会危机，对此嘉庆帝深有体会，因此，他刚一开始亲政便从自身做起，下诏限制进贡，希望老百姓能够以此避免官吏的额外剥夺。

嘉庆四年（1799）正月十五日，刚开始亲政的嘉庆帝就把太上皇禁止进贡珍宝古玩的禁令没有贯彻的原因总结了一番，认为"只因和珅揽权纳贿"，终使得"屡经禁止仍未杜绝"的局面酿成。嘉庆五年（1800），皇三子上学，肃亲王永锡仍把玉器陈设等物预备下来，派肃王府太监，私下让皇后馆房太监转交递进。嘉庆帝得悉后下旨严责，令将进呈之物当面掷还永锡。

嘉庆四年（1799）正月十九日，嘉庆帝又对役使新疆叶尔羌民众采玉事件予以禁止，革除了乾隆末年的另一弊政，命令就地抛弃已采玉石，赏缎匹给采玉民众首领，百姓则赏给银两。上谕传至叶尔羌，采玉民众兴高采烈。此举却打击了内地的玉价，使之骤降十之七八。

2. 严格规章制度

嘉庆初年，整饬官场因循怠玩积习的另一措施便是严格规章制度。

清朝把明朝的典章制度继承下来，根据自身的特点加以灵活地调整，某些方面又予以加强。中国封建社会政治制度发展到清朝已臻于极致，并且逐渐完善了各项规章制度。但封建社会已经腐败没落，封建社会最称完善的政治制度便在清朝末期迫不得已地逐渐衰败下去，这些也使得朝廷的规章制度不可避免的废弛、败坏。

乾嘉年间吏治混乱，主要表现在宫廷门禁方面。清朝京城禁卫制度向来十分严密，皇宫各门的护军、侍卫多系八旗子弟或宗室贵胄，与清朝休戚与共，所以他们一般都很忠诚。可是，到乾嘉时期，国家长期太平，这些渐渐使得官兵玩忽职守，旧日规章制度日渐松弛。嘉庆十年（1805），嘉庆帝鉴于"官兵怠玩成习""旧章废弃"，频发事故，把弊端以下诏的形式一一指斥。但是嘉庆帝的整饬虽然严厉，结果其手谕却往往被官员视而不见，而官兵的松弛懈怠之风也并没有被消除或者减弱。

3. 下诏求言

嘉庆帝整饬吏治的另一措施便是下诏求言。嘉庆帝亲政之后，即晓谕九卿科道、内外臣工，以及庶民布衣奏事言政，以便疏民隐、理庶政，对吏治进行监督。这种做法的好处就在于广开言路，放宽了对批评的钳制。

有许多官员都积极上疏，要求裁陋规、倡节简，讲求爱民之术，对清廉吏员进行奖励，当然，这都是以维护统治阶级的根本利益为宗旨，其目标便是保清王朝江山永固，与嘉庆帝整饬吏治的初衷一致，故得到了褒扬鼓励。

言路虽然"似通而未通"，嘉庆帝下诏求言之举毕竟把清朝由来甚久的思想钳制政策撬开了一个缺口。后来的知识分子因此在言论上能够稍微自由一些，"相与指天画地，规天下大计"，改变了清朝万马齐喑的沉闷局面。

4. 整饬失败

嘉庆帝整饬吏治的行动，跟他广开言路的努力相类似，可谓有始无终。因此，嘉庆朝的吏治与乾隆末叶相比，也都差不多。官吏串通舞弊，贿赂公行，肆无忌惮。

自嘉庆帝决心整饬吏治，让规章制度严格执行时起，历时20余年，到嘉庆二十五年（1820），他仍在慨叹"怠惰玩公，积习甚为可恶"，足见求治与整肃一点效果都没有。

阿美士德使团访华

自从马戛尔尼使团乾隆五十八年（1793）访华以来，非但没有缓和中英关系，反而有继续向恶化方向发展的趋势。为了使清政府对英国的态度和政策有所改变，一支大型外交使团——阿美士德使团受英国政府派遣，于1816年对中国进行访问。

清政府吸取了前朝接待马戛尔尼使团的教训，从一开始就防范有加，杜绝了英国使节提出任何要求的可能。

使团到达中国后，面临的第一个难题还是要不要向中国皇帝行叩头礼。 阿美士德本人对此并没有什么固执的意见，副使乔治·斯当东则对阿美士德行叩头礼坚决反对。 嘉庆帝大为恼火，他拒绝接见这个使团，还派遣大臣把一份给英王的绝交性敕谕给使团送去。 不仅如此，嘉庆帝还想从此彻底禁止中英贸易。

当然，在嘉庆帝听从广东总督关于中英贸易的建议之后，不再尝试禁止中英贸易。 但他又想起马戛尔尼使团来华时曾请求把宁波口岸开辟，于是又对两广总督下令：“此次该国贡船来往经过浙洋，并未寄碇，其意似专欲来天津贸易，以遂其垄断之谋。 该总督等设法将伊国来京之意严行杜绝，使之不萌此念，即来亦不能径达，方为妥善。”这样，英国方面就没能与中国政府直接谈判，也没有实现其把广州贸易制度改变的愿望。 广州单口通商制度被执拗地再次肯定。

英国侵华的加剧

18 世纪以来，中英两国贸易不断发展，这些促进了两国的交往。但是由于两个国家社会制度、生产力发展水平、意识形态以及文化传统各不相同，所以在许多方面都发生了矛盾和冲突。 因为受到欧洲、美洲和印度等地事务的牵制，以及自身实力的不足，当时的英国对中国还没有绝对的控制把握。 为了保证双边贸易的顺利进行，当时英国在中英冲突中往往不得不顺从清政府的意愿和处置。 进入 19 世纪以后，英国实力快速增强，对中国事务也更加关注。 在中英冲突中，英国逐渐变得态度蛮横，带有侵略性的活动越来越频繁和恶劣，直至最终爆发鸦片战争。

1. 图居澳门事件

英国多年以来一直苦于在对华贸易中没有立足之地，希望把中国沿海的一个据点开放。马戛尔尼使团来华时就曾正式提出：指定舟山附近一个未经设防的小岛供给英国商人，以便英国商船停泊和存放货物，并允许英国商人在那里居住。这一无理要求无疑是对中国主权的严重侵犯，具有侵略性，当然遭到了乾隆帝的严词拒绝。但英国方面始终心有不甘。

嘉庆十二年（1807），葡萄牙被法国入侵并占领。英国担心法军侵占澳门，于是，海军少将度路利受英印总督派遣率300兵来到中国。度路利到达中国海域后，不问清政府的态度，不顾葡萄牙人的极力反对，度路利就擅自率领部队登陆澳门，并把3座炮台侵占了，并"总以保护西洋人为词，迁延不去"。这分明是"阳借保护之名，徐图占据"。清政府广州当局数次要求英国军队撤离澳门，英方都不予理睬。如此情形下，嘉庆皇帝向吴熊光发出谕旨，命令他晓谕英人迅速撤兵，不可停留，"倘有不遵，统兵剿办"。吴熊光接旨后马上准备反击英军，度路利见势不妙，被迫宣称"情愿撤兵"。英船随后全数驶出澳门，第二年从澳门全部撤出。此后，由于英国陷于欧洲事务，只得把中国的事情撇在一边，才没有把事端扩大。

2. 刑事纠纷

鸦片战争以前，中英双方屡屡发生刑事纠纷，大多是因英国人殴打杀害华人。在这类纠纷中，中国作为主权国家，毫无疑问地拥有主权国家的权力，那便是根据本国法律约束境内外国人。然而，英国人无视中国法律，一直对本国罪犯进行维护，制造了一系列中英冲突事件，主要有：

（1）"天佑"号事件。嘉庆五年（1800）正月，一只英国船只驶至黄埔，那便是"天佑"号。十八日夜间，一只中国小船在其船头附近抛锚多时，该船值班船员向其喊话，但是小船并没有回应，值班船员便命令哨兵开枪，打伤了船上的一名中国人，剩下一名中国人落水。 事后，中国官员向英国大班要求交出开枪人，但英方拒绝了这项提议。 二月十八日，英国船长偕同证人到达广州城，接受了广州知府、南海县令等中国官员的审讯。 英方坚持说由于中国船员可能会偷盗英国货物英方才开枪，竭力洗脱自己是凶手的罪名。 10 天后，清朝官员不知道为什么忽然转变态度，取消了审讯，承认落水者系"自行失足落水"，只口头警告英国人以后不得随意开枪。 这个案件就此草草结案。

（2）"海王星"号事件。 嘉庆十二年（1807）一月，英国船只"海王星"号上的一群船员酒后斗殴，打伤数名华人，打死一人。 广东海关监督获悉此事后，命令不许英船出港，并迫令英方交出凶手。 不久查明英人爱德华·申恩是杀人主犯。 英国方面极力袒护凶犯，仅同意以罚金论处，并且还得在英国自己船上囚禁该罪犯。 该船离开广州时，其船长拒绝了清朝官员把申恩留下的要求。 凶犯被英国人带回澳门圈禁起来，只关了一年便被放了出来，并且只缴了 4 镑罚金。

3. 商欠纠纷

中国行商与外国商人的债务纠纷便是商欠案，即因中国行商预借英国商人的债款无力及时偿还而引起的涉外商务案件。 从 18 世纪中期以后，商欠作为一个国际商务问题显得越来越重要，直到鸦片战争爆发也没解决这个问题。 虽然清政府早已明文规定禁止行商向外国商人借钱和拖欠款项，但在中国封建社会里一直缺乏近代金融信贷制度，一些行商资本薄弱，缺乏必要的周转资金，有时为解燃眉之急，不得不借贷于外商，尤其是英国商人。 然而，英国商人所发放的借款与普通的商业借款不同，是用复利滚进的高利贷借款。 行商借款恰如自掘坟墓，如果英商觉得债务人不能还债，他们就会诉诸清政府，请求政府出面解决商欠问题。 清政府对于揭露出来的这类案件，虽然能够下令限期厘清商欠，但商欠存在的根源却不能从根本上得到消除。

第八篇

清宣宗成皇帝旻宁（道光）

爱新觉罗·旻宁，生于乾隆四十七年（1782）八月初十日，道光三十年（1850）正月十四日卒，旻宁登基时 39 岁，在位 30 年，享年 69 岁。 庙号宣宗，谥号成皇帝，葬慕陵（今河北省易县清西陵）。 历史转折的关键时刻发生在道光朝，"守其常而不知其变"。 鸦片战争和《南京条约》的签订使他在历史中的形象由枯瘦变为干瘪，生气全无。

第一章　清朝唯一嫡长子继位的皇帝

无与伦比的嫡长子身份

　　旻宁，原名绵宁，于乾隆四十七年八月初十日寅时在大内撷芳殿中出生，为嘉庆帝颙琰之第二子，嫡妃喜塔拉氏为其生母。乾隆五十六年 10 岁时，乾隆帝第一次带着他至木兰行围，曾引弓获鹿。嘉庆元年十一月，15 岁的旻宁成婚，妃子是钮祜禄氏。嘉庆四年四月初十日，嘉庆遵秘密建储的家法建立储位，对其益加爱护。嘉庆十三年正月钮祜禄氏去世，十二月又与佟佳氏成婚。

　　在皇子中，旻宁的地位优越。旻宁虽系嘉庆的第二子，但事实上却是嫡长子的地位，后来他也是清朝各代皇帝中唯一以嫡长子身份继位的人。立嫡的规定虽然不包括在清朝家法中，但在皇室及一般大臣的心目中这种重嫡轻庶的思想仍然存在；若成为嫡福晋或是皇后，其家庭往往门第显耀。嘉庆选择储位时，这一因素必定会被考虑到。旻宁的地位因此就相当优越了。在秘密确定储位后，嘉庆给予旻宁种种特殊待遇，实际上已对旻宁本人及宫廷上下说出了这个秘密。

疑云重重中继位

　　嘉庆二十五年（1820）七月，嘉庆皇帝再一次来到热河，举行秋狝大典。除了文武群臣随行外，尚有皇次子绵宁和皇四子绵忻。

　　七月二十四日，嘉庆皇帝因偶感中暑，身体微恙。二十五日晚，病情愈发难以控制。 当日晚八时许，嘉庆皇帝驾崩。

清以前的历代封建王朝，如果皇帝去世，继位的则是皇后长子，如皇后无子，则从妃嫔中选择年长者继位，同时还要在皇帝活着时颁发明令，预先立为太子，充任法定继承人。 清代一改旧制，既不实行嫡长子继承制，也不预立，其政策应该是"立储以贤"。如太祖努尔哈赤有子16人，传位给第八子皇太极；皇太极有子11人，而让第九子福临（顺治）做了皇帝；福临去世传位给第三子玄烨（康熙）。 除康熙预立过太子随后又废掉之外，其余各朝都没有预立太子的传统。

雍正皇帝即位后，改变了清代的后位继承法，实行秘密建储法，即在继续坚持立储以贤的原则下，改不预立太子为预立太子。所谓秘密建储法，即是由在位皇帝经过长期考察，从诸皇子中择定一人，以朱笔御书其名，在匣子之内封存，悬置乾清宫正大光明匾额之后，待在位皇帝临终之时，把御前重臣召集来共同拆启，当众宣布。

绵宁，是继乾隆、嘉庆之后，依据秘密建储法出现的第三代清代帝王。 虽然在史学界看来，绵宁的即位照样疑点很多，但是这次宫廷的权力交接毕竟是风平浪静的。

同年八月二十七日黎明，设置了大驾卤簿，百官在朝堂上齐集，内大臣、执事各官行罢朝贺礼，绵宁御太和殿，即皇帝位，对天地、太庙、社稷进行告祭，颁诏天下，以明年为道光元年。 自己的名字也由"绵宁"改为"旻宁"。

第二章　大张旗鼓禁烟，林则徐虎门销烟

集思广益禁烟

1. 初禁烟收效甚微

雍正七年，中国最早的禁烟法令出现。 道光登基之后，深感鸦片毒害之烈，于道光元年（1821）即严申禁令，规定，外国商船到达广州，必须先出示货船并无鸦片的保证，才可以提货验收："如有行商包庇，一旦查出，加等治罪；有开烟馆者，议绞；有贩卖鸦片者，充军；有吸食烟片者，杖徙。"

道光二年（1822）以后，道光的禁烟措施侧重点开始放在对外洋进口方面的查禁。 二月，谕广东督抚说：要通令各地关卡，对烟贩活动要严密查拿，不论在何处拿获，都要查明其运输路线，各关卡如有放纵之人将严厉惩罚，如督抚察访不力或隐瞒不报，一律查办，又命阮元、达三在通海口岸（广东福建、浙江、江苏）及天津渡口，无论官船民船，都必须对其仔细搜查。

尽管道光帝三令五申严禁鸦片，但鸦片的走私活动还是愈演愈烈，外洋输入有增无减。 道光元年，有5959箱鸦片被外洋输入，到道光十三年已经激增至20486箱。 上自官府士大夫，下至民间兵丁百姓，越来越多的人吸食鸦片。 但是，也不能说道光的三令五申毫无作用。 如果没有道光的严禁政策，那么烟毒泛滥的局面会更加剧烈。

2. 寻求良策

道光十六年（1836）四月二十七日，新任太常寺少卿许乃济上奏道光，奏折名为《鸦片烟例禁愈严流弊愈大亟请变通办理折》，这道奏折一反成制，提出把鸦片禁令放开，施行弛禁政策，因此而开始了清代自禁烟 106 年（从雍正七年算起）以来的第一次国策分歧。

道光帝把许乃济递上的奏折接到后，没有马上表态，显然是有所考虑。许乃济提出弛禁，事关重大，道光必须慎重选择。3 天后，即四月二十九日，道光仍把握不准，乃谕令两广总督邓廷桢等人会议具奏，让他们一一陈奏意见。

邓廷桢等六月复奏道光帝，对许乃济的弛禁政策表示赞同，并搞出了一个弛禁鸦片的章程 9 条，请道光批准执行。道光看后仍没有表明态度。按说朝臣上奏言事，皇帝同意与否均属正常，如不好把握，交疆臣讨论后上奏，这样也属平常，但疆臣经过讨论上奏后，皇帝又不表态，这就不同寻常了。这说明道光对是否应该赞同许乃济、邓廷桢等人的弛禁政策还在犹豫不决，或者不置可否。

但朝臣们得知许乃济的奏折及邓廷桢等人的复奏后，表示激烈地反对，其中朱嶟、许球和袁玉麟等人态度最为坚决。他们分别上奏道光陈述利害，驳斥许乃济只从白银方面考虑而认为弛禁"无伤于政体"的谬论，指出鸦片毒害人的身体和精神远比白银更为严重；其中特别指出，弛禁的观点尤其令人忧虑。弛禁之令一下，全国吸食、贩卖鸦片成风，这种局面肯定无法控制，到时候白银外流的祸患不能除掉，而百弊丛生，日甚一日，再后悔不该弛禁，想重新严禁，恐怕是积重难返，后果将不堪设想。

3. 定禁烟章程

道光帝从登基之日起，便一再申明严禁鸦片的命令，但十几年之后，鸦片不但没有禁绝，反而愈禁愈多，就在道光帝一筹莫展的时候，道光十八年闰四月十日（1838 年 6 月 2 日），鸿胪寺卿黄爵滋向道光皇帝呈上《请严塞漏卮以培国本折》奏折。 这份奏折首先分析了烟毒泛滥的严重情况以及造成白银外流、财政危机的重大恶果，接着，一一论证当时流行的严查海口、查拿烟贩、罂粟开禁等方法都无法解决的问题，最后，又提出"重治吸食""罪以死论"的主张。 建议道光严降谕旨，通告全国，限鸦片吸食者一年以内戒绝，如逾期不戒便秋后问斩。

黄爵滋的建议是严厉的、大胆的，是否应该允行，道光帝也在犹豫之中。 所以，道光在接阅奏折的当天，便让大臣积极上折，各抒己见。

黄爵滋的奏折发下去以后，各省将军、督抚陆续遵旨上奏，29 名封疆大吏的奏折先后摆到道光帝的桌上。 在 29 人中，赞同处死吸食鸦片者的有林则徐、色卜星额、钱宝琛、桂良、陶澍、栗毓美、陈銮和苏廷玉 8 人，申启贤等 17 人主张加重处罚；对是否加重处罚没有表态的是福建巡抚魏元烺和贵州巡抚贺长龄二人，黑龙江将军哈丰阿和陕甘总督二人则主张维护原律不宜加重处罚。

通过各抒己见的议论，取长补短，为随后展开的禁烟运动开始准备了舆论，为禁烟运动的高潮提供了思想条件，这些都促进了全面严禁鸦片章程的制定。

同年九月，道光帝陆续收到了各省将军、督抚的条陈建议。 道光见时机成熟，于初六日发下谕旨，令大学士、军机大臣会同各部议奏严禁鸦片条例。 过了两天，又把宗人府也纳入进来。 经过朝臣半年多的草拟修改，终于制定出一个长达两万字的《钦定严禁鸦片烟条例》。 道光认为禁烟能否成功便要靠这个新制定的条例了。

《条例》的制定，根据的是黄爵滋原奏和各省将军督抚并科道条陈，然后相互参照比较后才制出，是"求全"和"从重"精神的充分体现。 应该说，《条例》的总体规定，既体现了黄爵滋等人立法从严的精神，也广泛吸收了各地将军督抚的合理意见，反映了道光君臣的群体意志，是清代自雍正开始百余年诸多禁烟法令中最齐全、最彻底的禁烟法律。

难能可贵的是，道光帝鉴于以往历次禁烟的失败，认为各地官役兵丁玩忽职守、查拿不力，甚至与烟贩相互勾结、狼狈为奸、以公谋私是其主要原因。所以，道光帝为了推进这次禁烟运动，赏罚兼施，坚决执行严格的奖优罚劣政策。凡是在查拿烟犯中有显著成效的，立即升迁官职，或从优议叙；凡查拿不力的，或革职，或撤任，或勒令休息，对那些知法犯法、吸食鸦片的官役弁兵，一旦核实，马上予以重惩。这对整顿官场的因循怠玩吏风是有益的，也推动了禁烟运动的发展和深入。

禁烟当然有了显著的成绩。道光十八、十九两年内，不包括林则徐在广州从外国鸦片商人手中收缴的两万多箱鸦片，在全国各地共计抓获15 563名鸦片烟贩，收缴烟土、烟膏1 264 125两，收缴烟枪、烟斗、烟灯、烟盘、烟锅等共179 589件。仅浙江一省就铲除罂粟苗1360亩；广西铲除罂粟苗129 500余株，云南、贵州等地也对罂粟苗做了清除。

禁烟运动取得重大胜利的原因，与道光帝发动将军、督抚进行国策大讨论有直接关系，在讨论的基础上制定的《严禁鸦片烟条例》则给禁烟运动提供了法律依据。而当时禁烟运动的实际组织者和最高领导者道光皇帝，他态度坚决，措施得力，其禁烟之功，不可湮没。

4. 重惩吸鸦片王公

19世纪30年代的天朝大地上，鸦片烟毒流毒全国各处，特别是东南沿海一带，烟祸横行，烟民遍地。可怕的"鸦片现象"出现在以悠久文明著称于世的中华大地上。

虽然有禁令，但鸦片还是通过各种渠道进入了上至京城、下至督府州县等领导禁烟的官府衙门。个人戒绝鸦片已然很困难，所以作为一国之君，要在全国掀起一场禁烟运动，令全国人民都能禁绝鸦片则更加困难。 道光帝自登基以后，连篇累牍，三令五申，谕令严禁，但鸦片之祸还是甚嚣尘上，甚至朝臣们公然上奏要求开禁，简直弄得道光帝束手无策，更不知如何处理此事。

看到黄爵滋的奏折后，道光帝一面令各省将军、督抚各抒己见，妥议章程，迅速回奏，一面开始严厉打击以王公大臣为主要对象的官僚阶层。

由此可以看出，黄爵滋上奏之后，带动了全国各省将军督抚的复奏，他们在共商禁烟决策之际，也表明道光帝日益坚决地对待禁烟问题。 道光十九年五月《查禁鸦片条例》39 条的出台直接关系着道光日益鲜明的禁烟态度。 尽管条例有不足之处，但已完全体现了道光的严禁思想，特别是重刑伺候各级文武官吏中的违禁者，说明道光想通过严肃吏治的办法来推进禁烟运动的开展，这是正确的。

虎门销烟大快人心

关于禁烟问题的大讨论结束以后，各省将军督抚陈奏的严禁鸦片方策陆续到京，道光一一认真阅览，知道人人都想厉行严禁。 于是决心选择一个突破口，取得战果，推动禁烟运动的发展。

究竟派谁前往广东担此重任最合适呢？ 道光左思右想，把满朝文武大臣筛选了一遍，最后内定了湖广总督林则徐。

林则徐为官多年，道光很赏识他。 林则徐以干练、优秀的政绩屡获道光的赏识和眷顾。 另外，林则徐不仅在口头上支持禁烟，更重要的是闻风而动，努力实践道光的禁烟思想。 他制定了禁烟章程 6 条和行之有效的戒烟药方，在湖广地区雷厉风行地实行禁烟和戒烟，并且成绩卓著。 正是由于这些，前往广东查办鸦片的重任就非林莫能担当了。 道光圣意已决，发出上谕，召林则徐来京陛见，时间是道光十八年（1838）九月二十三日。 十月初七日，林则徐收到宣召进京的命令，因有阅兵之盛事，耽搁数日，遂于十月十一日从武昌动身，迅速赶往京城。十一月初十日，林则徐到达京城。

林则徐抵京，轰动朝野，各方人士都在静候道光召对林则徐的最后结果。

十一月二十三日清早，林则徐打点好行装，焚香九拜，把严封的关防大印开启，发传牌启程，由正阳门出新仪门，在普济堂一一话别京都故人，离京南下，奔赴禁烟运动的前哨阵地，去完成道光帝赋予的救国大计。

林则徐轻车简从，穿州过县，晓行夜宿，行程两月，甚至在途中的船上度过了春节，抵达广州时已经到十九年（1839）一月二十五日，将行辕驻在越华书院。第二天，他就正式揭开了禁烟运动的序幕。林则徐确定了他在广东的禁烟方针，即将外国鸦片贩子已运到中国的鸦片迅速收缴；鸦片未曾运来的命外国商人出具证明（甘结），保证永不再来。而当务之急则是收缴鸦片。

二月四日，林则徐召集了十三行洋商，要他们把限期必须缴出鸦片的规定立即转告外商，并保证今后来华贸易永远不能有鸦片私运，如再夹带，货物没收，人即正法。二月二十八日，缴烟工作开始。四月六日，鸦片全部缴清。总计19 087箱又2119袋，比英国驻华商务监督义律认报的数字多出1023箱（一袋相当于一箱），大约有2 376 254斤重。

道光帝做出了就地销毁鸦片的指示，林则徐决定：自道光十九年四月二十二日（1839年6月3日）起，在广州东南的东莞县太平镇虎门海滩上全部销毁2 376 000余斤鸦片。

1839年6月3日下午二时，三声礼炮响过，震惊中外的虎门销烟开始了。霎时间浓烟滚滚，遮天蔽日。一池销毁完毕，即打开涵洞，冲刷入海，又开始了另一池的销毁工作。

整个销烟过程历时23天（其中五月初五日端午节，暂停1天），全部鸦片销毁完毕。林则徐只把公班、小公班、白皮、金花鸦片烟各两箱留下作为样土，预备解送京师。五月十五日，林则徐、邓廷桢等满怀胜利的喜悦，登舟从虎门离开，返回广州。

虎门销烟，是道光领导的禁烟运动中最为辉煌的壮举，它把中国人民反对外来侵略者的坚强意志突显出来，震惊了世界。

当道光获知销烟盛举的消息后，非常兴奋，誉之为"可称大快人心之一事"。

第三章　第一次鸦片战争

战争爆发

道光十九年（1839）三月，当软禁于广州商馆的义律被迫呈缴鸦片后，立即致函英国政府和英驻印度总督，要求其诉诸武力，使得中英政治、商务关系重新调整。　三月，英国下院就对华战争军费案和广州英商损失赔偿案一事展开辩论，辩论持续了3天，最终以271：262票的微弱多数票通过以武力解决问题。　自五月二十二日起，英国"东方远征军"的军舰陆续到达广州珠江口外，共有16艘，另有武装轮船4艘、运输船27艘，总兵力4000人。　在西方殖民史上，这支军队应该算是大规模的了。

负责中英交涉事务的林则徐等人，一开始错误判断了敌情。　英国首批侵略军到达广东珠江口外后，即据巴麦尊的训令，立即封锁广州海口，又到了浙江定海。　后来英军分批到达，依次北上。　六月初四，英舰一艘至厦门，把《巴麦尊致中国宰相书》投递上去，这种方式不符合清朝体制，当地清朝官员自然拒绝了它。　于是，战争打响了。

由于当时通信条件差，清廷接到的信息毫无顺序。　道光十九年六月二十二日，道光帝收到定海沦陷的奏报；七月初四，接到林则徐的上报——来华英舰船有十一艘；初五，又收到乍浦、厦门军事冲突的报告。此后得到的信息使道光觉得事态很严重，于是于初九日任命两江总督伊里布为钦差大臣，前往浙江"专办军务"。十四日，天津海河口外已经出现英军。十八日，琦善接收英国文件，即《巴麦尊致中国宰相书》。直至此时，清廷对英国的意图才恍然大悟。

当时，清廷朝野上下意见惊人一致：若是海上交锋，以英军之"船坚炮利"，清军肯定不敌，是以己之短击彼之长；若陆上对阵，我们则是占尽优势，击刺步伐，非彼所娴，且腰硬腿直，一扑倒定必不能起。

道光帝于道光二十年（1840）八月二十一任命琦善为钦差大臣，命他前往广东，主持中英谈判。九月初三，以办理不善为借口，将林则徐、邓廷桢交部严加议处（后革职）。随后英军于十月在浙江宣布停战。

琦善进京请训后南下，抵达广州时已经是十一月，他便与义律开始谈判。在谈判中，琦善允诺赔偿英国600万银元，并打算除广州外，还新增厦门为通商口岸。但是，这些不远万里前来的"英夷"远非琦善所想象的那样，这些条件根本不能满足他们的胃口，义律坚持以巴麦尊所提的各项要求作为谈判基础，否则便诉诸武力。

英方于道光二十一年（1841）正月初四，在完全没有取得清政府允许的前提下，正式占领香港。与此同时，定海英军也相继南撤。

英军占领香港后，琦善与义律又进行过两次会谈，都没有解决实际问题。义律亦得到了道光帝主战的情报，知道问题已经不能靠谈判解决。从二十七日起，英军舰队驶往虎门一带集结，对虎门实施炮轰，广东水师提督关天培以身殉国。随后，英军溯珠江而上，连陷乌涌、琶洲、猎德二沙尾等处炮台。二十六日，广州城南珠江上的海珠等炮台亦被英军打下。至此，英军兵临广州城下。

靖逆将军奕山等人于三月二十三日到达广州。由于道光帝主战态度坚决，奕山、杨芳等只得筹备战事。广州在停战一个月后，态势渐紧，英军舰队亦重入珠江。 四月初五日，登陆英军攻占城北观音山（今越秀山）诸炮台，使广州城完全暴露在英军的炮火之下。 次日，奕山等投降，派广州知府余保纯出面乞和。

实际上，中英军事实力之比较，与道光帝和清朝一般官员所想象的颇有不同。 英军不仅"船坚炮利"，在海上比中国厉害很多，而且其陆军在装备、训练、战术等方面都胜于清军。 定海、虎门、广州等处作战，英军采取了避实就虚的方针，采取相应的谋略。 蒙在鼓里的道光帝，还沉浸于大兵"分路兜剿，务使逆夷片帆不归"的幻想中，敌人早已大获全胜了。 这种幻想不仅使朝廷未能尽早看清形势、改变对策，仅仅从军事角度而言，也使其他各省没有吸取广东作战的教训，以致重蹈覆辙、一败再败。

天下似乎太平了，战争也好像终止了，奕山等人也安然无恙。 然而，就在各省准备撤防之际，更大规模的战争爆发了。

业已结束和刚刚开始

琦善于道光二十年十月到达广州，所作所为与林则徐截然相反，他怕和议不能尽快达成，于是撤掉各要塞的守军，以讨好敌人。 但是道光帝主张宣战，便任命奕山为将军，杨芳、隆文为参赞大臣，赶赴广东。 琦善被逮捕押送京城，替代他的人是祁贡。

闰三月，英舰攻占四方炮台，进逼广州，将军奕山派知府余保纯出城谈判，英军后撤。

道光二十二年（1842）八月，因为英舰接连攻占乍浦、宝山、上海、镇江，逼近南京，皇帝任命尚书、皇室成员耆英等人为全权大臣，同英国人在南京谈判，英舰撤回定海。 道光得到各地的败报，已无心再战，只想着和平谈判。

道光二十二年七月二十四日（1842 年 8 月 29 日），中英终于签订了《南京条约》。 内容共 13 款，下列为其主要内容：一、中国把广州、福州、厦门、宁波、上海五处开发，作为通商口岸，允许英商寄居贸易，英国可以派驻领事等官；二、割让香港；三、向英国赔款2100万元。

八月初二日（9月6日），道光帝批准《南京条约》。中国近代史上第一个丧权辱国的不平等条约——《南京条约》签订了。从此，中国的大门被西方侵略者用武力打开，中国社会逐渐沦为半殖民地半封建社会。中国两千年帝制史上，道光是第一个同西方殖民者签订丧权辱国条约的皇帝。

自此以后至鸦片战争最终结束，欧美各国的使者纷纷到中国来签订条约。中国政府把禁止鸦片的命令解除，以洋药的名义收取关税。以此，官民抽鸦片烟的弊风，等于被国家的法律所承认！

第四章　金田起义

拜上帝会与起义的酝酿

道光二十三年（1843），洪秀全最后一次赴广州应试，但仍然没有考中，这次他最终把科举入仕的道路放弃了。当他再一次细细品读《劝世良言》的时候，发现其中一些基督教义很对农民的胃口，于是在六月间，他便开始向自己的亲友布教。洪秀全同好友冯云山、族弟洪仁玕共同研究《劝世良言》，提出只是对真神"皇上帝"参拜，不拜邪神偶像，不做坏事，戒绝饮酒、抽烟、邪淫等恶习。他们描述了一番洪秀全在道光十六年（1836）应试失败后因病所做的异梦，说洪秀全神游天上，与一位高踞宝座的老人相逢，老人赐给他一把宝剑，让他代表天父上帝到人间斩除妖魔。这位老人就是天父上帝，而耶稣便是同他一道追杀妖魔的天兄。随后，洪秀全请铁匠"打铁罗"铸了一把"斩妖剑"，日日不离其身，准备以天父次子的身份斩诛妖魔。

在这之后洪秀全等3人开始积极传教，扩大组织，广聚信众。

他们传教的重点地区确定在赐谷、长排、大横等地，入教者达百余人，在此基础上广西第一个"拜上帝会"形成了。

冯云山和洪秀全于道光二十四年（1844）九月和十一月分别前往桂平和花县，各自宣传教义，发展信徒。

汉、壮两族的贫苦农民住在金田附近一带。冯云山在这里团结贫困民众，因此，入会者非常多。冯云山便在这里积极酝酿并成立了"拜上帝会"。

人人都是上帝的子女，大家都是同胞，应该彼此平等、休戚与共、有福同享，这些都是拜上帝会所提倡的。

与此同时，洪秀全在广东老家花县一边教书，一边对拜上帝会的教义进行解析。从道光二十五年（1845）起，洪秀全接连把《原道救世歌》《原道醒世训》《原道觉世训》《百正歌》《改邪归正》等数篇文章与诗歌写就，阐释其宗教理论，宣传上帝创造一切、主宰一切，要人们信奉唯一真神——上帝。书中还处处把洪秀全的反清思想显露出来。这些文章被编入了后来南京印行的《太平诏书》。

接着，洪秀全到大冲去会见冯云山，对拜上帝会一同巩固和发展。

十月，为更快地扩充力量，洪秀全和冯云山离开大冲，来到高坑冲，在卢六家里设立拜上帝会的总机关，又把"拜上帝会"的各种条规一一制定，一面又派人四处活动，在两广的汉、壮、瑶等各族人民之中很多都加入了拜上帝会。

在不断的斗争发展中，拜上帝会逐渐形成了以洪秀全为首的核心，其核心成员是冯云山、杨秀清、萧朝贵、韦昌辉、石达开等人。他们大部分是两广地区的贫苦人民，除了韦昌辉和石达开。韦昌辉是地主兼典当商，为广西桂平金田村人；石达开为广西贵县那帮村人，也是地主出身，因其为客家人，当地地主总是排挤他，故石达开加入拜上帝会。 这个领导核心领导了著名的金田起义，推动了太平天国前期的蓬勃发展，但后来裂变的祸根也就此埋下。

团营起义

经过一段时间有计划的准备，已经基本具备举义的条件。 道光三十年（1850），洪秀全、冯云山给各地会众下令，让他们在十一月初四前到金田村"团营"，整编队伍，发动起义。

两万多贫民在洪秀全的带领下，于清道光三十年（1850）十二月初十拿起自制的武器，在金田村西边的犀牛岭营盘周围聚集，举行誓师起义。 团营起义后，会众以红布包头，蓄发易服，以"太平军"自命。

道光三十年（1850）十二月十四日，洪秀全率师东进二十里，此时，受到了清军的镇压，太平军英勇奋战，大破清军于大湟江口。 人们将洪秀全呼作"太平王"，到处传颂"金田起义出大王"。

接着，太平军攻无不克，战无不胜，又大破清军向荣、周天爵的兵马，太平军人心振奋。 然后，洪秀全于三月二十三日在武宣东乡正式称天王；杨秀清为左辅正军师，领中军主将；萧朝贵为右弼又正军师，领前军主将；冯云山领后军主将，为前导副军师；韦昌辉为后护又副军师，领右军主将；而左军主将为石达开。 这就是著名的东乡称王、武宣建制。 这些初步建立了太平天国前期的五军主将制度。

从此，中国陷入了长久的内乱之中。 道光帝也在内外交困中辞也。

第五章　丧权辱国中辞世

裁减圣德神功碑

　　为什么不于慕陵建圣德神功碑呢？据《钦定大清会典事例》卷943《工部·陵寝·慕陵规制》记载，道光帝表露出谦谦之态，只说自己治理国家的成就，万万不能与列祖列宗的功德相提并论，故而力裁建圣德神功碑，并把自己的态度一再重申，告谕嗣皇帝及群臣，如果违背他的意志，将是至大的不孝。由此，似乎可以说道光是"谦冲"有加的贤君。

　　其实，道光皇帝对不禁鸦片将造成国之颓势早有预料，于是他力排众议，下决心禁绝烟害。但他深知西方列强觊觎中华久矣，时机一旦成熟，必不能避免侵华战争。果不其然，时隔一年，英军4000、战舰40余艘，直驶中国海域，朝着虎门而来，最终，第一次鸦片战争爆发。终于，在1842年8月29日，签订了丧权辱国的《江宁条约》，即《南京条约》。

　　《南京条约》的签订，当然是有愧于中国人民，这实在让道光皇帝在生前死后都处于一种尴尬无奈之境地，这是不是能说明道光帝裁减圣德神功碑的真正原因呢？

难以取舍的继位人

　　道光一生共有后妃20余人，共生有10个公主和9个皇子。道光十一年四月，皇长子奕纬死，此时皇四子奕詝还有两个月才出生。皇二子奕纲、皇三子奕继均幼殇，皇五子奕誴于道光二十六年过继给和硕惇恪亲王绵恺（旻宁之弟）为嗣，是郡王位的继任者。旻宁晚年，虽然琳贵妃乌雅氏（即庄顺皇贵妃）又诞下皇七子、皇八子和皇九子三个皇子，但在旻宁选立皇储时他们均还年幼。所以，在诸皇子中，只有皇四子奕詝和皇六子奕訢两个可以信托。

道光二十六年，旻宁为建储传位事煞费苦心。

旻宁晚年，把朱谕明示给大家："皇四子奕詝着立为皇太子。"而在同一匣内，另外一道上谕却写着："皇四子奕詝立为皇太子。皇六子封为恭亲王。"随后道光皇帝崩逝。这两道上谕是当初道光皇帝矛盾心情的充分体现，虽然最后他决定传位于皇四子奕詝，但自己的另一个宠儿也不能委屈了，所以，在决定储位的同时，就将其封为亲王。

道光皇帝崩于圆明园，享年69岁，安葬于清西陵龙泉峪慕陵。

第九篇

清文宗显皇帝奕詝（咸丰）

爱新觉罗·奕詝，生于道光十一年（1831）六月初九日，咸丰十一年（1861）七月十七日卒，登基时 20 岁，在位十一年，享年 31 岁，文宗为其庙号，谥号显皇帝，葬定陵（今河北省遵化市清东陵），是清朝最后一位秘密立储继位的皇帝。他被后人称为无远见、无胆识、无才能、无作为的"四无"皇帝。他登基不久太平天国农民起义爆发，之后又发生了英法联军进攻北京、火烧圆明园等大事件，他在重大事件面前毫无决断，沉迷于酒色，荒废朝政，宠爱叶赫那拉氏（即慈禧）。

第一章　皇四子与皇六子

道光择储，左右为难

道光选继承人，主要的参选者便是皇四子和皇六子。

单论外表，皇四子奕詝比不上皇六子奕訢那般俊美，而且皇四子还是个跛子。

但道光帝的秉性决定了他与皇四子奕詝更易相通。他们属于同种类型。往好处说，可谓英雄所见略同；朝坏处讲，又可称"惺惺"惜"惺惺"，或曰同病相怜。道光帝极有可能选中皇四子奕詝，但道光帝对皇六子奕訢始终关注，似也经常考虑立奕訢为储君。

1846 年，道光帝已经 64 岁了，时感不适，不能再犹豫立储大事了。8 月 7 日，他终于下定决心，朱笔写下了立储御书：

皇六子奕訢封为亲王

右起第二行写道：

皇四子奕詝立为皇太子

右起第三行是第二行内容的满文。

天平终于倾向一边，道光最终抛弃了皇六子奕訢。后来 100 多年来的人们不停地指责道光帝犯的错实在是大。奕詝平庸，奕訢机敏；奕詝保守，奕訢奋进。在奕詝把国家搞得一团糟之后，是奕訢把"同光中兴"的局面给收拾出来的。人们虽然不能肯定奕訢替代奕詝就一定能挽救国运，但人们可以肯定，若奕訢来做皇帝，懿贵妃和慈禧太后便不会出现。慈禧这个才识浅薄权术精深的毒辣女人，竟然能掌握国家政权近 50 年，给国家带来无穷的痛苦和灾难……

错位的帝王梦

奕詝即位，改元咸丰，并遵道光遗命把六弟奕訢封为恭亲王。 因为奕訢的亲王地位和资历，不久军机处的领班便由他来担任。 作为长期的竞争对手，咸丰对奕訢一直心存疑惧，并不信任他。 最后，这种疑惧终于在奕訢的生母康慈皇贵太妃是否应以皇太后上尊号一事上完全公开化。

奕訢的生母康慈皇贵太妃博尔济吉特氏，初入宫时封为贵人，道光皇帝很宠爱她。 道光六年十二月封静嫔，翌年四月晋为静妃，又于道光十四年十一月将其称为静贵妃。 道光二十年奕詝的生母孝全成皇后死后不久，她又晋封为皇贵妃，接着奕訢也由她抚养。 由于道光帝密定的储君是奕詝而不是奕訢，所以，作为奕訢之生母不能当皇太后。

咸丰初年，咸丰帝立即把她尊称为康慈皇贵太妃，咸丰也很频繁地到她的寝宫——寿安宫去问候她，并与她同桌进膳，像尊敬自己的母亲一样尊敬她。 可是，康慈皇贵太妃自恃抚养皇上有功，一心想要得到皇太后的封号。

咸丰五年，康慈皇贵太妃病危。 一天，恭亲王奕訢错误地揣摩了圣意，以为皇帝同意了自己生母的皇太后封号，于是他急忙回到军机处，准备一一处理皇太后的尊封事宜。 为此，抹不开面子的咸丰帝不得不在同年七月初一日传旨："尊康慈皇贵太妃为康慈皇太后。"这件事的发生，已经惹恼了咸丰帝，认为恭亲王奕訢有挟制自己之意，因此，随后便找了个借口，贬斥了恭亲王。

与此同时，咸丰皇帝还下令"减杀太后丧仪"，自此，咸丰一朝，皇帝一直不信任奕訢。 但这种情况却有利于他利用时局东山再起；很大程度上，慈禧的成功也是借助于奕訢对咸丰的不满。

咸丰皇帝在历史上的影响力也许根本不能与他的妃子叶赫那拉氏

相比，但由于得到咸丰皇帝的宠幸，叶赫那拉氏生下了载淳，即咸丰皇帝的独生子，为她后来发动政变、夺取政权创造了条件。 因后来皇位由儿子载淳继承，她被尊为圣母皇太后，号"慈禧"。

第二章　湘军的组建和壮大

组建湘军

太平天国起义之后，咸丰帝迅速组织军队对其进行镇压。 此外，汉族地主武装也在各地兴起，其中尤以湖南曾国藩组织的湘军镇压太平军最为有力。 咸丰二年（1852）十二月二十一日，曾国藩至长沙出任团练大臣，次日即上了一个奏折，指出绿营腐败不可用，要"改弦更张"建新军。 但清廷还是猜忌汉族官僚，一开始仅允许曾国藩帮办团练，无权管理其他。

曾国藩率领曾国葆、储玖躬、周凤山等营，并接受江南大营帮办江忠源的邀请，招募宝勇、湘勇 3000 余人；同时对绿营军着手整顿，裁汰冗员，亲自监督绿营与湘军一同操练，把善于作战的塔齐布提拔为将领，将塔齐布率领的部队扩编两营并归入湘军建制。 咸丰四年（1854）初，以曾国藩为首的湖南士绅把省内封建秩序初步稳定下来，暂时缓解了境内武装起义和农民斗争的危机。

咸丰三年（1853），曾国藩用一年的时间以绿营为殷鉴，又把建军过程中的经验教训不断总结，及时采取措施，把各项制度逐渐完善，使湘军得以确立全新的面貌。 归纳起来，有以下 5 个方面：第一，慎选将领。 曾国藩对选拔将领特别重视，特别是营官。 他用了几个月的时间考虑人选问题，人选者除了应有才干和不怕死、不怕苦、不急功近利外，"忠义血性"也是他们必须拥有的。 第二，慎募勇弁。 第三，完善营制。 第四，厚给粮饷。 第五，自办后勤。

以上这 5 个方面相互配合，是曾国藩一开始就提出来的"改弦更张"方针的贯彻，从此，曾国藩建立起与绿营截然不同的军队。 此外，曾国藩等还倡导师生、戚友、同族、兄弟同入湘军，同在一军，甚至还普遍同在一营；还有一些人，入军后通过拜师、结金兰，也成了师生和异姓兄弟。 在湘军中以上种种私人关系极为普遍，正是通过这种关系，促进了湘军内部的团结，这也是湘军的一大特点。

具备这两套系统的湘军完全不同于绿营，排他性很强，唯曾国藩、胡林翼、左宗棠之命是听，根本不听他人指挥，绝对是兵为将有的军队。

湘军集团的壮大

面临内忧外患的清王朝虽然不能完全按自己的意愿指挥新建的湘军，但新建成的湘军要站稳脚跟、求得发展，就必须好好处理与清廷，尤其是与满族贵族的关系。 另外建设安定巩固以及能够提供大量人力、物力、财力的后方基地，这对湘军的进一步发展有着直接影响。

1. 调整与清廷的关系

咸丰三年（1853）夏，太平军的北伐严重威胁着北京；与此同时，太平军西征部队已攻克安庆，先围南昌，后图武昌；再加上争夺附近地区，全国内战就出现北、西、东三大战区的局面。 清廷对直接关系切身安危的北京最为重视，因此尤为注意太平军的北伐。 九月以后，随着武昌情况危急，清廷就不断命湘军出境北援。

这样，湘军连败太平军，肃清两湖，一举攻夺全国名城武昌。 咸丰四年（1854）一开始，北战区主要是僧格林沁军，江南、江北大营占据着东战区，湘军则活动于西战区。 这样，湘军与清廷之间关系开始变得微妙，曾国藩常常受到朝廷的猜测与怀疑。

但是，也有相当一部分满汉官员力主对曾国藩、胡林翼等人重用。

与此同时，湖南士绅也通过特殊的合作形式，达到官绅联合掌权的目的。

随后，取得两湖政权，特别是胡林翼成功地与官府合作，对湘军集团的发展，乃至整个清廷与太平军的战局，影响都巨大而深刻。 在政治上，清政府逐渐放松了对汉族官僚的限制；同时，胡是仅次于曾的湘军集团首领，满洲贵族信任胡林翼，为今后能够大规模合作提供了平台和经验；在军事上，更为湘军建立稳定的战略后方基地打下了坚实的基础。

通过曾、左、胡等人的苦心经营，很大程度上改善了两湖的治安、吏治、财政、军事乃至地主阶级内部关系，两湖地区为湘军提供了大量人力物力，成为湘军后方基地。 湘军继收复湖北、江西之后，又出兵安徽、广西、贵州、四川等地，不仅成为西战区主力，且进一步成为全国清军的主力。

2. 发展模式

咸丰十年（1860），在巨大的政治经济危机的压力下，又面临着对内、对外战争的连次大败，咸丰帝终于不得不忍痛接受肃顺的建议，让两江总督、钦差大臣这些要职都由曾国藩担任，后又任命湘军集团巡抚二人、钦差大臣一人。 这使湘军集团军政二权相互促进的发展过程进入新的阶段。

在这之后湘军的发展，其规模之大、速度之快，与过去截然不同。

后来，清廷非常重视湘军集团中的许多成员，将他们作为封疆大吏督抚予以重用，如曾国藩和骆秉章等人。

湘军集团的迅速扩大对其自身来说有利有弊。这一大批督抚官位、权位相当，又各有地盘，所处的情况及面临的问题却各有不同，势必因各有利害而各顾自身，这就不可避免地会产生矛盾。在强大的太平军压力下，这种矛盾似乎并不严重，而利用手中掌握的地方政权去扩充军队，这种需要却最为迫切。事实上，他们接任督抚后，大多实行了类似在两湖时的措施，对吏治、税政、治安进行整顿，任用士绅，使各种渠道不渗漏、不阻塞，把财力、人力、物力大力积攒、开发，对防务和军队的建设也予以加强。这就使这次扩军不仅规模大，且以多中心、多渠道的形式，在约占全国一半的省内展开。湘军集团总兵力已相当于过去清朝常备军绿营。军权勾结政权，这是湘军集团成长发展壮大的根本途径。

第三章　太平天国农民起义

太平军北伐

太平军进行了两年的北伐。从咸丰三年（1853）四月初，太平军自浦口开始北伐，到咸丰五年（1855）四月底北伐军完全失败为止，大致分为长驱北上、固守待援、最后失败3个阶段。

1. 长驱北上

咸丰三年（1853）三月底，从扬州出发，天官副丞相林凤祥和地官正丞相李开芳率军开始了大规模的北伐。

北伐军由林凤祥等率领自浦口出发，一路连破州县，经安徽滁州、临淮关、凤阳、怀远、蒙城，于五月初四到达亳州，并配合当地义军，抗击清军。 又在河南归德府城（今河南商丘）大败清军。 遭清军阻拦，往中牟县之朱仙镇撤退。

由于清军前线将领最初弄不清北伐军的兵力和行动企图，以为不过两三千人，意在牵制扬州外围的清军，所以清廷并没有调集重兵对北上太平军进行阻击，这非常有利于北伐军的北进。 等到北伐军进抵蒙、亳地区，北伐军渐成燎原之势，清廷才如梦初醒，便陆续令各路清军驰援河南。 而此时北伐军早已攻破归德，正沿黄河西进。

接着，北伐军在怀庆受到清军阻击，增援的清军还越来越多，为了摆脱被动局面，不得不于七月二十八日主动撤围西进。

北伐军撤围后，从济源绕道，翻越群山进入山西，一路顺利通过垣曲、绛县、曲沃，于八月中旬进至平阳（今山西临汾）、洪洞一带，再次遭遇清军。

李开芳率领的北伐军一路从深州、献县、沧州等地经过，于二十七日占领天津西南的静海县城和独流镇，前锋进至杨柳青，进逼天津，清朝大为震动。

2. 固守待援

北伐军自咸丰三年（1853）四月初从浦口出发，占领静海、独流已是十月二十七日。 近半年中，北伐军一直长驱北上，直逼京津，作战的主动权掌握在其手中，其队伍也在迅速扩大。 但到达静海、独流后，他们远离了后方的接应，在这种情况下，北伐军驻扎下来，等待援兵，因而陷入重围，从主动出击转入防御，直捣北京的目标已难如登天。

屯居静海、独流以后，一方面由于北伐军将士多为南方人，不适应北方的气候，另一方面，胜保、西凌阿、僧格林沁又重重包围，形势非常不利，北伐军不得已于咸丰四年（1854）正月初八突围撤往南方。

僧格林沁和胜保当天就追到阜城。 不久，大队清军赶到，包围了北伐军。

幸好这时北伐军援军已过黄河北上，万余清军在胜保的带领下，赶往山东防堵，阻止援军的到来。这就把阜城的压力减轻了，使北伐军得以在此坚守两个月之久。

北伐援军的到来使清廷大为震惊，咸丰帝惊呼"将毙，又添双翼"。

天京方面又于咸丰四年（1854）三月决定派燕王秦日纲再次组织增援，但秦日纲不愿北行。天京当局终因金陵、庐州（今安徽合肥）以及湖南方面战局吃紧，无力增调援兵而作罢。从此北伐军只好孤军奋战了。

3. 最后失败

咸丰四年（1854）四月初九，北伐军由阜城突围东走，占领连镇等待援军。连镇隶属东光县，横跨运河，分别由林凤祥、李开芳率部据守东西两镇。当天，僧格林沁的追兵包围了北伐军。

此时，北伐军被清军分成两截，其力量减弱很多，咸丰五年二月初一，僧格林沁率马队准备围歼太平军。最后，僧格林沁决定采用水灌法，历时月余让大批民工挖一条全长60余公里的水渠，引运河水至冯官屯。同时，僧格林沁一面炮轰北伐军，一面对太平军劝诱投降。北伐军多次突围都归失败。最终，李开芳率80余人突围，被清军俘获，后被解送到北京，于四月二十七日被清军杀害。

至此，北伐最终失败。在两年内，北伐军横扫6省，转战2500公里，但由于孤军深入、后援不继，最终以失败告终，但仍给了清政府以沉重的打击。

太平军西征

西征的主要目的是控制长江中游地区，同时也为了确保天京屏障和供给基地，发展中国南部的势力。 西征作战充分利用了水师的作战特点，并采取了攻城据守、设官安民等与北伐截然不同的做法。

咸丰三年（1853）四月二十七日，首批西征军近万人在夏官副丞相赖汉英的率领下，乘千余号战船离开天京西上。

紧接着，八月，天王派翼王石达开赴安庆一带安民并主持西征全局。 十月初石达开命西征军东撤，以小股兵力退保黄州、蕲州等地，而以主力运载车辆辎重返回安徽，与春官正丞相胡以晃、秋官正丞相曾天养等对皖北展开攻夺。 十月，把桐城、舒城攻下，进逼庐州。清廷急命江忠源为安徽巡抚，赶往庐州防守。 十一月初，石达开被召回天京，燕王秦日纲前往安庆代理。 十二月初十，太平军把优势兵力集中起来，攻克庐州。

皖北得手后，对湖北的攻击便成了太平军的主要目标。 五月二十一日，由陈玉成率500勇士攀城而上，再克武昌。 从此，陈玉成名震天下。 而分兵南下湖南的是春官副丞相林绍璋等人，曾国藩精心编练的战斗力极强的湘军便是其主要对手。 由于湘军实力雄厚，太平军被迫退出湖南。

岳州既失，则湘军随时会攻克武汉。 二十七日，湘军突破拦江铁链，田家镇失守。 湘军乘胜东进九江。 太平军连连受挫于两湖地区，这是太平天国自金田起义以来最为严重的军事失败。

这时，天王再次命令石达开对西征军进行援助，于是，石达开亲赴湖口部署防御工作。 十二月二十四日，湘军水师长龙、舢板120余号冲入鄱阳湖，要与太平军决一死战。 湘军水师被石达开分成两截，石达开焚其战船。 曾国藩几乎被逼得跳水殉国。

正月十七日，武昌第三次被太平军攻克，清湖北巡抚陶恩培等战死。 咸丰六年（1856）正月，太平军又攻下吉安。 二月，湘军周凤山部又在樟树镇被太平军大败。 而江西13府竟有8府40多个州县都落入了太平军手中。 曾国藩困守南昌，身处太平军包围圈之中，呼救无人，急向两湖求援。 就在南昌城孤立无援之时，杨秀清却把石达开调回去攻江南大营。 因而，曾国藩得到了喘息的机会。

在把北伐、西征工作展开之后，太平天国领导集团又在天京外围组织了一场激烈的破围战，攻破清军江南、江北两个大营的钳制，天京之围得以缓解。

天国内讧

咸丰六年（1856）上半年，由于在湖北、江西和安徽等地军事上都获得大胜，并且又接连把清军的江北大营和江南大营击溃，打败了江苏清军，太平天国达到了军事上的全盛时期。 但是，军事上的胜利，并非巩固了政权，相反，太平天国领导集团的内部危机却日益加深，洪秀全与杨秀清之间，杨秀清与韦昌辉、石达开之间的矛盾逐渐公开化而且白热化。

1. 领导集团的内讧

建都南京（天京）、西征的胜利以及天京地区的辉煌战绩，使太平天国的事业达到了顶峰。 主要领导人洪秀全和杨秀清抛弃了起义初期那种质朴的思想作风，代之而起的则是追求权力名位和奢侈生活的腐朽观念。

封建君主制度也被太平天国因袭，太平天国领导人颁布了等级森严的礼制，又严格烦琐地规定诸王及其妻子儿女、亲戚和各级官员的称呼，不得乱称。 太平天国的领袖们开始沉湎于声色犬马的繁华生活之中，养尊处优，骄奢自大。 他们之间的关系逐渐疏远，早已不复原来的同吃同睡、情同骨肉的状态，而是变为彼此不合、相互猜忌。

洪秀全和杨秀清之间的矛盾，主要是由于杨秀清骄傲专横，引起天王的大权旁落所致。 杨秀清的政治和军事才能非常出色，从金田到南京，他是实际上的军政指挥者。 建都南京以后，杨秀清个人权势的不断上升使他权欲熏心，洪秀全对其逐渐不满。

杨秀清与韦昌辉之间也是矛盾重重。韦昌辉表面上奉承杨秀清，暗地里却寻找机会准备夺他的权。杨秀清更是严苛地对待他周围的将领和士兵，对其随意加以杖责甚至处死，这些行为引起人们的普遍不满。

咸丰六年（1856），太平天国取得一定的军事胜利后，杨秀清居功自傲，打算乘机把个人权势进一步扩大，企图取得"万岁"的称呼，夺洪秀全的权。但洪秀全对此早已察觉，立即密令在江西督师的韦昌辉、在湖北督师的石达开以及在丹阳督师的秦日纲等火速回到天京把杨秀清诛杀。一日凌晨，韦昌辉冲进东王府，杀死杨秀清全家，杨秀清的许多部下也被杀害。

变乱的消息传到石达开耳中，他急忙从武汉洪山驻地赶回天京。他见杀人太多，很不满意，责备韦昌辉不该滥杀无辜。韦昌辉见石达开不满，又企图把石达开杀死。石达开闻讯后，连夜缒城逃出天京城。

后来，洪秀全担心难以控制局面，便下令制止韦昌辉滥杀。后来，洪秀全将韦昌辉处死，石达开见洪秀全处死韦昌辉，便答应洪秀全回天京辅政。

但洪秀全也对颇受军民爱戴的石达开心怀疑忌，不肯重用，反而把自己的两个昏庸无能的哥哥洪仁发、洪仁达封为安王和福王，在朝政上对石达开进行牵制。石达开对天王的这些做法非常愤慨，于是，他决定从天京出走。

2. 石达开出走

石达开于咸丰七年（1857）五月带领部下离京出走，但他认为自己对上帝和洪秀全的忠心是永远不变的。

石达开出走时，带走了太平军中的 10 多万精锐之师。太平军的领导集团分裂之后，天国的军政因一时无人主持而出现危局，洪秀全差点儿成光杆司令。这种局面使洪秀全非常头疼。同治二年

（1863）三月二十七日，石达开率领的出走大军到达四川大渡河边的紫打地，准备渡河直取成都。 但遭到清军阻击，石达开最终被俘，并被解往北京凌迟处死，年仅33岁。

天京事变是太平天国由盛到衰的重大转折点，它的后果极其恶劣。 它大大削弱了太平天国的力量，造成朝中无将、国中无人和天京空虚的严重局面，有利于清军纠集一切力量对太平天国进行反扑。 清军从上游重整旗鼓，顺长江东下，对太平军全力反攻。 咸丰六年（1856），清军攻陷武汉、包围九江，并趁机重建江北大营和江南大营，天京再度被包围。 太平天国形势急转直下。 咸丰七年（1857）十月，清军攻下镇江。 咸丰八年（1858）四月又把九江攻陷。 太平军在江西的大部分领地被清军掌握。

第四章　第二次鸦片战争

战争爆发

正当咸丰帝纠结于内战之中时，外患又来了。 这就是1856—1860年的第二次鸦片战争，英国和法国入侵中国，俄国与美国也从中得渔翁之利。

不过，对于这一次战争的到来，咸丰帝毫无知觉，丝毫准备都没有。

两广总督自1844年起，例兼管理五口通商事务的钦差大臣。 由于当时清朝觉得自己与"西夷"的关系仅仅是"五口通商"，而清朝与西方各国打交道的最高外交官员便是管理五口通商事务的钦差大臣。 作为两广总督，叶名琛在平叛中政绩卓著，为咸丰帝所倚重。

作为通商事务钦差大臣，叶名琛也镇定自若，颇有"计谋"，咸丰帝很信赖他。

1854 年春，包令（J. Bowring）继文翰成为英国驻华公使，他于 4 月 25 日根据本国政府的训令照会叶名琛，要求修约，但叶名琛委婉拒绝了。叶名琛的答复，包令自然不满意，他准备到上海和天津，绕开叶名琛，另辟渠道与清朝交涉。

包令于 1854 年 6 月来到上海，联合早已到达的美国公使麦莲（R. M. Mclane），向江苏官员交涉修约一事，但仍然毫无结果。1856 年，《中美望厦条约》已到 12 年，美国驻华委员伯驾（P. Parker）联络英、法，再次向叶名琛提出修约，又遭到拒绝，于是，他又提议北上。战争一步步逼近了。

1856 年 10 月 8 日，广东水师根据举报，在广州江面上对一条名叫"亚罗"号的船进行了检查，并把船上 12 名中国水手带走。英驻广州领事巴夏礼（H. S. Parkes）以"亚罗"号曾在香港登记为由，要求广州水师把全部被捕水手释放，但水师官员拒绝了这一要求。于是，巴夏礼一面向公使包令报告，诡称水师官兵把船上的英国国旗扯下，侮辱了英国的尊严；一面致函叶名琛，要求道歉、放人并保证此类事件今后再不发生。"亚罗"号事件只是一件小事，且内中疑云重重，但战争就这么因之打了起来。显而易见，"亚罗"号事件只是导火索。

1856 年 10 月 23 日，3 艘英舰越过虎门，攻占广州东郊的猎德炮台。1857 年 12 月 28 日，即叶名琛上奏英方技穷的第二天，英法联军以战舰 20 艘、地面部队 5700 余人的火力进攻广州。

10 月 29 日，英法联军攻入城内，广州城陷。街道上到处都是逃难的市民。叶名琛仍居住在城中，并不避逃。当时人讥讽叶名琛的所作所为："不战不和不守，不死不降不走，相臣度量，疆臣抱负，古之所无，今亦罕有。"

《天津条约》

英、法、美、俄四国使节于 1858 年 4 月先后来到天津大沽口外。24 日，四国使节照会清政府，限其 6 天内派大员前来谈判，否则便诉诸武力。但咸丰帝仍不知轻重，拒不谈判。

1858 年 5 月 18 日，英、法专使及其海陆军司令会商，决定以武力夺取大沽，然后前往天津。英、法于 5 月 20 日发出最后通牒，限清军两小时把大沽交出，被拒绝后，遂以炮艇 12 艘、登陆部队约 1200 人对大沽南北炮台发动攻击。两个多小时的激战后，守军不支而溃。5 月 26 日，英法联军兵不血刃，进据天津。5 月 30 日，四国使节要求清政府派遣"全权便宜行事"大臣，前往天津谈判，否则北京亦将是其囊中之物！

清政府无可奈何，只好于 1858 年 6 月 13 日签订《中俄天津条约》，6 月 18 日签订《中美天津条约》。

自英法联军于 1858 年 5 月 20 日攻陷大沽后，津京一带的防御已经摆上了咸丰帝的议事日程。在此危难之际，他几乎没有任何犹豫，就将蒙古亲王僧格林沁作为防御津京一带的第一人选。

大沽失陷的次日，即 1858 年 5 月 21 日，咸丰帝即命僧格林沁率军"勤王"，着手京城防御。

1858 年 6 月 2 日，咸丰帝授僧格林沁为钦差大臣，管理京津一带的军务。

英法联军自 1858 年 7 月 10 日离津南下，咸丰帝命僧格林沁回京，面授机宜，让他负责大沽、天津一带的筹防事宜。

到 1859 年 4 月，英、法、美公使入京换约得到咸丰帝的允许，与此同时，咸丰帝派了他的亲信怡亲王载垣到大沽面见僧格林沁。

1859 年 6 月 25 日，天气很好，英、法炮艇从清晨起就在大沽口内把水中的障碍——清除，开辟通道。在僧格林沁的统率下，大沽清军斗志高昂，第一次齐射便把水中的英军旗舰击中，战至日暮，英、法军败退海上。 此战，清军共把英、法炮艇 3 艘击沉、3 艘重创，毙伤侵略军484 人。 这是鸦片战争以来清王朝在对外战争中获得的第一个胜利。

大沽口的胜利，使咸丰帝对清朝军事实力的估算开始变得有些不切实际；英、法公使不做任何抗辩便南下，更使他认为敌人心中不安。 1859 年 8 月 1 日，他给两江总督、钦差大臣何桂清下令，宣布废除中英、中法《天津条约》，英、法若"自悔求和"，则只能按照《中美天津条约》另订新约，而且交换的地点只能是上海。

很可能咸丰帝此时仔细研究了以往只是草草阅过的条约，他发现《中美天津条约》只不过是多增两个新口岸（台南、潮州），而没有开放长江、没有内地游历、没有赔款，更没有公使驻京。

咸丰帝顿时骄傲起来。

英法联军火烧圆明园

1860 年（即咸丰十年）是清朝立国以来内外危机最严重的一年，也是咸丰帝备感痛楚的一年。

自 1859 年 6 月英法兵败大沽后，两国出兵报复的风声便在上海不时流传。

1860 年 4 月，在太平军解围天京、对江南大营反扑的同时，英法联军陆续到达中国沿海。 6 月 26 日，英法政府通告欧美各国，正式向中国宣战。

1860 年 8 月 1 日，英法联军把 200 余艘船只、陆军 1.7 万人集结起来，分别由大连、芝罘开拔，避开清军防守严密的大沽，在清军未设防的北塘登陆。

僧格林沁所部两万人于 9 月 18 日与英法联军先头部队 4000 人在张家湾大战，结果僧部大败。 消息传到北京，咸丰帝频频召见亲王、大臣，但仍然留在北京。

9月21日，僧格林沁等部清军3万人与英法联军5000余人在通州以南的八里桥决战，僧格林沁再次战败。咸丰帝得知消息后，坐立难安。9月22日，是咸丰帝至死都不会忘记的日子。这一天，他离开了北京，离开了圆明园。

钦差大臣恭亲王奕訢留在北京身担重任，他一再致书英国专使额尔金、法国专使葛罗，要求停战议和。10月6日，英法联军在北京安定门、德胜门外再次把僧格林沁等部清军击败，法军一部冲进了圆明园，开始抢劫。

从咸丰帝的五世祖康熙帝修建圆明园起，雍正、乾隆、嘉庆、道光诸朝又对圆明园全力经营，耗费两亿两以上白银建造的皇家园林，终究遭到了列强的凌辱与践踏。

第五章　最后的岁月

京师与热河之间

咸丰帝于1860年9月22日逃离北京，这一天已经陷他于一生中最大的绝望。宗庙社稷在心中远去，看上去最起作用的只有一个理由，那便是活下去。然而在一片混乱之中，他还是做出了一个后人认为颇具慧眼的决定：选择他的六弟恭亲王奕訢留下来处理危局。

咸丰帝逃往了热河，恭亲王留在北京。

1860年10月24日，根据英法的安排，在北京城内的清朝礼部大堂，奕訢与英使额尔金签订了《中英续增条约》（又称《中英北京条约》），并把《中英天津条约》的批准书互换。次日，10月25日，奕訢与法使葛罗又把《中法续增条约》（又称《中法北京条约》）签订，并互换了《中法天津条约》的批准书。

《中英北京条约》共 9 款、《中法北京条约》共 10 款，下面是其主要内容：

1. 割让九龙予英国。①

2. 对英赔款由 400 万两增至 800 万两，对法赔款由 200 万两增至 800 万两。

3. 开放天津为通商口岸。

4. 准许华工出国。

5. 把以前没收的天主教教产归还。

毫无疑问，这两个条约严重地损害了中国的利益。 条约签字前，奕䜣也没有将此内容上奏请旨（英法不容讨论，请旨亦无用）。 他唯恐别人可能会因为此事攻击他，于是他呈送条约抄本时有所顾忌。

根据咸丰帝的谕旨，奕䜣于 1860 年 11 月 4 日赴北京城宣武门一带的俄罗斯南馆同伊格纳切夫签订了《中俄北京条约》。 该条约共有 15 款，其主要内容为：

1. 黑龙江、乌苏里江为中俄东部边界。 这不仅承认了《瑷珲条约》，而且将《瑷珲条约》规定"中俄共管"的乌苏里江以东的领土也拱手让与俄国。 中国因此损失了 100 多万平方公里的土地。

2. 中俄西部边界的划定是根据山岭走向、大河流向及清军卡伦路线。 据此派生出来的《中俄勘分西北界约记》，又使中国把 44 万平方公里的领土损失了。

据此，今天的人们完全有理由称，中国近代史上祸害中国最为深重的条约便是《中俄北京条约》，这个条约也是中国近代史上最大的不平等条约。

与英法的谈判过程中，奕䜣发现这些目标在于通商的"西夷"，

---

① 在《中英北京条约》签订以前，两广总督劳崇光于 1860 年 3 月 20 日竟然稀里糊涂地将九龙半岛以每年 500 两银子的代价由英国政府永远租借。

跟历史上那些问鼎犯边、争城夺地的"蛮狄"完全不同。英法两国在把条约签订之后，竟能如约把军队撤往南方，更使他看到素来被称为"性同犬羊"的"夷"人也有信义。这种新认识，使他走出"天朝"的思维模式，再打量这些已与清朝官方打了20年交道而又完全陌生的"夷"人时已然是新的眼光。

第二次鸦片战争之后，奕䜣又提出6条建策，其中被咸丰批准并在后来历史中起到极大作用的有3条：

1. 在北京建立"总理各国事务衙门"，专理外交事务，领导者是亲王、大臣。中国历史上第一个具有近代意义的外交机构便是总理衙门。

2. 南、北通商口岸分设大臣。

3. 在北京设立"同文馆"，选青年人入馆学习外国语。

在今天许多历史学家看来，奕䜣的这一奏折，是后面"同（治）光（绪）新政"的开始。

毫无疑问，奕䜣对西方事务的热衷，背离了传统的祖制。在西方外交官拍手叫好的同时，也有许多守旧的官员感到不适，暗地里送给他一个外号——"鬼子六"。

咸丰帝出逃热河后，清中央政府便被截成两半。在热河，有御前大臣载垣、端华、肃顺，军机大臣杜翰、穆荫、匡源、焦佑流，吏部尚书陈孚恩等清一色的"肃党"随驾；在京师，是以奕䜣、桂良、文祥等"在京办事王大臣"为首的整个政府机构。因此清政府的头在热河，身体却在京师。身首异处，这种现象很不正常，给整个中央政府的运作带来了许多麻烦。当时通信手段很落后，从北京到热河，公文以"六百里加急"的速度，来回需要4天，更何况许多事又需要当面请旨，公文根本不能解决所有问题。

然而，又没有办法很好地解决这些事情。既然北京六部九卿几十个衙门不可能搬至热河（热河当时也绝无此接纳能力），那么只能请咸丰帝尽早回銮，把这一非常时期早早结束。

咸丰帝本决定于4月4日由热河启程，则到达北京的时间应是11

日，21 日再启程拜谒东陵，礼成后回紫禁城。

但咸丰帝惧怕洋人，又对热河行宫的自在十分贪恋，拒不回宫。当然，这里面也有肃顺的鼓动。肃顺看出咸丰帝上午精神尚可，一到午后便支撑不住，知道圣上可能不久于人世。历史已经反复证明，君主的去世很可能会导致大的政治变动到来，且咸丰帝的儿子载淳此时年龄尚小，仅 5 岁，很明显不能亲政。而咸丰帝临终前的遗命，将关系到今后的政治格局。到了如此关键的时刻，咸丰帝若回到北京，托孤于奕訢，则自己面对的不仅仅是仕途失利，而可能会是生命危险。

于是，肃顺反复进言不可相信"夷"人，正是利用了咸丰帝不愿亲见"夷"人的心理。于是，肃顺等人引诱咸丰帝声色犬马，正是要把咸丰帝留住。肃顺和奕訢，兄弟排行皆为老六，两个"老六"暗中较劲。

笑到最后的人

在政治斗争中，笑在前面的往往付出的代价很重。肃顺就因为他的大意而丢掉了性命。

那拉氏，祖先居叶赫，后因位尊太后而由上三旗中的镶黄旗收入旗籍。她生于 1835 年 11 月，小咸丰帝 4 岁。宫私记载中都称其是容貌美艳的美人。

那拉氏生在北京、长在北京，从未去过南方，北京西四牌楼劈柴胡同（今改为辟才胡同）为其入宫前的家庭住址。按照清朝的制度，旗籍官员的女儿必须要全部参选秀女。1851 年正值选秀女之年，那拉氏恰好 16 岁，在此年秋天，镶蓝旗的官员们将其登录在案呈送。这是咸丰帝上台后第一次选秀女。

虽说选秀女之年是 1851 年，但真正选看的日子却推迟到了 1852 年 3 月 28 日、29 日两天。那拉氏细心打扮后乘着骡车来到了紫禁城，接着她一生的命运便被改变了——她被选上了。

之后，那拉氏生女一名，这巩固了她的地位，她被封为懿嫔。接着，那拉氏再次怀孕。 1856年4月27日中午，总管太监韩来玉报告给咸丰帝：本日巳时（上午9—11时）懿嫔坐卧不安，似有转胎之象。 不久后韩来玉再次报告：本日未时（下午1—3时），懿嫔分娩阿哥，并且母子平安。 万岁爷大喜。 过了两年，又有小曲折出现。1858年3月19日，玫贵人徐佳氏又产下一名男婴，但未经命名，当日夭折。 自此至1911年清朝灭亡，清皇帝后宫中再也听不到新生婴儿的哭声了。

咸丰帝颇为重视那拉氏，甚至批准她看奏折。

因为热河之行，肃顺是将那拉氏彻底得罪到家了。 精明的肃顺对于其中的道理其实明白，只不过自恃帝宠，没有将那拉氏放在眼里。除了那拉氏外，皇后钮祜禄氏也十分厌恶肃顺。

1861年8月21日咸丰病逝。 咸丰帝死了，临终让肃顺等人"赞襄"一切政务。

咸丰帝死了，北京于第二天便得到了消息。 恭亲王奕訢看到"赞襄政务"的大臣名单中，没有自己的名字，知道皇兄临终前还是没有原谅自己。 咸丰帝死了，懿贵妃那拉氏也开始重新算计。 虽说按清代制度，皇帝的生母不得干预政权，但顺治、康熙继位时也年幼，孝庄皇太后博尔济吉特氏辅佐新君，功在史册。

两宫皇太后与新皇帝载淳于11月1日到达北京，奕訢率文武百官出城跪迎。 在迎候的仪式中，奕訢密告：已经准备好政变的工作。

11月2日，两宫皇太后一一召见奕訢、桂良、周祖培等在京大臣，大骂肃顺。 那拉氏把事先准备好的谕旨拿出：将载垣、端华、肃顺革职治罪。 而来得晚一些的载垣、端华，被拒在门外；当日晚上，清兵在睿亲王仁寿、醇郡王奕譞的带领下赶至百里之外的密云，将肃顺从床上抓起来。

接着两宫皇太后于11月3日以皇帝的名义颁旨：授奕訢为议政王，由奕訢、桂良、沈兆麟、文祥、宝鋆、曹毓英组成新的军机处。由此建立了两宫垂帘、恭王辅政的新体制。

第十篇

清穆宗毅皇帝载淳(同治)

爱新觉罗·载淳，生于咸丰六年（1856）二月二十三日，同治十三年（1875）十二月初五日卒，登基时6岁，在位13年，终年19岁。庙号穆宗，谥号毅皇帝，葬于惠陵（今河北省遵化市清东陵）。同治虽在18岁"亲裁大政"却"恪遵慈训"，只"亲政"两年就患病死去。他这个皇帝受制于慈禧太后，没有什么作为。

第一章　没有争议的继位

六岁即位

在清朝皇帝中，6 岁即位的有两位皇帝，一位是清入关的第一位皇帝——顺治帝，另一位就是清朝皇宫中出生的最后一位皇帝——同治帝。有趣的是，这两位皇帝早早辞别人世的原因都是患天花病。顺治帝年仅 22 岁便病死，而同治帝死时刚刚 19 岁。有人附会说，"同治"这个年号是其罪魁祸首："同治"者，同于"顺治"也。

咸丰帝于咸丰十一年七月十六日（1861 年 8 月 21 日）决定立大阿哥为太子。

咸丰帝一殡天，这 6 岁的小皇子实际上已经是大清朝的皇帝了。但载淳即位时，还发生了一个插曲。载淳的生母懿贵妃在得知咸丰帝将不久于人世后，就打算好了自己的退路。那几天她花了很多心思在大阿哥身上，教了他不少话，其中最重要的一句就是"封亲额娘做太后"。难的不是说这句话，而是在什么时候说这句话。她暗中派安德海给张文亮送了丰厚的赏银，要张文亮提醒大阿哥在即位时说这句话。可是，一来那个时候很繁忙，二来皇太子又说出了杀小安子的话，使张文亮感到惊恐不安，竟忘记了这个大事。

小皇帝即位那天，宫中改称皇后为皇太后，懿贵妃则改称懿贵太妃。这个消息被懿贵妃知道后，她气得肝气发作，装病不出，连当天中午全体后妃对大行皇帝的奠酒典礼也没有参加。太后从中看出了门道，于是召见肃顺，要加封号给懿贵太妃。第二天，巳初二刻（9 点半）行"大殓"礼，即将大行皇帝遗体入棺之前，小皇帝才当着众大臣的面把他的生身母亲封为皇太后。仿照明万历时的故事，以"母后皇太后"称钮祜禄氏，因迁居烟波致爽殿东暖阁，又称东太后，以示尊崇；叶赫那拉氏称"圣母皇太后"，安置在烟波致爽殿西暖阁，又称西太后，这才把"名分"之争解决。叶赫那拉氏"母以子贵"，登上了太后宝座。

慈禧垂帘听政

十月初九，小皇帝在太和殿举行登基大典，朝廷官员向新皇帝拜贺。在这之前的几天，年号已由肃顺等定的"祺祥"改为"同治"，其意思便是东西两宫太后共同临朝而治。十一月初一，两宫太后在养心殿举行了正式仪式，垂帘听政正式开始。6岁的小皇帝载淳坐在高高的御座上，而他的背后，慈安太后钮祜禄氏和慈禧太后叶赫那拉氏并排在黄纱屏风之后端坐，奕訢则在下面率领百官行礼朝贺皇帝。从此，慈禧太后便成为清朝实际的女皇，直到光绪三十四年（1908）病死为止，她统治中国将近50年。

第二章 内忧外患

剿灭捻军

太平天国平定后，同治政权的最大威胁便是北方的捻军起义，清政府先后调集曾国藩的湘军和李鸿章的淮军北上剿捻。但捻军作战异常勇猛，清军往往战败。而淮军常常谎报军情，所以，连日频传捷报，两宫皇太后频频下旨，对作战有功人员进行嘉奖。

但同治帝认为最严重的还是外国侵略者，让大家不要掉以轻心，这在中国近现代统治者中是罕见的。从曾国藩、李鸿章、袁世凯到蒋介石，其投降手段倒是如出一辙。他们把人民的起义和革命看作心腹之患或肘腋之患，而把瓜分中国的外国侵略者看得无伤大碍，形成了所谓的"攘外必先安内"的卖国政策。

天津教案

同治帝预料得果然没错，在剿灭捻军起义后不久，全国各地教案日益增多，搞得清朝各级官员焦头烂额、应接不暇。同治九年（1870），在靠近京师之地的天津竟酿成了巨案。

1870年6月，突然有三四十具死亡婴儿的尸体在天津的法国天主教会办的慈仁堂附近发现，这些尸体从外向里腐烂，而且很多惨遭剖尸，惨不忍睹，很多天津人都传说这是育婴堂对婴儿虐杀、挖眼剖心，酝酿药材。同时，天津一带住的几个案犯都供认与教堂或教民暗中勾结。这样一来，人们便认定这是教堂的人干的。

接着，教民与中国民众为此发生争执，中国民众冲进教堂，杀了很多教民。当权者崇厚和天津道、府、县各级衙门派人镇压，整个天津城都闹得沸沸扬扬，一直到天黑才平息，事后调查，另外又杀了一对法国商人夫妇，还有3个俄国人也被别人当作法国人而被杀害。老百姓不知什么是天主教、什么是基督教，反正见教堂就烧，结果也毁坏了不少英国和美国的教堂。至于教民，死得就更多了。

天津教案发生后，清廷朝野震惊，立即把正在病休的直隶总督曾国藩火速调去天津处理。曾国藩在赴津之前就打定主意，无论如何也要满足洋人的要求，为的只是害怕引起战乱。

最后曾国藩委曲求全，天津知府和知县被其发遣到黑龙江为奴赎罪，且把20名群众判处死刑，另外又流放25人，并把白银49万两作为给各国的赔款；派崇厚为中国特使赴法赔礼道歉。所有这些，都给中国人民带来了深深的耻辱。

　　同治帝非常关心这次教案，在书房中常和师傅们议论这件事，他对曾国藩无原则地一味妥协退让的卖国政策并不赞同。

全国各地起义不断

　　太平天国起义期间，规模浩大的反清大起义也在全国掀起。 起义波及地域广阔、参与民族众多、时间持久、斗争激烈，而且相互策应，声势之大，史上罕见。

　　在太平天国起义还没爆发的时候，湖南、广东、广西的天地会便十分活跃，山堂林立，起义队伍很多。 这些零散的起义军是对正在酝酿中的太平天国起义的掩护。 太平军在金田崛起并北上进军后，抗清高潮终于在各地掀起。 其中著名的如上海小刀会刘丽川起义，攻克上海和附近地区，战斗一年半；福建小刀会黄得美、黄位，红钱会林俊等起义，把漳州、厦门攻克，使"全闽震动"；广东天地会陈开、李文茂起义，把广州包围了 10 个月，接着进驻广西，建立大成国；广西天地会朱洪英、胡有禄起义，起义军进入湖南、江西，石达开的太平军吸收了其一部分队伍。 太平军进行北伐，皖北捻军纷起响应。

　　太平天国期间，各地还有许多少数民族发动的起义，这些对太平军也是有力的支持。 其中有广西壮族黄鼎凤、李锦贵、吴凌云、吴亚终的起义军，他们曾配合石达开作战；贵州的苗民在张秀眉的领导下，以减赋为口号，起义规模巨大，"千里苗疆，莫不响应"。 直至同治十一年，入黔的湘军才把贵州各族人民的起义镇压下去。 云南则在咸丰六年爆发了以杜文秀为首的回民起义，起义军占据滇西大理，建立政权。 同治十一年，清军攻陷大理，坚持 18 年的云南回民起义失败。 同治初年，陕西的回民发动抗清斗争，义军林立，号称十八大营，曾和太平军、捻军配合作战。 此后，甘肃、宁夏、新疆的回族、维吾尔族也奋起抗争。 清朝在平定捻军以后派左宗棠进入陕、甘、宁，才把回民起义军镇压。

这次各族人民反对清朝统治的起义遍及全国，规模很大。 由于其共同目标便是反对清朝，汉族和苗族、瑶族、回族、壮族、布依族、白族、彝族各族人民相互支援、协同作战，表现了他们反对清朝封建压迫的一致意愿。

第三章　短暂的同治中兴

姗姗来迟的亲政

同治帝大婚后，朝廷日益面临的问题便是皇帝亲政。 按理说，同治大婚当年即当亲政，但慈禧很嗜爱权力，她装聋作哑，绝口不提皇上亲政之事。

慈禧垂帘听政 10 余年，把持朝政，笼络了一批朝臣，他们与慈禧的依附关系早已形成。 因此，这批臣子对慈禧即将撤帘归政也颇感不安。

慈安太后却正好相反。 她虽位居东宫正位，地位高于慈禧，但却始终没兴趣玩弄权术。 她虽不像慈禧那样刻意笼络朝臣，但以其敦厚的品性、善良的心地，同样使得人心归附于她。

慈安本不想垂帘听政，因而当同治帝大婚后，就想立即撤帘归政。 但她也深知慈禧嗜权如命的个性，免不了要劝导慈禧。 慈禧心中虽然很不愿意，但慈安的倡议很有道理，所以只得很无奈地同意次年撤帘归政。

同治十二年正月二十五日（1873 年 2 月 22 日），两宫太后正式宣布撤帘。

二十六日，年轻英俊的同治帝御临太和殿，王以下文武大臣都对其进行朝贺。从此以后，他成为大清朝真正的最高统治者。

同治帝君临天下以后，确实想着做一番大事业。他在亲政的第三天，就下令整顿财政，严禁内务府动支户部款项；命令各省督抚举荐人才，以备任用；下令把各地厘金整顿，严禁官吏欺压乡里；让言官踊跃进谏，广开言路，以备采择。

但慈禧孜孜以求的，仍是能握有朝廷大权，而同治帝却独独没有意识到这一点。他天天独自处理朝政，从不向母亲请示汇报。没多久，便惹怒了慈禧，她把同治帝召来大加训斥。同治帝性格刚强，非常执拗。她要干预政事，同治帝偏置之不理。这样一来，母子俩的矛盾加剧了，慈禧越发冷漠地对待同治帝。同治帝为此非常伤心，终于认清了自己生母的真面目。一想无论自己怎么努力也是白费力气，因而刚亲政时的热情就这样被慈禧浇灭了。

难以觐见的龙颜

同治帝亲政后，碰到的第一个棘手的事，就是他万分痛恨的洋鬼子请求觐见，面致贺词。同治帝认为这是黄鼠狼给鸡拜年——没安好心，因此很不想见。

转眼12年便这样拖过去了，现在同治帝已经亲政，不得不同意外国使臣觐见皇帝的要求。

但在觐见礼节上，又有极大的麻烦发生。中国人士素来重义轻利，和外国人打交道，割多少地、赔多少款，并不太在意，唯有礼节一事，则十分重视。

这样，大清头等大事便成为外使觐见皇帝的礼节问题，同治帝一连几天召开御前会议，大臣们各持己见、争论不休。

这样针锋相对地争论不休，终于惹烦了同治帝，于是下令恭亲王等一班大臣尽快解决此事。恭亲王等煞费苦心、绞尽脑汁，最后竟然终于想出来了一个"两全之策"，即：一方面答应外国使臣不行跪拜礼而改为鞠躬这一条要求；另一方面，经过多方交涉，竟取得一个"硕大"成果——给大清皇帝多争了两个躬，即用五鞠躬代替三鞠躬。而且规定各国使臣除了在呈国书、致贺辞外，只能说一声"大皇帝安好"；皇帝不问话，使臣也不能乱说话。于是，同治帝决定在六月五日（6月29日）召见各国使臣。

六月五日是星期日，各国公使来到"北堂"集合。总共才用半个小时进行接见。为了这半个小时一睹龙颜风采，各国公使等了足足12年，又花半年的时间用于口干舌燥的争论，最后还等了三个半小时，才最终见到皇帝。

当然，他们也没能多看几眼龙颜，更没听到龙音，作揖鞠躬便用去了这半个小时的大部分时间。尤其令他们愤慨的是，皇帝接见后，竟没在宫中赐宴，只是让他们到总理衙门吃了一顿。

于是，西洋各国公使借口天气太热，愤愤地拂袖而去，根本没到总理衙门就餐。只有日本公使因蒙受同治帝头班单独召见的恩遇，觉得十分有面子，欣然前往赴宴。

第四章　悲哀的一代帝后

棒打鸳鸯

按理说，同治帝的婚姻生活应该很美满。他十分中意自己的皇后阿鲁特氏，爱她端庄娴淑，爱她知书达理，爱她雍容不俗。因此，小两口儿在婚后相敬如宾、琴瑟和鸣，犹如鸳鸯戏水，甚为相洽相得。

看见这对新人感情这样好，慈安太后由于极力促成此事而感到由衷的高兴，她很欣慰他们婚后能够有幸福的生活。 每当皇后到她那里侍膳时，她总是让皇后早点回宫，好多些时间陪皇上。

慈禧太后则恰恰相反。 同治帝本来就很少去看她，婚后又沉浸在幸福的新婚生活中，就更少去看她了。 慈禧由此生出无限的怨恨。

令慈禧最不能忍受的是，同治帝大婚后专宠皇后，也很宠爱漂亮的瑜嫔，却偏偏冷落了慈禧中意的慧妃。 因此，她决定要亲自出马了。

她先是给皇后使脸子。 每次皇后入见，她都把她那张原本就透着一股阴冷的老脸拉下来，说话时不冷不热、阴阳怪气、挟风带刺。 这样一来，皇后始终惴惴不安，不知自己在什么地方把婆婆得罪了，天天提心吊胆、手足无措，这给她新婚的甜蜜生活蒙上了一层阴影。

除了这些，慈禧还把政界上用熟了的挑拨离间手腕用于对家事的处理上。 她常在同治帝面前贬低皇后，赞扬慧妃。

这对新人刚刚度完蜜月，慈禧便对同治打开天窗说亮话了。 一天，她把同治帝叫去冷嘲热讽地责备他婚后冷淡了自己，并认为这是由于皇后的狐媚引起的。 最后她终于露出了自己的真意：

"慧妃很是贤明，你应该多加照顾，好好对她。 皇后岁数还小，不懂礼节，皇帝不要总到她宫中去，免得妨碍了政务。"同治帝听了心中自然生气，回去后仍然我行我素，和皇后关系越发要好。

慈禧一看自己的话没起作用，便实施切实的干预措施。 慈禧一旦得知同治帝与皇后同房，第二天就一定要找碴儿把皇帝或皇后训斥一顿。 皇后为了皇帝少挨几顿训，不得不故意冷落同治帝。

专横的慈禧强行拆散了一对原本幸福的鸳鸯。 皇帝和皇后虽近在咫尺，却丝毫不得亲近，慈禧在他们中间硬是画上了一条不可逾越的"天河"。 同治帝美满的婚姻生活，就这样被自己的亲生母亲断送了。

天子染梅毒

同治十三年九月的一天，太监在给同治帝洗澡时，在他肩背等处发现许多玫瑰样的斑疹。同治帝立即把太医传来，太医李德立诊视一会儿，皱皱眉头，问道："皇上，身上痒不痒？"

同治帝答道："没感到痒。"

李德立一听，坏了，但嘴上却说："不要紧。"

根据李德立的经验，这斑疹极有可能便是梅毒疹。但说皇上得淫病，有损皇帝清誉，这可是要掉脑袋的事，无论如何，他都没胆子说。于是，他就草草地给皇上开了副清热解毒的药，同治帝喝了以后，果然红斑渐退，大家便以为皇帝没事了。

但是，不久之后，患了梅毒这个事便被同治帝自己知道了。据说，一天晚上，他在一家妓馆和一个妓女缠绵时，那个妓女竟把同治帝拒绝了。她悄声告诉同治帝："大爷，您怕是得那个病了！"

同治帝听了一惊，忙问："什么？我得的是什么病？"

妓女笑得很诡秘："风流病呗！"

这时，同治帝已失去往日风采，很多臣子开始为此忧虑。他们中许多人都不知内情，还以为他是"大政亲裁、日乾夕惕"而累病的呢，哪里知道同治帝是在脂粉堆里惹的祸呢？

雪上加霜出天花

同治帝患淫病后，身体素质很差，抵抗力大大降低。但他这时仍不爱惜自己，带病寻欢作乐，各种病毒因此得以乘虚而入。

同治帝于同治十三年十月二十一日（1874 年 11 月 29 日）去西苑之后，突然患了感冒，从此一病不起，只得取消了原先预备的许多国事活动。

但太医们不敢说皇帝得了梅毒，便假称皇帝得了天花。 接着，同治帝在喝了由小生地、元参、葛根、牛蒡子、荆芥、麦冬、连翘、金银花、枳壳、甘草、川郁金11味药配伍，以5把芦根做药引子的益阳清解饮后，第二天全身果然发出了花疹，尤其在头部和脖子上生出了密密麻麻的疮疹。 下午4点多，两位御医最终宣布，在脉案中明确诊定同治"系天花二朝之喜"的病症。

十一月初二日（12月10日），清廷把皇上遇有"天花之喜"的消息正式发布，让大臣们身着蟒袍补褂，上朝贺喜。

但同治帝本人仍然疼痛难忍。 稠密连络的痘颗虽然陆续表出，但病情也在恶化。 在此后的5天里，经御医精心调治，皇上的病症逐渐减轻。

正当同治帝病情好转之际，他那狠毒的母亲却迫不及待地开始策划一起罪恶的夺权阴谋。 慈禧借着皇帝患病之机，导演了一出使自己重新出山垂帘听政的丑剧。

同治帝患天花后，曾对军机大臣兼帝师李鸿藻下令，让他代自己批答奏章。 李鸿藻并不擅自越权，只批"知道了""交该部议"等字样，恭亲王奕訢仍然掌管着实际朝政。

慈禧太后对权力暂时落入奕訢的手中感到十分不快，积极谋划，为自己重新夺取权力。

经过一番努力，同治帝终于同意慈禧太后垂帘听政的要求了。 接着，同治帝病症严重，身体溃烂，很快由腰部向全身开始蔓延溃烂，在颈、胳膊、膝上都出现痘疹，这些痘疹又迅速溃破流脓。 之后，虽然痘痂开始脱落，但腰部溃烂加重，竟有两个小洞烂出，流脓不止。

更可怕的事情很快就发生了——同治帝的病情进一步恶化。 十二月初五（1875年1月12日），全身腐烂的同治帝已是神志恍惚，知觉全无，奄奄一息。 下午5点，饱经病痛折磨的同治帝终于六脉断绝，牙关紧闭，与世长辞，结束了他那19年短暂而痛苦的人生之旅。

第十一篇

清德宗景皇帝载湉（光绪）

爱新觉罗·载湉，生于同治十年（1871）六月二十八日，光绪三十四年（1908）十月二十一日卒，4岁登基，在位34年，享年38岁。 葬于崇陵（今河北省易县），庙号德宗，谥号景皇帝。 是清朝最悲苦的皇帝，无论是国家政治还是个人生活都有太重的束缚和冤屈被他背负着。

第一章　慈禧的"又一个儿子"

黄袍加身

1.同治帝之死

同治十三年十月二十一日（1874 年 12 月 10 日），同治这个皇帝虽然年轻却重病在床，一个月以后在养心殿东暖阁"崩逝"。 因同治帝尚未有子，大清朝父死子继、一脉相传的帝系到此中断。

2."西暖阁会议"

按照自己和几个亲贵的意思，西太后迅速拟定了一份御前会议参与者的名单。 在寒冷的暗夜中，她火速召集一些尚在睡梦中的亲贵和重臣到养心殿西暖阁：

"慈安端裕康庆皇太后、慈禧端佑康颐皇太后御养心殿西暖阁，召惇亲王奕誴，恭亲王奕訢，醇亲王奕譞，惠郡王奕祥，贝勒载治、载澂、公奕谟，御前大臣伯彦讷莫祜、奕劻、景寿，军机大臣宝鋆、沈桂芬、李鸿藻，总管内务府大臣英桂、崇纶、魁龄、荣禄、明善、贵宝、文锡，弘德殿行走徐桐、翁同龢、王庆祺，南书房行走黄钰、潘祖荫、孙诒经、徐郙、张家骧人。"

毫无疑问，会议内容是最终把皇帝继承人确定下来。

诚然，在同治帝弥留的数天之内，尽管无人敢于把继位者问题明说，但在宗室亲贵之中，也并非毫无计议"嗣皇帝"人选一事。

然而，那个大权在握的西太后到底会选择谁呢？

慈禧知道，即使有血缘近的"溥"字辈人选，一旦选立，就必是为载淳立嗣。 这样，皇太后便成了同治帝皇后阿鲁特氏，而西太后只能成为太皇太后，从而实行"垂帘听政"的将不再是西太后而是阿鲁特氏了。 而把"载"字辈年长者的载湉立为皇帝，则她又势将很快归政。 所以，慈禧决定把醇亲王之子载湉立为皇帝。

3. 娃娃入座金銮殿

人们叫醒年方4岁、尚在睡梦中的小载湉，穿上"蟒袍补服"，打扮得整整齐齐。 虽然此刻他还不清楚眼前忙乱而又谦恭的一群陌生人到底想要干什么，但人们都在他的周围转悠、为他服务。 他哪里知道，自己已然是大清国的皇帝了。 对于他的堂兄、原来的皇帝载淳，小载湉虽然没见过，但人家却早就恩宠过他。 在他两岁时，载淳大婚，对他"加恩赏给头品顶戴"；后又被"加恩赏食辅国公俸"。 现在，这位皇帝哥哥早就不在人世，且把皇位留给了他。 小载湉马上就要从熟悉的王府——自己的家永远离开，去当更大的一个"家"的一家之长了。

小载湉自然不愿意，可无论怎样哭叫，他还是被抱上了暖轿。

长长的路，长长的夜，一路人马在寒风中向紫禁城直奔过去。

第四天，宣布以明年（1875）为光绪元年（小载湉因此被称为"光绪皇帝"）。

4. 帝位之争的余波

西太后利用幼君独断专行，引起王公亲贵及朝内诸臣的不满，不过大家也只敢在心里生气而已。 对此，醇亲王的心里清清楚楚，故立即表态急流勇退。 西太后的心中又何尝不明白，她只是对东太后和自己是刚刚死去的皇帝的亲娘这一身份大加利用。 在她看来，只能以此对臣下采取说服加强制与引导加威胁的策略，借此把局面稳住。 即使这样，诸臣中腹诽私议仍日益明显。 于是，他们便利用对同治帝忠诚的口号，力图以维护帝位继承传统的名义与西太后一争高低。

光绪帝登基典礼举行的前 5 天，即光绪元年正月十五日（1875 年 2 月 20 日），内阁大学士广安上书质疑西太后立嗣，后来被西太后镇压。

马上风波再起。 二月二十日（3 月 27 日），光绪帝登基正好一个月，同治帝皇后、年仅 21 岁的阿鲁特氏突然一命呜呼，香消玉殒，在储秀宫死亡。

皇后之死，朝野愕然。 其死因为何，虽然并不能得知，但从皇后的处境已可略知大概。

此后，吴可读以死明志，借以对西太后立嗣大加指责，但最后仍不了了之。

此期间，小皇帝载湉却并不知道这些与己有关的争执，即使知道他也无法理解。 人们并不是非议这个小皇帝，但对西太后的攻击，却不能不把醇亲王及其家庭将来会不会转移皇统当借口。

紫禁城中的小皇帝

西太后总算长舒了一口气，一切毕竟还掌控在自己的手中。 小皇帝的选择和即位，这件好事可谓一箭双雕。 这不仅可以保证自己稳操"听政"大权，也可以借此提高和昭示醇亲王在宫中的地位。

从载湉入宫为帝起持续到他 18 岁（1889）亲政，虽有太后"垂帘听政"，可小光绪帝仍很辛苦。

就西太后本意来说，她不仅要在光绪帝年幼无知时利用他并以他的名义对群臣号令来掌控天下，还希望光绪帝能"德如乃父"，秉承奕譞恭顺知进退的赋性，即使长大以后也会听自己话做事的"孝子"。

当光绪初进宫的时候，太后就对那一班服侍他的人大加嘱咐，像灌输什么军事知识一样地天天跟他说，使他明白自己已经不是醇王福晋的儿子了，他必须知道他的母亲永远是太后，除这个母亲之外，他没有别的母亲存在。 西太后正是通过这种潜移默化的办法，力图在光绪帝那小小的心灵中，逐渐把他与西太后之间的所谓"母子"关系树立起来。然后再以封建伦理孝道从思想上把光绪帝束缚住。每天问安中慈禧太后的威严表情和"垂帘听政"时从背后发出的不容置辩的声音，渐渐都在光绪帝的头脑中形成西太后绝对权势的形象。

第二章　在内争外患中成长

宫中风波

1. 两宫皇太后的貌合神离

　　载湉一天天地长大了，一些事理也渐渐地明白了。尽管他每天仍要去两宫皇太后处问安，可他心里越发惧怕去长春宫了。"亲爸爸"真是越来越可怕，几乎每一天自己都要为读书的事挨训斥。加上几个月来她一直生病，脸瘦得很长，眼睛却瞪得更大更凶。载湉多么希望"亲爸爸"也能像"皇额娘"那样和颜悦色，对自己体贴关怀。随着时间的流逝，慢慢地，他在感情上越来越亲近"皇额娘"而疏远"亲爸爸"了。事实上，这个过早离开父母的孩子已经在东太后那儿寻找到了母爱。

　　然而，他哪里明白，也许正因为他的这一淳朴真挚的情感，才使西太后更加冷酷和严厉地对他；他更不会明白，他的这一感情倾向，也正在给亲爱的"皇额娘"带来致命的灾难。

　　两宫太后于光绪六年（1880）携光绪帝亲往东陵祭拜。东太后认为咸丰帝在时西太后只是妃嫔，不该和自己并排，即令西太后退后拜祭。为此，西太后几乎与东太后吵架。但终因碍于礼法和陵墓旁的气氛，西太后只得无奈退后。尽管东太后此举并不为过，但其目的是否是以此向西太后昭示不要把自己的存在和自己也有"统摄六宫"之责忽略掉呢？此事发生前不久，西太后已渐渐"身体违和"，夜不能寐、饮食少，"不胜劳乏"便是其发展的结果，且久治不愈。从光绪六年三月初三日（1880年3月12日），凡"召见办事，皆慈安太后御帘内，十余年来此为创见也"。

西太后对东太后一人决事是多么不情愿，更不能忍受自己不听政时，朝事仍能平静运行。她深深感到东太后的存在是自己独裁的威胁。

2. 东太后猝死与朝局之变

光绪七年三月初十日（1881年4月8日），清宫中东太后"崩逝"这个令人震惊的消息突然传出。

东太后"体气素称强健"，死时年仅45岁。东太后突然死去，对年仅10岁的小皇帝载湉来说，更是沉重的打击。他几乎每日均致祭于东太后停灵的弘德殿，一个多月后再入书房时，仍读书"尤少尤分心""神倦气浮"。

东太后之死，西太后也貌似悲痛，但是心里很畅快。在她的主持下，东太后"丧仪甚草草，二十七日后一律除孝，慈禧竟不持服，大臣进御者仍常服，国母之丧如此，诚亘古未有也"。当然别人如何传言，慈禧根本不理会。而她自己的病这时却是一天天好起来了，特别是从此"慈禧可以唯己独尊，以专执国政"，终于把清王朝从清咸丰十一年（1861）形成的由东西"两宫垂帘听政"的统治格局打破，在清廷确立了由西太后一手遮天的局面。

锋芒初露

1. 典学之际起狼烟

尽管宫中变故迭起，小载湉屡受刺激，但在读书求学的时候，由于西太后日益加紧控制，再加上翁同龢等不敢有丝毫懈怠，少年光绪帝的身心、学识仍慢慢成长。 他显然不明白在其身旁发生的那一连串是是非非，而且也没有人敢向他晓以利害、道明事理。 尽管载湉小皇帝也有喜怒哀乐，但那只是少年的心性而已。 不过，那一张最使其望而生畏的"老佛爷"的貌似慈祥、实则可怖的面孔却总是使他感受到压迫。 但是，小光绪帝却逐渐在学习中找到了安慰，学会了思索。他在寻找作为帝王的感觉，寻找在这样的环境中如何自处才最为合适。

事实上，小光绪帝在入宫为帝后的数年间，正值列强侵犯中国，在洋人和贪官污吏的双重残酷压迫下，民不聊生，激烈反抗着清朝。清政府拆东补西、顾此失彼，疲于应付。 正因如此，朝内的争夺才会此起彼伏。 虽然清王朝正处于漏舟之中、安于积薪之上、处于暴风骤雨的前夜，但光绪帝还不知道，朝廷内外都在威胁着他的帝王宝座，艰苦的人生和艰难的政局正在前面等着他。 然而也正由于"时事多艰"的不断磨砺，又使他逐渐萌生了忧患意识，他逐渐思考着该如何治理国家。

就在光绪帝于学宫之中摇头晃脑对"生书""熟书"进行诵读的时候，自光绪二年（1876）起，各地天灾连年，水、旱、蝗、饥、疫在全国蔓延。

与此同时，西方一些主要资本主义国家，又在全球范围内掀起了"夺取殖民地的大高潮"，衰弱的中国逐渐成为它们扩张的主要目标之一。

光绪八年（1882），光绪帝已经 12 岁了。 便在这一年岁末，光绪帝的老师翁同龢被授予军机大臣之职，他每天除到书房外，就是翻看奏折及考虑。 正因如此，典学之际，翁师傅经常给光绪帝通报国事，指导他看奏折。 这种风云变幻的国势危机，也深深地触动着小皇帝的心灵。 他对朝廷的忧患意识，正是在此期间逐步萌生的，他开始把一些自己对国势、朝局的看法表露出来了。

面对着法国猖狂侵略友邦越南和严重威胁我国西南边疆的事实，

加上越南政府的求援，清政府中翁同龢、李鸿藻等军机大员和地方官僚，为了"固守边界"的目的，认为对法国的侵略活动必须予以制裁。他们主张采取坚决对策，拒绝法国的无理要求，并准备迎击法国的侵略。

光绪九年三月二十五日（1883年5月1日），习于苟安的掌权者西太后在中法关系日趋紧张之际，又全权委任李鸿章处理这一严峻局势，命其"相度机宜，妥为筹办"。很明显，西太后的指令不清不楚，恰恰表明了她对中法交涉抱着侥幸心理。但光绪帝却表达了自己主战的意向。

从光绪帝对法国侵略者的态度中，表明面对中法开战前的紧张形势，他已表现了严正的立场和初生的锐气，同时也是这个年轻皇帝丞思振作、不畏强敌以保卫中国权益和领土的决心的显现。在关系到国家利害的重大问题上，光绪帝虽然还在读书，却已开始表现出一国之君所应有的坚定态度。这无疑极大地鼓励了清政府中的主战势力和在前线血战的官兵。

2. 少年皇帝的忧虑

光绪九年（1883）夏，法国侵略者肆虐于越南北部，并不断向中国边境紧逼，光绪帝开始关注这一严重事态。

东太后死后，西太后这个独裁者已经是说一不二，但是她仍感到意犹未尽。西太后似乎感到以恭亲王奕訢为首的军机处仍然妨碍着她自己的专权。于是，慈禧便针对恭亲王奕訢做了一系列的处理。

目睹一场场宫廷政变、耳闻一件件国家危难之事，这一切都把光绪这个少年皇帝的心灵深深地触动了。因而，他的心底开始萌生一种"奋发"的图治欲望。在特定的时代和特定的环境中成长起来的年轻的光绪皇帝，正在暮气沉沉的晚清政局中慢慢显露英姿勃勃的锐气。

3.观念、性格形成之际

光绪十二年（1886）中法战争过后的光绪帝16岁，正在向青年变。至此，他除了已经受西太后10余年"陶镕范铸"的塑造之外，也已经寒窗苦读10年。这时的光绪帝，不仅"六经诸史，数年前即能举其词，然经义至深，史书极博"，并较为深刻地领悟了封建时代的典籍。

帝师翁同龢奉命教育光绪帝，但实际上他并不赞同西太后的目的，所以他是按培养在历史上所说的"明君""圣主"的模式来教育光绪帝的。因此，当他启蒙性地教育光绪帝之后，到中法战争期间，由于光绪帝逐渐长大，他觉得，"皇上读经固然重要，然目下读史尤亟"。因此在讲史的过程中，翁同龢力图使光绪帝深刻知晓历代帝王成败得失、治乱兴衰的经验教训，从而启迪他为将来治理好国家而主动仿效贤君圣主。

值得注意的是，翁同龢在向光绪帝灌输封建政治理论的同时，特意突出地教导了他经世致用的思想。

在10余年的书房教育中，光绪帝从师傅那里学到的除了治国理论和文史知识外，还有其他东西，比如光绪帝对现实政治、中外人势的注意，就与翁同龢的引导有直接关系。国内和中外关系中每发生一件大事，师傅都要有针对性地对有关的知识和事件的影响进行讲解；洋务新政、边疆史地、周边概况、海防之争、地理等，都使光绪帝在把握天下大势方面大受益处。

西太后从一开始就想把小皇帝培养成得心应手的政治工具。当然，她并不希望光绪帝成为一个孤陋寡闻的庸人。因此，西太后也很重视光绪帝的学习。光绪帝在典学期间，见习朝事、批阅臣下奏章，其实西太后都是同意了的。10多年来，小皇帝定时向太后"问安"，一直无误。而其他方面对小皇帝的制约也随着光绪帝年龄的增长而步步强化。有关光绪的教育，西太后除反复向翁同龢强调学习《孝经》之外，又时时注意"管理"，甚至一一审查光绪帝接触的人。 事实上，西太后是把小光绪帝的典学视为按其要求的模式来塑造他的重要手段。 这就是她尤为重视光绪帝的典学的原因。

第三章 "亲政"

"亲政"的酝酿

1. 西太后为自己准备退路

随着光绪帝年龄的增长，他的大婚、亲政逐渐迫近，已经不可避免地要提及西太后撤帘归政的问题了。 因此，西太后不得不改变一下控制清廷的方式，为自己另做打算了。 她费尽心机通过"甲申易枢"排除异己、笼络亲信，已经很好地安排了人事。 接着，她又为其自身思考应变举措了。

光绪十一年五月初八日（1885 年 6 月 20 日），中法战争刚刚结束，慈禧下达懿旨宣布："南北海应修工程，着御前大臣、军机大臣、奉宸苑会同醇亲王踏勘修饰。"自此，重新展开三海大修工程。

到光绪二十一年（1895），这项工程最后结束的时候，共计有高达 600 万两左右的白银被耗费掉。

就在三海工程热火朝天地进行不久之后，颐和园工程又摆上日程。

这两项大工程刚开始的时候，清政府已是国敝民贫。 数年之间，全国各处都是天灾，并且当时中法战争刚刚结束，边患危机逐日加重。

此时，西太后的昏庸腐朽，给光绪帝"亲政"后的清政府引发了更为严重的财政危机。 而挪用海军经费无疑又极大地干扰和破坏了北洋海军的建设。

就这样，尽管"时事艰难"，西太后还是利用手段把自己颐养天年、穷奢极欲的安乐窝颐和园修建起来。醇亲王奕譞和光绪帝最初都觉得，这样似乎可以使皇太后放心地交出政权了。然而事实却是：在西太后看来，颐养归颐养、干政归干政，这是两码事。其实，大力修建的颐和园，后来又成为西太后制定阴谋、操纵清廷的一个秘密中心。

2."归政"——从撤帘到"训政"

到中法战争后的光绪十二年（1886），光绪帝已16岁，他在西太后的"慈爱护佑"下逐步成长着，不仅有一定学识，而且在"披阅奏章，论断古今，剖决是非"方面，也具有了一定的理政能力。

时光飞逝，光绪帝的亲政与西太后的归政之说，仍不见动静。如有召见群臣奏对于养心殿或乾清宫等事时光绪帝依然如泥塑木雕，正襟危坐；西太后在光绪帝身后或垂帘，或干脆不垂帘，更甚者竟然与光绪帝并坐，听政问政，应答和发号施令。

最后，按西太后的授意，由钦大监择定光绪十三年正月十五日（1887年2月7日）为大吉之日。这一天，光绪帝要举行大典"亲政"。尽管这不过是一场名不副实、掩人耳目的"归政"骗局，但这个仪式的意义便在于光绪皇帝的真实存在，他不仅存在，而且业已长大成人。

17岁的光绪帝其实与翁同龢相同，亦均忧怀于心，只是自幼受师傅教导应注意人君之仪，所以遇有重大典礼光绪从来深知自重。但光绪帝毕竟年轻气盛，对这种仅仅挂名、毫无实权的傀儡地位始终愤愤不平，所以自"亲政大典"过后，他经常在深居独处和到书房上课时，表现出郁闷和烦躁。他虽坚持在书房读书，却毫无理由地减少听讲的时间。这又使翁同龢甚为担心，觉得似此"何从进益"。

光绪帝的一切表现，西太后其实早就察觉了。但其结果更对光绪帝不利——他的一举一动几乎都难以自由。 不过西太后"训政"以后，既然从表面看上去光绪帝的"亲政"地位是合法的，于是她又要弄起阴谋伎俩了。 这时，已大权在握的西太后从表面上看不太注意政事了。 在她看来，在这大局已定的情况下，还不如让光绪帝独当一面。 一旦有误，也可让那些有"殷殷盼望（光绪帝亲政）的苦衷"之众臣，认识到光绪帝的能力，来证明没有她的"训政"是不行的。 同时，西太后也正是有意用这种"疏于过问"和不太会见群臣的表象，来向人们展示自己无心于政治的归政"诚意"。

大婚与亲政

1. 煞费苦心的后、妃之选

"归政"的架子摆出，西太后似乎已经把旧债偿还了。 但还有一件事，如果拖下去，又要出麻烦，这就是光绪帝的大婚。 尽管没有人敢直接说话，可沉默不等于心服，西太后觉得还是拿出姿态，把群臣的口舌堵住比较明智。

转眼一年过去，光绪十四年（1888），光绪帝18岁了。 以婚龄来看，不能再拖了。 相比光绪帝以前的清代皇帝，顺治帝和康熙帝大婚的年龄一为15岁、一为14岁，最迟的同治帝也是18岁大婚。 六月十九日（7月27日），西太后发布懿旨宣称："前因皇帝甫经亲政，决疑定策，不能不遇事提撕，勉允臣工之请训政数年。 两年以来，皇帝几余典学，益臻精进，于军国大小事务，均能随时剖决，措置合宜，深宫甚为欣慰。 明年正月大婚礼成，应即亲裁大政，以慰天下臣民之望。"

在封建宫廷政治中，婚姻从来都是为政治服务的产物。 在光绪帝亲政之前，西太后借为"皇儿"操办婚事之机，又搞了一次政治联姻，为自己将来能更有效地掌握皇帝做了最后一次安排。

到十月初五（11月8日），谜底终于揭开——两道懿旨同时颁下：

"皇帝寅绍丕基，春秋日富，允宜择贤作配，佐理宫闱，以协坤仪而辅君德。 兹选得副都统桂祥之女叶赫那拉氏，端庄贤淑，着立为皇后。 特谕。"

"……原任侍郎长叙之十五岁女他他拉氏，着封为瑾嫔；原任侍郎长叙之十三岁女他他拉氏，着封为珍嫔。"这样，总算确定了光绪帝的后、妃。

桂祥之女叶赫那拉氏为慈禧的侄女。 据文献记载和清宫留下的照片看，桂祥之女不但长相普通，且已21岁，早已过了规定的预选年龄。 因此，此次桂祥女逾岁参选秀女已属违制，西太后的用心显露无遗，所以在其懿旨中，皇后的年龄只字未提。 而且这位比光绪帝年长3岁的皇后"中选"，不是出自光绪帝的意愿更是明显。 就这样，西太后在知道光绪帝本人不同意的前提下，还是硬把自己亲弟弟桂祥21岁的女儿指配给了光绪帝当皇后。

2. 大婚与"亲政"

"大征礼"过后10余天，北风呼啸，雪花飘扬，半地积雪数寸。正当清宫上下闹闹哄哄，将要举行正式典礼以庆祝光绪帝大婚时，十二月十五日（1889年1月15日）半夜，紫禁城大火把太和殿前的太和门烧毁了。

无论如何，光绪帝的大婚礼还得照常进行。 想当年西太后入宫时，早已有钮祜禄氏为皇后，尽管她为咸丰帝产下独苗才好不容易晋升为贵妃，然而始终未能成为皇后。 即使儿子载淳当了皇帝，母以子贵，但其位仍在慈安太后之下。 那时，西太后每忆及此都恨恨不平。现在，她终于有能力让叶赫那拉氏母仪天下，所以，她认为皇后必须由大清门（位于天安门前正阳门之后）光明正大地抬入宫中。

光绪十五年正月二十二日（1889年2月21日）到二十四日（2月23日），3天之内，西太后为了把臣子稳住及收拢人心，以她的名义连续颁发懿旨，大行奖赏清廷的文武百官、封疆大吏以及皇亲国戚（无论是活着的还是死去的），并对他们加官晋爵、赐谥封号，甚至对那些驻京的外国使臣也"表彰"其功绩，"设宴款待"。

同年正月二十六日（2 月 25 日），便是宣布奉迎皇后的"黄道吉日"。

皇帝既已大婚，便预示着皇帝亲政的日子到了。光绪十五年二月初三日（1889 年 3 月 4 日），即婚后第六天，光绪帝举行了亲政大典。至此，这出由慈禧太后一手导演的光绪帝"亲政"闹剧，在幕前幕后，持续地搞了近 3 年，总算落幕收场了。

总之，数年来，围绕光绪帝亲政一事而产生的种种事端证明，西太后确实投入了全部精力，利用了不同手段。但万变不离其宗，那就是执掌最高权力的形式可以改变，却不能放弃实际操纵的权力。此后，光绪帝表面上南面独坐，君临天下，不过其在清王朝中的处境，其实质并没有改变。正因如此，随着时间的推移和政见上的分歧，围绕清廷中的这两个政治中心，逐渐形成了日渐清晰的两个政治派别，这便是后党和帝党的由来。而政出多门的不同声音，对晚清政局产生的影响非常深远。

3. 奕譞之死

俗语说："知子莫如父。"然而对醇亲王奕譞而言，他还不算深知自己的亲生儿子光绪皇帝。不过自"甲申易枢"，数年之中，奕譞在和儿子见面的不多的时间里，光绪帝那种时常表现出来的抑郁之气和"倔强"，他也隐隐感觉到了。他常为此感到担心并处于经常性的高度紧张状态中。因为凭其近 30 年与西太后合作的经验和体会，他非常了解这个为权力而冷酷无情、翻脸不认人的妻姐，但越是了解他便越发恐惧。其实，奕譞本以为自己也可以在仕途上大展身手。然而，儿子入宫当了皇帝，被卵翼于太后淫威之下，因而为避嫌疑，他没有别的办法，只能明智地选择隐退。这种不情愿，虽然有他时时提醒自己谦抑自保的座右铭作为警惕，可仍难以自抑。 或许他以为即便自己不能在大的方面操纵政权，也应把自己在朝中参与机要的地位保住。 以自己的行为平衡或弥补儿子年幼稚嫩、无知轻率的某些不到或"过失"，让西太后不至于厌恶儿子，至少不能让儿子出"天样大事"而招致"丧身家"的惨祸。 因此，自从小载湉入宫为帝，他便战战兢兢，小心伺候着西太后，在心力交瘁中等待着"有朝一日"……

现在，19岁的儿子终于"亲政"了，可实际大权仍是由慈禧掌握。 对此，奕譞可说是洞若观火。

事实上，虽然醇亲王奕譞本身能力有限，可他"思谦堂"中戒骄戒盈的谦退之道根本比不上他的远大志向。 早在同治年间，他便积极表现，希望在内政外交上能有所作为，但因恭亲王奕訢秉政在朝，并且才能远高于他，所以他常常郁郁不得志。 载湉入宫为帝，又要避嫌，因而光绪初年也未承担要职。 当慈禧太后一再显示出她很不满于恭亲王时，奕譞不甘寂寞，认为他大展身手的时机来了。 他的这一意向，正好被慈禧用来排斥恭王奕訢，于是乃有光绪十年三月的"甲申朝局变革"。 因此，军机处在甲申易枢之后，"实际上却是醇王执其柄而孙毓汶操其权"，其他人物只是傀儡而已。

到光绪十六年（1890）底，醇亲王终于再次病倒，这次他没能战胜疾病，于是年十一月二十一日（1891年1月1日）死于醇亲王府，年51岁。

纵观奕譞一生，差不多算得上是碌碌无为，类似于其子光绪帝，不过是西太后用以实现其个人私欲的工具。 然而随着国难危机的不断加深，清廷各种势力由于时机及实力的变迁，也在不断地分化组合。光绪帝阅历的增加也促使他在风云变幻的国内国际形势面前，开始了自己的独立思考。 而后这种"独立"的愿望和行为又加剧了帝、后（西太后）之间的矛盾。

4. 被摧残的恋情

醇亲王之死，不仅在感情上打击了光绪帝，而且在心理上也使他无形中产生了从未有过的孤独感。尽管醇亲王在世时也未能帮助光绪帝什么，甚至还起些反作用。然而，由于他日渐长大，他不能不感到父亲生前低首下心地对西太后百般奉承，以染重病之身，仍甘冒清议亟亟于三海和颐和园工程时所表现出来的对他的那份深情。西太后虽在颐和园居住且终日悠闲度日，可朝臣无不畏惧担心，每件事都要报告她，较醇亲王辞世前似更有过之。在高墙深院、宫殿森严的紫禁城中，臣工仆婢虽应声叩首，但无法排遣的孤寂仍深深地笼罩着光绪帝。他也明白，即使醇亲王还活着，也不可能依靠其"平章军国重务"借以掌握政权。尽管他也知道，醇亲王的作为有限，可自己至少心中不会像现在这样空落落的。现在，他像被人捆住手脚一样，欲止不甘、欲动不能，他简直成了皇宫中真正表里如一的"孤家寡人"。

也正是由于这种孤独和所谓的"太平"，无所依托的光绪帝除了继续在惨淡的心情中阅看来自疆臣的奏报，或是到书房学习之外，便只能于他那复杂的婚姻中寻求些平衡和安慰。

既然皇后是西太后强行安排给他的，即使内心百般不情愿，但他表面文章依然得做。然而事实上，光绪帝对隆裕皇后丝毫感情都没有。不过，光绪帝很快发现，身边的珍妃不仅容貌端正，而且性格开朗活泼、思维敏捷，正可以解脱自己的苦恼。因此，珍妃很快得宠于帝。

据当时的宫女和太监回忆，珍妃很是同情和疼爱光绪帝，常伴光绪帝在宫内游戏娱乐。珍妃聪明可爱，不被礼制约束，这种性格确实让久受禁锢的光绪帝的心情豁然开朗。珍妃与光绪帝具有感情基础，他们的关系非常亲昵要好。

当时，光绪帝自己也明白宠爱珍妃，即要得罪皇后；而与皇后不睦，即等于开罪西太后。然而，西太后可以在所有事上逼迫光绪帝，唯独在情爱和感情上无法以己之所愿强加于人。

自光绪帝记事时起，他便在紫禁城的高墙深院之中禁锢着不得自由，更无可逃避地被西太后牢牢掌控。 他既无天真烂漫的童年时代，也丧失了体贴入微的父母之爱。 在此期间，珍妃的个性尽管仍活泼开朗，但是入宫后的身份变化、种种复杂的戒律和宫廷礼仪，加之以其聪颖对文史等知识的接受和理解，特别是光绪帝的真实地位，使她逐渐成熟起来。 她必须小心翼翼地寻找和协调着自己在婆媳、夫妇、妻妾等关系中的适当位置，并且不得不注意寻求在万一的变故中该如何保护自己的方法。

其实，光绪帝喜欢珍妃，最开始便是西太后不愿意见到的。 此后，随着帝、后矛盾的日益加剧，加上光绪帝越来越想自主执政，因而后、妃之间的对立也趋向复杂化。 就这样，帝、妃之爱频遭摧残，从禁宫中闪现出的一丝春色亦被政治所笼罩，而置于宫中政争的阴影之中了。

5. 帝党的雏形

光绪帝"亲政"时，他是把西太后经营 20 多年而形成的一个旧班底原封未动地接受了。 而且在其"亲政"之前，西太后又一次调整了清廷统治集团的核心，排除异己，安插心腹，把她的亲信势力"后党"集结起来。 但在各种矛盾中成长起来的光绪帝，反映在其思想上的矛盾性也越发明显。 光绪帝受制于人的处境，一方面，极大限制其思想发育，把他的自为能力严重消磨了；另一方面，随着时间的推移及辨别力的加强，这种不得志的境遇又变成了光绪帝的一大动力。

原来，在清廷当中，自第二次鸦片战争之后，便出现了封建顽固派反对洋务派的情况，尽管洋务派仍不过是在保卫封建势力。

在光绪帝"亲政"之后，那些激愤于太后干政的"朝士之守正者"，由于自身的愤愤不平，便把改变自己境遇的希望寄托在光绪帝身上，在思想倾向上逐渐"附之"，开始围绕光绪帝在清廷统治集团里集合起另一支政治势力——即所谓的"帝党"。

这些"附之"者，最初只有瑾、珍二妃（主要是珍妃），接着便是他的汉文师傅翁同龢及瑾、珍二妃的堂兄礼部侍郎志锐，以及工部侍郎汪鸣鸾、贝勒载澍，户部侍郎长麟等对西太后不满的文职官员。

在这些人中，翁同龢的地位较为突出。 作为帝师，他与光绪帝的接触最为频繁，10 余年来几乎无一日不见。 由于牢固的封建正统观念的影响，翁同龢对开明政治很是向往，所以从他当上帝师后，多年来便对光绪帝尽心尽力地培养教育。 也就是在此过程中，他们彼此间建立起了深厚的感情。 后来，他便成了事实上的帝党首领。

在帝党之中，另一个核心人物是文廷式。

自从光绪帝"亲政"之后，虽然仅仅是表面上，但随着清王朝在政治上出现了两个中心，一些名士、台谏与清流等，亦相继围绕光绪帝聚集起来了一支与后党相对立的政治势力。 到甲午战争前，对晚清政局和内幕还算了解的英国人濮兰德、白克浩司认为，当时，帝后两党之争早已明朗化，且"积仇已久"。

其后，在清政府面临重大的内政外交变故时，帝党人物对社稷民生、国家和民族的安危存亡予以关心，与后党对内守旧、对外主张妥协对比鲜明。 因此，他们已在不断的政争中分歧明显。 然而，值得注意的是，光绪帝所依靠的这个"小孩班"，多是词垣台谏、翰林"清流"，这些人物议论时政时慷慨激昂、头头是道，但多是一些京官书生，毫无实权。

第四章　甲午战争

在战争威胁面前

1. "一力主战"

西太后自从夺得清朝的政权后，对内多疑阴狠，铲除异己不遗余力，专恣威福不稍假借；对外则闭目塞听，自大虚骄，遇敌先要夜郎自大，随后便是妥协、耻辱签约。在光绪帝"亲政"后的一段时间内，她在颐和园、三海的殿阁碧水之间悠闲得意，以向臣下显示自己"情愿"归政的姿态，同时其骄奢淫逸的本性也暴露无遗。恰逢西太后六十大寿，她一意要求隆重操办。

19 世纪末，列强争夺殖民地的角逐重点是远东的中国和朝鲜。就在西方老牌的殖民者互相争衡的空隙中，日本自 1868 年"明治维新"之后，也逐渐走上向外扩张的军国主义道路。日本军国主义势力自 19 世纪 80 年代以后，便把发动大规模的侵华战争列入它对外侵略扩张的重要日程。

光绪十年十一月（1884 年 12 月），还在中法战争进行之际，朝鲜国王在清军的帮助下，迅速镇压了日本策动的"甲申政变"。但日本却就此对清政府进行要挟，于光绪十一年（1885）派宫内大臣伊藤博文来华，与清政府签订中日《天津会议专条》。《专条》规定：朝鲜今后发生重大变乱事件，中日两国或一国需要出兵朝鲜时，首先应知会对方。这种规定促进了日本在朝鲜地位的加强，此后它便加紧了侵略朝鲜和中国的实际准备。

光绪二十年（1894）春，朝鲜爆发了东学党起义。鉴于以往的中朝关系十分友好，清政府于光绪二十年五月（1894 年 6 月）答应朝鲜政府的派兵请求，派直隶提督叶志超率兵赴朝，协助朝鲜统治者镇压人民起义。

但是，长期以来蓄意挑起侵华战争的日本军国主义者却趁机挑起事端，借口"保护侨民"而进兵朝鲜。至此，日本军国主义者已决心好好利用这一时机，"不惜以国运为赌注，与中国作战"了。

虽然日本军国主义者盛气凌人，狰狞的面目早已显露出来，但清王朝实际上的最高当权者西太后却依然处于麻木不仁的状态中，对严峻的中外形势和国家的安危丝毫不理。

对光绪帝来说，甲午中日战争是自从他"亲政"以来所遇到的一次最为严重的中外事件。 但是，这时的光绪帝，内有西太后的压制，外临强敌的步步逼迫。 在这种尖锐复杂的现实面前，光绪帝无论选择哪个，都是对他的一次严峻考验。 在当时的情况下，光绪帝假若与西太后等当权者一样也毫不关心国家和民族的安危，他当然可以得到西太后等人的欢心，或能保全他自身一时的安全。 但如果他要顾及国家的"基业"，与西太后、李鸿章等权势者对立起来，那么，他每前进一步都会有来自内外双重压力的阻碍，也会给自己带来巨大的风险。

在中日关系紧张之前，年轻的光绪帝为了改变自己受制于人的地位，曾试图与西太后抗衡。 他在那时的基本思想倾向，还是集中体现在统治集团内部的权势之争上。 但是，到光绪二十年五六月（1894年六七月）间，光绪帝和一些帝党官员都极为关注日本军国主义者制造的战争威胁。 他们唯恐日本大举侵入，将使"我中国从此无安枕之日"，因此，他们深深担心光绪帝的统治地位和国家的前途。 到7月中旬，光绪帝开始跳出在内部争夺权力的小圈子，决心要自己抉择，公开站出来"一力主战"。

在外敌当前的紧要时刻，光绪帝毅然决然地公开了自己的主战态度，积极筹划备战御敌之策，这显然顺应了广大军民英勇抵抗入侵者的正义要求。 同时，在具有一定的民族情感、关心国运的官员士大夫阶层中，其号召力也是相当巨大的。

在日本军国主义者要强行对中国人民发动战争的形势下，虽然这支聚集在光绪帝周围的力量的基础还是原来的帝党，但其范围却明显扩大了。 尤其是使他们联结在一起的思想基础，其变化是明显的。其思想在主导方面已不再是争权夺势，而是为了卫国保社稷。 所以，在清朝统治集团中以光绪帝为核心发展起来的这支政治力量，实际上已由原来的帝党发展为甲午中日战争中的抵抗派或称主战派了。 到这时，在对待日本侵略者究竟是主和还是主战这一中心问题上，他们强烈地对抗以西太后、李鸿章为代表的妥协派。 显然，这期间的帝后之争，在实质上已向主战还是主和、抵抗还是妥协的矛盾和斗争迈进了。 很明显，不能单纯地把他们之间的分歧与斗争简单地理解为清廷统治集团内部的派系之私争。

2. 奋起自卫

在十分复杂的国际形势中，甲午中日战争爆发了。 在战争以前，英、俄等帝国主义列强为争夺中国而激烈竞争。 当中日关系日趋紧张时，除了美国为坐收渔利而继续对日本军国主义者公开支持之外，英、俄的心理错综复杂。 一方面，它们唯恐日本插足中国可能触犯其在华的侵略利益，或者把自己争夺中国的计划打乱，因此对日本都存有戒心；另一方面，在它们互相争衡、不可开交的情况下，它们都想借着日本军国主义的力量来为其牵制对手，特别是英国。 因此，当日本大肆向朝鲜运兵、极想把侵华战争挑起之时，首先是早已对我国东北和朝鲜怀有极大侵略野心的沙皇俄国慌了手脚，怕由此把它对中国的扩张步骤打乱了，因而声称，"对于朝鲜事件肯定不能袖手旁观"。 随后，沙俄政府通过其驻日、驻朝和驻华公使的多方刺探，慢慢搜集到一些信息，因而它对中日又采取了脚踏两只船的狡猾对策。一方面，它通过其驻日公使"以友好态度告知日本政府"，对其"自朝鲜撤退军队"进行劝导；另一方面，在五月十八日（6月21日），沙俄驻华公使喀希尼又对李鸿章宣称，希望清政府与他们"彼此同心力持"，并一再扬言，要调解中日纠纷。

英国出于其自身的需要，也曾扬言愿意调停中日矛盾。 但是日、英之间通过一系列的外交活动，达成了一项以日本对英国在华的侵略权益不会造成影响为条件的秘密调解；并且英国又有意利用日本军国主义势力来对沙俄的扩张进行扼制。 因此英帝国主义者更"不会以武力干涉来制止战争"。 实际上，英国也逐渐成为支持和纵容日本军国主义者发动侵华战争的帮凶的角色扮演者。

历史事实说明，无论英、俄还是其他列强，它们在面对中国的利益时，都是各怀鬼胎的，它们均不会为维护中国的利益而效劳卖力。

是把自己国家的命运完全寄希望于这种"调停"者身上，还是考虑到自身的实力，积极备战准备迎击日本军国主义的战争挑衅，显然这是关系着是保护祖国还是贻误国家的一个要害问题。

西太后及其亲信官僚的昏庸、愚昧和李鸿章的性格最终形成一个心理，即由惧外到媚外。实际上，西太后对俄、英的虚伪"调停"寄予了很大希望，她根本没有准备抗击日本侵略者的决心。

站在第一线上的李鸿章从一开始就非常相信俄、英声称的"调停"和它们所做出的虚伪承诺，并将此视为摆脱困境的出路，且一直把"以夷制夷"这个空想当作他的美梦。因此，他频繁接触俄、英等驻华使节，一再乞求这些披着伪装的列强侵略者出面调停。他甚至还妄想着让他们进行武装干涉，且因此掩耳盗铃地对清廷统治集团宣扬俄国必定能对付日本。

而光绪帝和以他为首的抵抗派官员，为了积极地推行备战抗敌的方针，对西太后和李鸿章迷信外力的行为十分反对，因而坚决地抵制西太后企图避战求和的可悲行径。而这场斗争，也成为甲午中日战争期间，在清廷统治集团中抵抗与妥协这两大势力之间所展开的第一次正式较量。

光绪帝在表明主战的同时，也非常在意对本国力量的仰仗（当然不是依靠广大人民群众的力量），用以加强战备部署。因此，他为了把国力集中起来筹备战守，竟敢无视"老佛爷"西太后的旨意，"请停颐和园工程以充军费"。多年来光绪皇帝一直对西太后不满，可是对西太后的旨意公开违抗，这却是从他登上皇帝宝座以来的第一次。

在这明枪暗箭防不胜防的严重、复杂的形势面前，光绪帝和一些抵抗派官员头脑较为清醒。他们对当时中外形势的判断和对策的制定，与以西太后、李鸿章为代表的妥协势力相比，对比是多么鲜明！

此时，以光绪帝为首的抵抗派已经清醒地认识到，日本侵略者必将发动侵华战争，又觉察到俄、英等列强的"调停"活动居心叵测。他们一再指出，这种外力不能依靠，朝廷必须在立足于本国力量的基础上迅速加强战备，御敌卫国。

随着甲午战争的临近，光绪皇帝与翁同龢等枢臣在书房等处理头批览奏报、筹划对策，不时地通过军机处电谕李鸿章，促其认真备战。他们为了御敌卫国，真可谓是"宵旰焦劳"。

相形之下，西太后虽然手握清廷实权，在当时，却除了有时命人宣传一下她的懿旨，或在枢臣会上照照面、空发感慨外，终日依旧沉醉于颐和园的纵欲享乐之中。西太后不但毫不理会外敌的战争威胁，对光绪帝的疑忌之心反而有增无减。这时，她虽然很少出面，但仍然在幕后掌控权力，并通过其心腹官僚百般地阻挠和干扰以光绪帝为首的主战派的备战御敌活动。西太后的亲信官僚、军机大臣孙毓汶，就仰承其旨意，并"迎合北洋"（李鸿章），对光绪帝筹划的御敌之策无不"阴抑遏之"。

与西太后及其心腹官僚关系密切的李鸿章，在他天津的总督官邸，却总是显出政务繁忙的样子——时而会见俄、英等使节，时而又主持上呈下达的文电，并不断地向俄圣彼得堡和日都东京等地的驻外公使发电探风传令。然而这一切，都是为了把他的"以夷制夷"的方针推行卜去，死抱着妥协的宗旨不放。对频频而来的驻朝将领的请援、请战电报，李鸿章不是随意顶回，便是将其搁置一边。

六月二十一日（7月23日），日本最先坐不住了。它派兵冲进朝鲜皇宫，扶植傀儡政权，向中国守军进行武装挑衅。中日战争宣布开始。

其实，早在中日关系日趋紧张时，光绪帝就明示要李鸿章预防战事，李鸿章却总是以无力筹款进行要挟。到六月初二日（7月4日），当李鸿章刚刚把令其加紧进行战备的电谕接到后，他又具折陈词："臣久在军中，备尝艰险，深知远征必以近防为本，行军尤以筹饷为先。"他认为北洋海军的战舰数量不够、兵勇不足，要筹战备，至少需要饷银二三百万两。现在他一伸手就要二三百万两，无非是在向以光绪帝为首的抵抗派施加压力，对其进行要挟；也是为他自己坚持妥协方针、一味敷衍误国寻找借口。

面对这些来自内外的诱惑、抵制和压力，光绪帝却依然毫不动摇其主战态度。

对外，他坚决反对那些依赖外国的"调停"和许诺的清廷主和派，决心立足本国，积极备战设防，誓倾国力以御外敌。

对内，光绪帝虽然对国库枯竭、财政困窘的情况知之甚详，但他为了全力资助战事，在见到李鸿章的请款奏章之后，便立即对户部和海军事务衙门下令，让他们"会同妥议"，竭力筹办。李鸿章的索款用心显然不是积极地备战抗敌，但光绪帝却排除困难认真筹措，满足了李鸿章的请款要求，再次表现出他一片备战卫国的诚心。

在国难当头的紧急时刻，光绪帝为排除备战御敌的重重干扰，可以说是煞费苦心。这些事实再次说明，这个年轻皇帝的确生机勃勃。

在清王朝统治阶层当中，甲午中日战争期间，光绪帝和那些抵抗派官员的态度是互相影响的。但是作为一国之君的光绪帝的态度和动向，其影响力显然更加突出。因此，由于在手握实权的妥协势力包围之中的光绪皇帝立场坚决地坚持抵御外来侵略，进一步促进了清王朝统治层内部抵抗力量的增长。

光绪帝为了组织备战御敌，付出的努力确实是巨大的。甚至在日本侵略军击沉中国运兵船事件发生后，他还警告李鸿章必须要引起注意。然而这一切并未在李鸿章身上产生任何效用，光绪的谕令并没有改变中国军队在朝鲜的不利地位。鉴于这种严峻局面，光绪帝为了扭转不利的战局、推进抗战，逐渐产生了"欲开言路"等思想主张。当然，对一个比较开明的君主来说，"开言路"实属寻常；而且光绪帝的这种"欲开言路"的主张，尚不足以说明他在此时已有明确的革新思想产生。但在当时的具体情况下，光绪帝为适应振作抗敌的需要，试图通过"开言路"、采众议的途径来广泛筹划御敌之策，显然是在谋求进取。

接着，清政府于光绪二十年七月初一日（1894 年 8 月 1 日），发布了基本体现抵抗派主张的对日宣战上谕。 于是，最终，清政府义正词严地布告中外，正式向日本侵略者宣战。

宣战之后

1. 喜与忧

通过光绪帝颁布的对日宣战上谕而发出的严正声音，在中国各地迅速传开。 正如主战派官员志锐所说，"皇上明诏下颁，赫然致讨，天下皆闻风思奋"，这些对人们奋起抗敌的爱国热情是一种极大的激发。

在清中央，遵照光绪帝的用兵、练勇、设防均以"筹饷为最要"的旨意，相关部门在加紧筹措"用兵之需"的饷银。 除注重正常的财政收入以外，自七月十日（8月10日）以来，户部与军机处又接连请旨并通过光绪帝的同意，指令各省清理和上解"历年积欠银两"。 同时，还要求各将军督抚就战事"近情"更好地管理钱财、"通盘筹划"，全力保证用兵"经费"。 为了适应战争的需要，清政府在财政方面也采取了一些必要措施。

如果说在清政府对日宣战之前，对战争的威胁有所认识并极力主战的主要还是光绪帝和一些帝党官员。 那么，到日本挑起战争和清政府被迫宣战后，请求通过战争反抗日本侵略的人已经迅速增加，大大超出了帝党的范围。 而且，由此迸发出来的抗敌呼声已冲出紫禁城，首先在国内的军政界形成一股爱国热潮。 可以说，在光绪帝颁布对日宣战上谕后，中国那种上下齐动、一致对敌的态势已然出现，说明中国的抗日斗争呈现出可喜的征兆。

然而，在此后抗击日本侵略者的实际战争中，中国所出现的这种有利于抗敌的势头，不仅未得到进一步的延伸与加强，反而被来自内部的势力强烈地干扰和削弱了。

宣战后，敌我都处于加紧准备战争的阶段，清廷统治集团的核心成员对战事方面也很重视。 不过，他们各自的心态并不一致。 光绪帝的对日态度日渐硬朗，直至做出对日宣战的决策。 当初，在他的思想中除了作为一个帝王固有的观念之外，还存在着一些主观盲目性，但在主导方面光绪帝却是出于"热爱祖国的心情"的。 然而，他在清廷根本处于傀儡的地位并未完全改变。

作为清王朝主宰的西太后，在此之前也曾认为在必要时应对日本用强。 到对日宣战后，当所谓叶志超军在牙山"屡胜"的讹传传到她的耳朵里时，她于七月三日（8月3日）发出懿旨，认定此事"实属奋勇可嘉"，遂命赏给叶志超军白银两万两"以示鼓励"。 说明在对日战争中，她也希望中国获胜，而且当时西太后的这种求胜心显然更为迫切。

在中日就双方同时自朝撤兵问题的谈判中，因为日本不撤军的强硬态度，致使战争阴云越来越重。 这时，奕劻也感到"朝鲜之事，关系重大，亟须集思广益，请简派老成练达之大臣数员会商"。 于是，经奕劻面奏，在六月十三日（7月15日），光绪帝谕军机大臣，给翁同龢、李鸿藻与军机处及总理衙门大臣下令，"会同详议，将如何办理之处，妥议具奏"。 在此后的中日战争期间，清廷中枢这种"妥议"战事的状态仍基本维持。 可以说，这是在清中央形成的一个筹划对日战策的核心班子。 在其中，牵头人翁同龢、李鸿藻，主战抗敌态度坚决；但其他大臣不是西太后的亲信，便是墙头草两面倒的小人。因此，在这个参谋班子当中，经常因商讨战策等问题争论不休，导致始终解决不了某些重要问题。 所以在清中央始终未形成一个"目的专注于战"的、强有力的最高指挥中心。 因而，光绪帝唱"独角戏"的情景频繁出现。

李鸿章仍在前场紧握着对外交涉权与用兵权。 光绪帝以及军机大臣、总理衙门所颁布的有关战事的谕旨和指令，其实行人还是李鸿章。 这种"举天下战守之事而任于一人"的局面，在当时便有人说"已属可危之道"。 李鸿章身为直隶总督兼北洋大臣，在前场主管外事与用兵事宜，是各种矛盾（尤其是帝、后矛盾）的风口地带，固然有些境遇会很艰难。但是，他本身既有其派系等私欲的牵绊，又很缺乏应有的胆略和高瞻远瞩的政治目光。有人说，在晚清，李鸿章虽掌北洋、历经外交，但他却"忽于为政之本，而又少重气节"，这话有一定道理。李鸿章的这种特有性格无疑导致了他对外的妥协投降行径。在清政府对日宣战前夕，李鸿章的对日态度虽曾趋于强硬，但只是出于对时事的被逼无奈。到宣战时，连稍微了解一些清政府内情的驻华外使都知道，当时"在军事上李鸿章没有充分准备"。宣战后，他为了投合西太后的求胜心切并出于对其亲信将领叶志超的庇护，在向清廷报告了牙山的虚假战果之外，又迫不及待地给沙俄驻华公使喀西尼透露消息："中国仍随时准备恢复各列强建议的和平谈判。"在宣战上谕的墨迹还未干之时，李鸿章的心理重心就又倾向于倚外求和了。正在这个时候，英、美、意等国政府发表声明对中、日两国实行"局外中立"；随后，沙俄也声称"不干涉中日战争"。但是，这些帝国主义列强，尤其英、俄两强，又都企图控制中日战局，使战局的发展有利于它们本国的利益。于是，英、俄便通过外交渠道，对中国本先采取了某些有利的诱饵诱惑，时而放风试探一番。对此，李鸿章竟又为之动心。于是从七月九日（8月9日）以来，他对总理衙门连续电谕，鼓吹"英国极欲调停中日事务"，随后又毫无根据地说"俄人有兴兵逐倭之意"。原来，李鸿章已"无作战之气"，到这时，连他在宣战前夕表露出来的一点点强硬也逐渐消失殆尽。面对正在加紧调兵遣将决心扩大战争的日本侵略者，作为前方主帅的李鸿章的思想重心竟是借助外力调停，这无疑是一严重错误。于是，在七月十六日（8月16日），光绪帝电谕李鸿章明确指出："俄有动兵逐倭之意，此非我所能阻，然亦不可联彼为援，致他日借词要索，总须由我兵攻剿得胜。"接着命"李鸿章饬催水陆诸将，奋迅图功，慎勿虚盼强援，转疏本计"。可见，光绪帝对列强之间的矛盾并非视而不见，而是强调要警惕它们可能会图谋我国的利益，告诫李鸿章切勿"虚盼强援"。 在此他又特别指出，应从中国自身国力出发反击日本侵略者，不可分散精力"转疏本计"，以免有损于抗战大局。 经过光绪帝的驳斥与忠告，李鸿章不得不收敛其乞求外援的活动。 但是，他并未改变迷信外力的基本态度。 所以在此之后，李鸿章仍然将光绪帝的反复劝告置于一边，抗战的决心迟迟未下，因而给中国抗击日本侵略者的自卫战争投下了深深的阴影。

2. 力争抗战主动权

当时，虽然在此前的丰岛海战与成欢战役中清政府的海陆军都失利了，但清军的整体战斗力并未丧失，而且北线的开辟又加强了清朝在朝鲜的军事实力。 同时，朝鲜人民也立场鲜明地站在中国一边。

日本侵略者固然在海陆偷袭中得逞，但却不得人心。 此后，按预定的侵略计划，日本又确定下一步的主攻目标为平壤。 但日本在朝的兵力还不足，正在其国内组建的第一军尚须调集。 另外，日本在汉城扶植起来的大院君还徘徊于中日之间。 被日本废黜的原朝鲜国王李熙及其臣属对日本"逼夺政柄，肆行欺压"心怀怨恨，所以他不断遣使向清政府求援。 在这种情况下，假如中国能抓住战机，加紧进兵，重点推进，或可打破敌人的进攻计划，取得有利的战略地位。

早在日本对清军发动偷袭的前夕，光绪帝就曾电谕李鸿章，日本"开衅，必先向叶（志超）军决战"。 接着下令，"若南路一有战事，则北路各军即应前往夹击，使彼两面牵制"。 到对日宣战后的七月二日（8月2日），光绪帝再给军机大臣李鸿章电谕，命其"迅速电催"北路各军"星夜前进，直抵汉城，与叶志超合力夹击"。 至此，光绪帝更明确地提出其战略方针应为南北夹击，力图以积极进取的态势夺取主动地位。 光绪帝又认为，要实施南北夹击，必须先把"势孤可虑"的叶军保住。 为此，他又把希望寄予海军的支援与策应上。 于是，自8月2日以后，光绪帝在对北路进军加紧催促的同时，又连续电谕李鸿章，命其派出海军舰只出海对南路叶军应援，并在大同江口海域"逡巡固守，遇有倭船前来，即行奋击"。他寄希望于海军能为处于危机中的南路军建立一条补给线，同时把敌人的海上运输线破坏掉。当时，光绪帝虽对夺取制海权的重要意义尚未明确认识，但却提出了"海军为国家第一要务"的理念。因此，作为改变北洋海军缺少快船的"补牢之计"，他立即批准了李鸿章提出的添购快船的奏请，命海军衙门会同户部拨200万两白银"交李鸿章应用"。随后又电谕李鸿章，为了在短时间内购买快船，可奏明"实需用款"，"再由户部添拨"。为加强海军的战斗力，光绪帝可谓大费心血。另外，在此之前，一些廷臣即感到"海军护运不能得力"，便相继对海军提督丁汝昌提出参劾。到这时，光绪帝也不满于丁汝昌未能率舰队出海建功之事。因此，七月三日（8月3日），他电谕李鸿章，命其查核丁汝昌"有无畏葸纵寇情事"，并指出如有必要，可把海军提督更换掉。丁汝昌成为众矢之的，参劾、惩处之声此起彼伏。

光绪二十年六月（1894年7月），李鸿章派出济远、广乙舰护航增援朝鲜牙山，丁汝昌想到日本海军可能会袭击中国船队，曾"电请鸿章率我海军大队继发接应"。但当各舰升火起锚时，李鸿章却"复电令缓行"。在丰岛，日本海军偷袭我舰船之后，李鸿章曾命丁汝昌率舰队出海"相机迎击"。然而，就在丁汝昌即将率舰队出发的时候，李鸿章又急忙去电命令丁："惟须相机进退，能保全坚船为妥，仍望速回。"因此，这次出海跟普通的巡游没什么两样。此后，丁汝昌又曾几次率舰队向大同江口一带开进，但同样平平而还。其间或有丁汝昌的个人责任，但"保全坚船"的训令，对他也是一种束缚。显然，把"无功"之过一股脑儿地都推给丁汝昌，并不公平。

此时的北洋舰队在舰队的机动性上显然无法跟日本海军相比，不过，其在甲坚炮巨方面又有自己之长，并且其舰种有着较为齐全的配备，所以它仍是"有战斗力的一个舰队"。何况光绪帝又在积极地采取切实措施大力购买快船，想尽快弥补自己的薄弱环节。七月十三日（8月13日）李鸿章再电丁汝昌，命令"此后，海军大队不必远出"。 就这样，从丰岛海战开始，北洋海军舰队不断收缩着自己出航巡弋的范围，从大同江口缩至鸭绿江口，随后鸭绿江口亦不准前往，从而，北洋舰队便是"持重不出"的状态了。

李鸿章对海军的活动屡加限制，而北路陆军也进展缓慢。 在李鸿章看来，似乎以积极进取之势，采取南北策应与夹击战略是行不通的，这时李鸿章对光绪帝的谕旨公开抗拒，他只是命卫汝贵及后续部队"相机前进"。 这样一来更加导致了北路军进展迟缓。

在对日宣战之后，光绪帝采取了积极进取的战略方针，力图想获得战争的主动地位。 显然，战争又是敌我在时间等方面的一场大竞赛，而最重要的便是时间。 只有进兵、后援等能空出时间，方能抓住战机，获得战争的主动权。 而且就当时的内外形势来说，光绪帝的这一战略方针是正确的。 然而，由于李鸿章斗志全无，一味消极，使光绪帝争取战争主动权的努力受到严重干扰。

3.严重受挫

在李鸿章竭力对光绪帝的旨意实施抗拒并延误作战部署之际，日本侵略者却加紧了进攻平壤的准备。

前线战争失利之后，叶志超率部从平壤退出。

日军于光绪二十年六月进逼平壤，总兵左宝贵与敌人肉搏之后壮烈牺牲，城内叶志超弃城逃跑，狂奔 300 余公里，朝鲜被日本践踏，无数士卒惨死在乱军中。

然而，更可怕的场景还在后面。 在平壤战后第二天发生的黄海大海战，也是李鸿章一再无视光绪帝的忠告而终致上演的海上惨剧。 日本海军自丰岛海战后，为夺取黄海制海权以便"从海上应援陆军"，其采用的战略便是进攻。 与其相反，李鸿章为了"保船"，同样抗拒光绪帝的海陆军互相策应的抗战方针，把海军的活动区域步步收缩，在海上也使自己陷于被动。 这次日本海军的主力舰全部出动，组成庞大的联合舰队出击，正体现了它对中国海军"决心进击"的意图。 北洋舰队此次奉命开往大东沟，仍是一次护航行动，"舰队之任务在掩护船中兵士登陆"，所以它严重缺乏战斗准备。这次海战对中国海军来说，是在把护航任务完成后发生的一场被动的遭遇战。但在海战中，北洋舰队除个别贪生怕死的怯懦逃将之外，大多数"将士效死用命，愈战愈奋，始终不懈，英勇顽强，视死如归"。

这次海战，中国北洋舰队不仅没有发挥出应有的抗敌作用，相反损失惨重，正如日本人所说："海军政略之要，在于占有制海权。而占有制海权，则在于攻势运动能否采取。清国（即中国）舰队在作战伊始，攻势运动就未能采取，而采取绝对的守势运动，此乃清国之失算。"此评说可谓准确触到了李鸿章的致命弱点。他出于怯敌畏战之"绝对的守势"，既断送了平壤的抗敌，也把海军的战斗力束缚住了。

平壤失陷、海战受重创，日本侵略者把陆海两方面的战争主动权都夺取了。相反，中国的抗战却陷入全面被动的地位。

抗战阴影的扩大

1.扭转战局的努力化烟云

自八月十八日（9月17日）以来，清宫逐渐得知平壤失守、海战失利等令人震动的消息。这一切都使翁同龢等感到"鸭绿一线可危，即渤海亦可危"。因此，他们的危机感日益加重。但是，这些并未动摇以光绪帝为首的抵抗派的抗战态度。他们在日趋严峻的战争态势面前，又趁机采取了一些加强本国防御的重大措施。

在军事方面，随着战争形势的日趋加剧，光绪帝又加紧派遣军队，极力巩固与扩大鸭绿江防线，准备阻击来犯之敌，保卫国土。

光绪帝于八月二十二日（9月21日）颁谕，命四川提督宋庆"帮办北洋军务"。实际上，这是光绪帝在尝试着削弱李鸿章的军权。因此，对于权势和派系颇为敏感的李鸿章，在次日（9月22日）得旨后，便电告叶志超说："昨已奉旨，派宋庆帮办北洋军务，则总统在可有可无之例。"其实，李鸿章在此电中说的话是藏一半露一半，仅向其亲信叶志超通个风，告诫他不要惊慌。果然，光绪帝于九月二日（9月30日）便颁谕决定，"除依克唐阿一军外，所有北洋派赴朝鲜各军及奉省派往东边防剿各营，均着归宋庆节制"，这就等于把叶志超的总统职撤销了。到九月十五日（10月13日），光绪帝即谕军机大臣等宣布，"叶志超驻军平壤，漫无布置"，以致"临敌溃退。卫汝贵所统盛军，兵数较多，全行溃散……叶志超、卫汝贵，均着先行撤去统领，听候查办"。同时在谕中还写道，"聂士成向来带兵尚属勇往"，故命宋庆"传旨派令聂士成统带"叶、卫"所部各军"。到此，既把李鸿章的淮军嫡系的两大支柱叶志超、卫汝贵之兵权完全解除，又提拔了善战将领聂士成，可谓体现了赏罚分明。最终，以宋庆为主、依克唐阿为副的辽东防军总指挥正式确定。

光绪帝在对队伍加紧集结、整顿防军和部署鸭绿江防线之事，其认识也很深刻。他认为日本侵略者在侵占平壤和控制中朝海域之后，势必会进犯中国内陆。因此又认为，我"威、旅门户及沿边山海关各口"也应该"严密防范"。

出于巩固辽东江防和加强北部京畿要地及沿海防务的目的，光绪帝不懈地努力。虽然他在其中也有一些地方有所不足，但光绪帝要继续以自卫战争来捍卫祖国领土的决心却是异常坚决的。然而，正当光绪帝竭尽全力准备在自己的国土上对前来袭击的日本侵略者给予打击时，他又遇到了难以摆脱的困扰。

原来，在西太后看来，准备为她自己举行六十寿辰庆典的活动非常重要，这一庆典关系着她的所谓"尊严"，所以在"老佛爷"心中这件事是头等大事。在对日宣战前后，由于西太后怀有侥幸心理，所以没有明显表露庆典的意图。但到八月（9月）中旬之后，随着"庆辰将届"，她再也无法坚持了。什么战事紧急、国家危机、部署抗敌卫国等，均可置于一旁，其"万寿庆典"是绝不能有误的。于是，在平壤守军大战日本敌军，并随之处于"败信迭至"的紧急时刻，八月十六日（9月15日），清宫仍为西太后举行了盛大的加徽号典礼。

西太后在此对众怒所向的"点景"，公然以继承祖制为名公开肯定。随即她又以伪善的面孔宣布，在宫内举行"庆辰典礼"，似乎这就是其关心战事的体现了。但却只字未提没完没了的庆祝仪式及收受廷臣疆吏的贡物等。其实，这是西太后在以换汤不换药的手法为自己的六十寿辰庆典发表重要讲话。

在这种情况下，那些关心战事和国家命运的朝臣更加为战争焦虑。于是，有些爱国官员苦苦寻觅救国良策。早在对日宣战后的七月三日（8月3日），原靠近帝党的侍郎长麟，了解一些清廷内情，便率先奏请"起用恭亲王"。

清皇族中老资格的恭亲王奕訢，不仅最大限度上支持了西太后发动辛酉宫廷政变，又是在同治朝与光绪初年控制军机处及主持总理衙门的显赫人物。西太后于光绪十年（1884）把他罢官后，从他集唐诗而云"猛拍阑干思往事，一场春梦不分明"来看，奕訢并没有放弃政治。但经过与西太后争夺权势而失落的奕訢，此后却又"闭门思过"，以隐居式的生活而自得。

由于奕訢身份与经历特殊，使一些希望廷内能有制约西太后和左右军政的人来挽救危局的朝臣，便对他期望甚大。又因奕訢后来成为西太后的政敌并因此而失势，而且大家也都知道西太后的专横，所以要起用他显然具有重大风险，如果失当则"罪在不测"，从而使这些人想说又不敢说。何况此前的内外形势尚非特别明显。但经过光绪以及主战派的努力，恭亲王奕訢还是东山再起了。

策划鼓动起用奕訢与之前对李鸿章的处分，关系非常密切。两者都是为了进一步在清廷上层排除干扰，以光绪帝为首的清政府抵抗派为争取抗战转机所采取的重大举措。然而，对李的"惩处"只是小小的警告，既未丝毫触动他的权势，也不可能改变其对敌怯懦的心态。因此等到起用奕訢之后，李鸿章仍然受到朝廷内外群臣的猛烈抨击，但在当时光绪帝并未再对他采取其他严厉的措施。以光绪帝为首的抵抗派力图整顿朝政扭转战局的愿望，又在侵略者扩大的战火中消失殆尽了。

2. 主和派得势

日军侵占平壤后，朝鲜被日本全权控制。 大东沟海战后，日本海军又利用李鸿章的惧战态势，取得了黄海制海权。 于是，日本侵略者便按照其预定的侵略计划，希望侵略中国本土。 到九月二十七日（10月25日）前后，日军从鸭绿江上游偷渡后，便把清军防线的"总根据地"九连城迅速抢占了。 随后，安东、宽甸等军事边镇相继失陷，鸭绿江防线随即瓦解。 此后不久，日本攻占凤凰城、岫岩，使沈阳和兴京皇陵受到直接威胁。 并且，日本第二军在花园口登陆后，于十月九日（11月6日）攻陷金州，到十月二十四日（11月21日）日本攻陷海防要塞旅顺，我无辜百姓两万多人惨遭日军杀害，日本侵略者的凶残本性暴露无遗。 至此，辽东与辽南的沿边重镇相继沦陷，大片锦绣河山横遭侵略者的践踏，无数平民百姓惨遭日军杀害。 锦（州）、山（海关）告急，京津震动，中国的抗战处于严重的危机之中。

正当日本侵略者攻破中国大门之际，焦急万分的光绪帝于十月三日（10月31日）召见奕䜣、奕劻，欲商应急对策。 但上台不久的恭亲王竟然空发议论，使光绪帝大为扫兴。 西太后所以对战争的危局无动于衷，是因为她此时对自己的寿辰庆典更为关注，对日态度已然改变，其注意力正在转移。

早在平壤失守后，随着抗战的不利局面越发明显，西太后也越发对战争不再抱有侥幸心理；同时她的寿辰庆典越发临近。 于是，西太后的心理重心开始转移。

翁同龢于九月初二日（9月30日）到天津总督署见到李鸿章时，又接到给他与李鸿章的一道廷寄，命李、喀会见的详情由翁同龢"回京复奏"。 这是西太后的手段，既防止翁同龢此行不能尽其意，又表现出她很重视这件事，还暴露出西太后也要把翁拉入求和轨道的用心。 老谋深算的翁同龢用的方法便是"以其人之道还治其人之身"，他对李鸿章说："出京时曾奉慈谕，现在断不讲和，亦无可讲和。"并且他又说，"喀使既有前说，亦不决绝。今不必顾忌，据实回奏。"他含蓄地把西太后的意图传达到，对依俄求和开了绿灯。

虽然这一举动都是在颇为秘密的情况下进行，然而翁同龢"密赴津沽议抚议"的消息仍迅速被大家得知。于是，在坚持抗战的帝党营垒中，反响非常强烈。事实上，从中日开战以来，妥协势力的求和企图便从未消失，同时反妥协的呼声亦未间断，只是随着形势的演变而时隐时现、时起时伏罢了。

西方列强，首先是英国，因其在华利益占压倒优势，所以英国唯恐"战争继续下去可能损害英国的贸易"，又担心在中国扩大战争可能会"引起屠杀外国人的危险"。因此，九月八日（10月6日）以来，通过外交途径，英国政府便与德、俄、法、美、意等国政府进行磋商，企图对中日战争组织联合的促和活动，同时又对日本的意向进行探询并逼迫中国妥协。其实，英国的目的是出于"自保"，力求避免因日本的大举入侵而把列强在华形成的侵略格局打破，同时又不愿挫伤日本。因此，列强保证朝鲜"独立"和中国对日赔款两项便是英国提出的促和条件。当时其他列强所考虑的也只是"在朝鲜的政治和商业的利益"。而且列强又都垂涎于中国的利益，彼此间矛盾重重。所以其他各国政府借用理由先后拒绝与英国联合促和。当时日本侵略者的野心正无限扩大，认为"事态尚未达到足以保证在谈判上得到满意的结果"的程度，英国的建议也被其拒绝了。正是由于这些原因，一直在标榜"严守中立"的美国政府，后来便逐步插手中日议和交涉。

由于西太后及后党骨干人物逐渐对日采取主和的态度，所以他们对抗战的势态也就越发冷淡了。而且随着太后寿辰庆典活动的摊开与战局的不断恶化，再加上列强强迫主和的作用，这些人也加快了求和活动的步伐。

来自清统治集团核心的乞和风，又在全国范围内蔓延。十月十二日（11月9日），吉林将军长顺在他的奏折中竭力叫嚷中国所有各军都"不足恃"。

但是，在战与和的问题上，这时光绪帝和坚持抗战的官员却并没有屈服。

美国政府已向日本表示出"善意"；并且在日本侵略军攻陷旅顺的当天（11月21日），美国驻华公使田贝便奉其政府命令到总理衙门表示愿意调停中日战争，并代为清政府拟出求和照会，其提出的停战建议是朝鲜"自主"和"赔偿兵费"。

由于光绪帝在战和问题上的态度越发分明，毫不含糊，坚决反对主和。 因此，他严重阻碍了西太后推行的求和方针。 于是，西太后便采取了杀鸡儆猴的手法，企图以此来胁迫光绪帝和削弱抵抗派势力。 从此，战和之争日趋激化。

而朝中的西太后之后又把奕訢拉过来，使主和势力增强，同时，又采取了一系列阴谋手段，削弱了以光绪帝为首的抵抗派力量。 于是，她便按其既定的妥协方针，把对日求和的步伐加快了。

第五章　屈辱议和

求和被拒

西太后以权力强迫光绪帝和坚持抗战官员的过程，也是她放手推行求和方针的重要阶段。 其间，奕訢扮演的角色举足轻重，他以颇具权威性的老亲王身份，集结清廷内外的主和官僚，秉承西太后的旨意，宣扬主和派的妥协思想。 至此，奕訢已成为主和派的支柱，表明清统治集团中的妥协势力已经逐渐处于上风。 因此，进入光绪二十一年（1895），以光绪帝为首的抵抗派的力量更加薄弱，其处境也更加困难。清政府抗战的败局，已成为难以扭转之势。在甲午年十月（1894年11月）初，复出不久的恭亲王奕訢与奕劻等召见五国驻华公使请求列强对中日战争进行调停，就是把西太后的对日求和方针从酝酿推向实践所采取的具体步骤。

稍后，奕訢又按照西太后的意图，加强与美使田贝的交流和沟通。于十月二十五日（11月22日），通过田贝及驻日美使谭恩，把清政府提出的议和条件向日本转达。此举便成为"中国政府直接向日本政府提出媾和条件的第一步"，揭开了向日本侵略者求和的帷幕。

西太后急切求和，早日罢兵息战便是其主要目的。美使田贝主张按照惯例，两国交兵，尤其在和谈期间理应停战。而日本首相伊藤博文和外相陆奥宗光的议定，对谈判条件采取了绝对保密的方针，清政府一再试探均告无效。

这时，西太后及奕訢、李鸿章等，虽已决心求和，但却不想完全被日本压迫。于是，他们又企图在谈判地点等问题上为自己争夺一些权益，避免"为所要挟"。然而，不力争改变自己在战场上的被动处境，只企图以乞求敌人的让步把被要挟的处境摆脱，显然同样是徒劳的。

此期间，处在内压与外逼之中的光绪帝，其初衷并未改变。对内，他尽力避免内争；对外，根据时势变化，光绪帝也在随时"问军务处有何布置"之外，仍直接主持对敌的反击与防务。

光绪二十年（1894）夏，当日本侵略者发动侵华战争之后，在朝内外要求抗敌的呼声迅速高涨时，向来"谦谦，不敢先人"的刘坤一，也越加明显地靠近抵抗派。此后，他除了遵旨在江南把江海防务加强之外，又积极地为抗战出谋划策。他提出对日应采取"持久"的战略主张，这确实非常富有远见。同时，他还接连向光绪帝推荐武官宿将支持抗战。因此，光绪帝在"军务紧要、统帅需人"的时刻，命刘坤一担任钦差大臣，统率关内外各军亦可谓事出有因。另在淮军节节败退的情况下，这也是"举国望湘军"意愿的集中体现。然而，此时以西太后为首的清廷实力派已逐渐倾向对日和谈，并又正式派出议和的全权使臣。 至于军事，当时"内则督办军务，外则北洋大臣，皆有节制全军之权"；况且在原来赴前的清军中派系争斗，矛盾很多。因此，光绪帝在不动原清军指挥系统的前提下，只企图添加一个钦差大臣来统率全军以扭转战局借以使得败局扭转，这势必更会使统兵大员之间"彼此心存回护"、互相掣肘，最终会使得自己的愿望落空。正由于刘坤一"深知此中情形"，所以他对光绪帝的任命苦苦恳辞，勉强受命后又推迟了上任的期限。 对此，翁同龢也认为刘坤一"无亲兵，以子身护末职之将，亦难事也"。 因此，不能让刘坤一一个人承担未及时赴任之责。

旅顺失守后，不同于以西太后为首的主和派，身处困境中的光绪帝仍坚持抗战的主张。 在此期间，他采取的一些整军备战措施虽然有所不足，但对西太后等人一意孤行地对日求和无疑也是一种牵制。

但是，日本当权派意在使中国统治者彻底屈服，然后心甘情愿接受日本的侵略。 为此，他们在加紧准备侵犯威海的同时，又竭力阻挠和谈。 当中日议和的安排就绪之后，日本统治者又对清政府派出的议和代表提出强调，日本认为，清政府派出的议和代表必须具备独立做出决定的职位与权力。 并且，日本决策者坚决要求清政府必须做到这一点。 到了这时，日本方亮出底牌，并以此作为拒绝和谈的依据。显然，这是日本故意为之，作为与其军事行动相配合的一种强硬手段，于是，更加严酷的局面便呈现在了他们的面前。

难解的"悲愤"

原来，日军在侵占我旅顺之后，便进而决议进攻我山东威海卫。

日本侵略者进犯威海，愈加彰显了其在军事上的险恶用心。 因此光绪帝于十二月十七日（1月12日）在电谕李鸿章时说，日本"图犯威海，意在毁我战舰，占我船坞"，意即企图摧毁我北洋舰队。

十二月二十五日（1月20日），日本侵略军在荣成湾登陆并将其攻陷，到正月初七日（2月1日）便相继把山东威海卫军港的南北帮炮台攻占，对困守于刘公岛的北洋舰队形成包围后便发起攻击。在包围与反包围的激战中，中国舰队与炮台守军只有少部分人贪生怕死、临阵逃脱，广大将士英勇抵抗日军，曾接连打退敌军的进攻。但战机已失，无奈全线崩溃。光绪帝不愿重蹈的覆辙又在威海守军的面前出现。至正月十八日（2月12日），处于绝境又誓不降敌的丁汝昌在降将及一些洋员的围逼之下自杀。日军强占了尚存的舰艇与基地的重要设施，随即威海卫失陷。至此，北洋舰队全军覆没，李鸿章的"保舰"宗旨彻底破产。

冰冻三尺，非一日之寒。威海卫保卫战的惨败与北洋舰队的覆没，充分暴露了这个王朝的病源之深，其严重后果尤令人痛心。

威海失陷前，光绪帝与翁同龢等抵抗派官员为了反抗日军侵略苦心操劳多少日夜？光绪帝颁发的道道抗战谕旨和一系列御敌之策，一到李鸿章那里就被改头换面或者弃之不顾，直接破坏了抗战。为此，光绪帝曾先后两次处分李鸿章，并采取其他措施力图改变"战守之事而任于（李鸿章）一人"的局面。但结果光绪帝的心愿最终破灭，李的权势照样存在。因此，面对如此"糜烂"的危局，可以想见光绪帝是既"愤"又"愧"的。然而，他虽痛苦反省，但却难以自解。

被迫就范

威海卫保卫战的瓦解和北洋舰队的毁灭，沉重地打击了清政府的战略。

面对如此严峻的事态，光绪帝与翁同龢均感到悲愤交加，手足无措。以西太后为首的主和派，则犹如惊弓之鸟，终日沉浸在失败的悲戚中。他们认为，到此已别无出路，只有对日本侵略者的"权宜一策"屈从了。

在日本马关进行的"议和"谈判，充分显现了日本军国主义者狂妄的侵略野心和蛮横的帝国主义嘴脸；此外，也表现出李鸿章作茧自缚的狼狈相。这种所谓的"议和"，是在清政府战败的条件下，在由日本侵略者设下的界限内进行的。

当议和进入谈判和约的实质阶段后，已经决定投降于日本的李鸿章，在三月初七日（4月1日）看到了日方亮出的勒索清单，他再一次惊呆了。在其中除规定朝鲜"自主"之外，巨额的赔款、让出台湾与奉南两地，涵盖着两大片领土和南北辽阔的海疆，此外还有"通商"等一系列特权。因为日本胃口太大，特别是"让地"与赔款两条，更是在主降派的预料之外，所以李鸿章也不禁惊慌失措。但冷静下来之后，他似乎又回到其"角色"中来了。于是，李鸿章便将日方提出的这些议和条件电达清宫，让朝廷决断。

到此地步，在公开场合光绪帝与西太后却都表现反常。在清廷接到李鸿章报告议和条件电的次日，当翁、孙激烈争执于"让地"问题及战和问题的时候，光绪帝虽未公开表态，但对议和却流露出欲求"速成"的意向。的确，此时的形势已经不同于往日。在清廷统治集团的内部，主降势力已越发明显地在控制局面这块占据绝对优势。当时，不甘与主降派合流的翁同龢与李鸿藻（已年老体衰），虽时而出面周旋一番，但裹挟在投降派中间，他们"亦不敢尽其辞"。至于被皇太后和后党权贵夹在其中的光绪帝，他更是回天乏术。特别是议和已就，势难逆转。另外，原来光绪帝曾寄厚望于辽东一线的反击战，他为此付出过巨大的努力。但随着清廷的转向加上军队内部的种种矛盾和弊端，刘坤一统率的湘、楚、皖各军除在局部取得点转机，并不能从根本上改变战局，反而又连续战败、失地。到议和开场前，辽阳以南的重镇、要地早已被日本占领，锦、山已暴露在日本侵略者的面前。在这种情况下，光绪帝迫于严酷的现实及对未来的期望，希望尽快战息和成，似可理解。但如何在不损伤王朝"元气"的条件下使议和速成，光绪帝又没有什么好办法了。

在此期间，李鸿章在日本的确采取了各种手段与伊藤、陆奥商议。 但对手的态度越发骄横，甚至向中方下达了最后通牒，李鸿章已被逼到绝路。 与此同时，李鸿章又在致总理衙门电中，时不时地把"停战期迫""日由广岛运兵"，甚至说日本已"预备兵马粮械齐足，必欲分道直攻北京"等消息宣扬出去，极力渲染紧张气氛。 同时，来自总理衙门电的语气也逐渐减弱。 终于，李鸿章在三月十九日（4月13日）收到由孙毓汶起拟的电旨云，"倘事至无可再商，应由该大臣一面电闻，一面即与订约"，并又命其"放心争论"。 从中表明，清廷正在逐渐对议和条件妥协。 不过，随着议和内容的泄露，在列强中又引起了波动。 因此，日本侵略者为了减少外来的干预，对赔款数额和其他次要条件稍做退让，但在主要方面仍咬住不放。 到三月二十一日（4月15日），总理衙门又电谕李鸿章，无奈地说："如竟无可商改，即遵前旨与之订约。"至此，清廷已经彻底妥协了。 于是，在此电旨被李鸿章接到之后，又据奕劻等炮制的"宗社为重，边徼为轻"的卖国谬论，于三月二十三日（4月17日），在《马关条约》这项创丧权辱国新纪录的条约上，李鸿章终于签上了自己的名字。 同时，又根据日方的要求，规定条约必须通过两国君主的审批，在中国烟台于四月十四日（5月8日）互换正式生效。 至此，历经近9个月的中日甲午战争，便以中国被迫签订屈辱和约而结束。

第六章　不做亡国之君

励精图治雪国耻

1. 康有为策动变法图强

甲午战争带来的奇耻大辱，深深刺伤了华夏子孙的民族感情，同时，它也进一步促进了人们的觉醒。在灾难日深的岁月里，康氏的革新图强方案吸引力巨大，逐步成为战后奏起的图强曲的主旋律。

光绪五年（1879）后，康有为在参加科举考试之余，先后到香港、上海等地，考察了各地的名胜古迹和风土人情。尤其考察港、沪，使他"益知西人治术之有本"，从而"大讲西学"，萌发了学习西方以革新祖国的念头。中法战争期间，他目睹清王朝的腐败。随着"国势日蹙"，他的忧国之忱被进一步激发了出来。康有为于光绪十四年（1888）冬趁到京城应试上书清廷（即《上清帝第一书》）。当中，他在把"外患日逼"的严重形势一一陈述后，痛斥了朝野上下无视"大厦将倾"，只图"嗜利而借以营私"的劣风。从而建议光绪帝和皇太后变法，即"变成法，通下情，慎左右"的革新主张。但因顽臣的阻挠，皇上并没有看到这些意见。不过，康有为的爱国之心并"未灰"。事后他出京南归，自光绪十六年（1890）起便教书于广州。在此期间，康有为一反旧式的传统教育，转为培养维新人才。因此，他以"中外之故，救中国之法"为讲学的主要内容。在历经三年多的艰辛耕耘之后，终于把一批思想开阔、力求进取的青年高才生培育出来了，其中最突出的便是梁启超。这些高才生，都有出众的才华及敏锐的思想，后来多成为康有为的得力助手或是维新运动的骨干。

康有为讲学期间，经梁启超、麦孟华的帮助，写出并刊行了《新学伪经考》。此书如同"思想界之一大飓风"，猛烈冲击着封建专制制度的理论基础和守旧势力的思想堡垒。随后写出的《孔子改制考》一书，又借用孔子的权威为变法张本。

光绪二十一年（1895）之春的北京，明媚的春色却被笼罩在深沉的阴影里。正在这里参加全国举人会试的康有为，在知道《马关条约》的屈辱内容后悲痛难抑。他立即命梁启超联合广东举人上书拒和，感到可以利用群情激愤来提高广大举人的士气。康有为与梁启超又"分托朝士鼓（动）"，很快把愤起的一千多名各省举人集合起来举行集会，议定把一场声势浩大的上书请愿运动发动，即"公车上书"。 于是，康有为经学生梁启超、麦孟华等的帮助，以强烈的爱国激情奋笔疾书一天两夜，写出《上清帝第二书》，大约1.8万余字，亦称《万言书》。

"公车上书"未成之后，康有为会试通过，皇上授予其工部主事的身份。 但他仍心系国事，无意做官，尤其当《马关条约》互换生效后，康有为看到朝堂内外依旧对此漠不关心，终日"熙熙，苟幸无事"，在粉饰太平。 因而，他很担心国家的前途和命运。 于是，康有为针对换约后的局势，调整了《万言书》的部分内容。 在几乎原封未动地保留"立国自强之策"的同时，又给予了充实，把一份1.6万余字的新上书写就，即《上清帝第三书》。

五月初六（5月29日）康有为把《上清帝第三书》请都察院代呈后终于奏效，递到了光绪帝的手里。 不过，康有为并没有满足这些。他为了趁热打铁促使光绪帝奋起变法革新，又于闰五月初（6月末）把力言变法"缓急先后之序"的《上清帝第四书》写出。 这份材料，几经周折，终未递上。 但康有为通过这件事意识到，"变法本原，非自京师始，非自王公大臣始不可"，如不冲破朝臣的守旧思想壁垒，通向光绪帝之路也不会打开。 当然，任何国家的全面改革，都为社会的系统工程，必须由政权力量推动才行。 康有为从踏上维新救国之路起，就是沿着争取朝廷最高当权者的支持这一途径向前推进的。 所以他第四次上书失败之后，便又从"开风气"着手，逐渐争取朝臣士大夫的支持。 为此，在六月末至七月初（8月份），康有为与梁启超创办了面向"朝士大夫"的《万国公报》（后改名为《中外纪闻》）。接着，他又联络各方之士筹划组建了社团强学会，用以扩充自己的实力。

由于翁同龢跟光绪帝具有密切的关系，他又在清廷朝野联系广泛，所以康、翁的融洽晤谈，是康有为继第三次上书皇帝之后，在争取变法要靠皇权推行的道路上取得的又一重大进展。

2. 统治营垒中的新动向

在清廷统治集团的核心成员中，翁同龢由于身为帝党的关系，其在战后思想上的变化极其深刻。但在清政府战败蒙辱，随之列强步步紧逼的情况下，一些官员、士大夫在清廷统治营垒中又分离出来，他们在深感"时势所逼"之下，也开始寻求富国强兵之路。从而在清廷统治层的内部，一股"竞言自强之术"的热潮兴起了。

这些官员士大夫提出了"自强之术"，虽然他们对待事情有着不同的角度，但学习西方革新图强以求存的出发点却是相同的。正因如此，来自清廷统治层的图强呼声，便与康有为的维新变法要求相呼应，形成日益高涨的图强热。而且由于日益严重的民族危机，一些要求革新图强的官员士大夫又陆续向康有为靠拢，开始加入维新运动之中。

在图强热不断升温之际，清统治集团的阵容变动也非常明显。西太后的两大支柱之一——洋务派头面人物的变化尤为迅速。以李鸿章为首领的洋务派早已声名狼藉，遭到朝野上下的唾骂。到战后，当他处理完《马关条约》的相关事情之后，就在西太后的包庇下调进清宫，命其"入阁办事"，尤其是其出使西欧强国之后，便"闲居"在总理衙门，失去了原先自己掌握的北洋地盘。因而，李鸿章在清王朝的势力和影响便大大削弱了。而且通过中日之间的战争让更多的人明白，李鸿章搞的那套自强新政，并"不知其本，故仍无补于国势之孱弱"。他那显赫一时的"自强"术，也被人们抛弃。于是，后起的洋务派显要人物刘坤一、张之洞（1895 年末奉旨各回原任），成为新洋务派的继承者。

固然，无论是李鸿章还是刘坤一、张之洞，说他们思想闭塞是错误的，相反，甚至可以说他们是西方近代科技、武备的崇拜者。然而这些人的西学观，是以不侵犯自己利益为前提的。在甲午战争后国内政治风云变幻莫测之时，他们插足强学会的目的和企图昭然若揭。但当维新热潮威胁到清朝的统治地位和自己的利益时，他们又都退回到原地，与封建顽固势力一起维护着联合的格局。 这表明在复杂的近代中国，这个处于变化中的地方实力派，其政治上的多样性和矛盾性的特点非常明显。

而后党官僚群作为西太后的另一大支柱，到战后其阵容也发生了变动。

之前一直附和西太后与李鸿章，死心塌地地推行对日妥协投降方针的军机大臣孙毓汶、徐用仪，受到来自光绪帝与舆论的双重压力。 于是到光绪二十一年六月中旬（1895年8月上旬），他们先后被迫辞去职务。 同时，翁同龢、李鸿藻填补了孙、徐在总理衙门留下的空缺。 不过，总理衙门却被恭亲王奕訢控制了。 接着，西太后的亲信荣禄，平步青云，升任兵部尚书兼总理衙门大臣，进入清廷中枢。 稍后，直隶总督兼北洋大臣由唯西太后之命是从的官僚王文韶受命担任，正式替换李鸿章。 京畿要地、北京门户的管辖权，被王文韶控制。 从而后党官僚群得到调整与充实，清廷的枢要被他们和奕訢控制着。

翁同龢进入总理衙门，这得到了光绪帝的首肯，但主要是西太后为了稳定其统治集团的阵脚所采取的一种手段。 在甲午战争中李鸿藻虽坚持抗战，在筹划战事等方面与翁同龢多有配合，但到战后他开始倾斜于后党官僚。 在六月十一日（8月1日）光绪帝召见枢臣，议及御史王鹏运呈折弹劾徐用仪时，他与奕訢站在一起"当即力言"，力陈徐用仪"无劣迹"，公然为这个臭名昭著的奸臣进行辩护。 并且，此人守旧的思想决定了其必将与后党官僚沆瀣一气。 当时的奕訢，抑或对西太后尚有不够服帖之处，但其本质上还是属于西太后的人。 此后，他更无"开济之效"，完全成为一个清王朝的看家老手了。 而荣禄是被西太后扶植起来的，年轻气盛且为人狡诈，他既痛恨孙毓汶、李鸿章，也和当时的翁同龢势如水火。 荣禄在被授予步兵统领之后，即在私下中伤翁同龢"奸狡性成"，认为翁同龢是"伪君子"，并将光绪帝曾为支持翁的主张而命其不准"掣肘云云"泄露，又流露出他对光绪帝的不满。 所以荣禄进入清廷枢府，既使清廷后党的力量加强，又为西太后增添了一个得力谋士。 至于原后党骨干多是昏庸之辈，终日养尊处优，只图高官厚禄。 大学士徐桐已78岁，虽对"天朝至上"的虚缈观念或已淡薄，但其盲目思想牢不可破。 在西方列强国势日盛正称雄世界之际，他还坐井观天，视西方科技为洪水猛兽。此前，徐桐主持翰林院时，即"戒所属毋用洋货、服洋药"，排斥一切西方事物，仍在自我封闭。

森严的思想舆论壁垒既然已被爱国热潮冲开，再完全愈合是不可能的了。 同时，清统治阶层的分化和新旧势力的重新组合仍在继续中。

3. 图治中的波折

甲午战争中的风风雨雨，使年轻的光绪帝经历的噩梦痛楚而深长——侵略者的蛮横与凶残，由于西太后及李鸿章的误国，而被一个"弹丸岛国"打得堂堂天朝一败涂地，以至天朝上国受尽屈辱与宰割。 这些严酷事实触目惊心，对于原本一心要抗敌的光绪帝来说，显然是难以承受的。 甲午中日战争，事实上成为光绪帝的思想发生深刻变化的导火索。 历史事实表明，甲午战争给中国造成的巨大冲击波，既促进了社会各阶层人们的觉醒，也将光绪帝的奋发精神激发起来。

光绪帝的心情最为沉重之时，就是李鸿章在日本签订《马关条约》的当天。 陈炽的《庸书》和汤震的《危言》被翁同龢上奏，向光绪帝"进呈御览"。 这两部书都是在甲午战前维新人士陈炽、汤震为挽救危机日益加重的清朝，而宣传"采西法而变通"、倡导维新变法的著作。 陈、汤在其书中，发出收回利权、兴工商和发展近代文化与教育事业的呼声，同时还希望在中国实现"合君民为一体，通上下为一心"。 《庸书》与《危言》均是早期的维新人士寻找富国强兵之路的早期著作。

早在光绪帝典学期间，翁同龢就将这些书籍介绍给光绪帝，这引起了小皇帝的兴趣。但到此危难时刻，光绪帝再次将自己的注意力转移到了这两部书上，无非是在寻求新的出路。到《马关条约》互换生效后，在向天下臣民颁发的朱谕中，光绪帝便明确提出要"痛除积弊""详筹兴革"、发愤"自强"了。至此，他已经下定决心改弦更张。但是，在此期间，每当光绪帝要求群臣讨论图强时，除翁同龢外，其余的大臣均以"祖宗成法不可改，夷法不足效"等谬论给予驳回。这让光绪帝非常恼怒，甚至悲愤成疾，每每"痛哭而罢"。从而，已被"割台"、赔款等弄得"天颜憔悴"的光绪帝陷入困惑之中，在如何奋起图强的问题上，似乎又被拖入迷途。恰恰是在这时，康有为的《上清帝第三书》让光绪帝颇为兴奋。紧接着，光绪帝阅过胡燏棻的《变法自强事宜折》，又对其"嘉许之"，同样重视程度极高。康之上书与胡之奏折，给困惑之中的光绪帝带来了福音，激起其共鸣，使其受到鼓舞。随后，翰林张百熙要求荐举"专门人才"的奏折，以及其他朝臣疆吏要求改弦更张的奏折，也相继递到了光绪帝的面前。

这些要求更张、图强与雪耻的呼声来自朝廷内外，这又给光绪帝的"兴革""自强"思想以新的推动。于是，他开始进行试探性的举措，连续降谕求才，并指出"为政之要，首在得人"，命各部院堂官及各地将军督抚，随时"保奏"具有真知灼见、器识宏通、才猷卓越、究心时务、体用兼备者，并"各举专长，俾资节取"精通天文、地舆、算法、格致、制造诸学的专门人才。显然，光绪帝要求的人才，符合当时社会的需求。这本身就是一项重大改革。

重新振作起精神的光绪帝，为了将举朝上下的各级臣属的积极性调动起来，又于闰五月二十七日（7月19日）将"自强"诏书郑重下达。

光绪帝的自强谕及遵旨发出的上书、奏章相继下达后，实际上维新变法的酝酿也开始纳入朝廷的议事日程。显然，这也符合康有为的迫切要求。

在日益深重的国家危机面前，连清王朝的统治基础都在发生动摇之时，对于"图强"（或谓"自强"），多数朝臣疆吏甚至一些顽固派官僚都接受了。老洋务派搞了30多年的"求强""求富"已被人们所摒弃。那么，如何图强？这一个关系着中国应向何处去的尖锐问题，成为人们的困惑。因此，在就更张图强的议论中，应不应该向西方强国学习的问题，日益突出。

光绪帝发起的这场在清朝统治阶层中，关于更张图强的议论一直延续到光绪二十二年（1896）春。在国家危难日深的岁月中，奋起图强，是所有关注中国今后走向的士大夫相互争论的问题。因此，这部分人中的一些开明人物对向西方强国学习变法更张，从不同的角度给予了积极响应。洋务派新贵和一些顽固派官僚，也感到故步自封的路子走不通，甚至连企图投机的袁世凯也标榜起"变法""求强"来了，这促使统治营垒进一步分化，为维新变法高潮的到来做了思想上的准备。

自光绪二十二年（1896）以来，经群臣对更张图强的议论，光绪帝越发感到"事机日迫"，虽仍认为"目下欲图自强，自以修明武备为第一要义"，但是这从另外一方面表明，到这时他的图强思想，仍然不够先进。

在朝内外图强的辩论进行得轰轰烈烈时，光绪帝频频召见枢臣，筹议实施日理万机，可西太后却深怀疑忌。但是，变法革新这一时代潮流已经不可逆转。光绪帝的艰难探索也在继续进行中。

救亡

1. 图强求存的凝聚力

在甲午中日战争之后，光绪二十三年（1897），那些忧国之士最为担心的险恶局面出现了。

原在俄、法、德三国策划干涉"还辽"时，经过两年多的窥探与谋划的德国企图趁机在中国抢占"储煤站与军港"。当年十月（11月）德国便以两名德国传教士在山东巨野被杀为借口，公然派出舰队将我山东胶州湾占领。次年二月四日（1898年3月6日）迫使清政府签订了《胶澳租界条约》，企图染指整个山东。

在德国侵占胶州湾之后，沙俄认为："德国人占领胶州湾，给我们（俄国）提供了一个有利的机会，去将中国的一个港口占领。"果然，在德军侵占胶州湾之后的十一月二十二日（12月15日），沙俄占领旅顺港并派遣舰队驻扎，并于次年三月六日（1898年3月27日）强迫清政府订立了《旅大租地条约》。就此，在《中俄密约》使沙俄的侵略势力伸入我国东北北部之后，沙俄又通过这个"租地条约"获得了租占旅顺大连湾和修筑中东铁路支线等特权。这样一来，整个东北都被沙俄所控制。接着，其他列强也纷起效仿，进而在中国掀起了一场恶浪滚滚的争夺独占区和划分势力范围的瓜分狂潮。于是，亡国危机升温，自甲午战争后日益加重的民族危机触目惊心。因此，救亡图存便成了中华民族最为紧迫的使命。

在这紧要关头，维新派领袖康有为又发出图强求存的呐喊声。

德占胶州湾后，激愤满怀的康有为便立即与社会各界先进知识分子商讨救国策略。与此同时，康有为愤起写出《上清帝第五书》。

翁同龢在甲午战争后危机感很强烈，意欲改弦更张，开始接触康有为，而且取得了共识。到胶州湾事件发生后，他认为这是中国最耻辱的事情，愤然叹息道："何时雪此耻耶？"至此，翁同龢彻底倒向维新派。正因如此，在此期间他首先向光绪帝"力荐（康）有为"，认为其人"才堪大用"。当翁同龢了解光绪帝的本意和得知康有为将要出京时，他便出面对其加以挽留。结果，正是因为翁同龢的关系，康有为才"遂不获归"。于是，救亡图存的使命感使两人紧紧联系在一起。

李鸿章、翁同龢、荣禄及刑部尚书廖寿恒、户部左侍郎张荫桓，于光绪二十四年正月初三日（1898年1月24日）在总理衙门西花厅接见了康有为。 其时，李鸿章的职务为文华殿大学士，但他并无实权在握。 荣禄在甲午战争后平步青云，任兵部尚书兼总理衙门大臣之后，到光绪二十二年五月（1896年6月）又升为大学士。 在光绪二十三年（1897）他虽曾主张"设武备特科，参酌中西兵制，造就人才"，甚至还叫嚣采取"新政"，但却明显是为修补清王朝的统治机器。 尽管荣禄与之前的顽固派官僚有一定的区别，然而他作为西太后的亲信，并未改变其在政治上维护清王朝与自己利益的顽固立场。 这次接见康有为，实际上荣禄是居于领头的地位，因此接见中，他企图左右导向，控制场面，论争一开始就短兵相接。

光绪帝已有"改革之志"，为了能有效与康有为沟通，加速准备推行变法的进程，他在此时又抓住时机将两项措施顺水推舟地颁布：其一，在诸臣接见康有为之后的当天，翁同龢便将康之言入奏于帝。于是，康有为在被接见中有荐书的表示被光绪帝得知后，便不失时机地立即命总理衙门大臣"将康有为所著《日本变政考》《俄皇大彼得变政考》（记）等书"呈上。 其二，在大臣接见康有为之后的第六天（1月29日），总理衙门大臣又收到光绪帝的谕令，谕令进一步明确重申"自后康有为如有条陈，即日呈递，无许阻格，并命康有为具折上言"。 正是因为这条谕令，此后不久，工部堂官原先拒递的康有为之《上清帝第五书》，摆在了光绪帝的面前。 在国家危在旦夕之刻，光绪帝忧心忡忡，但是康有为的这份对祖国充满一片热诚的奏折，深深打动了他。 尤其当他看到"求为长安布衣而不可得"的话语时，光绪帝"肃然起敬"，并对左右说："非忠肝义胆，不顾死生之人，安敢以此直言陈于朕前乎!"随即有的大臣也对此"叹息"久之。 从而，光绪帝欣然同意康之请求。 在对待这一奏折的态度上，亦可见光绪帝的态度与之前的顽固派的区别。 光绪二十四年一月八日（1898年1月29日），康有为提出关于变法方案的《上清帝第六书》，也顺利地进呈给光绪帝。 至此，康有为向光绪帝呈递书折的道路终于开通了。 于是，在图强救亡的征途上，光绪帝与康有为的联系大大地增进了。

2. 举目看世界

自光绪二十三年（1897）冬起，光绪帝虽已决定"新政"，固然已经历了一段痛苦、曲折的过程，但有关改革的方向与途径等问题，他仍不知所措。

光绪帝之所以有图强救亡的愿望，也只不过是在甲午战争后愤于战败受辱，感到此后如不改弦更张"社稷难资保守"。因此，他力求通过除弊图强让中国不再受这种耻辱。显然，这还基本是出于一种忧国雪耻之愤。

原来，在被迫签订《马关条约》时，光绪帝已经陷入困境中，但他已经开始重视陈炽、汤震传播西学的《庸书》与《危言》。甲午战争后，当他决定图强之时，在倾心阅览"竞言自强之术"的奏疏、探索除弊更张的过程中，光绪帝又将自己的目光向外扩张。然而，由于他处于与世隔绝的深宫，所以帝师翁同龢的作用非常特殊。

就帝、翁本身来说，由于翁同龢支持光绪帝更张图强，况且其与康有为的接触非常早，因此顽固派"忌而恶之"。到此，在清廷统治集团的核心中，顽固派攻击的主要目标就是翁同龢。

平心而论，在 19 世纪末的中国，光绪帝可以说是处于封闭之中，加上语言文字上的限制，"新书"，特别是"西书"是他不可能看到的。然而，在这种特定的历史环境中，急于变法求存并颇有些进取心的光绪帝，即使得到一点真知灼见，也有可能使他顿开茅塞，收到"一石激起千重浪"的效果。

光绪帝专心探索变法图强之道，并且细心阅读这些介绍外情的新书，将自己的眼界进一步开阔至"于万国之故更明"。从而，他开始接触到世界发展的潮流所向，思想认识有了明显的提高。

由于光绪帝举目看世界，并且主动接近、学习"西书"，到光绪二十四年（1898）的春夏之交，他的思想开始发生质的变化，光绪帝的立场越发偏离了封建传统观念的轨道，公开与封建顽固派坚持的"祖宗之法不可更"的守旧立场对立起来了。光绪帝清楚地认识到，面对"强邻环伺"的形势，衰弱落后的中国"非实行变法，不能立国"。并且，他对改革的方向与途径日益明朗化。光绪帝意识到，必须顺应世界大势"假日本为向导，以日本为图样"，像日本明治维新那样向西方学习。到此，光绪帝的除弊更张思路，已与康有为的变法图强构想进一步合拍了。这以后，他们在学习西方以求国家富强上，越发紧密地结合在一起了。

变革之前夜

1. 维新派群体的结成

随着国家与民族危机的加剧，光绪帝的更张图强思想演变得非常迅速；与此同时，康有为与梁启超的变法步伐也开始加快了。因此，到光绪二十四年（农历戊戌年，1898）初，在康有为高举的变法图强的旗帜下集聚了一大批迫切渴望祖国复兴的爱国之士。早在这一年一月末，在康有为面见完总理衙门大臣之后，光绪帝又随即颁发谕令为康氏进呈书折铺平道路。显然这举措意义重大，表明他已决意变法求存，并公开向维新派靠拢了。

面对这种态势，康有为便把组织维新变法的着重点，放在了一些实际的问题之上。

《上清帝第六书》《上清帝第七书》在此后相继被呈递，随后《俄皇大彼得变政考》与《日本变政考》两部书也被进呈，在这些奏折中，康有为除对变法的步骤等提出建议之外，主要是要求光绪帝效仿沙俄"以君权变法""借鉴日本"推行新政。这就是其所谓的"以俄大彼得之心为心法，以日本明治之政为政法"。从而，中国维新变法的两个样板被康有为呈在了光绪帝的面前。但是，变法面临着重重困难，尤其是变法所需要的钱从何而来。

其实，当时的清政府仅在向日本支付甲午赔款的问题上就已经捉襟见肘了，如何筹措变法所需要的款项成为摆在康梁等人面前一道很大的难题。 对此，康有为曾产生先向外借款的设想，但他又很快感到"借款艰难"，而且还易于带来受制于人的后果，于是康又开始想其他办法。 在这种情况下，一些又从统治营垒中分化出来支持变法的官员，开始协助维新派。

光绪二十一年（1895）秋，梁启超在京、沪强学会被查封后仍然停留在京，但在汪康年的邀请下，最终赴上海与其共同创办《时务报》。

梁启超到上海后所出版的《时务报》，即"以变法图存为宗旨"，评论中外大事。 梁启超宣传维新变法的《变法通议》等文章均先后发表于该报，反响非常大。 从而梁名大著，与师（康）有为合称"康梁"，《时务报》也成为江南"提倡变法"的重要舆论园地。 梁氏于光绪二十三年（1897）初抵达澳门，与康有为之弟康广仁合办《知新报》及大同书局，把维新变法的声音带到澳门。 当年冬，德国强占胶州湾前，梁启超应支持维新变法的湖南巡抚陈宝箴、学政江标之请，到湖南长沙时务学堂任教。 他遂与当地维新人士、新任湖南长宝盐法道黄遵宪和候补知府谭嗣同等，会合在一起。

梁启超的到来，使谭嗣同等人的力量更为壮大。 从而，他们便协力推动了湖南维新运动的进一步发展，而且又有一些新的维新之士集结在他们左右。

在此期间，经严复等人的拓展，天津也成为宣传图强变法思想的活跃之区。

与此同时，在全国，以"开民智救国难"为号召的报刊也如雨后春笋一般涌现，救亡求存的呐喊声响彻整个中华大地。

正当此刻，梁启超也来到北京，他为协助康有为组建保国会而四处奔走。 三月二十七日（4月17日），康、梁在北京召开保国会的成立大会。 他们在保国会《章程》中宣告："本会以国地日割，国权日削，国民日困，思维持振救之"，并明确地提出保国会的宗旨是"保国、保种、保教"，并以"激厉（励）愤发，刻念国耻"为己任。 号召四万万同胞，救国图强。从各地赶来的参加者颇为踊跃，上自京官士大夫下至来京应试的各省举人"凡数百人"，这也成为封建王朝从未有过的"士大夫，不奉朝旨毅然引国事为己任"的先例。人们的一片爱国之心体现得淋漓尽致。

显然，康有为在"求变法于上"的成效之上，又联络北方之士在民间组建保国会，这无疑是他为"振士气于下"，力图推动变法的一大重要步骤。因此，保国会的出现，标志着对维新变法的宣传组织已开始引向社会。

然而，封建守旧势力却对此惶恐不安，一股攻击保国会的逆流在全国盛行了，而且来势汹汹，大有一举解散保国会之势。

原来，康有为在此次来京后进行变法救亡活动时，一些顽固派扯保国会后腿，致使"谤言益作"，尽其捣乱、破坏之能事。当保国会成立之后，这些人勾结某些京官，变本加厉地造谣。在御史黄桂望、李盛铎先后呈折攻击保国会之后，康有为与保国会又被御史潘庆澜以"聚众不道"的罪名上奏弹劾。这时，老顽固派军机大臣刚毅甚至叫嚣"将查究会中人"！就此，顽固派上下配合猛烈攻击康有为和保国会。

在保国会与康有为受到猛烈攻击、变法即将覆亡之时，已在救亡图存的道路上与维新派走到一起的光绪帝，面对刚毅要"查究"保国会的嚣张气焰，针锋相对地指出："会能保国，岂不大善，何可查究耶？"这将刚毅那别有用心的谰言有力地批驳了，大大降低了顽固分子的嚣张气焰，从而维护了保国会及康有为。对此情形，《国闻报》在闰三月二十九日（5月19日）迅速予以报道。其中云：顽臣对保国会与康有为的弹劾，"朝廷知其无他，而又垂谅其事之出于公也，不果罪"。固然，对于顽固势力的破坏活动，光绪帝还未能完全制止住，再加上保国会成员复杂，入会的目的也各异，因此在顽固派的压力之下，保国会最终还是解散了。但是，在关键时刻，能为保国会伸张正义，这表明光绪帝变法求存的勇气也明显地增强了。

这场围绕保国会所展开的激烈斗争，是在甲午战争后进行的变不变法的斗争的继续与深化。其实，这是新旧势力于紧要关头在思想政治领域里展开的一场公开交锋，可以说这也关系着变法是否可以进行。

保国会夭折了，但在民族危亡之际，保国会本身就颇具号召力与吸引力；加上康有为、梁启超的切实而深入的宣传，既唤起了公众的觉醒，又将人们的爱国热情激发了起来。当康有为在会中发表演讲，"声气激昂"地痛述国家之危，号召动员全国同胞奋起救国之时，在场的听众当中竟有"为之下泪者"，可见已将炎黄子孙的民族感情激发出来。在保国会成立之后，有人在《国闻报》上刊文指出，"苟无民何有国，苟无国何有君，国者君与民之公称"。从此，愈来愈多的人关心祖国的兴衰与存亡了，这也使维新变法的影响更为扩大。事实上，维新派作为一股新势力——以学习西方通过革新把衰危的中国引向富强以救亡图存为奋斗目标，已经正式登上历史舞台。与此相反，那些顽固派尤其是放明枪暗箭的守旧之辈，他们的丑态，也在此过程中暴露得淋漓尽致，其处境越发孤立。正如当时有人在《国闻报》上的揭露：在西方列强瓜分中国之时，"强盗入室，大火烧门，有壮者（康有为等）荷戈持锣，大声疾呼。而同室之人，不恶盗贼，不救大火，而反仇荷戈持锣之人"。对于这后一种人，人们给予了无情的讽刺与鞭挞。

保国会虽然解散了，但是通过这场斗争，变法图存的呼声进一步深入人心。此后"各省志士纷纷继起，自是风气益大开，士心亦加振厉，不可抑遏矣"。于是，在一些官员的帮助之下，康有为又加紧筹划方策以尽早推行变法新政；光绪帝也信心百倍地在力争维新之日早些到来。

2. "决意变法"

到光绪二十四年四月（1898年5月下旬），内外大势越发明朗。

西方列强瓜分中国的野心已经大白于天下，继德占胶州，俄据旅顺、大连，英国又以政治讹诈手段控制长江流域，并还强"租"威海卫，法国出兵广州湾，日本将福建及其沿海地区纳入其势力范围之内。于是，触目惊心的瓜分局面日益形成，中国面临亡国之祸。同时，国内维新派宣传、组织的变法救亡运动，也风起云涌。

在此存亡攸关之时，光绪帝也坚定了变法的思想，并其斗争魄力也在迅速增强。于是，他决定要冲破一切阻力"决意变法"了。但光绪帝不操实权，要公开支持维新派把维新变法付诸实施，必须将最后一关冲破，即从清王朝实际上的主宰者、封建顽固势力的总后台西太后手里收回权力。

显然，不管光绪帝变法求存的愿望多么坚定，其受制于人的处境却毫无改变。他要公开支持维新变法，犹如剜西太后以及顽固派的心头肉，随时都有被毁灭的危险。然而，沉重的"忧国"之心和强烈的图强求存之志，驱使着光绪帝在这条布满荆棘之路上向前迈进。

统治集团内部派系之争历来就有。在此之前的多年里，光绪帝与西太后之间的矛盾与斗争，从未平息。在甲午中日战争期间及战后，帝、后之间曾几度形同水火，并出现过有利于光绪帝收权的局面，但公开索权的事情还未发生过。

西太后这个视权如命的"女皇"，控制清王朝已达30多年之久。但在权势问题上，她从未真心退让过。光绪帝大婚期间，西太后名义上的"归政"，已被自己的实际行动戳穿了。现在光绪帝真要收权了，西太后却不干了。

在历史上的偶然事件之中，却又往往包含着必然性。利用奕訢病危临死的时机，光绪帝从西太后手中夺得有限之"权"，这显然是由于各种矛盾交织、激化所促成的。同时，也是光绪帝多年来力求进取、顺应潮流、以国家利益为前提，历经曲折的斗争所取得的一种结果。尽管结果有限，却为其一生中做出最为显赫的政绩，提供了活动舞台。

第七章　戊戌变法

颁诏定国是

1. 变法的启动

奕訢死后，康有为立即上书翁同龢，建议立即变法。当然，他或许也得知光绪帝收权的事。因此，在奕訢死后，原欲南归又留在北京的康有为，在得到一些官员的帮助之下，一面为革新积极献策，一面加紧敦促光绪帝颁诏定国是。他希望光绪帝公开宣布变法，以此作为推行变法新政的开端。

经过围绕保国会展开的激烈斗争，虽然顽固派越发不得人心，但随着光绪帝日益加大支持变法的力度，一些开明的爱国官员迅速靠拢维新派情况的出现使得顽固派犹如狗急跳墙，展开了更加嚣张的干扰活动，而且他们的矛头更明确地集中于康梁身上了。

不过，康有为意识到变法已经到来。于是，他更加急迫地希望光绪帝尽快颁诏定国是，来将干扰变法阻力排除。

康有为之所以如此急切地要求光绪帝颁诏定国是，是鉴于中国守旧势力之强的缘故，力求以皇帝的权威来将变法肯定下来，而且主张以此作为国家的"行政方针"，公布于天下。康有为认为，这样做就可以排除"群疑"，将守旧势力的干扰与阻挠摆脱，收到"人心乃一"、统一思想的效果。这样一来，变法新政就可以施行了。显然，至此康有为又进而把光绪帝的诏定国是的战略意义看得更高了。固然，康有为有把具有深刻社会根源的政治斗争简单化的倾向，但在当时，这却进一步促进了维新变法的高潮的到来。

2. 颁诏定国是

当光绪帝看到西太后让步，并从其手中取得有限的权力之时，又相继看到杨深秀、徐致靖请求颁诏定国是的奏疏。随即经考虑后，决意采纳杨、徐的奏请，颁诏定国是，推行变法新政。但是，在变法之前，光绪帝又亲往颐和园向西太后做了请示。

西太后毕竟从政已久，而且由于她"已许不禁皇上办事，未便即行箝制"，因此，这时的西太后便没有明确表示反对变法，而是准备等待时机再下毒手。另外，她或许也感觉到，杨深秀、徐致靖要求定国是的奏请，对其威胁并不大。于是，西太后不仅在表面上说杨、徐请定国是之奏"良是"，并将姿态放高，装模作样地表示"今宜专讲西学，明白宣示"。在这种情况下，在光绪帝从颐和园返回之后，即光绪二十四年（戊戌）四月二十三日（1898 年 6 月 11 日），便不失时机地向群臣颁布了《明定国是诏》，正式向中外各界宣告变法。

"京师大学堂为各行省之倡，尤应首先举办，着军机大臣、总理各国事务王大臣，会同妥速议奏，所有翰林院编检，各部院司员，大门侍卫，候补候选道、府、州、县以下官，大员子弟，八旗世职，各省武职后裔，其愿入学堂者，均准入学肄业，以期人才辈出，共济时艰，不得敷衍因循，徇私援引，致负朝廷谆谆告诫之至意，特此通谕知之。"光绪帝颁布的《明定国是诏》，即将以康有为为首的资产阶级维新派的迫切要求采纳了，但其又通过了西太后的"关口"，这就决定了它的内容的矛盾性。在"国是诏"中，既指出今后必须"博采西学"，并又强调采西学"毋徒袭其皮毛，毋竞腾其口说"，必须甄别取舍。可见在向西方学习的问题上，"国是诏"强调得尤为突出。但在同一诏书里，却又说仍要"以圣贤义理之学，植其根本"，可以说这是前后矛盾的。不过似应看到，在 19 世纪末叶，即使那些先进人物，在如何学习西方的问题上，也处于矛盾状态。当时，就是站在时代潮流前列的康有为，在其维新变法的思想中也包含着浓厚的中国封建式的思想。光绪帝与枢臣议定"国是诏"时，翁同龢认为"西法不可不讲，圣贤义理之学尤不可忘"。 这表明了当时的传统观念仍然有其市场，也反映了当时人学西方的认识水平。 显然，我们不能以过来人的身份要求这时期的人们就必须解决好采用"西学"与继承本国历史遗产的关系问题。 再说作为一个帝王，尤其是一个封建社会的帝王——光绪帝（而且他的思想也在逐渐学习变化之中），还不能完全摆脱传统观念的羁绊，更是可以理解的。 何况西太后已经明确告之，变法必须以"不违背祖宗大法"为前提。 在这种情况下，光绪帝如果不采用"圣贤"的旗号，就会让刚要起步的变法遇到麻烦，以致影响维新变法的大局。 在《明定国是诏》颁布之前，光绪帝与翁同龢等人斟酌再三，其谨慎用意显露无遗。 因此，在这个宣布变法的"国是诏"中，这些内容前后矛盾，显然无可厚非。

其实，从《明定国是诏》的中心内容及其基本思想倾向来看，它与维新派上奏的定国是折一脉相承、紧相呼应。 在这个诏书里，那些"以为旧章必应墨守，新法必当摈除"的因循守旧势力也受到了鞭挞；诏书还以尖锐的语气道出，"今日时局如此，国势如此"，无非是那些顽固守旧之徒造成的。 从而，光绪帝在诏书里面还针对维新派鲜明地郑重指出："即以中国大经大法而论，五帝三王，不相沿袭，譬之冬裘夏葛，势不两存。"这就表明了变法的不可更改。 于是，诏令"嗣后中外大小诸臣，自王公以及士庶，各宜努力向上，发愤为雄"，力行变法图强。 同时又要求任何诸臣"不得敷衍因循，徇私援引"，阻挠新政。 就这样，光绪帝把推行维新变法提到清政府的施政宗旨和基本国策的高度。

当然，康有为力求以此来消除顽固派干扰新政的目的以及光绪帝对上下顽臣的忠告，并不可能由此改变他们维护自身利益的现实状况。 但是，光绪帝颁布的《明定国是诏》，既然宣告以变法为国策，并通过群臣公之于世，这一郑重举动的本身，可以说是约束着所有臣民。 此后，除西太后之外（一般情况下她也不无顾忌），任何人反对维新变法都属于"违法"。 从而，在一定的范围内，使得新法的推行有了一定的条件和保障。可以说《明定国是诏》的颁布，是以康有为为首的维新派及光绪帝，在推动变法的过程中，在与顽固守旧势力反复斗争之后，所取得的具有里程碑意义的重大进展。这诏书也表明了当时的人心所向。因此，当宣布变法的"国是诏"颁布，社会舆论界产生了强烈的反响，大都认为"谕旨如日月之照临通国人民，如再不奋起向学，是真不知高厚而有负生成矣"，这将人们的奋发精神极大地激发了出来。康有为认为此诏书："奉明定国是之谕，举国欢欣。"山东道监察御史宋伯鲁亦云，《明定国是诏》颁布，"臣民捧读感泣，想望中兴"。梁启超的语言更为简单："（光绪帝）召军机全堂下此诏书，宣示天下，斥墨守旧章之非，著托于老成之谬，定水火门户之争，明夏葛冬裘之尚，以变法为号令之宗旨，以西学为臣民之讲求，著为国是，以定众向，然后变法之事乃决，人心乃一，趋向乃定。自是天下响风，上自朝廷，下至人士，纷纷言变法，盖为四千年拨旧开新之大举……一切维新，基于此诏，新政之行，开于此日。"梁启超对颁布《明定国是诏》的评说，虽有高估之嫌，但是光绪皇帝依照康有为等人的要求，把维新变法作为基本国策公开诏示群臣，布告天下，让那些开明人士受到鼓舞，看到了中国的前进方向。在当时因循守旧的清廷之中，光绪帝采取这一断然举动，的确犹如披荆斩棘，在清朝统治层冲开因循守旧的壁垒，把维新变法付诸实施，起到的重大作用不可否认。事实上，以康有为为首的资产阶级维新派发动的维新变法运动，从之前的宣传阶段到如今的实施，恰恰是通过光绪帝颁布《明定国是诏》实现的。光绪帝的这一举动，也是他支持维新变法的主要举措。

希望之光

1. 西太后图谋设"防"

原来，当光绪帝面见西太后准备变法之时，西太后似乎也意识到变法之势已不可阻挡。 并且她的亲信亦有预感，如果光绪帝公开颁诏变法，他们干扰新政的活动将会大大降低。 于是，西太后及其心腹、亲信们，开始加紧勾结寻找应付措施。 据苏继祖的《清廷戊戌朝变记》载，在光绪帝颁布《明定国是诏》的前夕，西太后与其亲信权贵之间已经开始密谋：

"四月二十日（6月8日）西太后召见庆邸（即奕劻）、荣相（荣禄）、刚相（刚毅），询及皇上近日任性乱为，要紧处汝等当阻之。 同对曰：皇上天性，无人敢拦。 刚伏地痛哭，言奴才婉谏，屡遭斥责。 太后又问，难道他自己一人筹划，也不商之你等？ 荣、刚皆言曰：一切只有翁同龢能承皇上意旨。 刚又哭求太后劝阻。 太后言，俟到时候，我自有法。"

从当时这些人的思想和活动情况来看，苏继祖的这些记载说明了一些事实。 另外梁启超也有所透露，他说自"归政"以来已"不见臣工"的西太后，又开始四处面见群臣。

与西太后交相辉映的是，光绪二十四年四月二十二日（6月10日），荣禄被授予大学士"管理户部事务"；授予刚毅为协办大学士调任兵部尚书。 后党两大骨干的地位得到了进一步提高，这又扩大了西太后核心班底的权势。 各种迹象表明，围绕颁布《明定国是诏》，西太后等人的密谋活动确实加紧了。 通过他们的精心策划，一个阻挠和准备破坏维新变法的周密阴谋，在诏书颁布之后就形成了。

光绪帝颁布《明定国是诏》后的第五天，即光绪二十四年四月二十七日（6月15日）的一天里，西太后又"勒令上（光绪帝）宣布"了三道谕旨和一个任命。

谕旨之一，大学士、户部尚书翁同龢被以所谓"渐露揽权狂悖"的"罪"名，被革职并赶回原籍。 谕称："协办大学士户部尚书翁同龢，近来办事，多未允协，以致众论不服，屡经有人参奏。 且每于召对时，咨询事件，任意可否，喜怒见于辞色，渐露揽权狂悖情状，断难胜枢机之任。 本应查明究办，予以重惩，姑念其在毓庆宫行走有年，不忍剧加严谴。 翁同龢着即开缺回籍。"

谕旨之二规定，嗣后凡有赏项或补授文武一品及满汉侍郎之臣工（梁启超及他人多说是补授二品以上之大臣），均须具折后再到西太后前"谢恩"。 各省将军、都统、督抚、提督等官，亦须一体向皇太后"具折奏谢"。

谕旨之三，提前宣布，于当年秋，光绪帝"恭奉"西太后，由"火车路巡幸天津阅操"。

到光绪二十四年（1898）初，当光绪帝与维新派联系密切、加紧推动变法的迹象日趋明显时，惶恐不安的顽固派官僚便大肆造谣中伤翁同龢；此时，这些人又以光绪二十三年（1897）末康有为到京为借口，鼓噪这是翁同龢"所引，将树朋党以诱皇上变法"。 于是，朝廷内外的守旧势力在极力攻击康有为的同时，西太后与其亲信也认为翁同龢在"蛊惑帝心"。 之后，翁同龢便受到了一些顽臣公开跳出来的弹劾。

面对守旧势力的猖狂进攻，翁同龢曾企图在表面上将自己与光绪帝以及康有为的距离拉大，来改变其受攻击的处境。 但是，以西太后为首的顽固派，却将他与变法的光绪帝以及康有为视为一体。 而且，因为不敢直接触动光绪帝，他们便把翁作为在朝内打击的明靶子。 因此，当维新变法已经不可更改之时，竭力谋划对变法构筑新"防线"的西太后一伙，便加紧策划除掉翁同龢"以警"光绪帝的阴谋了。 原在光绪帝将诏书颁布之前，西太后与其亲信官僚密谋时，荣禄、刚毅就扬言"只有翁同龢能承皇上意旨"，其中的杀机显然易见。 随即西太后在对其核心班底进行加固之时，命新授予大学士之荣耀的荣禄"管理户部事务"，也是为顶替翁同龢做准备的。 至此，翁同龢的下场已经被定下来了。 随后，当光绪帝去颐和园向西太后请示颁布"国是诏"一事时，西太后在无奈之余，又提出了"必去翁同龢"的条件。 当时的光绪帝，或是由于过分兴奋抑或出于其他考虑，并未反对就直接转身回宫了。

很清楚，在这时赶走翁同龢，这就等于切断了光绪帝的臂膀和他的活动渠道。使其"失所倚"，并进一步地孤立光绪帝。所以，当光绪帝果真得到指令革职翁同龢的懿旨时，他顿时"惊魂万里，涕泪千行，竟日不食"，悲伤万分。翁同龢被罢官的次日，他在离京前于宫门和光绪帝相遇时，帝"回顾无语"，翁亦颇感"黯然如梦"。事已至此，君臣之间的悲愤，用语言是不可以表达的。在光绪帝颁布推行变法新政的诏书墨迹未干之时，西太后就除掉他的内部支持者。无疑，这犹如冷水浇头，对变法革新事业是一个极为沉重的打击。

与此同时，西太后又将对重要官员的赏赐权和授任权从光绪帝手中夺了回来，从而限制了光绪帝任用新人推行变法的活动余地。西太后调整了班底，以填补翁同龢的空缺，把顽固官僚王文韶调入清廷中枢，以加强自己的实力。另外，将其亲信荣禄安插在显要的直隶总督位置上，并让他来统辖警卫京津的北洋三军，以做后盾。之后，西太后又提前放出准备于当年秋天让光绪帝"陪"她到荣禄辖区阅兵的空气，这又是其为光绪帝设下的陷阱。总之，这些都是西太后对光绪帝推行变法所设置的重重"防线"，也是光绪帝面临被废的危险信号。

梁启超认为，西太后这时的一系列的措施，实质上就是"篡废之谋"。这种说法，显然不能认为是捕风捉影。十分明显，西太后在变法之时的一系列举措，实际是企图控制和准备扼杀维新变法（包括迫害光绪帝）所做的周密部署。这四者互相关联。一个巨大的阴谋开始形成了。

事实表明，在光绪帝发布《明定国是诏》，开始推行变法之时，以西太后为首的封建顽固派也未坐以待毙。不过，光绪帝顺应了时代的潮流，并且他当时已经把变法纳入了正常的施政轨道。在这种情况下，阴险狡诈的西太后及其亲信们，还不敢直接跳出来光明正大地反对新政。他们宁愿等待时机，秋后算账，似乎这对他们更为有利。然而，这却又给光绪帝推行变法新政，提供了一些条件。

在变法新政刚刚起步推行的时刻，如何让康有为尽早面见光绪帝，共商变法图强大计，是关系着这场变法能否继续进行的关键。 早在当年初，已对变法越发迫切的光绪帝，即欲召见康有为。 但在当时，在顽固守旧势力奕訢的阻挠之下未能实现。 至此，特别是在帝、康之间起桥梁作用的翁同龢被革职逐出北京之后，在开始变法之初，双方的面谈更为紧迫。 恰恰就在这时，即光绪二十四年四月二十六日（6月14日），康有为等维新人士被翰林院侍读学士徐致靖上奏"保荐"。 光绪帝立即准奏，并且抓住时机下谕，谕令"工部主事康有为、刑部主事张元济，着于本月二十八日预备召见。 湖南盐法长宝道黄遵宪、江苏补用知府谭嗣同，着该督抚送部引见。 广东举人梁启超，着总理各国事务衙门查看具奏"。 光绪帝准备召见的计划几乎将著名的维新人士全部包含了进去，而首先受到光绪帝召见的是康有为与张元济。

这次被召见的张元济可以说是"小人物"，但是康有为早已成了以西太后为首的封建顽固势力的眼中钉。 很明显，康有为和张元济两人同时被光绪帝召见，不过是为了减少顽固派的"疑忌"而做出的精心安排。 更令人惊叹的是，光绪帝召见这两人的地点，并未在远离西太后的紫禁城里，而是选在西太后眼皮底下的颐和园仁寿殿。 如上所说，这天正是翁同龢被赶回家的第二天，当时的紧张气氛众所周知。 并且光绪帝召见康有为，又是以西太后为首的封建顽固派最为敏感的事。 在如此的情势中，光绪帝这样，无非是力图把他的召见尽可能染上堂堂正正的色彩，以将西太后等人的"猜忌"降到最低。

在新政伊始之际，光绪帝亲自召见资产阶级维新派领袖康有为，其重要意义显而易见。 在召见过程中，光绪帝的态度和表现如何，又成为他考察变法走向等趋势的重要依据之一。

这时光绪帝对康有为的召见，对他们两人来说，都很迫切。 而这种迫切又直接关系着维新变法的走向等重大问题。 在召见过程中，康有为知道机会难得，进一步向光绪帝面陈了在列强围逼之下，只有图强变法才不亡国灭种的道理。 同时也为光绪帝筹划推行变法新政的具体方针、步骤，以及应变的主要内容和变法方式等。

在颐和园和光绪帝的周围，西太后的耳目众多。 就在光绪帝接见康有为的时候，西太后的心腹荣禄，也突然来到颐和园的仁寿殿，并且他还先入为主地向光绪帝"面劾"康有为"辩言乱政"。 此刻出现在光绪帝面前的荣禄，无非是企图通过继续攻击康有为的维新变法主张，来达到离间光绪帝和康有为的目的，同时也将压力施加给光绪帝。 事实上，通过这次与康有为的面谈，光绪帝在变法的必要性等重大问题上，已经与康有为达成一致。

帝、康的对话，主要在如何对待顽固势力这一问题上。 在这方面，光绪帝鉴于自己的实际处境，只好表示无可奈何。 实际上，摆在他面前阻挠变法的势力既顽固又强大，这事实无可避让。 对此，就康有为来说，他也是无法回避的。

光绪帝通过召见康有为，在进一步统一了思想认识的前提下，又将推行变法新政的方针、策略及步骤、方式等具体事宜进行了进一步的共同讨论，并期待摆脱顽固势力的纠缠。 从此，维新派领袖康有为，在与光绪帝的变法达成一致的前提下，又通过合法形式取得奏事权，这便在事实上为左右变法的方向提供了必要条件。 因而这又为将光绪帝推行的变法新政，纳入维新派铺设的革新轨道提供了保证。

2. 近代化蓝图的绘制

到光绪二十四年（1898）之夏，力图有所作为的光绪帝在经受西太后多年来的压抑之后，终于被变法图强的滚滚洪流推到了历史的前台。 显然，从维新派的想法以及光绪帝的身份来说，这种局面的出现，似乎很不协调。 但是，这却深刻地体现了历史发展的合理性。

在颁布《明定国是诏》以及光绪帝召见康有为与其共商变法大计以后，资产阶级维新派的革新建议和其他一些图强要求，都通过光绪帝发布的诏书流向全国。 于是，在短短的两三个月内，一场"除旧更新"的汹涌波涛在清王朝的政治思想界涌现。 到此，从甲午中日战争后兴起的奋发图强的救亡运动，形成全国性的高潮。衰弱落后、任人欺凌的近代中国，迎来了一场前所未有的变革洗礼。这一革新热潮，自上而下，从清王朝的统治集团内迅速波及整个中国，其影响很快地传播到各地，成为19世纪末叶中国政治生活中的轴心。

如以光绪帝在光绪二十四年四月二十三日（1898年6月11日）颁布《明定国是诏》正式宣告推行变法新政为起点，到西太后于当年八月六日（9月21日）发动宫廷政变宣布维新变法为非法的"百日维新"为终点，这期间，光绪帝先后发布各种有关革新的诏令约180条左右。按103天计算，平均每天颁发1.7条，最多者甚至一天〔在七月二十七日（9月12日）〕颁发了11条维新谕旨，可见出现维新变法这场盛况，不仅仅是以康有为为首的维新派客观反映自强变法的时代要求所促成的，还是光绪帝"深观时变，力图自强"的急迫心情的个人反映。

为了将这场变法的场面展示出来，以观其改革的深度与广度，兹将光绪帝先后颁发的维新变法诏令，举其要者分类列下：

（1）选拔、任用"通达时务"和新兴倡导维新的人才；

（2）变通科举，发展近代教育，提倡留学于国外；

（3）改革行政规制，裁撤机关，消除冗官、冗兵，整顿吏治以利民生；

（4）提倡所有臣工与士民上书言事，广开言路；

（5）鼓励译书、办报，据实倡言；

（6）振兴农、工、商及交通邮政等事业，奖励发明创造，实行专利制度；

（7）整改民事，八旗子弟自谋生计，改革财政；

（8）整建陆、海军，以期富国强兵。

通常所说的"百日维新"，可以说是整个维新变法的高潮阶段。

另外，光绪帝的维新诏令之中，例如设厂、开矿、兴商、修筑铁路、编建近代海军以及办学、译书等，曾是洋务运动时期进行过的内容，即洋务派官僚也早就提倡过的引进"西学"。但是人们知道，这些又都是近代中国人要搞近代化所离不开的。显然，不能把从事这些事业的活动都与洋务派一概而论。洋务运动把借用"西法"、引进"西学"限定在一个固定的框框之中，唯恐封建专制制度及其思想基础以及自己的利益受到冲击。

康有为以及梁启超，倡导效仿日本明治维新来在中国变法，并且极为重视培养各种新式人才。光绪帝也"以为改革之事，全赖人才，故首注意教育"，并认为当务之急应该是发展近代教育。同时，他也把这当作了向西方学习的重要途径之一。事实上，光绪帝进行的变法改革的开端即是创办京师大学堂。

当然，整体来说光绪帝推行的这些革新措施，仍然是以引进西方先进生产技术、近代交通设备、商品流通方式和培养与此相适应的新式人才为侧重点的。但我们必须认同，光绪帝非常急切地想将中国的落后面貌改变。正如马克思所说：

"随着新生产力的获得，人们也会将自己的生产方式改变，随着生产方式即保证自己生活的方式的改变，人们也就会改变自己的一切社会关系。手推磨产生的是封建主为首的社会，蒸汽磨产生的是工业资本家为首的社会。"

显然，康有为与光绪帝均未明确提出主张在中国发展资本主义（其实这一概念他们或许也不知道）。然而，在进行维新变法的过程中，亦非设有不可倒向资本主义的高墙壁垒。恰恰相反，如果光绪帝坚持沿着自己设定的道路走下去，必将给在挣扎中发展的中国资本主义以新的推动，并且发生他可能意想不到的社会变革。可以认为，光绪帝依据维新派的要求，仿照日本明治维新制定人材的一系列维新变法的举措，是在绘制着一幅中国近代化蓝图。

因此，在百日维新期间，当革新的"诏书每下，薄海有识之士，皆感激零泣，私相劝奋"。于是，有的官员兴奋地在奏折中指出，"朝廷变法自强，举行新政，此乃中国图存之命脉"。更有人欢呼雀跃：“皇上（光绪帝）发奋自强，雷厉风行，破数百年积习之弊，造四万万苍生之福。”因此，一切渴望国家复兴的人们，均从维新变法之中看到了中国未来的光明道路。从而，变法一开始，便在一些地区出现了“争言农商之学，争译农商之书……上行下效，风气大开”的新局面。

随着变法新政的推行，在沉睡已久的神州大地上空，未来希望之光依稀可见。

第八章　崎岖的维新之路

步履维艰的征程

1. 盘根错节的反对派势力

光绪帝在推行变法新政之前，西太后虽然承诺光绪帝准其可“办事”。但实际上，到其主持维新变法之后，他依旧处于“上扼于西后，下扼于顽臣”，不能控制整个局面的状态之中。自甲午中日战争以来，西太后相继除掉光绪帝在清廷的坚定支持者：志锐被发遣，文廷式遭革职，继而翁同龢又被逐出清宫，基本瓦解了原本就十分脆弱的帝党。另外，军机大臣李鸿藻原在帝、后之间尚能起些缓冲作用，但光绪二十三年六月二十五日（1897 年 7 月 24 日）他也死去了。到这时，尽管支持光绪帝维新变法的有御史杨深秀、宋伯鲁及翰林院侍读学士徐致靖等人，但他们大都官职卑微，起不到参与决策的作用，翁同龢那样的人物则再没有出现。在清廷中枢，清一色的都是西太后亲信和顽固官僚。因此，光绪帝在清廷统治集团中的处境更加孤立。对于这种情况，光绪帝十分清楚但又无可奈何。所以他在召见康有为时，就流露出唯恐顽臣"掣肘"的苦衷。 因而，才接受了康有为得外"擢用小臣"的建议。 光绪帝颁布诏书之后，便接连降谕指出，要"切实图维，用人一道，最为当务之急，尤须举贤任能"。 此后，他又连续颁谕，指令各级官员，都要迅速推举"通达时务"又"志趣向上者"随时"引见"，以备录用。 光绪帝力图改变自己被孤立的处境只有通过选拔、任用这一条途径。 除此之外，光绪帝还想再在学习外国的过程中以广设学堂、派员出国游学，再于全国造就一批基础力量。 然而，顽固守旧势力强大，光绪帝要实现这一愿望谈何容易！所以在事实上，"旧人""委以新政"的局面到处可见。

在清中叶，那些手握实权的顽固派大臣，鉴于中国所处的危机，对于栽植一些外国的皮毛技艺并不完全反对。 但是，他们都害怕变法运动脱缰危及其所谓的"祖制"，因为这关系着他们自己的地位以及利益。 在光绪帝颁布《明定国是诏》时，西太后即对她的心腹官僚奕劻、刚毅、荣禄等人交了底，并向他们发出了暗示：要力行"阻之"，特别是光绪帝变法的"要紧处"。 随后，他们采取一系列的措施阻碍新政。 当变法刚刚起步时，在光绪帝的身边，便设下了层层围拒维新变法的明碉暗堡。

而地方上手握一省大权的实力派人物，也只有如湖南巡抚陈宝箴等个别人还有些进取的志向，将光绪帝的一些旨意实施。

光绪帝颁诏定国是之后，陈宝箴在湖南继续推行"力行新政""锐意整顿"，保荐人才。 虽然他迫于守旧势力的压力曾有过波折，但在全国各地的维新变法中，其尚可称为一个出众者。 至于多数地方官吏，皆是些茫然自大、昏庸无能之辈，他们只图谋取"高爵厚禄"，"置国事于不问"，终日"如梦如醉"，花天酒地、养尊处优。 这些人，对于光绪帝的诏书谕令，他们"置若罔闻"，无动于衷。 另外，地方上也有很多人四处制造事端，公开阻挠维新措施的贯彻，有些地方官吏甚至居然"借新政"扰民。 其中，身为封疆大吏的两广总督谭钟麟，守旧透顶。 维新变法展开后，对光绪帝颁发的大量变法诏令，谭钟麟不仅长期毫无作为，且又"无一字复奏"，一直"置若罔闻"，一门心思对抗变法。因此，他的顽固态度，直接让东南门户的维新进程受到干扰。另外，洋务派官僚、湖广总督张之洞当时是以"新人物"而著称于世的，可在新政进行的紧要时刻，他却抛出了《劝学篇》打出维护"圣道"的旗号，以纠偏、辟"邪说"的面目，大肆抨击资产阶级维新派的主张，极欲把维新变法运动引向其他轨道。另一个洋务派大官僚两江总督刘坤一也与张之洞相通，在变法进行中与张之洞、谭钟麟相呼应，并暗中相互商量，凡是光绪帝"责成各督抚者，可办办之，否则静候参处"。几人对维新变法采取的态度均是观望、放任。而当时已失去实力地盘的老洋务派首领李鸿章，其本质上毫无改革进取之心，但由于他已声名败坏，只是在西太后的庇护下寄于清廷总理衙门。这个洋务派大官僚，为了自己的利益，尽管有时在暗地里向康有为传递点小话，搞点小动作，但其本身维护清王朝统治地位的态度和立场从未改变。总之，这场大变革来势迅猛，而各位洋务派官僚以一种"新人物"的面孔，怀着复杂的心态游动于新旧势力之间。但在政治上，他们与封建顽固派的联盟关系却始终保持着，这也体现了在半殖民地半封建社会土壤中成长起来的这个势力的特点。正因为这些人具有半"土"（在当时这是其基本方面）半"洋"的特点，所以他们的影响力在朝野都非常特殊。尤其是刘坤一、张之洞，他们在现实中不仅是地方实力派人物，手中还控制着富饶的长江流域。因此，其态度与动向，对于维新变法的影响非常大。

可见，像张之洞这样可算"有闻于时"的疆臣大吏，对于维新变法的态度尚且保留、轻蔑、抵触甚至仇视，其他人就更不必说了。梁启超从全国上下手操大小实权的官僚的心理状态来分析，并将这些人分为三种类型："其一懵然不知有所谓五洲者，告以外国之名，犹不相信，语以外患之危急，则曰此汉奸之危言耸听耳，此一种也；其二则亦知外患之可忧矣，然自顾已七八十之老翁矣，风烛残年，但求此一二年之无事，以后虽天翻地覆，而非吾身之所及见矣，此又一种也；其三以为即使吾及身而遇亡国之事，而小朝廷一日尚在，则吾之富贵一日尚在，今若改革之论一倡，则吾目前已失舞弊之凭借，且自顾老朽不能任新政，必见退黜，故出死力以争之。"他进一步指出，"全国握持政柄之人，无一人能出此三种之外者"。可见，通过这些人来推行变法新政，效果可想而知。至于来自社会上的因循守旧的传统习惯势力，则更是令人步步惊心。因此，当光绪帝按照维新派的指向推行变法新政时，从一起步就遇到了想象不到的压力，新政被笼罩在深沉的阴影之中。而且随着变法改革的深入，它也遇到了越来越大的阻力。

2. 在进退之间

进入光绪二十四年六月末（8月），维新变法已经面临两条路：是坚持原定方针冲破阻力把维新变法推向前进，还是就此停住向顽固派投降？事实上，光绪帝是毅然地选择了前者。于是，他为了顶住守旧势力对变法的阻挠，从而将新政出现的"颓势"扭转，于光绪二十四年六月二十三日（8月10日）又郑重降谕，再次向内外臣进行了有针对性的动员与宣示。

首先，光绪帝重申国是，企图通过劝导、忠告与表彰在推行变法新政中有所举动的湖南巡抚陈宝箴，来促使上下臣属振起精神，继续满怀豪情地进行变法。接着，到光绪二十四年七月中（8月下旬），他又连续颁旨，意味深远地劝告臣下"务当洗心革面""力矫疲顽积习"。希望他们能"一心一德共济时艰"，推进变法新政继续前进。然而，光绪帝的这些苦口婆心的劝告和尖锐训斥，对于那些顽固守旧势力来说，犹如对牛弹琴，依然无效。

光绪帝决心要发愤图强，建设富强国家。到光绪二十四年七月中（8月底）时，变法新政以迅雷之势推行了两个多月。在这期间，不能说没有建树，尤其是在社会上极大地鼓舞了人们的奋发精神。但一系列重要的改革——有些被扼杀在萌芽之中，有的被改头换面使原议走形，多数既经颁谕实施但贯彻效果却不佳。维新变法，面临着严峻的考验。

维新变法曲折的两个月历程，越发清楚地表明，这个王朝上自西太后下至各级拥有大小实权的绝大多数官吏，无论是顽固派还是洋务派，都强烈地反对维新变法，并构成了一个益为顽固的强大反对派势力，从而使新旧营垒越发分明；他们与维新派之间的斗争，更加激烈。

早在推行变法新政之初，光绪帝和康有为就已经预料到顽固派会有抵制的举动。因此，在康有为的启示与促进下，光绪帝原想通过设立制度局、选用"通达时务"和有志维新的人士（即康有为所说的"擢用小臣"）辅政的办法，来将旧势力的干扰减到最低；以大力创办各种学堂和鼓励出国留学培养新式人才的途径，在地方扶植维新力量。但是，议设制度局，历经周折，胎死腹中；办学育人，一方面远水不解近渴，另一方面进展缓慢，成效不大；当然在选用人才上，光绪帝付出的力量很大，他颁发了大量"选贤任能"的谕旨，采取了一系列相应的措施。然而从一开始，他的维新变法就困难重重。

维新变法的方向由康有为左右，但因为起初光绪帝看到"西后与大臣忌康既甚"，就没有公开任命他，只让他在幕后参与策划。但后来的结果仍是"旧党皆侧目于康"，进而"谤言益甚"。尤其是荣禄等西太后的亲信大官僚非常嚣张，他们利用所有时机，一方面猛烈攻击康有为，另一方面阴险地中伤光绪帝。这时，原先就脚踏两只船的吏部尚书、大学士、主管京师大学堂的孙家鼐，也在创建京师大学堂的问题上大力排斥康有为。于是，在变法陷入危机之时，内外反对派势力诋毁、排挤的首要目标都指向了康有为。鉴于这种情形，据康有为自己说，一些友好和同情他的人，"皆为我危，劝我勿预政事"。就在这万分危急的情况下，光绪帝既"不敢多召见"，更不公开任命康有为。光绪二十四年六月初八日（7月26日），光绪帝迫于无奈，作为一种"保全"措施，任命康有为督办上海官报。但当时因康有为正忙于编写准备进呈光绪帝的《波兰分灭记》和《英德变政记》等书，或其他不为人所知的原因，赴上海之行并未成功。

原来，光绪帝在准备召见康有为的同时，另一个维新派领袖人物、赫赫有名的梁启超也进入了他的视线，命总理衙门先予"察看"以备召见。此后，还是由于旧势力的阻碍，直到光绪二十四年五月十五日（7月3日），光绪帝才得以召见梁启超。梁启超自己说，他被召见的身份是"布衣"，亦足见光绪帝对他的器重。在当时，作为维新派核心人物，梁启超已与康有为齐名。因而光绪帝此举亦让顽固派守旧势力非常害怕。光绪帝召见后也只是授予梁启超六品衔，命其办理译书局事务，未能加以高位。应当说，这还是考虑到以西太后为首的顽固派可能会有的抑制而选择的无奈的结果。但从另一角度来看，在此特定的境况中，康有为、梁启超两人主持负有"开通民智"使命的两大官办舆论阵地，光绪皇帝的任命"不为不重"。不过就整个维新变法来说，两大支柱康有为、梁启超始终推动与筹划变法，而均终未在清中央取得发挥更大作用的应有位置。这对整个的维新变法事业而言，显然损失巨大。当然，这种不正常局面的形成，其主要原因还是在于新旧力量对比悬殊，当然也与光绪帝虚弱无力有关。

光绪二十四年四月二十五日（6月13日），光绪帝在宣布准备先后召见康有为和梁启超之时，在徐致靖推荐之下，命令当时的湖广总督张之洞、两江总督刘坤一将著名的地方维新人士、湖南长宝盐法道黄遵宪及江苏候补知府谭嗣同"送部引见"。可是，就在当天，黄遵宪、谭嗣同受到了清中央御史黄均的"参劾"。随后，湖南的一些顽固守旧势力也恶意中伤，恶毒地诽谤黄遵宪、谭嗣同等人的维新活动。尤其是湖广总督张之洞，已经对谭嗣同等在湖南等地宣传、组织变法的活动不满，且心怀反感。所以，他与刘坤一迟迟不予引送，其别有用心显而易见（当然亦与黄、谭患病有关）。一个月仍未见人影的光绪皇帝，此时正由于变法新政遇到愈来愈大的阻力而陷入困境。为了争取人才以摆脱变法危机，在此之间，他谕令"保举人才"的次数更多，也更为频繁了。 其中，光绪帝对准备召见尤为著名的黄遵宪、谭嗣同的决心，更加坚定。 光绪二十四年六月十二日（7月30日），光绪皇帝又电谕张之洞、刘坤一及湖南巡抚陈宝箴，言辞悲愤地指出："湖南盐法长宝道黄遵宪、江苏候补知府谭嗣同，前经谕令该督抚送部引见。"言下之意是指责他们，不引送不回奏的缘故何在。 于是光绪帝便严词责令刘坤一、张之洞、陈宝箴"即行饬令该二员（即黄遵宪、谭嗣同）不要延迟，迅速到京"。 事实说明，光绪帝在力图任用地方维新人士的问题上，遇到的阻力仍然很大。

在用人的问题上，固然，我们不能要求光绪帝能从本质上分辨出形形色色的人物，制定出明确的任人标准，他只是从表面上看，任取的标准只是是否"通达时务"和有否维新的表现。 不过，这样一来，一些别有用心的人也受到重用。 这除了在任命管学大臣上有所体现之外，光绪二十四年七月初五日（8月21日），在北京设立主持全国农工商改革事务的农工商总局时，直隶霸昌道端方及候补道徐建寅、吴懋鼎等被光绪帝委任督理其事（当然光绪帝并未召见他们）。 从一方面来看，端方，系举人出身，号称"通人"，曾"附保国会"，可以说与维新变法的联系紧密；徐建寅，近代中国著名科学家徐寿之子，喜好近代西方科学，并曾"颇游外国"，其人可算"通达时务"；吴懋鼎，当时在天津创办了一个商办工厂，而且他还为新政建议，更可以说是个既"通达时务"又从事工商业者。 从另一方面来说，这三个人的身份都很特殊，分别是顽固派官僚刚毅、裕禄、王文韶的"私人"。 其实，维新变法对于他们来说就是投机。 这种情况的出现，既暴露出光绪帝的弱点，也将当时社会的复杂局面表现出来。 不过，在选拔人才方面，光绪帝做得还挺不错。 那些支持或倾向变法的官员向他推荐的人，基本都予采纳，力求召见任使。 相反，在当时，如大官僚荣禄作为西太后的头号亲信曾先后向光绪帝推荐30余人，但无一人被召见。 康有为说，曾有"要人"告诉他："我请皇上召见荣禄凡三次矣，上未尝一召见之。"帝后之间的矛盾或许在起作用，对于明显的、心怀叵测的荐举，光绪帝还是小心警惕的。而且，这对维护变法新政来说显然是必要的。然而从总体来说，光绪帝任用的维新人才大都比较杂乱，这对变法带来了一定的消极影响。

另外，在一些边远山区，有许多官吏利用光绪帝让其"保举"人才的机会，出于各自的企图"滥保私人"。他们趁机安插心腹，并且与其沆瀣一气。再如两广总督谭钟麟，竟公然违抗光绪帝的指令，对"全省有谈时务者，不委差使"，对于光绪帝的旨意明目张胆地抗拒。对于以上种种卑劣的违旨营私的行径，光绪帝曾多次警告，甚至还郑重宣告，各种"滥保"行为"一经查出，定将原保大臣，从严惩处"。但是，那些官吏以西太后为靠山，对他们来说，光绪帝的这种谕旨，在他们眼里跟没有下谕没有什么区别！实际上，光绪帝指令保举人才的谕旨，竟成了一些权势者"谋取私利"、网罗党羽、进行党争的借口。就这样，光绪帝以及康有为，要尽力在清廷上下扶植新的维新力量的愿望，也宣告破灭。因此，光绪帝不仅丝毫没有改变举朝上下新旧力量对比悬殊的局面，反而使其更加突出了，笼罩在维新变法上的阴影愈发浓重。光绪帝力图排除障碍推进维新变法的希望，完全破灭了。

攻势

1. 向顽固据点冲击

当笼罩在变法征途之上的阴影日益深沉之际，康有为作为这场维新变法运动的发动者和组织者，却对这种危急日深的局面非常失望。他感到，"上（光绪帝）即无权，必不能举行新政，不如归去"。康有为认为重新准备三年之后，"然后议变政，救中国，未晚也"。显然，康有为的这种观点并非空穴来风，况且他的维新救国之志亦未因此而动摇，并且他明知如此仍然坚守北京，继续为推进变法新政而尽力。不过，康的知难欲退的消极念头，确实应该批评。相形之下，光绪帝的表现令人惊叹，这表明他在这场新旧斗争中经受了更加深刻的磨炼，其思想认识和斗争毅力都有所提高和加强。同时在此复杂、激烈的斗争过程中，光绪帝从未放弃吸取各方面的力量与斗争经验。

约在光绪二十四年七月初（8月中旬），在看到康有为进呈的《波兰分灭记》一书时，光绪帝对在该书中痛言"波兰（被）俄、奥分灭之惨，士民受俄人荼毒之酷，国王被俄人控制之害，守旧党遏抑之深……卒以割亡"等可悲的情景时，"唏嘘感动"；并因其深为动情而"垂涕湿纸"。于是，光绪帝的心情极为愤慨，立即赏给康有为"编书银二千两"以示奖励。随后，康有为在光绪二十四年七月十二日（8月28日）的《谢恩折》上，痛陈了俄国及奥地利、普鲁士瓜分波兰的经验教训。他从中指出，"时变之急，分割之苦，新政变而不变、行而未行之无益，制度局不开，零星散杂之无裨"等维新运动半途而废的惨痛结局。光绪帝看到后，更大为感动。在此危难时刻，光绪帝又获得了新的战斗力。因此，他进而抖起精神，要以一种力挽狂澜的气魄向反对派势力发动进攻。看来，光绪帝决心要以有力的反击举动将顽固派的道道防线冲破，以排除障碍，打开局面。

康有为在变法未开始之前就明确指出，清廷中的"部寺，率皆守旧之官"。其实，光绪帝更清楚，他曾经当廷严陈群臣顽固守旧，而集聚守旧之臣的衙门又多是些只耗费俸禄而无事可办的"闲曹"，而且自变法以来，这些衙门作为顽固官僚势力集合的据点发挥了重大作用。至于地方的衙署，已经变成官吏们享受天伦之乐的场所。于是，自光绪二十四年七月中旬（8月末）以来，光绪帝开始将闲散机构和冗员裁撤，向举朝上下的顽固守旧势力发起了攻势，这使得奄奄一息的变法新政，焕发了一线生机。

光绪帝于光绪二十四年七月十四日（8月30日）颁谕宣布，詹事府、通政司、光禄寺、鸿胪寺、太仆寺、大理寺等衙门"即行裁撤"。这些衙门裁撤后，由礼、兵、刑各部负责原先各衙门事务。并一并裁掉与督抚同城的湖北、广东、云南三省巡抚及闲置的东河总督、不办运务的粮道、无盐场的盐道，同时还宣布，其他机构的冗员也要"一律裁撤净尽"。为此，光绪帝又严正地在上谕中指出，内外诸臣都"不准借口体制攸关，多方阻格，并不得以无可再裁，敷衍了事"。他还进一步下达死命令，无论在廷诸臣还是封疆大吏，谁要在这项改革中夹带私情，"推诿因循，空言搪塞，定当予以重惩，决不宽贷"。

对于清王朝上下那重叠臃肿的机构来说，这几个闲散的机构和冗员的裁撤似乎是微不足道的。然而在当时，清王朝上下所有的统治机构和职官设置，都是承袭"祖制"，在封建顽固派看来是神圣不可侵犯的。尤其在封建专制时代，这些机构与官员本身的个人利益紧紧联系在一起。谁要触犯了它，就等于挖了那些官僚的祖坟，他们是绝不会顺从的，而且被裁并的清廷衙门，都是些沿袭旧制为清朝中央设置的一些官僚机构。因此光绪帝将自己的第一把刀指向他们，充分体现了他要反击守旧势力的坚强决心和毅力。也正因此，在其采取和推行这一系列改革措施的过程中，遇到了前所未有的阻力。但对于来自顽固官僚的种种刁难，光绪帝还是坚持实施了裁撤之举。因此，光绪帝的这一改革举动异乎寻常，甚至连康有为也不明白。他说，"吾向来论改官制，但主增新，不主裁旧"，坚持新旧"共处"方针。或许因为康有为在裁撤方面的观点，甚至有一些顽固势力请求他上奏"谏止裁官"。事实上，康有为非常钦佩光绪帝的这一果断行动，认为这是"变政勇决"之所为。梁启超同样认为，"裁官为最难之举"。由此可见，这时光绪帝的革新魄力非常大。再就这次被裁的地方官来说，广东巡抚许振祎，年龄大且又昏庸无能。他在广东与顽固官僚、两广总督谭钟麟沆瀣一气，营私受贿，为非作歹。光绪帝下令开始变法后，"自奉到（新政）诏书未尝举行一事"，从广东巡抚的情况亦可窥见一斑。显然，光绪帝的这一果断措施，与其说是为了裁撤"冗费"，还不如说是以此来打击顽固势力和拔除顽固守旧势力的活动据点。正因如此，当光绪帝裁撤闲散衙门与冗员的谕旨一颁出，"旧臣抱向隅之泣"，一片悲鸣之声响起。 时到此刻，在维新改革的道路上，光绪帝已显示出自己的主见和勇气了。 从此，他开始自己左右自己的变法。 这时的光绪帝变化如此明显，实在可谓是不得已而为之。

第二天，也就是光绪二十四年七月十六日（9月1日），光绪帝又利用礼部堂官许应骙等阻挠王照上书言事的事件，加强了对顽固派的攻势。

光绪二十四年六月十五日（8月2日），应康有为等人的要求，光绪帝颁谕宣布，各"部院司员，有条陈事件者，着由各堂官代奏，士民有上书言事者，着赴都察院呈递，毋得拘牵忌讳，稍有阻格"。 不过之后很长的时间里面，由于光绪帝的注意力倾向于与反对派势力周旋于其他方面的改革，无暇以更多的精力兼顾此事（当然也与其个人水平有关）。 到这时，由于反对派阻挠新政的矛盾进一步突出了，而且在光绪帝的思想认识进一步提高之后，此问题引起了他的重视，而且到这时，光绪帝也想将此作为推进变法的主要突破口。

王照是礼部的官员，光绪二十四年六月十五日（8月2日），遵照光绪帝的指令，他便请求礼部尚书怀塔布、许应骙予以代递。 王照的这一建议，不管其出于什么目的及要求光绪帝出国考察的时机是否适宜，其对增进光绪帝的见识、推动国内的维新改革，都显然是百利而无一害。 但由于他直接抨击封建顽固势力，因此，顽固透顶的怀塔布、许应骙见之便如临大敌，他们当即拒绝。 随后，王照复请礼部侍郎堃岫、溥颋代递。 实际上，堃岫、溥颋与怀塔布、许应骙都属于顽固守旧势力范围之内，他们照样给予顶回。 王照在气愤之下，亲自带奏折到礼部大堂，在面责怀塔布、许应骙等人阻挠上书言事的违旨行为之后，悲愤地抗议：如礼部堂官仍拒不为代递，就亲自到都察院请求代递。 由于双方已经揭开了矛盾的盖子，怀塔布、许应骙唯恐不好收拾，才勉为其难代其上奏。 可是，他们在向光绪帝代呈王照的奏折时，却又夹进私货，一并呈上了串通拟就的奏疏。 怀塔布、许应骙在他们的奏疏里，一方面，以"日本素多刺客"，恐"置皇帝于险地"

为借口，说"不敢代递"，辩解自己抗拒谕旨的行径；另一方面，这两个顽臣又反咬一口，控告王照"乃敢登堂咆哮"，要求光绪帝必须对其给予"惩治"。

在见到王照和怀塔布等人的奏折后，光绪帝态度坚定，在判定是非之后，遂于光绪二十四年七月十六日（9月1日）颁谕明确宣示：

"朝廷广开言路，本期明目达聪，迩言必察。前经降旨，部院司员有条陈事件者，由各堂官代奏，毋得拘牵忌讳，稍有阻格。诚以是非得失，朕心自有权衡，无烦该堂官等鳃鳃过虑也。若如该尚书等所奏，辄以语多偏激，抑不上闻，即系狂于积习，致成壅蔽之一端，岂与前奉谕旨，毫无体会耶？怀塔布等均着交部议处。此后各衙门司员等条陈事件，呈请堂官代递，即由各该堂官将原封呈进，毋庸拆看。王照原呈，着留览。"

光绪帝通过颁发此谕，再一次鼓励各级官员上书，从而澄清了是非，为王照上书伸张了正义，也打击了怀塔布等顽固官僚。

就这样，光绪帝在顽固派权臣徐桐毫无还手之力时，就迅速将对怀塔布、许应骙等礼部六堂官全部革职查办；同时敢于抗暴言事的主事王照被光绪帝加官晋爵。

事实上，光绪帝一举罢免礼部六堂官，既不是冲动所为，小非偶然之举。原来，礼部尚书怀塔布、许应骙及左右侍郎都是西太后的人，积极奔走四处以阻碍变法。怀塔布为官多年，"得孝钦宠最专"，是西太后"两宠臣"之一。他仰承西太后旨意，竭尽全力维护其主子利益，思想极为守旧。许应骙更是个"庸妄狂悖"之辈，他虽出自翰林却"素以不学名，语言甚鄙"，为人粗俗。至于顽固的政治态度就更不用提了，他在平时就"痛诋西学，遇有通达时务之士，则疾之如仇"，对于新事物极端仇视。早在保国会成立之初，他就伙同御史文悌，出来弹劾与攻击康有为及保国会。可见，许应骙在反对变法上可谓经验丰富。自从光绪帝发布《明定国是诏》推行变法新政以来，在一些重大事件上诸如绞杀设制度局之议和抵制废八股改试策论上，许应骙、怀塔布都勾结其他守旧势力，明枪暗箭竭力破坏新法的实施，为变法新政设置了一系列障碍。为此，他们曾受到杨深秀与宋伯鲁等官员的抨击，也得到过光绪皇帝的严厉训斥。但是，其与维新变法相对立的立场不仅毫无改变，反而更加反动。实际上，在怀塔布、许应骙等把持下的礼部，这个顽固堡垒已成为清廷的一个针插不进、水泼不进的据点，也是顽固官僚策划破坏变法新政的据点之一。所以，怀塔布、许应骙等人，光绪帝是"恶之久矣"！显然，革职这群人，是冲破阻力解除变法危机之急需，其正确性显然可见。当然光绪帝采取这一断然举措，犹如虎口拔牙，既突出地显示了他日益增强的革新勇气，也将其在斗争策略上的弱点暴露出来。总之，如果说，裁撤一些闲散机构和冗员，光绪帝对于顽固势力还是小打小闹，那么，他这次把礼部六堂官一网打尽，可以说是在政治上触犯了西太后的利益。在维新变法处于十字路口的关键时刻，光绪帝继拔除了一些顽固官吏借以窝藏自己的"领地"之后，又开展了一系列的果断行动。从而，既使反对派势力的威风大大减低，又使"维新者无不称快"。因此，罢免礼部六堂官，可谓是在推行变法新政期间发生的对新旧势力都有巨大震动的一件意义重大的事件。对维新变法运动来说，通过这一事件，维新变法运动得到了一系列的成果，进而也为变法打开了新局面。

2. 改组礼部设新政四卿

据梁启超说，在礼部六堂官被罢免之后，光绪帝自己已深知"守旧大臣与己不两立，有不顾利害，誓死以殉社稷之意，于是益放手办事"。胡思敬的《戊戌履霜录》也记述了这样一段话语，大致在礼部六堂官被革职之后，当光绪帝照例问安于颐和园的西太后时，西太后面责光绪帝："九列重臣，非有大故，不可弃；今以远间亲，新间旧，徇一人而乱家法，祖宗其谓我何？"对此，光绪帝回答得斩钉截铁："祖宗而在今日，其法必不若是；儿宁忍坏祖宗之法，不忍弃祖宗之民，失祖宗之地，为天下后世笑也。"

我们从光绪帝这期间的言行可以看出，至此他确实已被反对派势力逼迫得下定决心。为了不失去"祖宗之民"，维护"祖宗之地"，以免后人之中有人骂时，宁可玉碎不为瓦全，甘愿"坏祖宗之法"，也要继续推行变法新政。而且他的这种决心，竟然达到敢于向西太后公开摊牌的程度。因此，当礼部的顽固官僚被他罢免之后，光绪帝又"不顾利害"地继续推进变法。

光绪二十四年七月二十日（9月5日），也就是光绪帝罢礼部堂官事件发生后的第二天，光绪帝在未经西太后同意的情况之下降谕通告全国：任命署汉军都统裕禄、仓场侍郎李端棻署礼部尚书；内阁学士寿耆、原詹事府少詹事王锡蕃署礼部左侍郎；翰林院侍读学士徐致靖、原通政司通政使萨廉署礼部右侍郎（9月7日西太后同意之后，六人官职实授。同日又补任内阁学士阔普通武为礼部左侍郎）。

更换官员，必须按照清例。况且尚书与侍郎属于二品以上的高级官员，而光绪帝并没有这些职官的任用权。正如梁启超所说，光绪帝"授予这六人官职必须由西太后同意"。很明显，要想让西太后批准自己的这一任命，光绪帝在对这些新任官员的搭配上自然要动些脑筋。这七个光绪帝任命的礼部尚书、侍郎之中，李端棻，字苾园，贵州贵筑（今贵阳）人。同治二年（1863）中进士，累擢学政、御史、内阁学士、刑部侍郎，后调任仓场侍郎。李端棻"学问渊雅，性情笃厚"，经常担任科举考官，累操"文柄"。其人"喜奖拔士"，在南方担任主考官期间，"赏梁启超才，以从妹妻之，自是颇纳启超议，娓娓道东西邦制度"。在思想上，他与梁启超互相影响。在推行变法新政后，对于康有为、梁启超以及谭嗣同的变法活动李端棻积极支持。尤其在翁同龢被革职逐出京城，光绪帝与康有为沟通的一条主要渠道被切断之时，他挺身而出举荐康有为。此外，他在兴学、译书、办报和派员到外国学习、考察等方面也颇有建树。李端棻是二品以上大臣中唯一的一个言新政者。徐致靖从清廷统治营垒中游离出来以后，亦加入了代康有为递奏折的行列之中。 特别是帮助光绪帝颁诏定国是、推动变法的重大举动上，其做出的贡献十分巨大。 维新变法开始后，他也一直向光绪皇帝举荐康有为。 另在议设制度局和废八股改试策论等改革中，徐致靖均同情维新变法，实际上已成为改革的促进者。 在推行变法新政之风风雨雨的历程里，他坚定不移地站在维新派的一边，使康有为倚其为"知己，一日三往叩谢"。 所以，在百日维新的过程之中，徐致靖作为康有为与维新派的得力助手和可靠同盟者之一，贡献极大。 王锡蕃位卑言轻，但他常为康有为代呈奏议，"频言新政"。 内阁学士阔普通武，满族正白旗人。 在西学思想的影响之下，后来他也力主"舍旧图新"，建议"仿泰西设议院"。 在满族高官当中，阔普通武是唯一一个支持康有为和维新派的人。 总之，以上4人可以说是倾向于维新。 而其他3人都属于守旧顽固势力范畴之内。 不过，寿耆与萨廉，既不隶属于西太后，而且在变法期间他们也无重大的反维新活动。 这当中只有裕禄颇有些来头。 在同、光年间，裕禄曾经历任安徽巡抚及湖广与两江总督、盛京将军等要职。 在其任总督期间，臣下建议修建卢汉铁路之时，他却"力陈不可"，思想守旧。 后在甲午中日战争中因战败受到参劾。 其时"德宗（光绪帝）将罢之，荣禄说于孝钦（西太后），强帝调之福州兼理关税"。 裕禄正是得到了西太后以及荣禄的庇护，方未丢掉乌纱帽。 可以说，在这7人之中，他是唯一一个受到过西太后信任的顽固派官僚。 光绪帝把这样一个原欲将其罢职、后又得到西太后庇护的人任为礼部尚书，其特殊用意不言而喻。 但在这新任的7个礼部堂官当中，有4位官员（占多数）基本上是站在维新派方面，支持或倾向维新变法的。 就此安排，对于没有任用二品以上高官权力的光绪帝来说，非常勇敢。 其实，在当时的情况下，就光绪帝而言，在将礼部6个顽固派官僚一举革职之后，又采用新人，其意义非常明显。 由此表明，这时的光绪帝不仅敢于罢掉、严惩阻挠新政实施的官员，即使是西太后的亲信，也敢于罢掉另擢用他人。 这种果断举动体现的敢作敢为之气概，也促使新政进一步前进。

事实上，在继裁撤闲散机构、冗员和罢黜礼部六顽臣之后，光绪帝又及时地将礼部改组，将有利于维新变法的官员换上，这便有力地打击或震慑了抵制变法的反对派势力，为扭转新政的危机局面开创了有利条件。

果然，九月初五日，也就是在光绪帝改组礼部的当天，他又分别召见并降诏宣布："内阁侍读杨锐、刑部候补主事刘光第、内阁候补中书林旭、江苏候补知府谭嗣同，均着赏加四品卿衔，在军机章京上行走，参与新政事宜。"至此，可以说在光绪帝的身边建立起来了一个"辅新政"的最高参谋班子。

光绪帝为这个"辅佐维新"的最高参谋班子所选用的 4 个人（一般所说的"戊戌四卿"），当然各自的特点不同，但他们却有其明显的共性。

在四卿当中，杨锐与洋务派官僚张之洞有密切的个人关系，他早年时就求学于张之洞门下，后又担任其幕僚多年。当然，张对杨锐的思想不无影响。或许与此有关，杨锐被光绪帝委以重任时，一方面，当其获悉兄长死去的"凶耗"时，因为任事缘故并未返回；另一方面，他与谭嗣同之间又有分歧，感到"积久恐渐不相能"，起码在有关变法等问题上与谭嗣同存有分歧。刘光第是一个十足的知识分子，不知什么缘故，后来对变法产生疑虑。他既感于"圣恩高厚，不忍离去"，又抱着"于政事，无新旧畛域"之分的摇摆态度。并且，刘光第还时而思欲"归田"，幻想远离新旧势力之争。可见，杨锐、刘光第二人在辅理新政期间其思想并不稳定。不过对于这些情况，当时的光绪帝并不知晓。不过，在紧要关头刘光第还是表现出了一定的献身精神。谭嗣同、林旭，则坚定不移地支持维新变法事业。尤其是谭嗣同，在经过尖锐斗争的锤炼之后，终成为一个激进的维新志士。之后，康有为重谭、林而轻刘、杨并不是毫无缘故的。但这 4 个人，在中日战后国家危亡的情况之下，都产生了不同程度的救亡思想；并在康有为与梁启超宣传、组织维新变法的过程中都四处奔走，积极推动。除谭嗣同之外，杨锐、林旭的表现也较为明显。就这点来说，他们都可称为"通达时务"且与维新运动有缘的开明知识分子。显然，这都符合光绪帝的用人原则。再者，谭嗣同一直活跃在维新变法的第一线。他在地方虽曾遭到顽固守旧势力的妒忌，但是却没像康有为、梁启超那样成为整个顽固守旧势力斗争的焦点。其余三人，在光绪帝正式推行变法新政以来，突出的维新活动也没有了。这些情形，也是光绪帝委以重任的原因所在。康有为在其《自编年谱》中将这样一个情况提了出来：他说："时李苾园（端棻）尚书奏荐（康有为）甚力，上以忌西后未敢显然用，故用谭、林、杨、刘代之，上之意极苦矣。"康有为记载的这段话，也可作为考察光绪帝任用四卿时思想状态的线索。说到任用四卿的主要原因，还是因为杨锐、刘光第二人，是由地方上最为得力的湖南巡抚陈宝箴出面推荐的；谭嗣同是光绪帝熟知的维新官员徐致靖所保；康有为是林旭的老师，故而"信之"。对于这方面的情况，康有为说，光绪帝曾于事后在命林旭给他的"密煜"之中进行了详细的说明："用林旭，以其奏折称（康有为）师，知为吾门生。上之用谭嗣同，以其与我同为徐学士（致靖）及李苾园尚书所荐，皆吾徒也，故拔入枢垣。杨（锐）、刘（光第）为楚抚陈宝箴所荐，而陈宝箴曾荐我；杨漪川（深秀）又曾保陈宝箴，上亦以为皆吾徒也，而用之。"由此可见，杨、刘、林、谭4人均是被光绪帝视为维新派方面的人而委以重任的。

由于光绪帝认为杨锐、刘光第、林旭、谭嗣同4人可信，因此才选入其身边参与新政。到这时，光绪帝不仅革新的勇气和毅力增强了，而且斗争策略也丰富了。这些可贵的进步，又集中地体现于他在政治上的成熟。

如上所述，在这期间，光绪帝是把反击顽固守旧势力、排除变法障碍和集结力量推进改革这三者结合在一起进行的。就在他改组礼部及组建辅佐新政班子之后，光绪二十四年七月二十二日（9月7日）又降谕旨宣布，将寄于总理衙门的老洋务派首领李鸿章和昏庸腐败的宗室官僚敬信一并赶出清廷中枢，"均着毋庸在总理各国事务衙门行走"。

向改革的纵深推进

1. 鼓励天下臣民上书言事

顽固势力的嚣张气焰受到了光绪帝的打击，在光绪帝改组礼部和建起辅佐新政的参谋班子之后，新政却又以一种新姿态向前推进了。

首先，光绪帝依照康有为的主张，决心加大力度鼓励天下臣民上书言事。他试图以此把这场维新变法引向民间，进一步将顽固守旧势力的干扰排除，为变法新政开创新局面。

在正式开始变法之初，光绪帝依据康有为等维新人士的要求，先把教育以及出国留学事宜当作重点，"亦系开通（闭塞）风气，因时制宜之举"。接着，在维新变法时，光绪帝在文化思想领域里坚持废八股的同时，又进一步采取"开民智"的政策。光绪二十四年六月（7月）间，光绪帝命将上海《时务报》改为"官报"，委派康有为"督办"其事时，他的指示非常明确，创办各种报刊应以"广开见闻为主"。从而，把"开民智"作为变法图强的重要任务之一。

光绪二十四年六月末（8月初），当新旧势力之间的斗争日益尖锐化时，在不断加强反击守旧势力的斗争中，光绪帝越发重视广大臣民的上书言事，并且认为这有利于"开民智"。因此，光绪二十四年六月十五日（8月2日），光绪帝谕令各部院，提出"士民有上书言事者，着赴都察院呈递，毋得拘牵忌讳，稍为阻格"。后当礼部顽臣阻挠王照上书事件发生之后，光绪二十四年七月十六日（9月1日）光绪帝降诏，重申之前鼓励各级官员积极上书的原则，并命将怀塔布等"交部议处"。

至此，光绪帝非常重视"士民"与各级官吏上书言事，并都给予切实的保护。 而且对于"士民"上书，还有过一条特殊的规定，即命都察院必须"随到随递，不准稽压"。 在此还应指出，对于所说的"士民"，在光绪帝的心目中并没有仅仅局限在官员身份中。 事实说明，到这时，光绪帝已把鼓励"天下人"上书言事的地位放得相当重要，并且他又把鼓励人们上书言事和打击顽固势力紧密地结合在一起。

处理完礼部事件，新政的核心班子也成立了，光绪帝又要大展宏图，就在光绪二十四年七月二十七日（9月12日）的一天时间里，他先后颁布了两道诏书，这两道上诏书意义重大且影响深远。

两道诏书，构成了一个整体。 在其中，光绪帝首次将守旧势力的愚昧观念逐条驳斥；并以鲜明的态度指出，被列强"陵（凌）迫"的中国"非取人之所长，不能全我之所有"，强调必须学习西方，以保证此后防西方。 为此，他便进而把目光集中于下，号召全国各个角落的"黎庶""小民"，理解"变法"主张，一同起来支持新政。 于是，光绪帝着重重申了鼓励天下民众上书言事的宗旨，而且要求"家喻户晓"，并采取措施以保证宗旨的贯彻，这充分表露了他的诚意。 随即光绪帝殷切期望"上下同心，以成新政，以强中国"，这将其希望祖国昌盛的心愿表现得淋漓尽致。 同时，光绪帝还试图"为民立政"，意欲通过鼓励下层黎民上书言事使"民隐尽能上达"，以期"革除壅蔽"。 到此，他开始希望广大民众来支持自己的变法。 显然，这是其政治思想的一种明显的升华。

在统治集团内部下层都无权奏事的情况之下，光绪帝竟敢大张旗鼓、坚定不移地鼓励与保护广大平民上书言事，这是一个重大创新。因此，康有为说，光绪帝颁发此谕"是我请臣民上书之说，乃始行"；该诏曾被梁启超认为是"国朝（即清朝）第一诏书"。 但是这种评说在当时的社会非常正确。 可以认为，光绪帝的戊戌七月二十七日（9月12日）诏，大大地发展了《明定国是诏》，将其透明度与号召力都大大增强了；其实亦可认为，这是在新的条件下发布的、推进维新变法的宣言书与动员令。

事实上，光绪帝下达鼓励天下臣民上书言事的诏旨后，即使"海内臣民，莫不欢钦兴起"。因此，一个上书的热潮在中下层官吏和各地民众中迅速形成了。仅在八月中（9月中下旬）的几天内，各种封奏通过各衙门呈递的即有"一日多至数十件者"，这在社会上引起的反响非常强烈。在其中，既有朝廷内各部院的下级官员，又有府、州、县地方官吏和举人、读书生员等，甚至一些所说的"渔人""野民"。尤其是那些贫苦百姓，原先无人理睬，此时也怀着无比激奋的心情，破天荒地通过上书向皇帝讲述自己的境遇。户部主事（原无上书权）宁述俞在其呈文中，要求着力保护本国工商业，要求"理财裕国以图自强"。贵州大定府毕节县拔贡周培棻，在奏折之中称赞"皇上以大有为之君，值如万难措手之时"奋起变法图强的同时，又尖锐地指出："当皇上之身，而变法不能遂，中国四万万人民尚可望室家之乐、埋骨之所哉。"他以一个关心祖国命运的读书人身份，爱憎分明地表明了对变法的期望和对破坏者的憎恶。江西吉水县举人黄文珏、夏士藩、刘应恺等呈文，在揭露当地种种弊端诸如"税契浮征、积弊病农"后，要求江西巡抚应"认真查办，以苏民困"。有人上书强烈主张中国人自控海关，希望由"本国官员"管理关税以护"国体"（浙江绍兴府山阴县举人何寿章呈）；还有人要求仿照泰西"设立议院上下相通"（镶白旗蒙古生员诚勤呈）；等等。并且有些地方文童还以"捐款"形式积极支持变法，并以自己的实际行动为维新变法事业尽力。

在此期间，湖北汉水"渔人"陈锦奎，在其呈折中将地方官吏"巧取豪夺、民不聊生"的弊端揭露，又要求朝廷利用没收的这些"中饱巨款"来修建学堂房舍、书楼等及"支援火车应用"。另在大兴县采育司河津营村"野民"高清如、栖文成的《上书》里，严厉斥责"贪官趋于利禄"的卑鄙做法。他们竟能以"草野一介之细民，而妄议天下之大事"了。显然，所有这种情状，在这之前，皆是不可能的事情。

就在举国广大下层民众踊跃上书议论国事民生、推动维新变法运动之时，反对派势力又跳了出来。早在光绪帝开始颁诏鼓励天下士民积极上书之时，洋务派官僚张之洞就对此大唱反调。他说什么"变法者，清廷之事也，何为而与士民言"，强烈反对天下所有士民参与维新运动。与此同时，朝廷中的一些顽固派权贵又抓住平民群众书写方式错误，在上书里称"皇上"不抬头等漏洞大做文章。他们四处叫嚣，说这是"变乱祖法，自称开创，置祖宗于何地者"。在这些顽固派官僚看来，这些行为均是大逆不道。于是，对于这些上书之人，他们怒气冲冲，计划降罪。但是，对于这样的平民上书，光绪帝却只是"一笑置之"，并对顽臣说："当广开言路之时，不必有所谴责以塞之。"对此，他的态度很宽容，顶住了顽固派官僚的恶意挑唆，使百姓上书得以保护。从中表明，光绪帝鼓励"士民"上书言事是出于诚意。在此期间，他的确采取了"广开言路"并实施开放政策，给人民群众一定的言论自由。在这方面，光绪帝也与顽固派及洋务派官僚形成了鲜明的对照。

在光绪帝的大力倡导和强有力的推动下，民众上书使得变法图强进一步深入人心，民间思想开始活跃起来，变法新政出现了新的生机。

2. 筹议政体改革

当光绪帝力图通过大刀阔斧地鼓励所有民众上书、把维新变法引向社会之时，他又乘势把变法往更深层次的领域推进。光绪二十四年七月二十四（9月9日），光绪帝"披览章奏"废寝忘食，在了解了康有为的要求之后，降诏宣布："古有侍从之臣，皆妙选才能以议庶政。现当朝廷振兴百度，自应博采众论，广益集思，以期有裨政治。着照所议（即徐代康进呈的奏折之建议）酌置三、四、五品卿，三、四、五、六品学士各职，遇有对品卿缺，并翰林院衙门对品缺出，即由吏部一体开单，请旨录用，以备献纳。仍着按品给予俸禄。"这就是所说的"散卿""散学士"。实际上，此乃康有为计划在管制方面进行改制的举措。在当时，他本着推进变法深入的初衷，为了加强辅佐光绪帝的力量，又鉴于光绪帝的任官权限，因而采取了这种变通措施。同时，这也是康有为害怕守旧势力抵制，原与光绪帝议定的"只增新不裁旧；擢用人员，只委差事不加官"的任人方针之体现。当时光绪帝愿意采纳，决定增设"散卿""散学士"，也是运用的一种策略（可以由光绪帝自行决定而不需要西太后的任命）。固然，这些官员只是临时性的过渡，但可对其委以"差事"，并能逐步实授。这种官员与四卿的明显区别又在于，"散卿""散学士"的名额，并无多寡，可以随时扩充，也可逐渐作为正式官员安排到各衙门当中。很明显，这种任官措施虽然不太得宜，但从维新变法事业的整体来说，能让更多的新人（当然包括维新人士）参与到清廷改制中来，不失为又开辟了一条较为宽阔的途径。从对未来的影响而言，又可将清廷守旧势力一统天下的局面慢慢抹去。所以，它既有明显的可行性，又具有非常深刻的政治改革意义。

几乎与此同时，光绪帝又采取了两项重大措施以改革清政权。

其一，即是全面学习西方资本主义，设立"议院"。

其二，是议定开懋勤殿以议制度。

原在光绪二十四年六月上中旬（7月中下旬）之间，因受顽固守旧势力阻挠而导致制度局难产时，康有为、梁启超等在为此继续争取实现之际，就另想办法开始补救了。此间，受康有为之委托，梁启超上书，在书中他提出4条要求："一曰御门誓群臣，二曰开懋勤殿以议制度，三曰改定六部之则例，四曰派朝士归办学校。"这补救办法是在制度局可能被否决之后，以更利于变法实施而实行的。此折于光绪二十四年六月初六日（7月24日）被李端棻递上后，尤其是对请开懋勤殿以议制度的要求，庆亲王奕劻与大学士孙家鼐等权贵的态度均为"阻之"。因而，这一新建议又遭厄运。进入光绪二十四年七月下旬（9月），守旧势力受到光绪帝大力反击，而且中下层官吏与民众支持变法的也非常多，光绪帝"图治之心益切"。 在此情况下，康有为等维新派人士，特别是刚被任为"四卿"之中的谭嗣同、林旭，均受到鼓舞，其革新热情被进一步激起。 因此，在他们准备设议院的努力被康有为劝阻后，重开懋勤殿之事又被提了出来。 此时的光绪帝欲大举新政，遂"决意开之"。

位于清宫内乾清宫西廊的懋勤殿，原是一所供清朝历代皇帝"燕居念典"的宫殿，但是同治之后逐渐废弃。 自从议设制度局流产、拟开议院作罢以来，经康有为等维新派人士的多时筹议、酝酿，到此再加上谭嗣同、林旭的推动，重开懋勤殿的想法再次涌上光绪帝的心头。 其实，这办法是用旧瓶装新酒，以设"顾问官"的方式把康有为、梁启超等维新派的领袖、骨干人物集聚起来，组成一个最高的核心班子以用来筹划、指导维新变法。 虽然对康有为等人和光绪帝来说，想让懋勤殿来起到制度局的作用，但从其组成人员和赋予它的使命来看，开懋勤殿、设"顾问官"，既与他们设计的"议院"不同，更于之前的制度局差异很大。 这个班子不仅包括了维新派领袖康有为、梁启超，而且有自己的议定独立权，显然这样设计的目的是为了适应当时光绪帝要大举新政的需要。 更难能可贵的是这次开懋勤殿，从筹议到决定，是由光绪帝和维新人士单独议定的，根本没有通过原来的王公大臣。 所以，无论从哪个角度来说，开懋勤殿都会将维新变法的最高层指挥力量大大加强，为把变法继续向前推进提供重要的保证。 当然，这也将在一定程度上让清王朝的施政体制发生一些变化。 显然，它的政治改革意义更加明显，表明变法到此已在新的深度和更高的层次上运作了。 可是，就在次日光绪帝在颐和园面见西太后"禀请"开懋勤殿及推进变法等事宜时，发现情况有变。 于是，为筹划应急措施，他返回紫禁城非常匆忙，这也使得开懋勤殿之事付之流水。

自光绪二十四年七月初（8月末）以来，光绪皇帝以雷霆万钧之势，在维新改革的征途中采取的重大举动和措施，基本都是在政治领域中进行的，这使得维新变法进入了新的境界。 历史事实说明，要想改变当时中国的落后局面，无论是出于自觉还是不自觉，都必然要触及社会的核心部位，这是在激烈进行中的变法与反变法、维新与守旧的斗争发展的必然结果。 坚持革新的光绪帝也是在此尖锐复杂的斗争实践中，其思想才得到了新的升华。 到此期间，他进一步斗争的勇气和才干也得到了增强，而且在严酷现实的逼迫和时代潮流的引导和启发下，其个人政治改革的思想也在悄悄伸展。 光绪帝在这期间采取或准备采取的一系列措施都带有民主色彩，这显然不是偶然的。 可是，正当光绪帝以新的姿态向一个新的境界迈进时，却大祸临头了。

第九章　帝党与后党的较量：变法夭折

新旧势力的殊死搏斗

1.顽固派的“谋变”

以西太后为首的封建顽固派加紧策划绞杀变法新政的阴谋之时，也正是光绪帝与维新派迅猛推进变法到新的层次之时。 从光绪二十四年七月底到八月初（9 月上旬），维新变法之光冲破重重迷雾即将闪烁其绚丽光彩的时候，乌云悄悄地逼了过来。

在七月中旬（8 月底）之前，光绪帝的改革主要是在文化教育及经济领域中进行。 在此过程中，顽固守旧势力虽然有所抵触，但从总的形势来说，新旧之间的对立尚未达到你死我活的尖锐程度。 但自此以后，即光绪帝开始进行政治领域的改革之后，情形便不同了。 就在一些闲散衙门和冗员被裁撤之后，一些守旧官僚便借此开始兴风作浪、造谣生事。 他们四处造谣，大肆吆喝："有尚书则侍郎为冗，有郎中则员外为冗，凡额外主事、员外、郎中，无兼差而食俸尚浅者，皆可回籍候资。""三人成虎"，"朝野震动"。 而已经"失业"者更是怀恨在心，随时计划绞杀新政。 因此在这时，守旧营垒已经被惊动了。 进入七月底（9月），光绪帝对顽固守旧势力的打击力度更加加强，一举罢免礼部六堂官并将李鸿章、敬信逐出总理衙门，光绪帝明显把斗争目标指向了西太后的班底。 随即又改组礼部、任用维新人士、大力鼓励天下臣民上书言事，大步伐地开始改革，这些重大革新举措针针见血，更使"守旧大臣，人人危惧"，新旧势力之间的矛盾与对立空前激化。

其实，在礼部六堂官被革职之后，光绪帝为了稳定局面以更好地让改革推行下去，曾于光绪二十四年七月二十三日（9月8日）下诏，要在坚持改革的前提下调整裁员措施。 他在诏书中说："现在裁撤各衙门，业经分别归并，所有各该衙门裁缺各官，未便听其闲散。 现当振兴庶务、规划久远，应于铁路矿务总局、农工商务总局酌设大小官员额缺，以备将来量才任使。"然而，死心塌地抗拒变法的顽固派官僚却不管光绪帝的谕令，他们抓住裁冗员和罢顽臣的事不放，一步步地破坏变法活动。 尤其是顽固派官僚怀塔布，在光绪帝罢其官后，他恼羞成怒，迅速拉拢了向为"孝钦（西太后）倚之"的后党骨干、内务府大臣立山，并与天津荣禄暗中勾结，且与之进行"要商"，策划阴谋。

西太后的"亲信"荣禄，在光绪帝一开始宣告变法之时，即被授予署直隶总督，但很快又升任文渊阁大学士，最终任直隶总督兼北洋大臣。 另外他还控制着号称北洋三军的董福祥甘军、聂士成武毅军及袁世凯新建陆军。 从而，为人狡诈的荣禄在成为西太后的头号亲信后，平步青云、扶摇直上，成为"身兼将相、权倾举朝"的后党显贵。 至此，清廷的外交大权以及京津的军政大权都由其掌握，他成了清王朝炙手可热的实力派权势者。 当然，在甲午中日战争后荣禄也看到，再以故步自封的方式来维护自己的利益已经行不通，遂也摇身一变，开始倡导西方思想，认为应开矿、设厂。 光绪二十三年十二月（1898 年 1 月初），荣禄上奏要求"设武备特科"，提出要"参酌中西兵制，造就人才"。 但是，荣禄却把清王朝的所谓"大经大法"奉为神明，一丝改动的可能都没有。 随后，他在与其他总理衙门大臣接见康有为时，便以祖师爷的架势声称"祖宗之法不能改"，极力阻挠维新变法。 光绪帝下达诏书宣布变法时，荣禄又认为："姑俟其乱闹数月，使天下共愤，罪恶满盈，不亦可乎？"他与西太后都有等待时机一举灭掉变法的阴谋。 所以在推行变法新政的过程中，荣禄一方面与光绪帝"对着干"，另一方面又借故拖延变法诏令，蓄意抗拒。 因而光绪帝对他的不满情绪越来越大，并且开始在公开场合斥责他。 时到而今，荣禄从怀塔布等顽臣口中听到的情况，可以说是天下"人神共愤"。

在此前后，一部分守旧势力到西太后面前"环跪后前，谓上（光绪帝）妄变祖法，请训政"，他们希望西太后出面扼杀新政。 而且怀塔布之妻又以在颐和园侍奉"宴游"的便利条件，"哭诉"光绪帝的所谓"尽除满人"等"罪状"，诋毁光绪帝和变法新政。

在颁布《明定国是诏》之前，西太后想让光绪帝改革的心思就不强烈，她起初要求光绪帝在不违祖制的情况下进行变法，就是设下的一大埋伏。 在其心目中，封建专制体统是"尽善尽美"的，绝不允许他人更动，至于其个人的地位更是不可动摇。 所以，在光绪帝推行变法新政前期，西太后利用自己左右从旁开始阻挠，又时时以其遍布于清宫的"耳目"，将光绪帝的一举一动都纳入眼中。 她一直在等待时机，准备借口"收拾局面"来扑灭变法，重新公开主政。 到光绪二十四年七月中下旬（9 月上旬），时机终于到来了。

在七月上旬（8 月末）以前，光绪帝的改革主要在文教与经济领域中推行，在西太后看来似乎还可以容忍，因为她的统治基础尚未被直接触及。 但自从进入七月下旬（9月）以后，由于光绪帝对顽固势力的打击力度逐渐加强并公开任用维新人士，这对西太后来说是绝对不能容忍的。 尤其是礼部顽固大臣被光绪帝无情地罢免，进而又触到了西太后的"禁区"。 因为其"左右大臣，皆由（西）太后拔用"，而怀塔布等更是西太后的心腹大臣。 所以罢免这些顽臣，让西太后坐立不安。 至此，她似乎感到其统治地位已受到严重威胁，觉得光绪帝的变法已经脱离了自己的控制。 就此，光绪帝反击顽固派官僚抵制变法的行动，如对其首要人物予以应有的惩处，在西太后看来已经是大逆不道。 她在颐和园警告光绪帝不要"以远间亲、新间旧"云云，实际上也是向光绪发出一种信号，表明她已忍无可忍。

一些顽臣和怀塔布之妻的诬告与中伤，让西太后更加坐立不安。她随即将怀塔布召赴颐和园详询本末，在进一步掌握了事态的详情之后，亲自出面扼杀维新的阴谋已经形成。 有时人云"戊戌变政，首在裁官"，也算是说出了变法失败的主要原因。 颇有施展阴谋手段经验的西太后让怀塔布与天津的荣禄密切联系，双方展开了紧锣密鼓的谋变策划。

阴谋形成之后，光绪二十四年七月二十八日（9月13日）前后，在光绪帝与维新人士正兴致勃勃准备开懋勤殿之时，西太后与荣禄就如何向变法下手的问题已经达成一致。 于是，他们便进入发动政变的准备阶段。 聂士成的武毅军被荣禄密调进天津，董福祥的甘军移驻北京城西南的长辛店，开始进行秘密军事部署。 与此同时，他们又大肆渲染让光绪帝到天津阅兵的气氛。 至此"西后意定"，决心要以武力来废除光绪帝。 山雨欲来，北京内外的形势突然紧张起来。

2. 挽救新政的日日夜夜

在以西太后为首的封建顽固派计划绞杀维新变法时，康有为等维新派人士鉴于西太后等蓄谋废光绪帝的"天津阅兵期迫"，在坚持变法的同时，也在考虑如何预防的问题。 当时，康有为最担心的就是光绪帝没有兵权，"恐不及事"。 为此，他连日拟折，希望光绪帝效仿日本明治维新前的办法，"选天下虎罴之士、不贰心之臣于左右，上（光绪帝）亲擐甲胄而统之"。 在康有为看来，光绪帝只要选中亲信将领，就可万事大吉。 此外，康有为还拟请改以维新纪年"以新天下耳目"等。 在其中有一项最为突出，就是请光绪帝速抓兵权。 为此，康有为等维新之士原来的想法是将甘军首领董福祥拉入维新阵营，但结果并不理想；又试图打武毅军首领聂士成的主意，却又始终认为聂士成是"一介武夫，不堪大用"。 于是，只有袁世凯可以左右当时的政局。 因而，在康有为的刻意主持下，首先由徐致靖于光绪二十四年七月二十六日（9月11日）呈折，以"御侮"为名请袁世凯入朝召见。 接着，谭嗣同又以密折"请抚袁以备不测"。 就此，康有为等维新人士都力图把袁世凯拉过来，以备不时之需。 无疑，这纯为预防性的应急措施。 不过在变法的紧要关头，兵权对于变法的确很重要。 但康有为等拟定抓兵权的方式和挑选的依靠对象，只是他们的个人愿望而已。

对于康有为等人的建议，光绪帝全部采纳，并迅速在当日"电寄荣禄，着传知袁世凯即行来京陛见"。 在此，不得不说，光绪帝的这一诏书实在是失败，他想通过荣禄"传知袁世凯"，固然既合乎程序或又有尽量减轻"惊动"的用意，但必须指出，因为对立的双方正处于殊死搏斗的前夕，如此做法，就好比将自己的所有信息都告知了对手。 不过，狡诈阴险的袁世凯，得旨后却左右摇摆，未及时起程赴京。

到光绪二十四年七月二十八日（9月13日），当西太后已与荣禄串通，决定绞杀维新变法运动时，光绪帝仍在踌躇满志地准备开懋勤殿以便大举新政。 看来，这时的光绪帝对于西太后和荣禄的阴谋一无所知。 第二天（9月14日），在其到颐和园向西太后"问安"时，他还计划准备利用这一机会请示开懋勤殿事宜（或者还想趁便了解一些动向）。 不过，光绪突然发现"太后神色迥异寻常，自知有变"。

因此，光绪帝对开懋勤殿的事没敢吐口，就匆忙返回紫禁城。 在此后的几天里，光绪帝与维新派为挽救变法新政，或公开或私下，与以西太后为首的封建顽固派展开了殊死的激烈较量。

其实，光绪帝在此次请安之前，就已经从谭嗣同、徐致靖等推荐袁世凯的奏请中，感觉到了危险已经步步来临。 无疑，这是他采纳此议并立即传令袁世凯进京以备召见的心态。 不过，通过这次向西太后请安，光绪帝进一步意识到事态的严重性，其危机感开始加剧。 于是，光绪帝在光绪二十四年七月二十九日（9月14日）发现西太后表现异常后，次日（9月15日）便匆匆回宫，之后立即召见杨锐，并给了杨锐两件密诏。

光绪帝在这两份密诏里，将自己希望国家走向强盛的救国心愿倾吐无遗，还表露了他与西太后在政治见解与对变法态度的主要分歧，也将其言不由衷的焦急心情一语道出。 但从两密诏的语气和提出的要求来看，两者却截然不同。 康有为收到的密谕言辞急切，主要是命康有为等"妥速密筹，设法相救"，呼救之情溢于言表。 至于光绪帝的呼救要求，印证稍后他恳求枢臣"保全新政，朕死无憾"的话看来，并不是仅仅只局限其个人。 应当说，主要还是希望挽救变法新政。光绪帝最为清楚康有为在变法中的实际地位和作用及与其关系，这一点杨锐是比不了的。 当变法处于危难之际，他将挽救新政的重任寄望于康，当然是顺理成章的事。 但在给杨锐的密诏里，口气就较为缓和了，几乎所有内容解释的意味都非常强烈。 发出的要求也只是让杨锐等四卿"筹商"良策，在不违背西太后意图下坚持缓和变法，并没有要求"四卿"救命。 而且光绪帝又在此密诏中指出，杨锐等筹议的对策仍按常规做法由军机大臣代递封奏。 因此从机密性来说，这两诏也有差别。 所以出现这种区别，可能与此前光绪帝对杨锐的表现不满有关。 据说，就在此次光绪帝召见杨锐向他述说情由时，杨锐竟推托说："此陛下家事，当谋之宗室贵近。 小臣惧操刀而自割也。"神情之中流露出畏惧之情。 于是光绪帝非常恼火，公然斥之"尔胡然"，遂拿出手谕命其出。 事实上也正如此，杨锐带出密诏后，由于"震恐，不知所为计"，康有为直到两天之后才收到上谕。

在事态日益恶化之时，光绪帝毫无对策，又按照徐致靖、谭嗣同等的建议准备召见袁世凯了。

光绪二十四年八月初一日（9月16日），光绪帝在颐和园的毓兰堂接见袁世凯。 在这首次接见中，光绪帝询问的只是一些试探性的问题，没谈什么实质性问题。 可是袁世凯却趁机奏云："九月有巡幸大典，督臣荣禄饬臣督率修理操场，并先期商演阵图，亟须回津料理，倘无垂询事件，即请训。"袁世凯了解光绪帝与天津"阅兵"及其对荣禄的态度，但是他说这些话，既有企图向光绪帝报告顽固派动向、从中讨好的意思，也有要以此来探询光绪帝意下如何的用心。 但这时的光绪帝或许认为还不应该将自己的意图表露出来，遂以先给予礼遇的方式对其进一步试探。 所以光绪帝在接见后便立即下诏，以"袁世凯，办事勤奋，校练认真"的名义，让其升任侍郎，命其"专办练兵事务，所有应办事宜，着随时具奏"。 实际上，光绪帝这是按照康有为等的建议，这办法也是无可奈何，企图把手握兵权的袁世凯拉到自己一边来。 当时，袁世凯虽然只是一个直隶按察使，但是其政治嗅觉却甚为灵敏，光绪帝的用意很快就被他察觉到了。 因此，在其被召见和受到封赏之后，袁世凯对前来祝贺的人说："以无寸功，受重赏，决不为福。"这表明袁世凯知道自己的风险有多大。 于是，袁世凯又马不停蹄地走访了刚毅、王文韶、裕禄等人，力图和顽固守旧势力拉上关系。 当然光绪帝并不了解袁世凯的这些心怀鬼胎的秘密活动。 9月17日，也就是第二天，再次以接受"谢恩"的方式召见了他。 在第二次召见时，光绪帝对袁世凯说："人人都说你练的兵、办的学堂甚好，此后可与荣禄各办各事。"言下之意，是光绪帝承认袁世凯以后可以自行其是。 到此，光绪帝召见与重用袁世凯的意图便表明了。当然，袁世凯更是心领神会。 其实，他既不愿为走投无路的光绪帝铤而走险，更不会为变法新政卖力。 所以袁世凯在向光绪帝"谢恩"之后，又一头扎进了西太后的砥柱之一——庆亲王奕劻的官邸。当时，倾盆大雨正好衬托了他们的阴暗勾结。

虽然光绪帝对袁世凯的期望很大，可是直到这时，他连一点儿即使是口头上的支持表示也未得到，他有点手足无措。相形之下，西太后一伙策划政变的活动已是"司马昭之心路人皆知"。连日来，在天津荣禄的督署府和北京颐和园门前，门庭若市，一些有特殊使命的人川流不息，犹如闹市。更令人气愤的是一些顽固守旧势力要求光绪帝出面"请太后训政"。在这种情况下，光绪帝遂知事局已败，只能寄托未来了。

一个明诏、一个密谕，说的是一件事。但前者是一篇官样文章，主要是让他人看的；后者可谓语重心长，既深切地关怀康有为，又对他寄予了无限的期望。如对任命康有为督办官报一事，在明诏中也同样如此，但在密谕里却谈"实有不得已之苦衷"，表露的心情截然不同。种种情况表明，在密谕里说的话，句句是肺腑之言。为了使康有为迅速地南下，光绪帝既送给密谕又发出这样的明诏。其用意显然给康有为时间以让其南下，避免引起顽固派的怀疑，有利于他的行动。至于光绪帝让康有为迅速离京的原因到底是什么，后来，在西太后发动政变前夕时逃到香港时的康有为，在与外国报界谈话时说，"皇上命我出外觅人保护君国"，并有"英为天下最公道之邦"云云。同时他并没有掩饰自己的意图，说这是其"意欲亲近英国"之言，光绪帝的意愿并非如此。如前所说，在此之前光绪帝给康有为的第一道密诏，其主要目的是要求康有为想方设法挽救变法新政，但此密谕却是催促康有为迅速出京。显而易见，这前后两个密谕实际是事态发展程度不同的反映和光绪帝的思想变化。可以认为，光绪帝写第二道密谕时的思想状态，是已经知道大势已去，意识到此次变法必然失败，并将主要着眼点放在未来上面了。希望康有为日后再重举维新"大业"。所以这第二份密谕，严格来讲并不消极。或者说，光绪帝这时让康有为离京的主要目的是为了保存维新派实力，以备让康在

"将来更效驰驱"。 在这里，光绪帝的政治抱负被集中地体现出来，也反映了他与康有为的关系非常牢固。

在得到光绪帝的这个亲笔密谕之后，林旭立即来到康有为的住处。 但因康有其他事情，并未及时收到密谕。

几天以来，新旧势力双方：一边步步收拢绞索扼杀光绪帝、维新派及变法新政；另一边，为挽救变法新政绞尽脑汁。 他们之间的斗争已然白热化。

光绪二十四年八月初三日（9月18日），康有为同时看到光绪帝先后通过杨锐和林旭带出的密谕，之后悲愤不已。 他立即拟折，告知光绪帝将于近日"起程出京"并表示"誓死救皇上"。 随即康有为在让林旭代其上折之后，又将梁启超、谭嗣同、康广仁等召来"经画救上之策"。 这些软弱无力的维新之士，面对如此严峻的事态都"哭不成声"，混乱异常。 在这时，谭嗣同认为"今日中国能闹到新旧两党流血遍地，方有复兴之望"，其态度坚毅，豪气凛然。 在他的鼓动下，一个策动袁世凯"杀荣禄、除旧党"的对策被讨论出来。 荣禄既是西太后的头号亲信，又是顽固官僚的中坚，并且手握军政大权。 刚毅、怀塔布、许应骙等守旧大臣（怀、许虽已被革职），在维新变法之时均积极阻挠。 正是这些人，又成为西太后策划政变、绞杀变法的主力。 杀掉他们，一方面可以粉碎顽固派的阴谋计划，另一方面又可以解救光绪帝和挽救变法新政。 但是，维新派人士却把实现这一重大决定的希望完全放在袁世凯身上，这又将他们自身的虚弱性和幼稚性暴露出来。

当时，以康有为为首的资产阶级维新派议定的这一对策，虽然是一种无可奈何的铤而走险，然而就是持反对态度的王照也毫无办法。于是，为了营救光绪帝和挽救变法新政，谭嗣同带着大家的重托，于当日（9月18日）夜密访袁世凯。 在他们的密谈中，谭嗣同绞尽脑汁劝说，但袁世凯总是不正面回答谭嗣同。 最后，万般无奈之下，谭嗣同只要求袁世凯做到"诛荣某（荣禄）、围颐和园"两项，并说：

"今日之事如不诺，则以手枪击公（袁世凯）后，我亦自尽。"至此，当谭嗣同以死相逼时，袁世凯无奈之下表示："杀荣禄乃一狗耳。然吾营官皆旧人，枪弹火药皆在荣禄处，且小站去京二百余里，隔于铁路，虑不达事泄，若天津阅兵时，上驰入吾营，则可以上命诛贼臣也。"就这样，维新派人士艰难筹划出来的最后之"绝招"，也只是得到了这么个口头许诺，更不必说其模棱两可了。当谭嗣同归来，康有为、梁启超等了解到袁世凯的种种表现之后，他们也已意识到"袁不能举兵"。在这无情的事实面前，这些维新之士毫无对策。康有为不得不准备尽快出京了。

挽救变法新政的努力，已然山穷水尽。

政变

当维新派对营救光绪帝和挽救变法新政已毫无对策之时，以西太后为首的顽固派却凭借着封建政权的力量，拉紧了绞杀变法改革的锁链。

光绪二十四年八月初二日（9月17日），在一切军事部署妥当之后，荣禄便"嗾杨崇伊，请太后复出听政"。这个杨崇伊惯于浑水摸鱼，"揣知太后意"之后，便在荣禄的指使下与老资格的后党骨干人物庆亲王奕劻串通，上太后密疏"请太后再临朝"。在此之际，连西太后的心腹太监总管李莲英，也跳出来耀武扬威，"跪请西后训政"。就这样，西太后的子子孙孙们开始为其重新出来"训政"在舆论等方面加紧做准备。恰在这时，光绪帝召见和封赏袁世凯，让荣禄越发感到不安。因此，荣禄在毫不知情的情况下，为了牵制袁世凯并为发动政变散布烟幕，于光绪二十四年八月初三日（9月18日）在继续制造紧张气氛表示各国兵舰开到大沽口的同时，又通过电报和派出专人赴京敦促袁世凯迅速"回防"。但袁世凯只因有自己的小算盘，故借口等待"请训奉旨"而未及时回津。所以在顽固派加紧准备发动政变的紧要时刻，做贼心虚的荣禄由于袁世凯的问题不得不将政变稍稍地推迟了。但总的来说，到这时西太后发动政变的准备已基本就绪，随时动手都可以。

正当西太后按其预谋待机扼杀新政的时候，光绪帝将接见伊藤博文的消息传出，这使西太后惊恐万分。

西太后的政变发动成功之后，在日本驻华代理公使林权助致其本国外相的电报中还说："皇帝陛下及康派之意图虽尚不清，但是对于满洲派系不利的意图显然可见。"他仍然认为，中国围绕维新变法所展开的搏斗，这冲突仅仅局限于清廷内部。事实说明，一个独立富强的中国出现是列强不愿意看到的。因此，它们为了维护自己的侵略权益，十分敏感中国政局的任何变化。早在维新变法刚刚开始之时，英国传教士李提摩太就别有企图地想千方百计地操纵中国的变法。由于他的迷惑力很强，一心要学习外国的康有为和想要改变中国局面的翁同龢，甚至光绪帝都对其产生过幻想。甲午中日战后，日本帝国主义更是野心勃勃地想要占领整个中国，对中国怀有突出的"兴趣"。在变法运动进入高潮时，日本军政界不仅利用其驻华公使馆对中国的变法动向密切关注，还派出负有特殊使命的人到中国活动。正是在如此背景之下，在维新变法的末期，日本前首相伊藤博文（当时刚刚下野不久），便以私人旅游的目的，打着"与中国政府共筹东亚安全之策"的旗号来到中国。伊藤博文于光绪二十四年七月二十六日（9月11日）到天津，七月二十九日（9月14日）进入北京。而当时，新旧力量正在进行最后较量。

伊藤博文参与过日本明治维新，他到中国后，处处标榜自己为"维新名臣"，到处对维新改革发表议论。他还表示，"甚为欣幸"中国正在进行的改革，并且表示自己"支持"和"同情"中国变法改革。事实上，呈现在人们面前的就是这样复杂的历史：他本是在甲午中日战争中侵略和抢掠中国的罪魁祸首，但到这时，在一些力图仿照外国革新祖国的中国人眼里，他竟然颇有市场。他进入中国以来，有些清政府的官员，亦纷纷"奏请皇上留伊藤在北京用为顾问官，优以礼貌，厚其饩廪"。 在伊藤博文抵达京师之后，宗人府主事陈懋鼎又奏请光绪帝"召见日本伊藤博文以显敬贤睦邻之实意"。 有的人甚至还在上奏疏说："我既效彼图自强，不妨消释前嫌，共保同种。"这种情形的出现，将当时一些中国人希望学习外国图强的急迫心情展现得淋漓尽致，也反映了他们在认识上的历史局限。

当时，光绪帝和康有为等维新派人士已处于山穷水尽之中，在这个突然到来的"不速之客"——伊藤博文身上，他们似乎又看到了一缕曙光。 就在伊藤博文到达北京后的第三天（9月16日），康有为拜访日本公使馆，请伊藤博文劝说西太后"回心转意"，企图在伊藤博文的帮助下将变法危局扭转过来。 紧接着于次日（9月17日）夜，伊藤博文被张荫桓在其宅邸宴请，议定于光绪二十四年八月初五日（9月20日）由光绪帝召见伊藤。 显然，张荫桓出面邀请伊藤博文，也是光绪帝的个人意图。

几天来，或是又为打探顽固派方面的发展动向，光绪帝屡次到颐和园向太后"问安"。 光绪二十四年八月初三日（9月18日）光绪帝从颐和园返回紫禁城之前，西太后便决定在八月初六日（9月21日）回宫。 所以，光绪帝回到清宫后便"代传懿旨"，随时迎接皇太后的工作被提上日程。 可能就在光绪帝离开颐和园之后，八月初五日（9月20日），西太后得知了光绪帝将要接见伊藤博文的消息。 这使得西太后疑虑重重，认为光绪帝要"勾外国谋我"。 于是，西太后为了"监视皇上见伊藤"，或有另外的企图，八月初四日（9月19日）她提前连夜返回清宫。 据日本驻华使馆说，西太后回到清宫时，荣禄也于同日潜入北京。 荣禄在这时突然来京，显然不会是巧合。 与荣禄同来的还有聂士成的10营武毅军。

西太后临时改变原定主意，匆忙返回清宫的原因是什么呢？ 看来光绪帝的心里是有数的。 因此，在此时他对左右说："朕不自惜，死生听天，汝等肯激发天良，顾全祖宗基业，保全新政，朕死无憾。"

光绪帝的话语表明他很清楚自己的处境，这就是：一方面，他意识到自己已处于危境；另一方面，他仍想保存新政力量，而且光绪帝为了保全变法新政，毫不顾及自己生死。 可见，这与他在此前给康有为的密谕中表露的心情是一致的。 然而，他想"激发"那些顽臣出来维护变法新政，也仅仅是一种幻想而已。

西太后回宫与荣禄的到京，其架势举朝皆知。 不过，西太后明白，如立即公开地向一国之君大动其手，可能引起"各国环集"。 于是，他们开始向光绪帝"不动声色"地下手了。 首先，监控光绪帝，对外以"上（光绪帝）病"为名。 此外，西太后或是出于同样的考虑，她为避免突然的震动，尤其是已预定的光绪帝接见伊藤博文的事，既关系着两国关系又已在京城传开，至于最后召见袁世凯也在预定之中。 对这两件事，西太后并没有直接制止。

在西太后的监控下，光绪帝也只得仍然按时接见伊藤博文和最后一次召见袁世凯了。

光绪二十四年八月初五日（9月20日），在西太后回宫的第二天，伊藤博文在勤政殿"觐见"光绪帝。 原来，光绪帝想与伊藤长谈，全面深入地了解一下日本明治维新的情况，并拟给予较优厚的礼遇。 但时到此刻，自己已身不出己，并且在接见时，帘后就坐着西太后在监听。 在这种异常的情况和气氛之中，对光绪帝来说，接见只是形式上的过场而已。

在光绪帝与伊藤博文的对话中，寒暄之词比较多。 择其要者只有两点：一是要求伊藤博文对中国的变法提出意见，二是表示希望发展中日两国友谊。

9月20日，在接见伊藤博文的当天，光绪帝又按预先的决定，第三次召见了袁世凯。 因为在这次召见时，各派之间的斗争局面已经明朗化。 所以，已经看出政局趋向的袁世凯开始离间光绪帝和维新派，光绪帝"无答谕"，只是授予袁世凯一道"于天津阅兵时，倘有他变，命以兵卫圣躬"的密谕，即令其退下。

就在光绪帝接见伊藤博文和袁世凯的时候，大批武毅军让京城轰动，人心惶惶，北京城已经覆盖了政变的乌云。 就在这时，为了营救光绪帝，康有为又走访了李提摩太，想通过他得到英、美驻华使节的支援。 但在当时这些侵略者都以各自有事为由先后离京，这使得康有为的最后努力又化为泡影。 鉴于大势已去，9月20日康有为怀着沉重的心情离京出走。 随后，在日本人的"护送"下梁启超也逃出京师。

时到此刻，阴险狡猾的袁世凯已经将新旧势力斗争的结局看透，而且维新派的底细也让其了解了。 这在他看来，"立功"的绝好时机正在于此。 于是，袁世凯在这次被召见之后，于当日立即乘火车赶回天津，向荣禄详细汇报了他在北京得到的"详细情形"。 随即，荣禄连夜赴京，西太后得知了光绪帝给袁世凯的密谕和谭嗣同要围颐和园等情况。

到这时，荣禄的"秘密"情报，从总体形势来说，其实际价值并不明显。 然而，这却是西太后迫切需要的。 光绪二十四年八月初六日（9月21日）晨，西太后以此为借口，趁光绪帝"入中和殿，阅礼部拟祀社稷坛秋祭文，甫出殿，即有侍卫太监及荣禄之兵一队，称奉太后命，引帝入西苑内之瀛台"。 从此，光绪帝被囚于瀛台涵元殿，行动自由完全失去。 紧接着，西太后按自己之前与手下的谋划，于当日颁谕宣布，自"今日（八月初六日）始"，仍然由西太后"训政"。 从而，光绪帝的"亲政"被终止了。 到此，"百日维新"结束。 "训政"后的西太后以所谓"结党营私、莠言乱政"的罪名，将维新派领袖、工部主事康有为革职；并且要求步军统领衙门缉拿维新派志士，康有为之弟康广仁被捕。 同日，还降谕宣布"永不叙用"维新官员宋伯鲁。 实际上，这就等于宣布维新变法非法。 到此，光绪帝推行了103天的变法新政，在其处于步步深入的关键时刻，在以西太后为首的封建顽固派的联合绞杀下夭折了。

第十章　壮志未酬

身陷逆境

西太后囚禁光绪帝，宣布由她"训政"，下令向维新人士"开刀"，这说明她的政变已经成功。

西太后宣布"训政"的次日，步军统领衙门奉命派出的大批武装"官弁"，即在紫禁城、西苑与颐和园等处加强了"巡逻"与"巡缉"。与此同时，又开始全面反攻光绪帝推行的变法新政。

在很短的时间里，已经被迫先后出逃的维新派领袖康有为、梁启超，均被列为"首犯"到处查拿。其他维新之士和只要与变法有过某种联系的各级官员，除康广仁已被捉拿、宋伯鲁被革职之外，谭嗣同、林旭、刘光第、杨锐、杨深秀、徐致靖、李端棻及陈宝箴、张荫桓、王锡蕃、张元济等一大批人，均先后被逮捕、被革职、被流放、被查抄。甚至，早在变法之前已被革职逐出北京的帝党官员文廷式，也被清廷命刘坤一等将其"密饬访拏押解来京"，还要大加其罪。从而使得北京的天空笼罩在一片恐怖之中。

自西太后发布"训政"之后，对于她的一系列行径，广大官民中"议论纷腾"，使"民情，颇觉惶惑"。因此，在大肆搜捕维新人士和爱国官员的同时，西太后以光绪帝颁谕自省的方式，为稳住政变后的局面而下达诏书；而又以光绪帝的名义将新政的一些主要改革措施废除。光绪二十四年八月十三日（9月28日），西太后命令将谭嗣同、林旭、杨锐、刘光第、杨深秀、康广仁杀死。"戊戌六君子"，为振兴祖国而慷慨地献出了自己的生命。

由于西太后已基本实现原拟通过当年秋天津"阅操"要达到的阴谋，所以在 1898 年 9 月 29 日，她便授命宣布将天津"阅操"的安排撤销。 同时又降谕宣称，对聂士成之武毅军、袁世凯的新建军及董福祥的甘军等参与和有助于政变的，各予赏银"以示体恤"。 就在猖狂捕杀维新人士和对变法大翻其案时，西太后又将她的班底彻底调整。从而，一方面使在策划与发动政变中立了"功"的守旧势力获得升迁，另一方面也使那些因抗拒变法而丢了官的顽臣又重新回到朝堂之上。 在这些昏庸腐败之辈弹冠相庆之时，爱国者被屠杀、被通缉，光绪帝也彻底成为阶下囚。

在政变的这些日子里天无宁日、是非颠倒，西太后已把康有为、梁启超等维新人士视为与其不共戴天的死敌，大兴冤狱。 与此同时，光绪帝也成为罪魁祸首，西太后必欲将其置于死地方可罢休。

在当时，光绪帝被置于"被告"的位置上，已经被西太后完全控制在自己手中。 但即便如此，光绪帝也从未向西太后及其帮凶屈服。

1898 年 9 月 29 日，在杀害了谭嗣同等"六君子"的次日，西太后似为配合捉拿康有为、梁启超，进一步将变法影响消除到最低，又利用光绪帝的名义来攻击康、梁，诬蔑维新变法。

西太后在加紧镇压维新人士和毁弃变法成果的同时，也开始步步迫害光绪帝。 实际上，至此光绪帝已经变成一个囚徒，只不过没有戴枷锁。

这时的西太后，不择手段地将光绪帝与外界的一切联系切断。 在此后的日子里，光绪帝身陷囹圄、惨不堪言，他的爱妾珍妃也"窘苦备至"，受尽折磨。 就这样，西太后横暴地摧残光绪帝在政治上的理想、作为；就是在光绪帝的人身和生活方面也严加打压，即使光绪帝夫妻之间亦是"积不相能"。 这种情形之下，光绪帝只能"日书项城（袁世凯）名以志其愤"。 在表面上，他已经臣服于西太后，但对出卖维新变法者，光绪帝却始终耿耿于怀。 后来，在个别太监出自同情的帮助下，光绪帝曾经不止一次前去囚禁珍妃的地方探望珍妃。 然而，每次他们都隔着被紧紧锁着的门窗，相互抒发自己的情怀，真可谓咫尺天涯、辛酸交加。

存亡之秋

1. 在险恶的政治阴谋中

正当西太后绞杀维新变法之际，已燃烧在直、鲁交界等地的义和团反侵略斗争的星火却在迅速蔓延，这表明广大劳动人民心中对侵略者的深仇大恨，将猛烈地迸发出来。 在维新变法挽救民族危机失败之后，在中国广阔的土地上又出现了"黑云压城城欲摧"的局面。

西太后对来自人民群众的反抗斗争从不手软。 她对付人民斗争的惯用伎俩就是"剿""抚"兼施。 不过，在光绪二十六年四月（1900年5月）以前，在她看来，这种人民群众的反抗斗争还只不过是"散贼""股匪"，并没有威胁到她的统治地位。 她仍然时刻关注着已成为其死敌，"逍遥法外"的康有为、梁启超以及视为眼中钉、肉中刺的光绪帝。 因此，她仍然醉心于朝廷中的权位之争。

但是光绪二十六年四月，义和团的反帝烈火已经威胁到她的统治中心——京津一带。 同时，帝国主义列强也剑拔弩张。 这时，一方面，列强的驻华公使要求清政府绞杀义和团；另一方面，其各国政府正在加紧策划，武装干涉中国人民的反侵略斗争。 从而，内外矛盾错综交织，形势急剧紧张。

由于内外形势出现了日趋复杂的尖锐局面，所以西太后也只得正视这种现实情况。 不过尽管局面复杂，她还是以对其统治地位的威胁程度，来决定对策。

在六月上旬之前，西太后因在废立皇帝的问题上，对列强各国的不承认十分恼怒；并且她越发感到，这新皇帝不能拥立的关键就在于列强的干预。 与此同时，义和团的事又突然出来了，这需要西太后的决断迅速有力。 因此，正如当时控制中国海关的总税务司、英人赫德所说："中国朝廷地位处于两难境地，如不镇压义和团，则各国使馆将以采取行动相威胁；如准备镇压，那么清朝的统治将受到威胁。"的确，如果清政府镇压的措施坚决，义和团转向"抗清"的可能性很大，这也确是西太后的一大顾虑。所以她在四月十五日（6月4日）派出刑部尚书赵舒翘等出京对团民进行"宣抚"，这说明西太后对义和团的态度还未确立。显然，这又为义和团民大批进入北京城，提供了客观上的有利条件。不过，这时的西太后，虽对外使怀有强烈的怒气，但让她与列强对抗，她却没有这个胆量。五月初四日（5月31日），英、俄、美、法、日等国的侵略军先遣队300多人进入北京，不过这是在西太后批准的前提之下发生的。五月二十日（6月16日），当西太后与群臣一起商讨对付时局的对策时，她还旨令发布上谕："着荣禄速派武卫中军得力队伍，即日前往东交民巷一带，将各使馆实力保卫，不得稍有疏虞。"直到最后时刻，即西太后决定要对列强同时宣战前，她还是"执定不同洋人破脸"的。在当时，西太后调集了一些军队驻守天津、北京，但其目的又是为了准备"攻剿拳民"，这些措施根本不是准备抵抗侵略者。此后，由于八国联军不断向大沽口海域集结，她的压力无形之中加大了。另一方面，反帝斗志益愈高昂的义和团群众，也加速向天津、北京推进，这让西太后在"剿抚两难"的困境中徘徊。在这样的情况下，西太后似乎认为，是时候拿定主意、决定对策了。

光绪二十六年五月二十日（6月16日），西太后召集、主持的御前会议在仪鸾殿开始，这也是她要公开开展一个前所未有的重大政治阴谋的起点。事实上，到会的除了大学士及六部九卿之外，受西太后之命，光绪皇帝也出场了。实际上，一些人已经觉察到西太后召集这次御前会议的用意。所以在会上，围绕着战和及如何对待义和团等重大问题上，群臣的讨论非常激烈。曾出使过外国的吏部侍郎许景澄，第一个发言，他认为"中国与外洋交数十年矣，民教相仇之事，无岁无之，然不过赔偿而止。惟攻杀使臣，中外皆无成案。今交民巷使馆，'拳匪'日窥伺之，几于朝不谋夕，倘不测，不知宗社生灵，置之何地。"太常寺卿袁昶表达得更为明确："衅不可开，纵容'乱民'，祸至不可收拾，他日内讧外患，相随而至，国何以堪？"太常寺少卿张亨嘉也同意他的意见。 这些人之所言，出发点都是敌视人民反抗斗争和维护清王朝。 他们主张对待义和团应继续坚持"剿"的方针，镇压不了就"设法解散"，利用义和团对外开战是不可能的事情，他们坚决不同意。 对于他们的这些议论，已心中有数但尚未拿定主意的西太后却打起了太极拳。 不过，对于反战者，她却有倾向地以"目慑之"。 从而，载漪、载濂兄弟等人便会意地高谈"人心不可失"的论调。 他们竟冠冕堂皇地说："义民可恃，其术甚神，可以报仇雪耻。"载濂的建议甚至杀气腾腾，"时不可失，敢阻挠者请斩之"，愚昧无知又蛮横地煽动利用团民对列强宣战。

在这次的御前会议上，西太后的决定并没有公开宣布，但是这已经说明她在当时虽已有了倾向，只不过最后定见尚未形成。 再从这次议论的情况看，野心家的主张还未取得明显的优势。 但是，载漪并未因此而甘拜下风。 他把西太后内心活动的症结紧紧抓住了，在这次会后的当天，即唆使军机章京连文冲伪造了一个所谓"外交团照会"，这是以"请太后归政，废大阿哥"等为内容的，并派人连夜通过荣禄把它传到了西太后手里。 这一办法果然奏效，西太后火冒三丈。 她看到伪照立即大发雷霆地说："彼族竟敢干预我家事，此能忍，孰不能忍！外人无理至此，予誓必报之。"到这时，西太后对帝国主义列强翻脸的态度才真正表现出来。 因此，次日（6月17日），她再次召开了御前会议，企图利用"会议"将政治手腕施展出来。

在这次的御前会议上，因光绪帝仍在场，所以，西太后又不得不暂且按捺住心头的怒火。 她在委婉地宣布了伪照后即表示，"今日之事，诸大臣均闻之矣，我为江山社稷，不得已而宣战，顾事未可知，有如战之后，江山社稷仍不保，诸公今日皆在此，当知我苦心，勿归咎予一人"。 西太后的用意众人皆知，那就是她既要押宝，又不想承担由此可能产生的严重后果，这段话语把这个政治赌徒的丑恶灵魂充分暴露出来了。 在这样的气氛中，得意扬扬的载漪，又将义和团民"以赴国家之难"的五彩泡沫施放了一阵子。 就这样，一个重大的政治阴谋即将形成。

在第二次御前会议上，如何对待义和团，双方仍然处于僵持之中，这使得西太后没敢立即做出最后的决断。 但是对她来说，既然下定主意，顽固地走下去成为唯一的道路。

光绪二十六年五月二十二日（6月18日）第三次御前会议举行。西太后以及载漪等人从一开始就将场面专横地控制。 载漪提出围攻"使馆"，西太后当即"许之"；总理衙门大臣反对时，他们就予以顶回。 事实上，西太后已经默许对外宣战。

在连续召开御前会议之后，西太后又观察了一下内外的动向，并与对外主战的各个大臣一起商议，遂于光绪二十六年五月二十五日（6月21日）正式颁布上谕：对列强同时宣战。 在谕中表示，要与列强各国决一生死，改称"团匪"为"义民"，命各省督抚召集拳民，共同抵御外侮。 之前的西太后一贯无视国家与民族利益和极端仇视人民反抗斗争，而现在她竟然要"联团抗洋"宣战于各国。

西太后一反常态，决意与列强抗衡的原因是什么呢？ 实际上，这正是体现了她以私欲为核心，阴险、狡诈的特性。 上文已经叙述，在光绪二十六年五月上旬（6月中旬）之前，在对来自列强及义和团两大不同的压力中，西太后犹豫不定。 对于列强，废立皇帝问题上的积怨她还历历在目，后来又因外使逼迫镇压义和团过急而加重了反感（尽管后者的作用有限）。 但对帝国主义各国轻易"翻脸"，对于西太后来说，她的确不敢。 但是京师一带到处都是高举"灭洋"旗帜的义和团民。 这让西太后越发感到，如果对其大力"剿之，则即刻祸起肘腋"，她自己的利益也会受到威胁。 加上去涿州"宣抚"团民的赵舒翘等于光绪二十六年五月二日（6月9日）返京后的蓄意回奏，使西太后利用义和团的意向更加强烈。

光绪帝自从主政之后，在其所经历的中外战争中，出于反抗侵略维护朝廷的目的，清廷统治集团中历来均站在主战的一边。至此，这时的光绪帝已经经过甲午中日战争和戊戌变法的锤炼，精神面貌焕然一新。

　　当时，光绪帝或许不知道西太后的本意。但在有关国家大局等一些重要问题上，他却不顾自身的安危，仍利用得到的这点有限发言权"侃侃而谈"，将自己的见解和主张尽力表述。

　　光绪帝之见，是在认清中国与列强的综合实力之下，依据"中国积衰"、敌我力量对比悬殊而做出的判断，并且光绪帝还参照甲午中日战争"创巨痛深"的教训，认为"寡不可以敌众，弱不可以敌强"。他反对宣战于八国，认为只有议和才能解决危机。固然在八国侵略军已气势汹汹扑向中国的情况下，即使与敌议和，也会将巨大伤害带给国家和人民。然而，这可以让中国的地位更加主动一些。于是光绪帝强调，以团民"徒手前敌"根本抵挡不住列强侵略军。在此，他虽然说了些蔑视团民的话，但同时又说了一个事实。义和团反侵略的正义性及其英勇之气、爱国之情和它对敌所起到的巨大威慑作用，我们不能抹杀。但是，由于其本身所具有的种种严重弱点，再加上孤军奋战，所以只靠义和团的斗争，把帝国主义侵略者赶出中国是不可能的。进而光绪帝义愤填膺地指出"奈何以民命为儿戏"！甚至他又一针见血地指出，把未经训练的徒手团民直接推到列强的枪口之下无异于让他们送死，如此等等。可以认为，这是愤怒之下的光绪帝在尖锐地揭露与痛斥西太后一伙的险恶用心。

　　总之，在那种情况下，光绪帝的"侃侃而谈"，其目的是为了维护清朝的统治。他与西太后及载漪等人的出发点，是有区别的。这就是他们分歧的主要焦点之处。正因如此，连续的御前会议，让西太后的主要目的并未达到，她连一根稻草也未捞到。但是，由于外交使团伪照激起的"火气"，西太后又恼羞成怒。于是，在载漪等野心家的大肆煽动下，她不顾一切，向列强同时宣战。

就此，西太后一伙，无视内外大势，抗战部署也不做，不顾可能给国家和民族带来何等严重后果，为逞一时之快，孤注一掷，向八个列强国家同时宣战。

在近代中国抗击外来侵略的斗争中，由于各种变化的因素以及复杂的形势，所以简单地以主战、主和来判断爱国或卖国是不正确的。

光绪帝得知这个所谓即将颁布的"宣战"上谕时，他心情极为沉痛地说："可惜十八省数万万生灵，将遭涂炭。"在国家与民族又将蒙受深重灾难之际，光绪帝虽然已经身不由己，仍在心系祖国与民众的命运。

2.国难与亲恨

在西太后等一伙阴谋家、野心家企图利用义和团民大肆煽动盲目排外的同时，清政府派大学士刚毅、庄郡王载勋等以制定"团规"等手法来统辖义和团，以将广大团民的反抗斗争控制起来。并要求"载勋等严加约束"义和团群众，对所谓"借端滋事之'匪徒'，驱逐净尽"。于是，一部分团民遭到了清政府的杀害。在西太后等人的利用、欺骗和控制之下，义和团反帝爱国运动渐渐走上歧途，这也从另一方面使得义和团的成分越发复杂，使得这个战斗群体的分化和瓦解的速度大大加快，尤其大大地削弱了义和团反封建斗争的锐气。特别是，当列强大举入侵中国，义和团广大爱国群众和部分清军在与强敌展开浴血奋战、处于抗击敌军的紧急时刻，西太后与载漪等人还按其预谋，演出种种丑剧以干扰抗战。当时，他们甚至企图利用一些被欺骗的义和团群众来将光绪帝杀害。光绪二十六年五月二十九日（6月25日），在继载漪在义和团民中煽动"杀一龙"（光绪帝）的活动之后，60余名义和团民在载漪、载勋一伙带领下闯到光绪帝临时居住的宁寿宫门口。这些人，自称寻找"二毛子"，"大声呼噪，请皇帝出宫，群呼杀洋鬼子徒弟，杀洋鬼子朋友"，欲暗杀光绪帝，甚至大阿哥溥儁也仗势欺人，当面"呼帝为鬼子徒弟"，肆意污辱光绪帝。由于野心家载漪、载勋兄弟的这种过分拙劣活动亦引起宫中混乱，因而西太后只能将20来个义和团的大小头目作为牺牲品，将他们杀人灭口以掩人耳目。

尤有甚者，在对外宣战的上谕刚刚下达后，西太后就通过各种渠道向其帝国主义主子连连递送秋波，真是"余地处处都留着"。这时，她除了在北京不断向外使献殷勤之外，又于宣战后的第九天，即光绪二十六年六月初三日（6月29日），便通过驻外使节将自己的苦衷解释给各国政府，说什么"朝廷非不欲将此种乱民下令痛剿，而肘腋之间，操之太蹙，深恐各使保护不及，激成大祸"。可以说这是将自己的底牌给帝国主义列强看了。接着，西太后又乞求列强各国政府，"且中国即不自量，亦何至与各国同时开衅，并何至持'乱民'以与各国开衅？此意当为各国所深谅"。原来，之前的清廷上层的御前会议召开之时，光绪帝即鉴于敌我力量对比悬殊，一再指出不应同时与列国开战。而当时的西太后，却逞一时之快，坚持要对外宣战。曾几何时，现在的西太后却把此话以求饶的口吻倒给帝国主义。相同的话，在不同的时间与场合、说给不同的人听，不同的用意便被体现出来了，其效果固然亦会有异。几天之后，清政府在西太后的控制之下，以递交"国书"的郑重方式，再次表示与俄国、日本以及英国政府合作，希望彼此在共同对付中国"乱民"的前提下"暂置小嫌，共维全局"。到此，暴露无遗的只是西太后的奴相。她公开向帝国主义者表明：宁肯叛卖国内人民，也绝不将自己与列强的联系斩断。在国内军民正与帝国主义侵略军进行殊死搏斗的时刻，西太后的种种言谈举止，事实上无疑已构成了一种出卖国家和人民的罪行。不过，这时的帝国主义侵略者岂肯轻易松口？他们已经紧紧地咬住了中国。

历史事实证明，西太后的对外宣战目的还是为了对内——消灭义和团和实现其废立之谋。在这期间西太后的所作所为，同样还是以维护她自己的根本利益为前提的。正因为西太后根本不是真心抵抗侵略者，所以她不仅没有全力组织抗战，反而还想方设法、或明或暗地将各地军民的反侵略斗争一一破坏。 这直接导致天津被八国侵略军于光绪二十六年六月十八日（7月14日）攻陷，接着又长驱直入，光绪二十六年七月二十日（8月14日），列强兵犯北京城。 到此，西太后便完全成了一个输光了的赌徒，仓皇逃跑成为其唯一出路。

当西太后准备携带其心腹臣属离京出逃之际，光绪帝曾经强烈要求让他留下，准备"亲往东交民巷向各国使臣面谈"，以求议和。 他产生这种想法，跟他对西方列强存在幻想不无关系。 但应当说，当时光绪帝的主要目的，还是力图在争取议和将国家损害尽量减轻的同时，乘机摆脱西太后的控制，重执朝政，以便于新政变法的继续实施。 然而，狡诈透顶的西太后也当即意识到，"帝留之不为己利"，遂将他的要求拒绝，决意带走光绪帝。 不仅如此，当八国联军兵临城下，西太后在仓皇出逃的前夕，又命太监二总管崔玉贵（桂），把亦被无辜禁锢近两年的珍妃推到宁寿宫外的井中害死。 珍妃死时年仅24岁。

上已有述，在西太后准备逃跑时，光绪帝留京的想法的确产生过。 另据有关资料记载，当珍妃从北三所被"召"出后，她也提出"帝应留京以镇人心"。 此事是不是真的存在，可待考查。 不过，自从政变之后，光绪帝与珍妃密中会面的机会开始多了起来。 在此之前，其彼此之间趁便沟通一点心情，亦在情理之中。 另外，在得知光绪帝有留京之念的情况下，西太后向珍妃下毒手，绝非只是为了泄愤。 西太后要清除一切有助于光绪帝东山再起的苗头，以保证自己的统治地位稳固，这才是她的根本目的。 正因如此，后当《辛丑条约》签订，西太后回到北京并将其女皇宝座保住之后，她于光绪二十七年十一月二十九日（1902年1月8日）又以另一副面孔降"懿旨"宣称："上年京师之变，仓促之中，珍妃扈从不及，即于宫内殉难，洵属节烈可嘉。 加恩着追赠贵妃位号，以示褒恤"。 可见，其在地位稳固之后，西太后又挂起羊头卖狗肉了。

得知珍妃被害的噩耗之后，光绪帝"悲愤之极，至于战栗"，在其思想感情上又受到极大挫伤。事实上，这又是西太后折磨光绪皇帝的伎俩。当然，"颖敏"的光绪帝会从中意识到，似乎自己也只能听从西太后的安排；否则，个人的性命同样不保。因此，在此之后，国难、亲仇以及其有志不得伸的积怨，一并压在光绪帝的心头。从此，光绪帝更犹如失去"灵魂"，"变成完全像木头人一样"。无疑，这集中体现了其悲愤至极的心态。

西太后在出逃之前，全权授予李鸿章，要求其迅速来京办理后事。当她于光绪二十六年七月二十一日（8 月 15 日），挟持光绪帝、带着其臣属逃走之后，与李鸿章的联系进一步密切了。她为了保住自己的女皇宝座不惜一切代价。光绪二十六年八月十四日（9 月 7 日），西太后等跑到山西太原附近时，庆亲王奕劻又在她的指派下回京"会同"李鸿章办理投降事宜。并同时颁谕宣称，"此案初起，义和团实为肇祸之由，今欲拔本塞源，非痛加划除不可"。至此，西太后原形毕露，她将所有罪责都强加到义和团身上，将自己洗得一干二净。随后，便在许多地区出现了中外反动武装开始联合绞杀义和团的局面。光绪二十六年十二月二十六日（1901 年 2 月 14 日），此时的西太后已经逃到西安，看到帝国主义列强确认保护她的统治地位之后，便降谕公开宣布，愿意采取"量中华之物力，结与国之欢心"的彻底卖国方针。为了满足帝国主义的侵略欲望，西太后决心将国家和民族的一切权益拍卖。光绪二十七年七月二十五日（1901 年 9 月 7 日），经西太后批准，清政府的全权代表奕劻、李鸿章便在《辛丑条约》上签字。清廷与帝国主义侵略者的奴主关系，再次跳跃之后进一步地确定了，中国人民奴役枷锁更加沉重。由此，中国的半殖民地半封建社会的社会性质正式形成。到这时，西太后"宣战"的真实含义也就随之而昭然于天下了。八月二十四日（10 月 6 日），在《辛丑条约》签订后，西太后携光绪帝自西安返回京师。到光绪二十七年（1902 年 1 月 7 日），在人民的血迹中，西太后回到了北京的清宫。 从此，西太后又在帝国主义的卵翼下，继续维护其万恶的统治。

饮恨而终

光绪帝长期处在无限悲愤与忧伤之中，于光绪三十四年十月二十日（1908年11月13日），在西太后患病之后他也"疾甚"。 第二天，光绪帝便与世长辞，终年（虚龄）38岁。 20小时后，清王朝的最高当权者、活动于中国历史舞台50年的"女皇"西太后也相继病死。

由于"宫掖事秘"，光绪帝的死因，从事发起即连宫内的一些大臣也"莫知其详"。 因而光绪死后，社会上对光绪帝的死因众说不一，这成为晚清史的又一大疑案。 前些年，我国从事医学的同志，据中国第一历史档案馆收藏的光绪帝临终前之脉案、药方等原件的验证与研究，确认光绪帝"死于结核病"。 当然，我们欢迎将新的研究角度纳入这一段历史。 但在封建专制时代的宫廷，脉案及药方，御医是否对患者的病情真实记录不得而知。 据在当时负责光绪帝病情的御医记载，他患有"遗泄（即遗精）""头痛（神经衰弱等）""发热""脊骨痛""无胃口（无食欲）""痨症（肺结核）"等多种疾病。 另外，在其他可见的资料之中，亦有光绪帝患"虚痨"等记载。 因此我们可以肯定当时光绪帝已经身患"结核病"。 但从光绪帝临终前的脉案来看，结核病恶化的症状却没有，所以，仅据清宫的脉案、药方，还难以揭示光绪帝的真实病情，更不能将其中内幕探明。

据《清史稿·德宗本纪》记载，西太后病倒之后，光绪三十四年十月初二日（10月26日），光绪帝于勤政殿接见日使伊集院彦吉；光绪三十四年十月初六日（10月30日），在紫光阁赐宴达赖；光绪三十四年十月初十日（11月3日）是西太后的生日，光绪帝又亲"率百官晨贺太后万岁寿"。 就在当日"突传圣（光绪帝）躬不豫"，但"入诊者金云六脉平和无病也。"另据《清宫琐记》载，太（御）医周景濂亦曰，初"帝无大症，诸臣皆以平和剂进之"。 再对照光绪帝平时的情况，可见他即使发病，也不会严重到这个地步，何况光绪帝患的均为慢性病。 不过，从此之后，对于光绪帝的病，西太后却格外关注。 她在病中，还命其亲信、庆亲王奕劻为光绪帝寻医。 西医师屈桂庭，就是在奕劻授意下由袁世凯推荐入宫的。 另外，在帝身边任职近 20 年的起居注官、翰林院侍讲恽毓鼎记云，在此之间"有谮上者，谓帝闻太后病，有喜色。 太后怒曰：'我不能先尔死。'"西太后的最大顾忌就是唯恐在其死后光绪帝重新上台操政。 到光绪三十四年十月十八日（11 月 11 日），当屈桂庭再次进宫准备护理光绪帝时，他发现光绪皇帝"忽患肚痛，在床上乱滚"，并且此时的光绪帝"面黑，舌黄黑"。 这时，屈桂庭非常疑惑，认为"此系与前病绝少关系"。但是，在见到此种情况之下，他匆匆地离开了皇宫。 光绪三十四年十月二十日（11 月 13 日），也就是在光绪帝死去的前一天，西太后授意公布帝"病甚"，同时又降懿旨宣布，醇亲王载沣之子溥仪"在宫中教养，复命载沣监国为摄政王"，并且安排好了光绪帝的继承人及其之后的执政者。 因此笔者认为，光绪帝之死的确切原因还需进一步探究。 据西太后的亲信"侍从"说，"皇帝殡天之后，（西）太后闻之，不但不悲愁，而反有安心之状"。 帝、太后不约而同，相继殡天，难道用巧合来解释吗？

不过，不管光绪帝的死因究竟是什么，他在清廷遭受的控制与打击，在精神与志向上受到的压抑与摧残，在身心上经受的折磨，甚至被人拆毁骨肉亲情，真可谓，光绪帝的一生"未尝一日展容舒气也"！其实，这本就是他身体"多病"的原因。 因此可以认为，年轻的光绪帝之死，必然与西太后有关。 如果说光绪帝入主清宫，是出于一种政治需要；那么他的死去，也未必不是清廷的另一种政治需要。

随着光绪帝与西太后的皇冠相继落地，清王朝亦临日薄西山。

第十二篇

末代皇帝——溥仪

爱新觉罗·溥仪，光绪三十二年（1906）正月十四日生，死于1967年10月17日，享年61岁。他3岁登基，总共在位3年，没有庙号，也没有谥号。他不仅是清朝最后一个皇帝，也是中国历史上最后一个皇帝。死后初葬北京八宝山公墓，1995年1月26日移葬河北易县清西陵华龙陵园。从"天子"到凡人，溥仪所有的威权和尊贵与清王朝共同消失。

第一章　两位皇帝伯父唯一的儿子

慈禧的"算盘"

光绪二十八年（1902）九月，载沣奉旨迎娶荣禄的女儿，婚礼隆重热闹，慈禧太后送了丰厚的贺礼，就连处于"囚禁"状态的光绪皇帝也随了礼。

婚后，慈禧骨子里是希望载沣怕媳妇的，更何况载沣的媳妇飞扬跋扈惯了，所以，慈禧非常看好载沣的媳妇。

后来，载沣的媳妇终于遂了西太后的愿，光绪三十二年正月十四日（1906 年 2 月 7 日），在浓重的元宵节氛围中，她生下长子。 根据《清德宗实录》记载，光绪帝对于侄子的名字亲自过问，这辈儿人承"溥"，下一个字拟定为"仪"，于是，"溥仪"成为载沣长子的姓名。 次年，载沣的媳妇再添一子，命名为溥杰。 这令慈禧非常高兴，她的计划有着落了。 然而，究竟什么时候让他们取代光绪帝呢？这个时机很难把握，慈禧太后继续盘算着。

此时的慈禧年逾七旬，虽已年届古稀，但身体尚好，据说看上去像是只有 50 多岁，走起路来步履依然轻快稳健。 跟了她几十年的大太监李莲英通常气喘吁吁、虚张声势地在后面大呼小叫："老佛爷走得太快了，奴才们快丢了！"慈禧回头数落李莲英几句，心中却十分得意。 只要慈禧健康地活着，光绪帝的危险就比较低，一动不如一静，调教出一个傀儡毕竟也不容易，所以，溥仪入承大统为时尚早。

然而，载沣的个性举止偏偏不符合他皇室的身份，他是个极为低调的人，不苟言笑，人际交往很少，说话时还有点"大舌头"，一着急就连连点头，所以，载沣一般不说话，皇族中遇到婚丧嫁娶的事儿也基本不出面，性格孤僻。

由此看来，载沣作风偏软，性格懦弱，做政治家显然不合适，但若加深思，可见这并不完全是他的劣势，慈禧太后独断专行，她喜欢的就是懦弱的性格，因为这样的人听话好摆布，不会有二心；并且，载沣虽然懦弱，他的其他优势也非常明显：

首先，在派系林立的晚清政坛，载沣左右逢源，各派人物均支持他。

其次，载沣是一个"时新人物"，这也顺应了时代的潮流。

第三，载沣很好学，学识很好。

有鉴于此，对于载沣，慈禧非常有信心，所以，在溥仪出生之后，她刻意提拔载沣。光绪三十四年（1908）春，慈禧要求光绪帝在宫里"养病"，然后让载沣代表皇帝前去举行祭天典礼，这让载沣的地位更加显赫。

在慈禧看来，培养载沣、选择溥仪是她一生中的最后一次赌注。她不怀疑自己的眼力，更何况她还自信自己来日方长，有时间来培养、扶持载沣，经过一段时间的过渡，在载沣能力提高和自己体力不行之时，换掉光绪，把政权交给载沣、溥仪父了。

接着，光绪三十四年十月，光绪、慈禧在两天中相继死去。半个月后，溥仪在太和殿即位，由光绪的皇后隆裕和载沣摄政。第二年改年号为"宣统"。就这样，溥仪登上了大清王朝末代皇帝的宝座。

国运衰颓，人心丧尽

所谓"人心"，是看不见摸不着的东西，统治者往往忽略，但民心向背的力量却堪称排山倒海、威力无穷。当时的清政府被人们抛弃的缘故不外有两点：腐败、卖国。众所周知，清政府腐败由来已久，卖国也不是一天两天的事，必须知道时代在不停地进步，随着教育的普及、新闻监督的初步形成、西方理念的不断输入，人民也会越来越高地要求政府。政府很难再像以往那样轻易地愚弄百姓，而清政府却依然故步自封，甚至更加腐败。

当时的下层民众最贫寒困苦，但他们也不甘心成为贪官污吏案板上的鱼肉，他们想方设法抵制官吏的盘剥，甚至起来反抗；面对人民的反抗，清政府四面楚歌，只好靠出卖国家民族利益来换取帝国主义的支持，甚至说出了"量中华之物力，结与国之欢心""宁赠友邦，不与家奴"那样自绝于中国人民的话。这也表明，清政府已经逐渐走上了与人民为敌的道路。

由此可见，清王朝的统治已经大厦将倾。

第二章　六岁退位

退位蒙受优待

宣统三年（1911），辛亥革命爆发，南方各省纷纷宣布脱离清朝统治。1912 年中华民国成立，为了尽早统一中国，在社会各界压力之下，中华民国临时大总统与袁世凯达成协议："谁先废帝谁就为中华民国大总统。"在这种情况之下，当时的袁世凯非常着急，他迫切地想尽快找到解决方法，于是决定向清皇室摊牌。

袁世凯于宣统三年腊月初七日（1912 年 1 月 25 日）通知隆裕皇太后：如果再拖延不决，将交给国会表决如何处理清皇室，而清皇室是否仍能像目前这样获得优待，他毫无把握。

宣统三年腊月二十五日（1912 年 2 月 12 日），袁世凯将写好的《退位诏书》派人送到宫中。正式公布由中华民国临时参议院通过的

《关于大清皇帝辞位之后优待之条件》，史称《清室优待条件》。 同时，双方在正式公文中也列入《退位诏书》和《优待条件》，照会各国驻京公使，对各自政府进行转达，"以昭大信"。 至此，从顺治元年入关开始，对中国统治达268年的大清王朝终结了。

北京外务部的大楼当天晚上灯火通明，袁世凯在亲信的簇拥之下来到这里，向中华民国南京临时政府发电。 袁世凯用最热烈的语言把共和制度的伟大赞美了一番，把孙中山等人的革命精神也大大地颂扬了一顿，最后，信誓旦旦地表示"永不使君主政体再行于中国"。 然后就地把自己的辫子剪掉了。 袁世凯放声大笑，现场掌声雷动。 这是一个狂欢的不眠之夜。

此时的溥仪年仅6岁，尚不通人事就成了"亡国之君"，他不知道也不会理解自己的命运发生了根本性的转折。 然而，今后他将怎样走自己漫长的人生路呢？

袁世凯背信弃义

袁世凯一生叱咤政坛。 辛亥年间，他伪装革命，让清帝被迫退位，从孙中山手中获得了大总统的地位；上台之后，他的真面目逐渐暴露，他对外卖国，对内专制独裁，用镇压、暗杀、收买、欺骗等手段，破坏共和国的制度。 到1914年，袁世凯终于把国会、内阁一块儿废除，他一人独揽大权，成为不是皇帝胜似皇帝的"终身大总统"。 尽管如此他仍不满足，他感觉大总统不过瘾，要做皇帝。 这样却使大家终于明白，怪不得袁世凯要大家尊孔读经，怪不得要限制清室，原来他打的是这样的主意！

袁世凯即将称帝，前清皇室首先开始活动，为了自保，一些王公也组织了"请愿团"，走上街头摇旗呐喊。 不过，相比于生龙活虎的"人力车夫请愿团"，他们明显显得愁眉苦脸、有气无力、步履沉重。 同时，跟袁世凯接洽的还有内务府，由于内务府大臣世续跟袁世凯是拜把子的兄弟，所以谈判还算顺利。 内务府以溥仪的名义上书推戴袁世凯，表示："现由全国国民代表决定君主立宪国体，并推戴大总统为中华帝国大皇帝，为除旧更新之计，作长治久安之谋，凡我皇室极表赞成。"然后，袁世凯写就书面承诺："先朝政权，未能保全，仅留尊号，至今耿耿。 所有优待条件各节，无论何时断乎不许变更，容当列入宪法。 袁世凯志，乙卯孟冬。"

前清皇室虽然不敢相信袁世凯白纸黑字、措辞诚恳的承诺，但事已至此，办到这个程度总算可以交差了。 不过，袁世凯提出了一个附加条件，即让自己的女儿嫁给溥仪做皇后，这起初让皇室难以接受，但最终只能勉强接受。 后来，袁世凯又宣布载沣、奕劻、那桐、世续四位清室人物算是他的"旧侣"，面对他可以不用以臣子自居，即这4个人以后见到他"袁皇帝"不用称臣、不用下跪，当然，这是他的客气，载沣等四人当不当真只能自己斟酌。

袁世凯的倒行逆施受到了全国人民的声讨，云南蔡锷宣布独立，然后组织护国军讨伐袁世凯。 反袁声势越来越大，在四面楚歌之中，袁世凯被迫取消帝制，希望能维持以前的总统地位。 但全国人民再接再厉，誓和袁世凯斗争到底，最后北洋军阀也四分五裂。 在焦头烂额之中，袁世凯患病去世，终年58岁。

袁世凯死后，大总统由黎元洪当上了，而段祺瑞当上了国务总理。但是，这两人都不是各方面认可的能掌控全局的人物；而且，黎元洪不同于段祺瑞，不属于北洋军阀一系，所以二人之间矛盾不小。 各路军阀也各怀鬼胎，政府更是一盘散沙、内忧不断、自顾不暇，小皇帝自然处于无人过问的状态，不仅不再敦促溥仪迁居颐和园，就连各地遗老的复辟活动也放任不管，于是，紫禁城看样子又有无限生气。

当时，掌握中华民国军政大权的领导者中很多人都在清朝做过官，他们虽然背叛了清朝，但仅仅是考虑到自身的利益，绝不是为了避免清廷的迫害或者政治觉悟提高的结果，所以，对故主溥仪难免感情复杂，他们自然全力维护对清室的优待，有的人甚至偷偷溜进紫禁城，向溥仪三跪九叩，然后掏出支票，往地上一放，低头退下。 似乎这样一来，就能把内心中背叛的愧疚减轻。

在袁世凯时代，这些民国要员溥仪是见不到的，但此后这些人越来越多。 1917年6月中旬的一天，安徽督军张勋进宫面圣，张勋泪眼婆娑地说："江苏巡抚兼署两江总督、南洋大臣张勋恭请圣安！"立即跪地叩头。 溥仪低头一看，非常诧异，原来还有一条花白的辫子拖在张勋脑后。 溥仪不着边际地随口问了几句，就结束了召见。

1917年7月1日，溥仪如平时一般来到毓庆宫，一进书房，顿时感觉气氛不同寻常，师傅都站着，表情严肃，一点讲课的样子都没有。 其中地位最高的陈宝琛说了句话，让溥仪目瞪口呆——"张勋一早进宫，来拥戴皇上复位听政，大清复辟了！"

溥仪惊得张口结舌，愣在那里，表情呆滞，这样的喜事儿从天而降，他一点也不相信，因此，溥仪一时不知该如何表态。

溥仪大婚

溥仪选定后妃后，开始紧锣密鼓地筹划大婚典礼，但面临很多困难，尤其是民国政府态度不明朗，清室因为跟大总统黎元洪交情不够，很没底气。 但经过交涉，结果喜出望外。

婚期临近，民国要人纷纷送来贺礼，由于未能实现溥仪的复辟，张勋从此退出政界，不在中华民国做官了，现在下海经商，也有很丰厚的收入。 此外，各地遗老成群结队地来到北京，也把各自的礼品带来了。 连上海、香港等地的大富商哈同、何东等人也送来了钻石珠宝。 溥仪看到堆积如山的礼品，感觉眼花缭乱，便命令内务府把这些东西统一存储在紫禁城西北的建福宫，然后把一辆自行车挑了出来，推回了他居住的养心殿。

1922年11月29日，溥仪的婚礼在紫禁城开始举办。 这天晚上，溥仪派人接文绣进宫；第二天一大早，文绣坐着骡车到达紫禁城，来到养心殿，向溥仪叩头，然后被册封为淑妃。

溥仪的婚礼历时 5 天，隆重热闹，中华民国的政府要员、来自各地的遗老涌进紫禁城，祝贺溥仪。 遗老行的是三跪九叩大礼，在那种气氛之下，很多民国要员也一起三跪九叩，这些遗老互相拉着手感慨唏嘘，尤其令他们兴奋的是也有很多外国外交官来了。 清室接受庄士敦的建议，于乾清宫举行招待酒会，溥仪用英语致了谢辞。

作为婚礼的重要组成部分，从 12 月 2 日起连唱了 3 天大戏。 中国京剧界对前清皇室的感情非同寻常，从乾隆年间徽班进京开始，便跟皇家渊源深厚。 若没有慈禧太后的格外垂青，京剧哪能像今天这样红遍大江南北？ 饮水思源，上海、北京的很多名角来到了紫禁城，他们宣称为"旧东家"义务奉献，分文不取，不过，皇帝的赏赐也必须接受，因为当年伺候慈禧皇太后的惯例便是如此。 溥仪听这些戏子说得振振有词，非常高兴，立即拍板赏银 3 万元。 这些人叩头谢恩之后，又神秘兮兮地说有一出新戏才经他们排演，在外面刚刚公演，绝对叫座，票房收入估计过亿，愿意报效皇家，不过戏名叫《霸王别姬》，可能不太吉利，不知圣意如何。 溥仪毫不在意地挥手宣布——但演无妨。

于是，溥仪大婚典礼的压轴戏粉墨登场，领衔主演的便是后来大名鼎鼎的梅兰芳、杨小楼，他们确实功力非凡，太妃们看得如醉如痴，自言自语地说当年白陪老佛爷看了一辈子的戏。 不过演到最后霸王四面楚歌、虞姬挥剑自刎的场面时，观众个个泪水涟涟，一点大婚的喜庆气氛都没有了。

驱逐太监

但这时的紫禁城危机四伏，建福宫的财宝被别人盗了。 接着，建福宫的案子还没调查清楚，养心殿东套院又发生了火灾，一团浸过煤油的棉花刚烧着就被扑灭，这很明显是有人捣乱。 溥仪感到了前所未有的恐惧，这不同于以前的火警，这明显是对着他来的，甚至可以说是要烧死他。 溥仪想到自己平日里对太监打骂虐待简直就是"家常便饭"，不知有多少仇人就在自己身边，他越想越怕，都不敢睡觉了。

偏偏此时又有一起行凶案发生了，一个太监将另一个太监刺成重伤。 这事儿本来跟溥仪毫无关系，但却让他心惊肉跳。 因为溥仪的身份特殊，这使他的心理状态敏感多疑，更不敢信赖这些太监了。 白天还好说，一到了晚上，自己蒙头大睡，可是值夜班的太监布满屋里屋外，万一趁机下手，自己只能坐以待毙。 但如果不睡觉，可能身体也不答应，怎么办？ 最后溥仪想出了一个办法，把一个值得信赖的人找来，在他睡觉的时候为他守夜，一旦有紧急情况，立即叫醒他。

谁值得信赖呢？ 溥仪经过盘算，能放心的只有两个人：皇后婉容和淑妃文绣。 溥仪跟婉容说了自己的意思，婉容十分高兴，表示非常愿意为溥仪守夜，并一再强调这事儿不用文绣参与，她自己便足够了。 溥仪未加思考就同意了。 其实，婉容自从结婚，每天晚上都是自己过夜，想接近溥仪都没有机会，现在能在溥仪的寝宫过夜，当然浮想联翩，十分兴奋。

然而，几天过后，婉容便发现这个工作不好做。 晚上溥仪睡得香甜，自己拎着个棍子彻夜不能合眼，一直挨到天明，简直痛苦不堪。溥仪一觉醒来，看到婉容惟悴疲惫的样子，想把文绣叫来替换一下，但婉容却摇着头，她宁愿累死，也不想让文绣接近溥仪。

几天过后，婉容支撑不住了，溥仪也觉得长此以往肯定不行，他经过深思熟虑，为了一劳永逸，做出了一个决定，很具有"划时代"的意义——所有的太监，不管是总管大太监还是打扫处的小太监，不管是皇帝身边的还是太妃身边的太监，不管是老实本分还是心肠歹毒的太监，都一律驱逐出宫。

1923 年 7 月 16 日中午，溥仪乘汽车突然来到了醇王府。 他是突然袭击，连让王公和内务府官员商量的时间都不给，利用自己的皇帝权威，立即降旨，命令内务府执行。 内务府官员急得团团转，但溥仪毫不动容，双方僵持到傍晚，载沣终于妥协了。 双方讨价还价，最终意见统一，除了太妃身边各留 20 名太监以外，其余太监立即驱逐出宫。

　　中国末代太监的结局虽然悲惨，但当时的社会舆论却极高地评价了溥仪驱逐太监出宫的事情。溥仪这一多疑的举动终于终结了中国的太监制度。为了保证自己数不清的后宫佳丽的"贞操"，皇帝把在宫中服役的男人一律阉割，作为封建王朝皇帝制度的一部分，是极度自私的体现和惨无人道的象征，这代表着中国封建社会的腐朽和落后。现在，中国的末代皇帝主动宣告了这一制度的结束，虽然神武门前太监的哭声令人心酸，但不论溥仪的主观意愿如何，其结果必将是朝向人道公平的迈进，这个举动具有进步意义。当时北京的报纸称赞溥仪是开明进步的人，甚至说假如他早生三四十年，也许中华民国便不会出现了。

　　溥仪于晚上 9 点多钟乘车回到了紫禁城，在养心殿，溥仪满面愁容，心惊肉跳。不仅仅因为寂静带来的恐惧，还有他那并不明朗的未来——今后的路该怎么走？近年来的一系列纷扰表明，无论是民国政府，还是前清皇室，都因《优待条件》而压力重重。对中华民国来说，保留前朝皇室是共和国不彻底和不体面的表现；而对前清皇室来说，他们不得不承认，在失去皇权之后，在紫禁城中继续居住已经不堪重负，这不仅由于他们无力维持宫廷的庞大开支，而且成百上千的太监、宫女也约束不了。然而，《优待条件》是自己主动放弃，还是等中华民国对其进行更改呢？

第三章　被逐出宫

被逐出宫

　　冯玉祥发动北京政变，固然有着抢占地盘、扩充自己势力等因素，其中也不排除要求停止内战，建立一个独立、富强的共和国的良好意愿。 自从建立民国以来，共和国的一个污点便是小朝廷的存在，所以，冯玉祥的目标直指前清皇室，11 月 4 日晚，他操纵"摄政内阁"把《清室优待条件》废除，并做出了新的规定，然后于次日强制执行。

冯玉祥的亲信、北京警备总司令鹿钟麟于 11 月 5 日早晨率部队来到神武门前，还有北京警察总监张璧也一同前来。 鹿钟麟下令把宫中的电线割断，然后带 20 名手枪队士兵进入了紫禁城，强制要求溥仪搬出紫禁城。

至此，溥仪彻底妥协了，领着婉容、文绣出了紫禁城，在神武门前坐上了鹿钟麟给其准备好的汽车。 但两位太妃宁死不出宫，鹿钟麟多方恫吓，效果全无，反而是太妃要自杀吓坏了鹿钟麟。 好在溥仪同意出宫，已经达到其主要目的，所以，鹿钟麟出了紫禁城，指挥汽车开向载沣的醇王府。 那里是溥仪的出生地。

溥仪进入醇王府之后，鹿钟麟的士兵随即守住王府，断绝了王府跟外界的一切联系。 两天后，鹿钟麟进入醇王府，勒令溥仪把"传国玉玺"交出来。 所谓"传国玉玺"，据传是秦朝有人用和氏璧雕刻而成，上面刻着"受命于天，既寿永昌"8 个字，历代王朝都认为它象征着政权的合法性。 但在元朝之后这块玉玺就失踪了，只不过明清两朝的皇帝都掩盖了玉玺失踪的消息。 现在鹿钟麟向溥仪索要"传国玉玺"，溥仪和王公们根本拿不出来。 他们只能赌咒发誓，反复解释。鹿钟麟半信半疑，转而命令溥仪把内务府存放在银行的现金交出来，之后便离开了醇王府，再未露面。

津门彷徨，度日如年

溥仪回到静园，把师傅近臣召集起来对罗振玉带来的计划（去东北）进行研究。 据溥仪后来回忆，授业恩师、年逾八旬的陈宝琛立即语调沉重地打击他。 在陈宝琛看来，罗振玉又犯了其"举止乖戾"的毛病，九一八事变发生还不到半个月，东北的局势尚未稳定，东北人民是不是真的希望清朝复辟还尚待观察，国际列强也没有完全明朗的态度，在这种情况下怎么能贸然前往东北呢？陈宝琛沉痛地说："局势混沌不分，贸然从事，臣担心有去无回啊！"是啊，这一步棋关系到身家性命，必须万分谨慎，否则，冒失地到了那里，一旦跟关东军谈崩，人家会放你回来吗？退一步说，即使关东军放你回来，你还能在国内立足吗？

陈宝琛把罗振玉计划的破绽进一步指了出来：板垣征四郎仅仅是关东军的一个参谋，军衔不过是个大佐，他能代表关东军吗？再者，即便这个计划早存在于军方，也并不意味日本政府能同意这个计划。另外，以陈宝琛的洞察力，他还把日本军方的野心看穿了——利用溥仪作为他们控制东北的工具，当然，他不便说破，所以，他强调假如并非东北人民真心欢迎溥仪，而仅仅是日本军方的打算的话，建议溥仪万不能到东北去。 并且，溥仪一旦决定前往东北，就必须跟日本人约定这个国家的独立自主，否则，若是关东军控制所有事情，就不要去跳这个陷阱。

这些话打击了溥仪的热情，他很苦恼。 在他看来，陈宝琛师傅的话很有道理，但陈师傅毕竟年逾八旬，一点锐气都没有了，过于小心迂腐；所以，他召来了雄心勃勃的郑孝胥，想听听他的意见。 此时的郑孝胥是溥仪的绝对亲信，他的话溥仪基本都听，而且，这年春天，溥仪做主让郑孝胥的孙子娶了他的二妹，所以，郑孝胥算是"皇亲"。

出人意料的是郑孝胥对陈师傅的意见也很赞同，希望溥仪不要理睬罗振玉，先观察一段时间再说。 其实，溥仪后来才弄明白，郑孝胥之所以对陈师傅的主张表示赞同，是怕罗振玉抢了"建国"的头功，其只是出于私心。 但当时溥仪并不知道郑孝胥的真实想法，既然大家都不同意他立即前往东北，便只有先等一段时间再看了。 于是，溥仪通知罗振玉和上角利一，暂不前往东北。

虽然溥仪已经26岁了，但他的身份、经历决定着他是一个很天真幼稚的人，不仅不懂人情世故，而且往往很容易相信别人说的话，容易把问题看得很简单。他得到领事馆转告的天津日军经过协商早已把主意改变的消息后，居然派人向军方询问，结果军方很生气，大骂领事馆撒谎，协商这回事儿根本不存在，硬要溥仪给他们出证词，要状告领事馆。溥仪居然真给他们写了证明信，这下子又得罪了领事馆，日本外交官前来纠缠，让溥仪收回证言，溥仪真是焦头烂额。但透过此纷扰，看得出陈宝琛的疑虑很正确，日本的军方跟政府果然不能协调一致。

溥仪决定派人直接到东北探探虚实，但是更重的打击到来了。关东军司令官本庄繁向溥仪的代表说：等到东三省"团结稳固，当由内田请上临幸沈阳"。可见，本庄繁自己承认日本尚未控制东三省，而且，他认为最合适邀请溥仪来东北的人是南满洲铁道株式会社的总裁内田康哉。既然本庄繁认为应该出面邀请的人是满铁总裁，则说明实际上陈宝琛的另一个猜测也被验证了——板垣征四郎代表不了关东军，溥仪有点儿泄气了。

其实，在侵略中国这个问题上，日本政界和军界绝对统一一致，但是，该怎么走侵略中国这盘棋，彼此有巨大分歧。大体而言，军方比政界激进，军方的下层比上层激进。为此意见不一，矛盾重重，甚至剑拔弩张，你死我活。

溥仪在天津困惑彷徨，真是度日如年。众所周知，机遇往往伴随着挑战，人们大多不愿意把机遇失去，但又害怕面对挑战，当然，更可怕的是"偷鸡不成蚀把米"。

上当受骗，潜往东北

土肥原一踏上天津的土地，中国方面便监视着他的行踪。为了阻止溥仪跟日本人合作，国民政府突然一改冷漠态度，向溥仪伸出了热情之手。

11 月 4 日，国民党监察院委员高友唐来到静园，给溥仪带来了南京方面的消息：国民政府愿意恢复《优待条件》，照付优待费，每月两万元数额。

可见，国民政府当时也是具有诚恳的态度的，但正像俗话讲的"平时不烧香，临时抱佛脚"，这些不但效果全无，反而勾起了溥仪的新仇旧恨。 在当时，溥仪已经对中华民国不抱任何幻想，东陵事件确实伤透了他的心。

溥仪把高友唐请出了静园。 但高友唐尚未死心，表示过几天再来。

通过各种间谍手段，土肥原对静园里面的一举一动都了如指掌，虽然国民政府的争取和陈宝琛的阻止对溥仪的影响很小，但为了确保万无一失，土肥原还是采取了一系列的措施对宣统皇帝予以保护。

终于，土肥原成功说动溥仪前往东北。 汽艇启动了，溥仪心潮起伏，然而，此时的他无论如何也想不到，那些彬彬有礼、衣冠楚楚、口口声声要帮助他复辟大清的"日本友人"竟然翻脸无情，露出了一副凶恶的面孔……

第四章　伪满十四年

投敌叛国，就任伪职

在关东军的导演下，1932 年 2 月 29 日，东北汉奸组成了"全满洲会议"，宣布"满洲"脱离中华民国独立。 次日，所谓的"东北人民代表"来到旅顺，对溥仪表示忠诚及拥戴，请他就任"满洲国"国家元首。 经过两次推辞，溥仪于3月5日接受了安排。

3月6日清晨，溥仪早早起床了，吃过早餐，于7点半乘车从被软禁3个多月的旅顺离开。 沿着崎岖起伏的山路，车队向大连方向疾驶，9点，车队抵达大连市西北的沙河口火车站。

3月8日上午，在汤岗子火车站，溥仪和汉奸们登上了南满洲铁道株式会社的特快专列，前往长春。 汽笛声响，蒸汽机车把云雾喷出后便缓缓开动了，随着列车的加速，广袤的东北原野出现在眼前，遥远的村庄迎面飞奔而至，又迅速地被抛在了视野之后。 车厢里只有车轮摩擦铁轨的声音，人们都缄口不语，由于前途未卜而使得气氛异样。这根本不像是去出席庆典，简直像是出殡。

下午3点，列车开进长春火车站，军乐声、欢呼声顿时响成一片，溥仪和婉容先后走下火车，在汉奸、日本军人的簇拥下步出站台，抬眼一看，广场上到处都是旗帜，溥仪居然还看到稀稀落落的几面大清帝国的国旗。 他激动地挥手致意，没想到举旗之人跪了下来，据说这是吉林的满人。 溥仪顿时热泪盈眶，想起被逐出宫的屈辱和东陵事件时立志报仇的誓言，他心中的快感顿时增加了不少，同时对日本人的怨恨也少了一些。

溥仪背叛了国家和民族，不管是什么原因，他的罪行都不可原谅。 3月12日，中华民国对溥仪发布了通缉令。

忍辱偷生

1942年，伪满洲国已经建国10周年了，关东军又想出了一个花招。 溥仪刚刚过完36岁生日，吉冈安直就奉命对溥仪说，满洲国10年来发展壮大，这与日本人的支持是分不开的，所以，满洲国应该称日本为"亲邦"，而不能像其他国家那样称日本为"友邦"或"盟邦"。

所谓的"建国 10 周年"，实际上就是日本铁蹄凌辱中国东北的 10 周年，关东军自然要庆贺一番。溥仪强打精神为关东军装点门面，并奉命写了一封亲笔信，满纸谄媚之言，由张景惠携带，前往日本谢恩。

为了祝贺伪满建国 10 周年，不少傀儡国家的所谓元首也前来凑热闹。南京汪伪政权的首领汪精卫也来祝贺，这是让溥仪最不能忍受的。抗日战争初期汪精卫投敌叛国，在南京组织伪政府，当了汉奸。虽然汪精卫跟溥仪殊途同归，但对溥仪来说，与杀父仇人握手言欢，太尴尬了。

溥仪居住在重兵把守的伪帝宫中，不可能了解到东北人民的苦难和仇恨，也不会知道日本人的下一步计划，但他不聋不哑，心里也不糊涂，对于一些关东军的暴行，个别亲信曾经透露给他过，他听得心惊肉跳。他深知自己罪孽深重，也明白自己身处险境，为此，溥仪开始皈依佛教，成天念经祈祷，甚至随从打苍蝇、蚊子的行为也被其喝止，只允许御膳房买回已经宰杀好的鸡鸭猪肉，后来，干脆"素食主义"，每天三餐仅仅是白菜、豆腐、豆芽、土豆、粉条之类的食品，偶尔吃一只鸡蛋都要忏悔半天。

苏军开战，伪国难保

1945 年 7 月 16 日，人类历史上从未有过的一声巨响在美国新墨西哥州的沙漠上响起，一团耀眼的火球升上天空，地面顿时燃起了大火，半径 5 公里之内的生物全部死亡，暴露在地表的武器装备全被融化，所有建筑物顿时变成废墟，白昼瞬间变成漆黑一片，现场飞沙走石，下起了一阵"黑雨"。人类历史上第一颗原子弹的爆炸情形就是这样的。

第二天，美国拥有原子弹的消息就被苏联人得知，他们为此而紧张。众所周知，一旦美国对日本使用原子弹，日本投降的时间就会缩短，如果不抢在日本投降之前开战，苏军就失去进攻伪满的理由了，于是，苏军决定进军中国东北。 1945 年 8 月 6 日，美军在日本军事重镇广岛投下了原子弹，两天后，苏联红军仓促上阵，向日本宣战。

1945 年 8 月 8 日午夜时分，溥仪在用完晚饭之后正在与随从聊天，实际上此时已经过了 8 月 9 日的零点了。 盟军的战机呼啸而来。溥仪在防空洞里面瑟瑟发抖，暗自祈祷，他还是第一次遇到这种局面。 随即，溥杰赶来宫中，大家分析形势，普遍认为是美军的轰炸机。 此前美国的 B29 轰炸机不时"光临"东北，但只在辽东半岛一带活动，最远不过鞍山、辽阳。 但按说 B29 轰炸机从中国南方基地起飞，到达长春都是可以的。 不过，两个小时后，关东军司令部接到前线报告，说苏军已经发动攻击。 司令部顿时乱套了，前线的通信时断时续，不知详情；更要命的是关东军司令山田乙三远在大连，军队群龙无首。 苏军可以说是攻其不备。

关东军司令和参谋长一同前来，向溥仪报告苏军"背信弃义""入侵满洲国"的消息。 山田还讲了日本的信心和准备，让溥仪放心。 不过据溥仪回忆，山田极快的语速表明其信心严重不足，而且还没讲完，警报声就又响起来了，于是，大家一同步入防空洞，谁也没再说话。

这天溥仪不停地在同德殿和防空洞之间往返，为了方便进洞，甚至睡觉也不再脱衣服了。 实际上苏军的空袭规模不大，只是象征意味比较强，但同德殿的琉璃瓦屋顶太显眼，在阳光的照耀下熠熠生辉，这等于给了苏联空军一个活靶子，所以关东军派人给其罩上了伪装网。 这样一折腾，原来金碧辉煌的宫殿瞬间变成了鸡窝，溥仪的脸色更难看了。

在长春南岭的关东军地下指挥部，参谋人员紧张忙碌地分析各种情报。 苏军进攻的战线很长。 前方指挥官求救于司令部，报告说士兵拿着步枪，一人一颗反坦克手雷，泡在灌满雨水的单兵掩体里面，来抵挡苏军的坦克，战况十分残酷，一再请求增援。 呼救声声嘶力竭、令人揪心，而东京大本营一直联系不上。 据草地贞吾回忆，大本营的指示好不容易才接到，但只有短短的两条：其一，将苏军击溃，维护伪满洲国国体，保卫皇土；其二，关东军将朝鲜北部日军纳入序列，确保朝鲜安全。

伪满洲国的命运又会怎么样呢？

第五章 伪皇—战犯—公民

伪皇退位

此时的关东军已乱成一团，前几天司令部才迁到通化，东京大本营又命令他们迁回长春，于是，14 日傍晚，山田乙三率司令部人员又飞回了长春，刚下飞机，就听到了天皇的广播讲话。 听完圣旨，关东军司令山田乙三和全体幕僚痛哭一场之后派副参谋长松村少将返回首都，跟军部协商是否遵旨停战等相关事宜。 深夜，松村从东京打来电话，说军部现在的意见不统一，让关东军自己看着办。 松村还说了一句话让在场的所有人都目瞪口呆：今天早晨陆军大臣已经切腹自杀了。

8 月 17 日，关东军司令部下达命令宣布缴械投降。 于是，自日俄战争以来，在中国东北横行了 40 年的日本关东军终于灰飞烟灭。

1945 年 8 月 17 日午夜，历史性的时刻到来了——伪满洲国宣布解体，溥仪退位。 据亲历其事的日本人记载，在一间十分简陋、狭隘的日式房间里，没有什么摆设，所有伪大臣都低垂着脑袋站在四周，房屋中间是一张简陋的木桌，天花板上挂着一盏昏暗的电灯，数不清的飞虫乱飞乱撞。

1945 年 8 月 18 日零点 30 分，溥仪推开了日本式的拉门，只见他身穿伪满洲国元帅礼服，胸前佩戴着勋章，穿着皮鞋，来到了会场中间。 众人立即九十度鞠躬，然后抬头，只见溥仪表情僵化，脸色苍白，机械地将"退位诏书"接过之后，抬高声调，念了起来。 两分钟之后，武部六藏用日语再读一遍。 念完之后，这个"诏书"就被扔进了历史的垃圾堆，所以现在已经找不到原文了。 仪式结束了，伪满洲国垮台了，溥仪退位了。

溥仪 3 岁登基，6 岁退位，但那时的他尚不懂事儿，因为命运的缘故，他不承担任何历史罪责。 然而，此次退位却是他"自作孽"的结果。 不夸张地说，中国东北 3000 万人民 14 年间蒙受的苦难和迫害岂是他一人能够承担的？ 溥仪对此不能说是毫无认识的，因为此时他已经陷入深深的恐惧之中。

沈阳被俘，命运转机

苏军自从对日开战以来，进展得并不顺利，这倒不是因为日军的抵抗，而是由于连日的秋雨造成道路泥泞，且日军又炸毁了水库、桥梁，使得苏军的机械化部队进展缓慢，直到 8 月 15 日日本天皇宣布投降，苏军仅仅消灭了一部分关东军。 情急之下，苏军跟关东军接洽，在同意保证日军的安全后，于 1945 年 8 月 19 日分别在哈尔滨、长春、沈阳空降，进行象征性的占领。 溥仪刚刚降落，就见证了这一历史性的时刻。

此时苏军正忙着接收机场导航、警卫部门，尚未去机场。 溥仪很清楚，他几乎是立即就明白了，他将被苏联俘虏，跟前往日本相比，这结局并不坏。 但在苏军到来之前，他仍在日本人之手，溥仪怕日本人狗急跳墙杀人灭口，所以将手枪拔了出来。 此时，另一架跟溥仪一同逃难的飞机也降落了，溥仪立即指挥来到身边的妹夫、侄子等众人持枪控制门口和窗口，警惕地观察着。 苏军很快冲进了候机楼，贵宾室的大门被一个苏军战士推开，看到室内的人们举枪相对，赶紧一缩脖，向回跑去，估计是报信去了。

一会儿过后，一位苏军军官在一群手持冲锋枪的战士簇拥之下来到贵宾室，由于语言不通，现场气氛十分紧张。不一会儿，溥仪一行被带出候机楼。听说抓到了伪满皇帝，红军战士纷纷前来围观并跟溥仪握手，这种行为被苏军军官制止。溥仪登上了苏军的飞机，前往通辽住了一宿，次日换乘飞机前往苏联。相对于关东军，苏军对溥仪非常客气，照顾得也比较周到。

无论如何，跟前往日本避难相比，这可以说是溥仪命运的转折点。随着日本法西斯的垮台，苏、美之间已经开始冷战，作为美国盟友的国民党政府是无法从苏联手中引渡溥仪的；而且，苏联跟美国不同，它承认过伪满洲国，出于考虑占领东北的缘故，苏联对东北前政权领导者的想法是复杂的，但这至少表明溥仪暂时是安全的。

溥仪成了苏联的阶下囚，但却不用坐牢。在这幽静的环境里，远离了关东军的淫威和伪满政治是非瓜葛的溥仪，生活得非常轻松。他依然求神问卜、诵经念佛，一有闲暇时间就随便走走。走廊中挂着4幅画像，但他只认识一人，即斯大林，其他三人并没有见过。于是，他询问稍微懂点儿俄语的万嘉熙。但万嘉熙也不认识，只能去询问苏联人。万嘉熙回来之后报告溥仪，说胡子最多的那个人叫马克思，胡子第二多的叫恩格斯，而叫列宁的胡子不多，头发也不多。

总的来说，溥仪非常满意这里的生活，表面上看，似乎有点儿乐不思蜀的味道。

沈阳听训，抚顺入监

之后，溥仪等人被苏联移交给中国共产党。溥仪等人上了一辆大客车，汽车随即驶出站台，驶往沈阳的繁华街区。不大一会儿，汽车抵达了沈阳市。

沈阳市干部大楼的干部引导溥仪一行人前往二楼会议室，溥仪毫无惧态，把衣服一团，夹在腋下，第一个进了会议室。只见桌子上摆满了水果点心，溥仪认为这是一个小法庭，将进行简单的宣判。溥仪一只手抓起一个苹果，一边吃一边用另一只手将桌子上的纸烟、点心装进口袋。

突然，一位身材魁梧、满脸麻子、戴近视眼镜的中年男子被很多军人和官员簇拥着走了进来。看到这阵势，战犯们知道这是一位"大长官"，于是所有人马上起立，然后又奉命坐下。一位操江西口音的干部进行了简单的介绍以后，那位戴眼镜的中年人开始训话，大意是让战犯们认罪服法、洗心革面、坦白交代等，这人操着一口西北腔，这给人留下了很深的印象。当时，国家成立了"东北战犯管理领导小组"，北京早就知道了溥仪在列车上的表现，为了尽快稳定他的情绪，周恩来指示东北领导做溥仪等人的工作，因此特意安排了这次会面。

领导们讲了半天才发现战犯们都还很惧怕被枪毙，自己刚才所讲的听众根本没往心里去，场面非常尴尬。恰巧这时一位穿军装的年轻人推门进来，战犯们顿时眼前一亮，于是，那位戴眼镜的"大长官"喊了一声"小张"，把年轻人唤到身边，让"小张"将情况介绍给战犯们。

这位"小张"名叫张绍纪，原伪满国务总理张景惠的小儿子，能熟练使用日、俄两种语言，苏军扣押张景惠那次，张景惠是带着儿子赴会的，结果父子俩被一同押往苏联，跟战犯们一起关进了收容所，张绍纪甚至与溥仪还在一个屋子里面待过，所以大家都认识他。后来，小张被提前释放回国，可为什么他会成为解放军呢？原来，小张在伪满的时候参加了中国共产党领导的"东北青年救亡会"，利用其父亲的关系，保护过东北的抗日力量。对此，战犯们在苏联的时候就曾怀疑过，现在大家都印证了当时的怀疑。

不过，战犯们更关心小张带来的各家信息：谁家的孩子上了大学，谁家的孩子参加了工作……当得知各自家庭基本平安的消息后，大家十分兴奋。 "大长官"又语重心长地告诫战犯们要前往抚顺休息一段时间，嘱咐大家好好学习，不要胡思乱想，然后就结束了这次会面。 等到会议结束之后，溥仪才知道这位戴眼镜、操西北口音的中年男子是东北人民政府主席高岗，而说一口江西话的干部是东北公安部部长汪金祥。

溥仪等人被送回火车，但跟下车的时候相比，他成了另一个人。

沈阳距抚顺不过几十公里，火车大约跑了一个小时。 下车后，溥仪一行被押上大卡车，奉命蹲在车厢中间，一律低头，车厢四周的军人手持步枪看守他们。 经过 30 分钟的颠簸，他们来到一个大院。 战犯中有人知道，这座大院是伪满初期建的监狱，其主要作用是关押抗日战士。 三十年河东三十年河西，谁能想到当年的统治者住进了自己修建的监狱呢？

溥仪十分沮丧，一则尚未消除对死亡的恐惧，稍有风吹草动都让他心惊肉跳；二则沦为囚徒，这个反差太大，即使在被苏联软禁期间，也没有铁窗和铁门来束缚自己，在自己的小圈子里依然威风八面。 现在脱下西服，换上囚服，经过一道道铁门之后，进入一间牢房，身后响起刺耳的上锁声，溥仪的心情有多差，可想而知。

溥仪打量着自己的牢房，只见房间不大，水泥地面，过道在中间，两铺木炕在两边；过道并不宽裕，再加上一长条桌子，就更为拥挤了；只有房间里简单围起来的一角（卫生间）引人注目，一个木制马桶放在里面；窗下还有暖气设施。 实事求是地说，拿监狱的标准来衡量，条件还算不错。 其实，溥仪并不知道，为了接收他们这些战犯，军队特意对这里进行了改造，增加了暖气设施。 原来在伪满的时候，这里的条件十分恶劣。

第二天，溥仪被带出牢房，靠墙站着，脖子上挂着写着 981 号码的纸牌，照了一张相。 溥仪十分困惑，监狱里面总共也就五六十人，为什么自己的编号是 981 呢？ 排在自己前面的 900 多人是什么人呢？

其实，他不清楚这里主要关押的不是伪满洲战犯而是日军，而且，当年这所监狱的日本典狱长现在也关押在这里。溥仪怎么也想不通，只好坐在炕上发呆。整个监狱静悄悄的，只有看守人员踱来踱去的脚步声在走廊里回荡，机械的脚步声令人感到一种莫名的压力。后来，溥仪才得知这监狱并不一般，它有一个特殊的名字——抚顺战犯管理所。

无疑，溥仪庆幸自己还活着。虽然此时的溥仪对过去的罪恶缺乏深刻的反省，但中国历代亡国之君的下场已经使他不抱幻想、不存奢望，即使被枪毙，他也不会感到非常意外。当然，溥仪贪生怕死，这是人所难免的。

溥仪对这里的伙食非常满意。然而，令溥仪感到不方便的是分发饭菜的时候——看守人员在走廊里吆喝，然后将门上的"小窗"打开，犯人们依次把碗伸到门外，盛满后再端进来。溥仪拿不稳，好几次都掉到了地上，弄得他十分尴尬。所以，每到分饭菜的时候，同监的战犯往往会替他领取饭菜。你要是认为是战犯们助人为乐那就错了，他们其实是害怕饭菜洒到他们自己的身上。

被赦走向新生

据原抚顺战犯管理所副所长金源回忆，他们于1959年9月30日接到了特赦名单，首批特赦10人，第一名就是溥仪。很多人对特赦溥仪深感意外，这并不是认为溥仪不应该，而是感到由此带来的思想工作的压力太大；另外，战犯管理所考虑得非常全面，考虑到这毕竟是个出人意料的结果，为了使特赦大会圆满举行，所方领导开始时刻留意溥仪的动态，并准备适时跟他谈一谈。

其实，跟魂不守舍的很多战犯不同，在特赦这个问题上，溥仪表现得很冷静。在战犯管理所不仅有吃有穿，而且没有歧视存在，所以，他对这里的印象并不坏。当然，不能说溥仪不盼着被特赦，至少

"改恶从善"4个字对他的吸引力非常大，这么多年他为东北人民蒙受的苦难背负着沉重的心理负担，渴望得到宽恕和谅解；再则，人类的天性是向往自由，所以，溥仪同样渴望被特赦，只是表现得没有那么夸张而已。

1959年12月2日深夜11点，在特赦大会举行的前两天，溥仪被叫到谈话室。这不是单独谈话，除所方领导外，一些管教人员也在现场，看得出来溥仪有点紧张。金源副所长向溥仪提出了第一个问题："对政府即将做出的特赦你有什么感想和看法？"溥仪表达了感激和受到的激励，列举了一些改造好的战犯，认为这些人可能被赦免，他自己距离特赦还有相当大的距离，但今后将积极争取、努力改造等。

接着，金源的第二个问题也提出来了："如果特赦有你，将怎么办？"这个问题很尖锐，实际上是在暗示溥仪他有可能在第一批特赦名单上，让他时刻准备好。溥仪说如果有我，完全是党对我的宽大，我前半生有罪，党给我改恶从善的道路，我一定跟党将后半生走好。金源很满意，结束了谈话。溥仪回到监室，金源的暗示他读懂了。当夜溥仪未眠。

1959年12月4日上午，管理所的礼堂集中了300多名战犯，主席台的上方悬挂着的横幅上面写着"抚顺战犯管理所特赦大会"，"劳动改造，重新做人""改恶从善，前途光明"的标语分别在两边挂着。辽宁省人民政府的领导，省高级人民法院、检察院、公安厅的领导在座。大会开始后，辽宁省高级人民法院副院长刘生春走向了主席台中央的讲台，现场一片静寂，无数渴望自由的眼睛都望向了他。

拿起《特赦通知书》，刘生春向台下喊道："爱新觉罗·溥仪！"

刘生春开口念道："中华人民共和国最高人民法院特赦通知书：遵照1959年9月17日中华人民共和国主席特赦令，本院对在押的伪满洲国战争罪犯爱新觉罗·溥仪进行了审查。罪犯爱新觉罗·溥仪，男性，54岁，满族，北京人。该犯关押已经满10年，在关押期间，经过劳动改造和思想教育，已经有确实改恶从善的表现，符合特赦令

第一条的规定，予以释放。 中华人民共和国最高人民法院1959年12月4日。"

刘生春副院长念罢，溥仪立即俯身低头，双手高举，虔诚地从他手中接过了通知书，并置于额头，深深鞠躬。

溥仪非常感激政府，发誓永远跟过去决裂，永远跟党走，永远改造自己，说到激动之处，痛哭失声。 就在溥仪挥泪的这一时刻，这一消息被世界各大通讯社发布了，这个做了14年日本傀儡政权名义元首的传奇人物的监禁生涯结束了——他自由了！

1959年12月8日午后，溥仪缓缓走出抚顺战犯管理所的大门。他无儿无女，没有家室，一个空空的黑皮箱、一块金怀表和管理所发的18元人民币是他的全部财物。 他做过大清朝的皇帝和伪满洲国的元首，但现在却是千真万确的"无产阶级"，可他一点儿也不悲观，他想要做个医生，治病救人，自食其力。 管理所门前欢送的人非常多，领导笑了，看守笑了，手握钢枪的哨兵笑了，溥仪也开口大笑，他现在要坐汽车去抚顺火车站换乘前往沈阳，然后换乘当晚开往北京的特快列车，预计会在第二天清晨抵达北京。 战犯管理所派人全程陪同。

十几分钟之后，汽车抵达抚顺火车站。 溥仪下车，深深呼吸了一口清冷又含着淡淡煤烟味儿的空气，掩饰不住内心的兴奋和激动，在人来人往的车站广场中，他看到每个人脸上饱满的神情，他非常自豪自己也成为这些人中的一员。 突然，车站大楼上的三个大字——抚顺站映入他的眼帘，他顿时热泪盈眶……

今天，努尔哈赤的嫡系子孙——清朝的最后一位皇帝爱新觉罗·溥仪在其祖先兴起之地，成为中华人民共和国的公民——这是一个世界奇迹！